DIE OFFIZIELLE STAR TREK CHRONOLOGIE

DENISE & MICHAEL OKUDA

IMPRESSUM

HEEL-Verlag GmbH
Wintermühlenhof
53639 Königswinter
Tel. (0 22 23) 92 30-0

Die Originalausgabe ist bei Pocket Books erschienen,
ein Unternehmen von Simon & Shuster Inc.,
1230 Avenue of the Americans, New York, NY 10020.

© 1993 by Paramount Pictures. All Rights Reserved.
STAR TREK is a Registered Trademark
of Paramount Pictures.

Deutsche Ausgabe:
© 1995 by HEEL AG, Schindellegi, Schweiz

— Alle Rechte vorbehalten —

Verantwortlich für den Inhalt:
Michael & Denise Okuda

Übersetzung:
Almut Bastin und Claudia Kern

Satz (Fremddatenübernahme):
Fotosatz Hoffmann, Winterscheid

Druck: KLETT DRUCK H. S. GmbH, Korb

Printed in Germany

ISBN 3-89365-443-7

INHALTSVERZEICHNIS

	Einleitung	4
1.0	Die weit zurückliegende Vergangenheit	9
2.0	Das zwanzigste Jahrhundert	20
3.0	Das einundzwanzigste Jahrhundert	26
4.0	Das zweiundzwanzigste Jahrhundert	30
5.0	Das dreiundzwanzigste Jahrhundert	35
5.1	Raumschiff Enterprise — Jahr 1	51
5.2	Raumschiff Enterprise — Jahr 2	63
5.3	Raumschiff Enterprise — Jahr 3	72
5.4	Star Trek-Filme I–VI	84
6.0	Das vierundzwanzigste Jahrhundert	93
6.1	Raumschiff Enterprise: Das nächste Jahrhundert — Jahr 1	109
6.2	Raumschiff Enterprise: Das nächste Jahrhundert — Jahr 2	119
6.3	Raumschiff Enterprise: Das nächste Jahrhundert — Jahr 3	127
6.4	Raumschiff Enterprise: Das nächste Jahrhundert — Jahr 4	139
6.5	Raumschiff Enterprise: Das nächste Jahrhundert — Jahr 5	153
7.0	Die ferne Zukunft	166

Anhang A: Nicht datierbare Ereignisse und andere Unsicherheiten	167
Anhang B: Andere Zeitebenen	175
Anhang C: Über Sternzeiten	177
Anhang D: Zeittabelle	178
Anhang E: Die Autoren der Serie	180
Index	184

Einleitung

Erinnern Sie sich an das erste Mal, als Sie *Raumschiff Enterprise* gesehen haben? Auch wenn es großen Spaß gemacht hat, war es wahrscheinlich anfangs ein wenig verwirrend. Sie mußten herausfinden, was so besonders an dem Typ mit den spitzen Ohren war, wer die Klingonen waren, wie Transporter funktionierten, was die Föderation war und eine Menge anderer Hintergrundinformationen. Dieser Lernprozeß wurde zu einem Teil des Spaßes, *Raumschiff Enterprise* zu sehen: Man schaut sich die Folgen sorgfältig an, um mehr über den ausgeklügelten Hintergrund zu erfahren, der für die Serie entworfen worden war. Besonders vergnüglich war dabei, daß ständig so viel Material enthüllt wurde, eine ganze zukünftige Gesellschaft, komplett mit einer Geschichte, die die gesamte Zeit von unserer Gegenwart bis zur Zukunft von *Raumschiff Enterprise* umfaßte. Besser noch, die Details dieses Zukunftsszenarios schienen einen hohen Grad an innerer Folgerichtigkeit von einer Episode zu nächsten zu besitzen. (Sicher, wenn Sie *sehr* genau hinschauten, fiel Ihnen auf, daß manche Dinge nicht *ganz* zusammenpaßten, aber zu diesem Zeitpunkt waren Sie bereits gefesselt. Zumindest waren wir es.)

Dieses Projekt begann, als Michael für die Autoren von *Raumschiff Enterprise: Das nächste Jahrhundert* eine einfache Chronologie aufstellen wollte, um die Beziehungen zwischen den beiden Serien zu verdeutlichen. Mike war sich durchaus der Ungereimtheiten und Widersprüche bewußt, die sich in eine so komplexe Serie wie *Star Trek* einschleichen können, und er wollte vermeiden, zu sehr in die Details zu gehen, um nicht auf zu viele solcher Fehler zu stoßen. Einige Stunden und viele Notizseiten später stellte er zu seiner Überraschung fest, daß die Chronologie von *Star Trek* erstaunlich stimmig war. Der ehemalige interne Berater der Serie, Richard Arnold, erwies sich zu diesem Zeitpunkt als sehr große Hilfe, indem er uns (wie vorher schon einigen der Autoren von *Raumschiff Enterprise: Das nächste Jahrhundert*) mit vielen der grundlegenden Voraussetzungen versorgte, die das Rahmenwerk dieser Chronologie bilden.

Zufällig brachte Gene Roddenberry, der Erfinder von *Raumschiff Enterprise*, ungefähr zur selben Zeit seine Besorgnis bezüglich der Schwierigkeiten zum Ausdruck, die *Star Trek*-Bücher und andere Projekte mit der Serie selbst vereinbar zu halten. Besonders besorgt war er, weil ein außenstehender Autor die komplizierte Hintergrundstory von *Star Trek*, die sich über die Jahre angesammelt hatte, nur sehr schwer nachvollziehen konnte. Gene gab zu, daß es selbst für die Autoren des *Star Trek*-Stabes und für ihn selbst ein Problem sei, schon allein wegen der großen Anzahl an *Star Trek*-Folgen und -Filmen, die man im Auge behalten müsse. (Natürlich wird das Problem immer schlimmer, je erfolgreicher die Serie wird.) Bei einem Treffen, bei dem diese Angelegenheit erörtert werden sollte, erkannte Gene, daß die Lösung darin bestand, eine Chronologie zu erstellen, die den Autoren als Nachschlagewerk dienen könnte. Gene legte *Star Trek*-Designer Mike Okuda die Durchführung eines solchen Projekts nahe, ohne zu wissen, daß Mike schon mit den Vorarbeiten zu diesem Werk begonnen hatte! Durch das Vertrauen von Gene ermutigt, verfaßten Mike und Denise das Buch, das Sie jetzt in Händen halten.

In diesem Buch wollen wir das erfundene Universum von *Star Trek* so behandeln, als sei es sowohl komplett als auch von innerer Konsequenz. Wir geben also vor, die *Star Trek*-Geschichte habe sich nach einem meisterhaften Plan entwickelt und es gäbe einen logischen, konsequenten Zeitablauf in den Folgen, auch wenn wir (ebenso wie Sie) wissen, daß das nicht vollständig zutrifft. In Wirklichkeit dachten sich die Produzenten von beiden *Star Trek*-Serien und den Spielfilmen die Dinge erst im Laufe der Zeit aus. In Wahrheit ist es praktisch unmöglich, für eine Serie wie *Star Trek* alles im Voraus zu erfinden. Produzenten wollen üblicherweise viele Dinge eher verschwommen lassen, damit den Autoren möglichst viel Spielraum zum Erkunden und »Entdecken« hübscher neuer Dinge bleibt. Außerdem wirkt sich, ehrlich gesagt, der Zeitdruck stark gegen zuviel Vorausplanung bei der Arbeit aus. Dies soll allerdings nicht ihre eindrucksvolle Leistung schmälern, trotz der außergewöhnlichen Zeitpläne von Film- und Fernsehproduktion die Folgerichtigkeit aufrecht zu erhalten.

Tatsächlich feiert dieses Buch die Tatsache, daß sie erstaunlich erfolgreich bei diesem Bestreben waren, und wir hoffen, daß es zukünftigen *Star Trek*-Autoren nützt, die diese Tradition fortsetzen möchten. Trotzdem bestand eine der Herausforderungen bei der Zusammenstellung dieser Chronologie darin, mit den unvermeidlichen Lücken und Ungereimtheiten fertig zu werden, die im Verlauf des Vierteljahrhunderts, das *Star Trek* nun schon besteht, aufgekommen sind. Wenn die Dinge logisch aufeinander aufbauten, haben wir es hier belegt. Aber wenn die Dinge nicht so recht sinnvoll waren, haben wir die offensichtlichen Fehler angemerkt. In manchen dieser Fälle haben wir für uns plausibel klingende Erklärungen dafür angeboten, aber wir überlassen es den Lesern, die Lösung anzunehmen oder abzulehnen. In unseren Augen vermindert die Tatsache, daß die Autoren und Produzenten der Serie durchaus in der Lage waren, Fehler zu machen, ihre außerordentlichen Leistungen unter dem oftmals brutalen Druck einer wöchentlichen Fernsehproduktion nicht im geringsten.

Die Forschung für dieses Buch erwies sich als ein ziemlich großes Projekt. Zu dem Zeitpunkt, als wir dies schrieben, gab es knapp 80 Stunden der Originalserie *Raumschiff Enterprise*, sechs Spielfilme, über 120 Folgen von *Raumschiff Enterprise: Das nächste Jahrhundert*, und *Star Trek: Deep Space Nine* wurde gerade realisiert. All dies mußte bis ins kleinste Detail durchgegangen werden. Denise war für diese enorme Anstrengung verantwortlich, *stark* unterstützt von Debbie Mirek. Es macht Spaß sich *Raumschiff Enterprise* anzusehen, aber sie stellten bald fest, was für eine mühselige Arbeit es war, die Folgen zu sehen und sich dabei detaillierte Notizen zu machen. Schließlich entwickelten wir ein detailliertes dreiseitiges Formular, das für jede Folge der Serie ausgefüllt werden mußte. Dieses Formular machte es leichter sicherzustellen, daß wir alles aufschrieben, was wir benötigten, auch wenn es so schien, als ob da *immer* noch etwas sei, was wir nochmals überprüfen mußten. Die meisten Fans können sich an eine erstaunliche Anzahl historischer Daten der Serie erinnern, aber selbst der aufmerksamste Zuschauer kann sich wohl kaum an die vielen im Dialog nebenbei erwähnten Bezüge auf vergangene Ereignisse erinnern. Ehr-

Einleitung

lich gesagt waren wir überrascht, wie viel Material es gab, und höchst erfreut festzustellen, daß ein Großteil des historischen Hintergrunds der Serie so gut zusammenpaßte. (Die Autorin Dorothy Fontana erzählte uns, daß sie sich direkt vom Anfang der Originalserie an wirklich bemüht haben, den Verlauf der Dinge so gut wie möglich im Auge zu behalten.)

Einige spezielle Bemerkungen: Es folgen einige der Richtschnüre, die wir bei der Erstellung dieser Chronologie benutzten.

Grundlegende Voraussetzungen: Diese Chronologie baut auf einer Anzahl grundlegender Voraussetzungen auf. Die erste ist, daß die Originalserie *Raumschiff Enterprise* 300 Jahre in der Zukunft der Erstausstrahlung der Folgen spielt. Das bedeutet, daß die erste Staffel 2266-67 spielt. Auch wenn einigen Informationen zufolge die Produzenten der Serie von 200 bis zu 800 Jahren schwankten, scheint die Zeitspanne von 300 Jahren am ehesten zur inneren Folgerichtigkeit zu passen. (Diese Voraussetzung haben auch die Autoren der *Star Trek*-Filme und des *Nächsten Jahrhunderts* beim Festlegen der Daten benutzt, die sich auf die Originalserie beziehen.) Die zweite Grundvoraussetzung ist, daß die erste Staffel von *Raumschiff Enterprise: Das nächste Jahrhundert* im Jahr 2364 spielt, wie es in »Die neutrale Zone« festgestellt wird. Diese Daten wurden von den Produzenten von *Raumschiff Enterprise: Das nächste Jahrhundert* und einigen Autoren der *Star Trek*-Filme benutzt, weshalb viele Altersangaben und Daten, die in der Serie erwähnt werden, mit diesen Voraussetzungen übereinstimmen. Die meisten der Daten, die in dieser Chronologie aufgeführt sind, wurden von diesen zwei grundlegenden Voraussetzungen abgeleitet.

Daten, die auf Vermutungen beruhen: Manchmal kommt es vor, daß einem Ereignis kein genaues Datum zugeordnet ist, aber Informationen im Kontext die Zeitspanne einschränken, in der das Ereignis stattgefunden haben kann. Wenn diese Zeitspanne relativ gering war, haben wir willkürlich ein Datum für das Ereignis ausgewählt. Ein Beispiel für einen solchen Fall ist das Datum von Spocks Beförderung zum Captain. Das genaue Datum für dieses Ereignis wurde niemals genannt, aber es mußte natürlich zwischen *Star Trek — Der Film* (2271) und *Star Trek II — Der Zorn des Khan* (2285) liegen. Wir wählten willkürlich 2284. Dies soll nicht heißen, daß die Beförderung nicht schon 2283 stattgefunden haben kann (was natürlich möglich ist), aber die Anzahl der möglichen Daten war gering genug, daß diese kleine Mutmaßung vernünftig erschien. Wir haben versucht, bei Daten, die nur auf Vermutungen beruhen, dem Quellenmaterial möglichst treu zu bleiben. In den Fällen, wo wir Daten willkürlich gewählt haben, haben wir vermerkt, daß das festgesetzte Datum nur auf Vermutungen beruht, und haben zusätzlich auf die Grundlage der Vermutung hingewiesen. Natürlich bleibt es dem Leser überlassen, ob er unseren Interpretationen zustimmen oder sie ablehnen will.

Undatierte Ereignisse: Neben den eben erwähnten Ereignissen gab es aber auch viele, zu denen so wenig Angaben gemacht wurden, daß das Datum nicht einmal geraten werden konnte. Solche Informationen haben wir grundsätzlich nicht im Hauptteil der Chronologie erwähnt, obwohl einige von ihnen von großer Bedeutung für das *Star Trek*-Szenario sind. Anders ausgedrückt: Nur weil ein Ereignis in diesem Buch nicht aufgeführt ist, bedeutet das noch lange nicht, daß es nicht stattfand oder für unbedeutend erachtet wird. Es bedeutet nur, daß wir uns nicht in der Lage sahen, ein glaubhaftes Datum für dieses Ereignis festzulegen. Viele dieser undatierten Ereignisse werden im Anhang A aufgelistet.

Drehbücher: Wir haben uns bemüht, nur Angaben von den ausgestrahlten Versionen der Folgen und den Endfassungen der Filme zu verwenden. Auch wenn wir die Drehbücher herangezogen haben, um die Schreibweise von Namen zu überprüfen, waren für uns für nahezu alle anderen Informationen die ausgestrahlten Folgen maßgebend. Es war unser Ziel, ein Nachschlagewerk zu schaffen, das so authentisch wie möglich sein und fast vollständig auf der Serie selbst beruhen sollte.

Das Ausfüllen von Lücken: Bestimmte Ereignisse, wie z.B. der erste Kontakt der Erde zu außerirdischen Lebensformen oder das spätere Schicksal der Charaktere der Originalserie, sind selbstverständlich sehr wichtig für das *Star Trek*-Universum, sind aber (zumindest bisher) weder in einer Folge noch in einem Film beschrieben worden. In der großen Mehrzahl der Fälle widerstanden wir der Versuchung, diese Lücken auszufüllen, weil wir den zukünftigen *Star Trek*-Autoren nicht auf die Zehen treten wollten. Wir wollten aufzeichnen, wo die Serie gewesen ist, dabei aber keineswegs die möglichen Wege zukünftiger Autoren einschränken. Vergleiche hierzu wiederum Anhang A.

Chronologische Reihenfolge der Folgen: *Raumschiff Enterprise*-Folgen (besonders die der Originalserie und zu Beginn von *Das nächste Jahrhundert*) wurden normalerweise so produziert, daß sie ohne große Anschlußprobleme in nahezu jeder Reihenfolge gesehen werden konnten. Möglicherweise geschah dies aus finanziellen Erwägungen, um den Verkauf der Serie an die verschiedenen unabhängigen Fernsehstationen zu erleichtern. Dennoch sind wir willkürlich von der Annahme ausgegangen, daß die Ereignisse in den Folgen in ziemlich genau der Reihenfolge passierten, in der die Folgen gedreht wurden. Spezielle Ausnahmen wurden z.B. bei »Wiedervereinigung?, Teil I und II« gemacht, die in umgekehrter Reihenfolge gedreht wurden (aufgrund von Leonard Nimoys Terminplan), oder bei der Folge »Die Seuche«, in der Denise Crosby Tasha Yar darstellt, die aber nach der Folge »Die schwarze Seele« gedreht wurde (in der diese Figur stirbt). Anmerkung der Übersetzerinnen: Die Reihenfolge der Erstausstrahlung (und auch der meisten Wiederholungen) der Folgen der Originalserie im deutschen Fernsehen hielt sich nicht im geringsten an die Dreh- oder Sendereihenfolge in Amerika. Da wir aber diese Chronologie nur übersetzt und nicht neugeschrieben haben, beziehen sich sämtliche Angaben (z.B. wann eine Figur zum ersten Mal auftrat) auf die amerikanische Reihenfolge der Folgen.

Datierungskonventionen: Die meisten vergangenen Ereignisse der *Star Trek*-Geschichte werden nicht durch spezifische Datums-, sondern durch relative Angaben beschrieben. So ist es z.B. üblich, daß von etwas gesagt wird, es sei »vor vier Monaten« oder »vor zweihundert Jahren« geschehen. In solchen Fällen bestehen häufig große Zweifel bezüglich des genauen Zeitpunkts dieser Ereignisse. Wir fanden jedoch heraus, daß die Anwendung einiger einfacher Grundregeln uns in die Lage versetzte, eine große Anzahl brauchbarer Daten herzuleiten. Durch den Gebrauch dieser Regeln war es uns möglich, ein sehr viel detaillierteres Bild der *Star Trek*-Geschichte zu zeichnen, aber man

Einleitung

muß dabei bedenken, daß diese Datierungskonventionen eine gewisse Fehlerquote mit sich bringen.

Jahre: Wenn von einem Ereignis gesagt wird, es habe »ungefähr hundert Jahre« vor einer bestimmten Folge stattgefunden, gehen wir in den meisten Fällen willkürlich davon aus, daß es genau hundert Jahre vorher passierte. Natürlich wissen wir, daß die meisten Leute dazu tendieren, solche Datenangaben im alltäglichen Sprachgebrauch auf- oder abzurunden, aber wir wollten eine grundsätzliche Regelung. Wenn wir davon ausgegangen sind, daß ein bestimmtes Ereignis vor genau hundert Jahren stattgefunden hat, geschah dies in der Überzeugung, daß es keinen wirklich bedeutenden Unterschied macht, ob es 97 oder 103 Jahre vorher passierte. Ebenso haben wir willkürlich angenommen, daß Angaben einer Anzahl von Jahren grundsätzlich erst nach der Umrechnung in Erdstandardjahre gemacht werden. Anders ausgedrückt, wenn Worf von etwas berichtet, das ihm vor zehn Jahren passierte, gehen wir davon aus, daß er zehn Erdenjahre meint und nicht zehn klingonische Jahre. Wir sehen ein, daß diese Annahme wahrscheinlich unrealistisch ist, aber sie entspricht den üblichen *Star Trek*-Konventionen, die ja auch davon ausgehen, daß so viele Außerirdische Sauerstoff atmen und Englisch sprechen.

Zeitspannen der Folgen: Wir gehen generell davon aus, daß die Folgen einen Zeitraum von ungefähr zwei Wochen überspannen. Wenn ein Ereignis zwei Monate vor einer bestimmten Folge stattgefunden haben soll, werden wir es daher üblicherweise ungefähr vier Folgen vor der genannten Folge ansetzen. Sicherlich gibt es viele Folgen, die nur ein oder zwei Tage dauern, in diesen Fällen gehen wir aber davon aus, daß bis zur nächsten Folge ungefähr zwölf Tage vergehen, die wir nicht auf dem Bildschirm sehen. Es gibt allerdings auch Folgen, die länger als zwei Wochen dauern, wie z.B. »Der Obelisk« aus der Originalserie.

Frühe Drehbuchentwürfe: Beim Zusammentragen des Datenmaterials für dieses Buch haben wir viele frühe Entwürfe von *Star Trek*-Drehbüchern gelesen. Viele dieser Drehbücher enthalten faszinierende Hintergrundinformationen, die nicht auf dem Bildschirm erscheinen. Selbst die überarbeiteten endgültigen Drehbuchversionen enthalten oft Dialogzeilen und andere Kleinigkeiten, die nicht mitgedreht wurden oder irgendwie auf dem Fußboden des Schneideraums endeten. Leider beinhalten frühe Versionen oft Material, das nicht zu anderen Drehbüchern oder ausgestrahlten Versionen paßt. In solchen Fällen ist es schwierig zu entscheiden, welche Version »maßgeblich« ist. Wir haben das Problem für uns gelöst, indem wir uns fast immer strikt an die produzierten und ausgestrahlten Folgen und Filme gehalten haben. (Eine der sehr wenigen Ausnahmen betrifft Informationen aus einer frühen Drehbuchfassung von »Reise nach Babel«, die uns ermöglichen, Spocks Geburtsjahr zu erschließen. In diesem Fall brachen wir unsere Regel, weil Spocks Geburt von so großer Bedeutung für das *Star Trek*-Universum ist.)

Die *Star Trek*-Zeichentrickserie: Diese einige Jahre nach der Ausstrahlung der Originalserie produzierte Serie ist umstritten, weil stark in Frage gestellt wird, ob diese Folgen zur »offiziellen« *Star Trek*-Geschichte gehören oder nicht. Für beide Seiten gibt es dabei überzeugende Argumente, besonders weil sowohl Gene Roddenberry als auch Dorothy Fontana aktiv an ihrer Planung und Produktion beteiligt waren. Andererseits hat Gene aber später einige Elemente dieser Serie bedauert und Paramount angewiesen, die Zeichentrickserie nicht als Teil des »offiziellen« *Star Trek*-Universums zu betrachten. Aus diesem Grund haben wir das Material aus der Zeichentrickserie nicht in dieses Buch aufgenommen, obwohl wir viele dieser Geschichten sehr mögen. Die einzige Ausnahme bilden einige Ereignisse in Spocks Kindheit, die in der Folge »Die Täuschung« (geschroben von Dorothy Fontana) behandelt werden.

***Star Trek* V und VI:** Gene deutete an, daß er einige der Ereignisse in *Star Trek V – Am Rande des Universums* und *Star Trek VI – Das unentdeckte Land* für apokryph erachtete. Zu diesen Ereignissen zählt z.B. die Geburt von Spocks verloren geglaubtem Halbbruder Sybok. Wir wollten nicht einfach vorgeben, daß diese Filme nicht existieren, andererseits aber wollten wir Genes Gefühle respektieren. Wir haben uns daher zu dem Kompromiß entschlossen, Genes Unbehagen bezüglich des Materials zu vermerken, damit der Leser selbst entscheiden kann, was er für »authentisch« halten will.

***Star Trek*-Romane:** Im Verlauf der Jahre wurden viele gute und phantasievolle Romane, Comics und andere Erzählungen geschrieben, die auf *Star Trek* basieren. Einige davon sind Adaptionen von Folgen oder Filmen, während andere ursprünglich literarische Texte sind. Wir hatten überlegt, Schlüsselelemente aus einigen dieser Werke mit in diese Chronologie aufzunehmen, da viele dieser Erzählungen von faszinierenden Ereignissen berichten, die nicht in den Folgen oder Filmen beschrieben wurden. Schließlich haben wir uns allerdings dagegen entschieden, und zwar nicht aus Abneigung den Erzählungen gegenüber, sondern weil die Auswahl der Bücher und Ereignisse, die aufgenommen werden sollten, zu schwer war. Statt dessen kehrten wir zu unserer ursprünglichen Absicht zurück, ein Nachschlagewerk zur Serie selbst zu erstellen. Wir hoffen, daß diese Chronologie so sowohl den Fans als auch den Trek-Autoren von Drehbüchern und Romanen nützt.

Die Eugenischen Kriege und andere Ereignisse der heutigen Zeit: Einige Ereignisse des späten 20. Jahrhunderts, die in der ersten *Raumschiff Enterprise*-Serie angedeutet wurden, erschienen den Produzenten der Serie damals wohl ausreichend weit in der Zukunft. Wie konnten sie ahnen, daß ihre Schöpfung so lange überleben würde, daß sich ein Teil ihrer »Prophezeiungen« als falsch herausstellen mußte. Zu diesen Ereignissen gehören der Stapellauf einer orbitalen Nuklearplattform im Jahr 1968 (»Ein Planet, genannt Erde«) und Khan Noonien Singhs Aufstieg zur Macht in den frühen 90er Jahren des 20. Jahrhunderts (»Der schlafende Tiger«). Obwohl wir dankbar dafür sind, daß diese Ereignisse nicht stattgefunden haben, nehmen wir sie in diese Chronologie mit auf, da wir ja eine vollständige Dokumentation des *Star Trek*-Universums bis heute erstellen wollten.

Und schließlich: Wir hoffen, daß dieses Werk es den *Star Trek*-Autoren erleichtern wird, die innere Folgerichtigkeit zu dem, was bisher im *Star Trek*-Universum geschah, zu wahren. Ebenso soll es den Fans ermöglichen, den komplizierten Hintergrund von *Star Trek* im Auge zu behalten. Wir wollen allerdings weder unsere Autorenfreunde einschüchtern, noch die Phantasie der Fans einschränken, die vielleicht manches im *Star Trek*-Zeitablauf anders interpretieren. Daher möchten wir Fans und Autoren dazu ermutigen, dieses Material nicht so wörtlich zu nehmen und es so zu genießen, wie es gemeint ist: als einen lustigen Weg, das *Star Trek*-Universum zu erforschen.

Danksagungen

Dieses Buch war ein enormes Projekt und wir hätten es niemals ohne die Hilfe und Unterstützung unserer Freunde, Familie und Kollegen beenden können.

Wir möchten Debbie Mirek danken für die vielen hundert Stunden, die sie dafür aufgeboten hat, Folgen anzusehen und bei der Katalogisierung von wahren Bergen von Protokollen zu helfen, aus denen diese *Chronologie* herausdestilliert wurde, und für die Erstellung des Index. Wenn Debbie nicht gewesen wäre, hätten wir ein ganzes Jahr länger gebraucht, um dieses Buch zusammenzutragen und zu produzieren. Ungeachtet der Tatsache, daß Debbie als staatlich geprüfte Krankenschwester arbeitet, führt sie ihren Haushalt und findet auch noch Zeit, sich um ihren Ehemann und ihre drei Kinder zu kümmern. Debbie ist der lebende Beweis für das alte Sprichwort: Wenn Du *wirklich* sicher sein willst, daß etwas getan wird, dann suche eine vielbeschäftigte Person, und es wird erledigt.

Wir sind Dorothy Fontana unendlich dankbar dafür, daß sie dieses Manuskript genau überprüft hat, und für die vielen faszinierenden Einblicke, die sie uns sowohl in die Originalserie als auch in *Das nächste Jahrhundert* gegeben hat. Dorothys Kommentare waren besonders wertvoll wegen der zentralen Rolle, die sie gespielt hat, als es darum ging, einen so hohen Grad an Kontinuität in der ersten *Raumschiff Enterprise*-Serie zu schaffen und zu halten, und natürlich ebenso, weil sie mitgeholfen hat, der zweiten Serie einen guten Start zu verschaffen. Ihre Unterlagen halfen uns dabei, viele Irrtümer zu umgehen, die sich in die Trek-Überlieferungen eingeschlichen haben.

Ebenfalls möchten wir dem Associate Producer der ersten *Star Trek*-Serie und leitenden Produzenten von *Raumschiff Enterprise: Das nächste Jahrhundert* Bob Justman für die Überprüfung dieses Buchs danken und dafür, daß er uns seine Veteranen-Kenntnisse über die Entstehung beider Serien zur Verfügung stellte.

Wir möchten Richard Arnold unseren Dank aussprechen dafür, daß er sich als wertvolle Hilfe erwiesen hat, als wir Dutzende von obskuren Informationen zusammengetragen haben, die dieser Chronologie als Rahmen dienen. Richard half auch sehr bei der Forschung und beim Korrekturlesen. Sein enzyklopädisches Wissen in bezug auf *Star Trek* steuerte viel dazu bei, dieses Buch in der Spur zu halten.

Unser Dank geht auch an den *Raumschiff Enterprise: Das nächste Jahrhundert*-Produzenten Ronald D. Moore, weil er uns eine Menge kluger Hintergrundeinsichten in die Serie gegeben hat. Ron weiß auch eine ganze Menge über beide *Raumschiff Enterprise*-Serien und seine Kommentare halfen uns, eine große Anzahl von Fehlern zu beseitigen.

Wir stehen in der Schuld von Leslie Blitman für die hervorragende Arbeit bei der Edition des Index von diesem Buch — wir wissen, daß es eine entmutigende Arbeit war. Bei der Forschung und beim Korrekturlesen haben sehr geholfen: Mike Rosen, Kurt Hanson, Guy Vardaman, Nancy Ohlson, Richard Barnett, Carole Lyne Ross, Tim DeHaas, Diane Lee Baron, Greg und Mary Varley, Jeff und Kiku Annon, Shelly Perron und John Tuttle. Dank Euch allen.

Greg Jein baute mehrere Original-Raumschiffmodelle, die für einige der Photographien in diesem Buch benutzt wurden. Wir sind sehr erfreut und dankbar, sein Talent und seine Energie bei diesem Projekt dabei gehabt zu haben. Diejenigen, die mit der Trek-Geschichte vertraut sind, haben vielleicht Gregs Modell des nie zuvor gesehenen Sternenschiffs der *Daedalus*-Klasse erkannt, das auf einem frühen Konzept für die U.S.S. *Enterprise* basiert, das 1964 vom künstlerischen Leiter der Originalserie, Matt Jefferies, entwickelt wurde. Greg hat auch ein altes romulanisches Schiff gebaut, das auf den Beschreibungen eines frühen Entwurfs von »Spock unter Verdacht« beruht, ebenso wie auf Vermutungen basierende Konstruktionen von Zefram Cochranes erstem warpbetriebenen Raumschiff und von der S.S. *Valiant* (die in »Spitze des Eisbergs« erwähnt, aber nicht gezeigt wird). Gregs Modelle wurden von Doug Drexler (der auch beim Retuschieren der Photos in diesem Buch half) photographiert. Dank Greg und Doug sind alle diese Schiffe in diesem Buch erstmals als Photographien zu sehen.

Bei Paramount möchten wir unseren Dank aussprechen für Hilfe, Unterstützung und Enthusiasmus von Rick Berman, Michael Piller, Ralph Winter, Jeri Taylor, David Livingston, Peter Lauritson, Merri Howard, Brad Yacobian, Bobby della Santina, Brannon Braga, Ira Steven Behr, Peter Allan Fields, Wendy Neuss, Gary Hutzel, Heidi Julian, Steve Frank, Susan Sackett, Denny Martin Flinn und Ralph Johnson. Unseren Kollegen und Freunden der künstlerischen Abteilungen von *Star Trek*: Tom Betts, Nathan Crowley, Ricardo Delgado, Wendy Drapanas, Doug Drexler, Bill Hawkins, Joseph Hodges, Richard James, Alan Kobayashi, Jim Magdaleno, Randy McIlvain, Jim Martin, Andy Neskoromny, Louise Nielsen, Andrew Probert, Gary Speckman, Rick Sternbach und Herman Zimmerman. In Paramounts Verkaufs- und Lizenzabteilung: Paula Block, Brooks Branch, Suzie Domnick, Bonnie Foley, Andrea Hein, Terri Helton, Carla Mason, Christin Miller, Tammy Moore, Helene Nielsen, Neil Newman, Pamela Newton, Debbi Petrasek, David Rosenbaum und Valerie Shavers.

Bei Pocket Books möchten wir Dave Stern, Kevin Ryan und Scott Shannon danken. Wir sind auch unserer Agentin Sherry Robb dankbar, die uns bei diesem Buch unermüdlich unterstützte.

Wir möchten besonders die Pionierarbeit von Bjo Trimble würdigen, deren *Star Trek-Konkordanz* eine wertvolle Informationsquelle für das Zusammentragen dieser Chronologie bildete, so wie sie es schon für die Produktion aller *Star Trek*-Filme und Folgen seit der Originalserie gewesen ist. Bjos Konkordanz ist um so erstaunlicher, wenn man bedenkt, daß sie ursprünglich in einer Zeit entstanden ist, als es noch keine Videorecorder gab. (Bjo hat ihrerseits das Werk von Dorothy Jones Heydt gewürdigt, deren Forschungsarbeiten die Grundlage der ursprünglichen Fanversion der Konkordanz bildeten.)

Wir möchten uns auch bei den *Star Trek*-Enthusiasten bedanken, die uns ihre eigenen Versionen einer *Star Trek*-Chronologie haben zukommen lassen. Ihre beträchtliche Genialität und detaillierte Forschungsarbeit dienten diesem Werk als hilfreiche Infor-

Danksagungen

mationsquellen. Alex Rozensweig, Erik Pflueger, Gary Wallace, David B. Dornburg, Terry Jones, Melvin H. Schuetz und Ronald M. Roden, Jr. entwickelten alle unterschiedliche, aber glaubhafte alternative Versionen dieser Geschichte. Dank auch an Bjo Trimble, die uns mit Material zur Zeitabfolge versorgte, das sie zusammengetragen hatte. Die Tatsache, daß sich einige unserer Schlüsseldaten von denjenigen in von Fans geschriebenen Chronologien unterscheiden, läßt keine Rückschlüsse auf ihre Arbeit zu und bedeutet nicht notwendigerweise, daß sie Unrecht haben; sie zeigt nur, daß wir unterschiedliche grundlegende Voraussetzungen gewählt haben. Wir hoffen, daß ihnen gefällt, was wir entwickelt haben.

Speziellen Dank an Keith Birdsong, Charlie und Beverly Kurts, Diane Saunders, Naren Shanker, Marc Okrand, David Gerrold, Jackie Edwards, Carmen Carter, Jeanne Dillard, George Kalogridis, Bob Greenberger, Larry Yaeger, Peter Kavanagh, Carl Done, Bobby Richardson, Diane Castro, Jim und Barbara Van Over, Scott Leyes, Ira C. Neuss, Anthony Fredrickson, Donna Drexler, »Microbe« York, Tom Servo (Space Hero), Liz Radley, Terry Erdmann (haben wir's diesmal richtig buchstabiert?), Dennis Bailey, Michael J. Lim, Gerald Kawaoka, Wayne Momii, Mary van de Ven, Bob Abraham, Glee und Tom Stormont, Lillian Holt, Ed Miarecki, Larry Nemecek, Roy Cameron, Steve Horch, K.M. »Killer« Fish, Ken und Trish Yoshida, Dr. med. Chris Hill, Tom Mirek, Kathy Leprich, Pat Repalone, James Arakaki, Craig Nagoshi, Judy Saul, Tamara Haack, Todd Tathwell, Craig Okuda, Annette Yokoyama und schließlich an Caitie Mirek für Forschungsarbeiten und dafür, daß sie ihrer Mutter das Monopol über den Videorecorder überlassen hat.

Verzeichnis der Photographen: Viele der Photographien in diesem Buch wurden direkt von Film- und Videostandbildern der eigentlichen Folgen und Filme übernommen. Daher sind die photographischen Leiter der Serien dafür verantwortlich: Jerry Finnerman und Al Francis (Originalserie *Raumschiff Enterprise*), Richard H. Kline *(Star Trek – Der Film)*, Gayne Rescher *(Star Trek II – Der Zorn des Khan)*, Charles Correll *(Star Trek III – Auf der Suche nach Mr. Spock)*, Don Peterman *(Zurück in die Gegenwart – Star Trek IV)*, Andrew Laszlo *(Star Trek V – Am Rande des Universums)*, Hiro Narita *(Star Trek VI – Das unentdeckte Land)*, Ed Brown, Jr. *(Raumschiff Enterprise: Das nächste Jahrhundert, 1. und 2. Jahr)* und Marvin Rush *(Raumschiff Enterprise: Das nächste Jahrhundert, 3. – 5. Jahr)*. Produktionsstandphotos von: Mel Traxel *(Star Trek I)*, Bruce Birmelin *(Star Trek II, IV und V)*, John Shannon *(Star Trek III)* und Gregory Schwartz *(Star Trek VI)*. Zu den Standbildphotographen von *Raumschiff Enterprise: Das nächste Jahrhundert* gehören: Kim Walker, Julie Dennis, Robbie Robinson, Fred Sabine und Michael Paris. (Wir entschuldigen uns im Voraus, weil wir wissen, daß dies keine vollständige Liste der Standbildphotographen ist.) Standbilder der ILM-Effekte von Terry Chostner und Kerry Nordquist.

Zusätzliches photographisches Quellenmaterial wurde beigesteuert von Greg Jein, Doug Drexler, der National Aeronautics and Space Administration, Mary Henderson (Smithsonian National Air and Space Museum), Bill George (Industrial Light and Magic), Brian Young und Richard Barnett. Vielen Dank an Paula Block für ihre Hilfe in Paramounts Archiven und bei deren Photofreigaben. Dank auch an Majel Barrett-Roddenberry für die Erlaubnis, das Photo ihres Ehemannes zu verwenden. Bilder der achten Dimension freundlicherweise zur Verfügung gestellt von John Whorfin, Yoyodyne Propulsion Systems. Für alle *Star Trek*-Photos liegen die Copyright-Rechte bei Paramount Pictures, die sie uns zur Verfügung gestellt haben und sich alle Rechte vorbehalten.

Debbie Mirek, deren entscheidende Hilfe bei diesem Projekt auf der vorigen Seite gewürdigt wurde, möchte sich bedanken bei: Jane Hully, R.N. und Midge Gerhardt, R.N. dafür, daß sie mit einer Person weiterhin zusammengearbeitet haben, die die ganze Nacht über Sternzeiten vor sich hinbrabbelte, und daß sie Ferngespräche mit ihren Vätern führten, um ihnen meine dummen Fragen zu stellen. Robert Hully, M.D. und Thomas Gerhardt, USN (ret.) für die Beantwortung meiner dummen Fragen. Bob und Jean Mirek dafür, daß sie mir einen neuen Videorecorder gekauft haben, als ich den alten kaputtgekriegt hatte. Roxanne Bunn und speziell meiner Mutter, Pat Packard, für Babysitting über jede Pflichterfüllung hinaus!

Wir möchten unseren Eltern Hiromi und Patsy Okuda und Jack und Carolyn Tathwell danken. Ohne ihre Unterstützung, Ermutigung und Liebe wären wir nicht die, die wir sind, und dieses Buch befände sich nicht in Ihren Händen.

Schließlich unsere Liebe und unseren Dank an Gene Roddenberry, der so viele Leute zusammenbrachte, um eine Fernsehserie zu produzieren, die den Zuschauern schon ein Vierteljahrhundert lang so viel Freude bereitet hat. Dieses Buch ist eine Verherrlichung seines Werkes.

Michael Okuda   Denise Okuda

1.0 Die weit zurückliegende Vergangenheit

Die Maschinengottheit Vaal vom Planeten Gamma Trianguli VI, vor ungefähr 10 000 Jahren.

Die Daten- und Altersangaben der Punkte in diesem Kapitel beruhen zum größten Teil auf Vermutungen. Es ist durchaus möglich, daß viele einzelne Ereignisse in einer völlig anderen Reihenfolge als hier dargestellt stattgefunden haben. Diese Schätzungen sollen lediglich den generellen Ablauf der Geschichte vermitteln.

*Die Daten in diesem Abschnitt werden von der Originalserie **Raumschiff Enterprise** (ca.2266) ausgehend zurückgerechnet. Das bedeutet aber, daß ein Ereignis, das als vor 500 Jahren geschehen beschrieben wird, ungefähr 200 Jahre vor unserer Gegenwart stattgefunden hat. Wir haben sowohl in diesem Kapitel als auch im folgenden einige Daten außerhalb der Trek-Geschichte angegeben, um eine Zuordnung zu den Ereignissen der »wirklichen« Geschichte zu ermöglichen.*

Vor 15 Milliarden Jahren

Das Universum entstand durch eine riesige Explosion, die als Urknall bezeichnet wird. Im Anschluß an die Explosion verdichteten sich Materie und Energie nach und nach zu dem Universum, das wir heute kennen.

Wissenschaftliche Theorie.

Vor 6 Milliarden Jahren

Der Wächter der Ewigkeit

Der Wächter der Ewigkeit war ein Zeitportal, das vor Milliarden von Jahren erschaffen wurde. Es blieb mindestens bis zum 23. Jahrhundert funktionstüchtig und könnte das letzte erhaltene Artefakt einer unglaublich alten Zivilisation sein. Allerdings sind sowohl sein Ursprung als auch sein Zweck immer noch völlig unklar.

»Griff in die Geschichte.« Der Wächter sagte, er habe auf eine Frage gewartet »seit der Zeit, bevor Eure Sonne heiß im Weltall brannte und bevor Eure Rasse geboren wurde,« was die Vermutung nahelegt, daß er mindestens fünf Milliarden Jahre alt war. Interessanterweise registrierte Spocks Tricorder für die Ruinen, die den Wächter umgaben, ein Alter von ungefähr 10 000

Die weit zurückliegende Vergangenheit

Jahren. Man könnte spekulieren, daß der Wächter entweder kein Artefakt dieser Zivilisation war oder daß die Zivilisation, um die es geht, Milliarden von Jahren existiert hat, möglicherweise durch die Hilfe des Wächters.

Vor 5 Milliarden Jahren

Der Stern, der eines Tages Sol genannt werden sollte, begann sich aus einem Nebel zu verdichten und formte dadurch die Sonne und unser Sonnensystem.

Wissenschaftliche Theorie.

Vor 2 Milliarden Jahren

Die Zivilisation auf dem Planeten Tagus III stand vor zwei Milliarden Jahren in voller Blüte. Im 24. Jahrhundert bleibt noch vieles in Bezug auf diese uralte Rasse geheimnisumwoben, was zumindest zum Teil auf die Tatsache zurückzuführen ist, daß die Ruinen auf dem Planeten seit dem 23. Jahrhundert (nach irdischer Zeitrechnung) abgesperrt sind. Trotzdem bleibt Tagus interessant für Archäologen und Enthusiasten, zu denen auch Captain Jean-Luc Picard gehört.

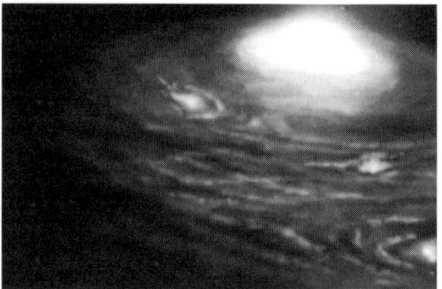

Die Entstehung eines Sonnensystems

»Gefangen in der Vergangenheit.« Q erzählte Picard, daß die Leute auf Tagus vor zwei Milliarden Jahren »wirklich phantastische Feste gefeiert« hätten.

Erste einzellige Organismen entwickelten sich auf der Erde.

Wissenschaftliche Theorie.

Vor Millionen von Jahren

Die Bewohner des Planeten Organia durchliefen eine Verwandlung von humanoiden Körpern in reine Energiewesen.

»Kampf um Organia.« Ayelborne sagte, daß sein Volk sich vor Millionen von Jahren so weit entwickelt hatte, daß es keine physischen Körper mehr benötigte.

Organier in ihrer Form als Energiewesen

Vor einer Million Jahren

Das Tkon-Empire starb vor ungefähr 600 000 Jahren aus, als seine Sonne zur Supernova wurde. Dies geschah in einer Zeit, die die Tkon das Zeitalter des Makto nannten. Der Legende entsprechend waren die Tkons irgendwann einmal sehr mächtig, sie sollen sogar in der Lage gewesen sein, Sterne zu bewegen. Zu den Zeitaltern vor dem Zeitalter des Makto gehören diejenigen des Fendor, Ozari, Xora, Cimi und Bastu. Die Bevölkerung der Tkon ging in die Billionen.

»Der Wächter.« Data berichtete über die Geschichte des Tkon-Empire aus den Computeraufzeichnungen.

Das Portal zum Tkon-Empire

Sargons Volk, eine technologisch hochentwickelte Zivilisation, erforschte an Bord von Raumschiffen die Galaxie und gründete auf vielen Planeten Kolonien. Spock stellte Vermutungen darüber an, daß Sargons Bericht über diese Kolonisation bestimmte Elemente in der Vorgeschichte von Vulkan erklären könnte, was darauf schließen ließe, daß Spocks Volk möglicherweise ursprünglich von Sargons Planet stammte.

»Geist sucht Körper.« Sargon erzählte Kirk, daß sein Volk vor 600 000 Jahren Kolonien gegründet habe.

Vor 500 000 Jahren

Vor vielen Jahrtausenden blühte die Zivilisation auf dem Planeten Bajor. Es gab viele Architekten, Künstler, Baumeister und Philosophen. Bis zum 24. Jahrhun-

Die weit zurückliegende Vergangenheit

dert (nach irdischer Zeitrechnung) war die bajoranische Kultur durch die Cardassianer, die die Bajoraner dazu zwangen, auf benachbarte Planeten umzusiedeln, fast vollständig zerstört worden.

»Fähnrich Ro.« Picard bemerkte, daß er sich in der fünften Klasse mit der antiken bajoranischen Zivilisation beschäftigt hatte und daß die antiken Bajoraner ihre Blütezeit hatten, »als die Menschen auf der Erde noch nicht aufrecht gingen«, was auf einen Zeitpunkt vor ungefähr 500 000 Jahren schließen läßt. Dies entspricht dem ersten Auftreten des Homo Erectus, der von den Anthropologen üblicherweise als erster Mensch angesehen wird.

Der Android Ruk

Der Stern Exo, der einmal hell genug gewesen war, um Leben auf dem Planeten Exo III zu ermöglichen, begann vor ungefähr 500 000 Jahren schwächer zu werden, wodurch schließlich die Oberfläche des Planeten mit Temperaturen von 100 Grad unter Null unbewohnbar wurde. Dr. Roger Korbys Forschungen ergaben, daß die Zivilisation, als der Stern schwächer wurde, unter die Planetenoberfläche verlegt wurde, um zu überleben. Dabei wurde sie immer mechanisierter und weniger menschlich. Der Android Ruk war von der antiken Zivilisation, die er »die Vorfahren« nannte, erschaffen worden. Zu der Zeit, als Korby auf Exo III eintraf, hatte Ruk die Maschinen der Ureinwohner schon viele Jahrhunderte lang bedient. Androiden waren in der untergegangenen Kultur anscheinend absolut üblich gewesen, aber zu einem gewissen Zeitpunkt hatten die Ureinwohner angefangen, ihre Geschöpfe zu fürchten, und versuchten sie zu deaktivieren. Die Androiden lernten nach und nach, sich zu verteidigen, was zum Tod der Ureinwohner führte.

»Der alte Traum.« Spock bemerkte, daß der Stern schon seit einer halben Million Jahren schwächer wurde.

Unter der Oberfläche von Sargons Planeten aufbewahrte Urnen

Eine furchtbare Auseinandersetzung vernichtete die gesamte Atmosphäre auf Sargons Planet vor ungefähr 500 000 Jahren. Der Planet war danach fast vollständig tot, wobei die einzigen Überlebenden im Zustand vorübergehender Leblosigkeit tief unter der Oberfläche in speziellen Urnen aufbewahrt wurden. Jahrtausende später beschrieb Sargon die Verheerung als Ergebnis einer Krise, die entsteht, wenn eine Zivilisation so mächtig wird, daß sich die Bewohner für »Götter« halten. Vor dieser Katastrophe war Sargons Volk an Bord von Raumschiffen durch die Galaxie gereist.

»Geist sucht Körper.« Spock bemerkte, daß die Atmosphäre des Planeten vor ungefähr einer halben Million Jahren vernichtet worden war.

Vor Tausenden von Jahrhunderten wurden die technologisch hochentwickelten Bewohner des Planeten Talos IV durch einen furchtbaren Krieg nahezu ausgelöscht. Der Krieg machte die Oberfläche des Planeten unbewohnbar, und die wenigen übriggebliebenen Talosianer überlebten dadurch, daß sie unter der Oberfläche lebten. Da sie dieses Leben nicht ausfüllte, widmeten sie sich ganz der Weiterentwicklung ihrer mentalen Kräfte, während ihre technischen Fähigkeiten verkümmerten. Sie entwickelten eine Verfahrensweise, die es ihnen ermöglichte, illusorische Erlebnisse auf telepathischem Wege mit den Exemplaren in ihrer Menagerie fremder Lebensformen zu teilen, die sie vor dem Krieg in ihrer Zeit als Raumfahrer gesammelt hatten. Die Talosianer fanden schließlich heraus, daß solche Illusionen ein gefährliches Narkotikum darstellten, das die Überreste ihrer Zivilisation beinahe zerstört hätte.

Ein Talosianer

»Talos IV — Tabu«/»Der Käfig.« Vina erzählte Pike von dem Krieg »vor Tausenden von Jahrhunderten« und seinen Konsequenzen. Dies scheint darauf hinzudeuten, daß der talosianische Krieg irgendwann zwischen 100 000 und 900 000 Jahren in der Vergangenheit stattfand.

Die weit zurückliegende Vergangenheit

Vor 200 000 Jahren

Die Zivilisation des Planeten Iconia hatte ihre Blütezeit vor vielen Jahrtausenden und hatten großen Einfluß auf viele antike Kulturen, wie durch linguistische Ähnlichkeiten zwischen dem Iconianischen, Dewanischen, Iccobarischen und Dinasischen belegt wird. Antike Texte beschrieben die Iconier als »Dämonen der Luft und der Dunkelheit«, was nahelegt, daß die Iconier auch ohne Raumschiffe zu anderen Planeten reisen konnten, möglicherweise mit Hilfe eines interdimensionalen Transportsystems. Die iconianische Zivilisation wurde offensichtlich vor ungefähr 200 000 Jahren vernichtet, als alle größeren Städte auf Iconia durch einen Beschuß aus dem Orbit stark beschädigt wurden.

»Die Iconia-Sonden.« Vor ungefähr 200 000 Jahren, laut Captain Donald Varleys Deutung archäologischer Funde von Denius III.

Die Oberfläche des Planeten Iconia, nach Auslöschung fast aller Zeichen der Zivilisation durch orbitalen Beschuß.

Vor 50 000 Jahren

Die Horta des Planeten Janus VI begannen ihren jüngsten Zyklus der Wiedergeburt vor ungefähr 50 000 Jahren. Zu jener Zeit starb ihre gesamte Rasse bis auf ein Individuum, das ihre Brutkammer hütete, in der die Eier für die nächste Generation von Horta aufbewahrt wurden. Dieses Individuum wurde die »Mutter« ihrer Rasse.

»Horta rettet ihre Kinder.« Spock erfuhr die Geschichte der Horta während seiner Gedankenverschmelzung.

Lokai vom Planeten Cheron versuchte, eine Revolution gegen die Regierung dieses Planeten anzuführen, um gegen seiner Meinung nach rassische Ungerechtigkeit und Unterdrückung seines Volkes zu kämpfen. Die von der Regierung von Cheron angeblich eingeführten Reformen reichten Lokai und seinen Gefolgsleuten nicht aus. Lokai wurde des Hochverrats für schuldig befunden, ihm gelang jedoch die Flucht vom Planeten. Über 50 000 Jahre lang wurde er von Bele verfolgt. Dies sollte erst enden, nachdem der Rassenhaß ihre gesamte Zivilisation zerstört hatte.

»Bele jagt Lokai.« Bele erklärte, daß er Lokai seit über 50 000 Jahren quer durch die Galaxie jage.

Mutter Horta hütet ihre Nachkommen in der Brutkammer.

Zwei unbekannte Gegner kämpften außerhalb unserer Galaxie einen furchtbaren Krieg, der im Gebrauch des »Planeten-Killers« gipfelte. Obwohl es als Bluff gedacht war, war das Gerät so mächtig, daß es beide Seiten vernichten konnte. Ärgerlicherweise tat die planetenzerstörende Waffe offensichtlich genau dies und wanderte anschließend für ungezählte Jahrtausende durch den intergalaktischen Raum, bevor es mindestens sechs Sonnensysteme in der Nähe von L-374 in unserer eigenen Galaxie angriff.

»Planeten-Killer.« Das Datum des antiken Krieges ist unbekannt, aber es war wahrscheinlich vor vielen Jahrtausenden, währenddessen die Waffe offensichtlich eine intergalaktische Entfernung durchquerte.

Der Planeten-Killer

Vor 25 000 Jahren

Die erste von mindestens 947 archäologischen Expeditionen zu den antiken Ruinen auf dem Planeten Tagus III wurde vor ungefähr 22 000 Jahren durchgeführt. Zu diesen Erkundungen gehörten eine Reihe von vulkanischen Expeditionen, die sich auf den nordöstlichen Teil der Stadt konzentrierten.

»Gefangen in der Vergangenheit.« Picard beschrieb die Geschichte von Tagus' archäologischer Erforschung in seiner Rede zum jährlichen Symposium für das Archäologie-Konzil.

Die weit zurückliegende Vergangenheit

Die Trill begannen als symbiotische Spezies zu leben, eine Verbindung intelligenter, aber hilfloser Wesen mit humanoiden Wirtskörpern, in denen sie leben. Diese symbiotische Beziehung ist so vollständig, daß die meisten Außenstehenden vereinte Trills als ein einziges Wesen betrachten.

»Odan, der Sonderbotschafter.« Odan bemerkte, daß sein Volk auf diese Art seit Jahrtausenden überlebt hat.

Vor 10 000 Jahren

Zum Schutz der Bewohner des Planeten Gamma Trianguli VI wurde vor mindestens 10 000 Jahren der Maschinengott Vaal erbaut, um für Nahrung zu sorgen und das Klima zu kontrollieren.

»Die Stunde der Erkenntnis.« Spock beschrieb Vaal als sehr alt und sehr kunstfertig gebildet. McCoy bemerkte, daß es auf diesem Planeten offensichtlich *»seit 10 000 Jahren keine Veränderung, keinen Fortschritt gegeben hat«*, was nahelegt, daß Vaal vorher konstruiert wurde.

Maschinengottheit Vaal

Eine Rasse intelligenter raumfahrender Organismen wurde vor einigen Jahrtausenden fast vollständig ausgerottet. Diese Organismen gingen symbiotische Verbindungen mit humanoiden Lebensformen ein, die in ihren Körpern lebten. Sie versorgten sie mit allen lebensnotwendigen Dingen und wurden so zu »lebenden Raumschiffen« für ihre humanoiden Gefährten. Das letzte überlebende Exemplar, ein Individuum, das sich selbst Gomtuu nannte, wurde verletzt, als Strahlung einer Explosion seine äußeren Schichten durchdrang und dadurch seine Besatzung tötete. Jahrtausende lang wanderte Gomtuu allein durch den Raum, suchte erfolglos nach anderen seiner Art und wurde nach und nach depressiv, da es für sein emotionelles Gleichgewicht auf die humanoide Besatzung angewiesen war.

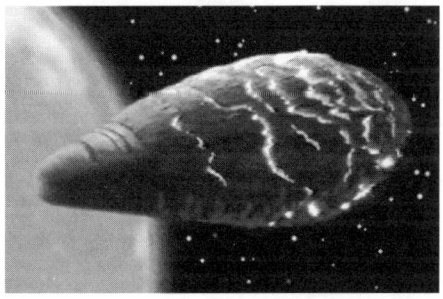

Gomtuu, ein im Weltall geborener Organismus.

»Der Telepath.« Tam Elbrun bemerkte, daß Gomtuu seit Jahrtausenden im Raum umherwanderte.

Die Sonne des Fabrini-Systems wurde vor ungefähr 10 000 Jahren zur Nova und zerstörte dadurch die Planeten dieses Systems. Vor diesem Ereignis bauten die Bewohner des Planeten Fabrina eine gigantische Raumarche, um das Überleben ihrer Spezies zu sichern. Die Arche, die aus einem Asteroiden mit einem Durchmesser von 200 Meilen konstruiert wurde, wurde von ihren Bewohnern *Yonada* genannt und war erbaut worden, um für die zehn Jahrtausende dauernde Reise zu einem Planeten in der Nähe von Darin V die Oberfläche ihrer Heimatwelt perfekt zu simulieren.

»Der verirrte Planet.« Spock bemerkte, daß **Yonada** seit 10 000 Jahren auf der Reise war.

Die Kalandaner konstruierten zur Kolonisation einen kleinen Planeten, der ungefähr so groß wie der Mond der Erde war. Trotz seiner geringen Größe hatte der Planet Umweltbedingungen der Klasse M. Auf ihm befand sich ein Außenposten der Kalandaner, bis ein tödlicher Krankheitsorganismus, der versehentlich beim Bau des Planeten erschaffen worden war, alle Bewohner tötete. Dadurch blieben die automatischen Verteidigungssysteme in Funktion, die den nun unbewohnten Außenposten weiterhin schützten.

»Gefährliche Planetengirls.« Der kalandanische Planetoid wurde als gerade ein paar tausend Jahre alt beschrieben.

Landru
von Beta III

Vor 6 000 Jahren

Landru, der große Führer des Planeten Beta III im Sternensystem C-111, beschloß, für die Zukunft seines Volkes nach seinem Tod vorzusorgen, indem er

Die weit zurückliegende Vergangenheit

ein mächtiges Computersystem erschuf, das die Gesellschaft des Planeten regieren sollte. Bevor Landru an die Macht kam, wurde der Planet durch Kriege verwüstet. Landru veränderte seine Gesellschaft und kehrte so zu einer einfachen Zeit des Friedens und der Ruhe zurück. In den Computer, der vor ungefähr 6000 Jahren in Betrieb genommen wurde, wurde Landrus gesamtes Wissen einprogrammiert und dazu die Hauptdirektive, immer zum Wohle des Volkes zu handeln. Das Volk erfuhr nie, daß Landru nach seinem Tod durch einen Computer ersetzt worden war.

»Landru und die Ewigkeit.« Reger beschrieb eine hochtechnische Beleuchtungstafel als sehr alt, von vor der Zeit Landrus, und setzte hinzu, es sei spekuliert worden, daß das Kunstwerk daher 6000 Jahre alt sei. Spock bemerkte, daß Landru die Maschine vor 6000 Jahren gebaut und programmiert habe.

Unbekannte Außerirdische nahmen vor ungefähr 6000 Jahren einige Menschen von der Erde mit, um sie auf einem fernen Planeten zu erziehen. Die Nachkommen dieser Menschen wurden über Generationen hinweg darauf vorbereitet, heimlich zur Erde zurückzukehren. Dort sollten sie eingesetzt werden, um die Erde an der Selbstzerstörung zu hindern, bevor sie zu einer friedlichen Gesellschaft heranreifen konnte.

Gary Seven, menschlicher Abstammung, aber von unbekannten Außerirdischen großgezogen.

»Ein Planet, genannt Erde.« Gary Seven beschrieb dem Beta-Fünf-Computer seine Mission.

Auf dem Planeten Sigma Draconis VI begann eine Eiszeit und löste eine außergewöhnliche Rückentwicklung der dortigen Zivilisation aus. Die Gesellschaft, die einmal technologisch höher entwickelt gewesen war als die Föderation im 23. Jahrhundert, fiel regelrecht in die Steinzeit zurück. Auch wenn einige Elemente ihrer früheren technologischen Errungenschaften bis ins 23. Jahrhundert erhalten blieben, verstanden die Planetenbewohner die Technologie nicht mehr.

»Spocks Gehirn.« Spock beschrieb die Geschichte des Planeten.

Die Verhältnisse auf der Oberfläche des Planeten Sigma Draconis VI.

Vor 5000 Jahren

Der Planet Erde wurde vor ungefähr 5000 Jahren von einer Gruppe Außerirdischer besucht, die sich am Mittelmeer niederließen. Die Außerirdischen, die mit starken psychokinetischen Fähigkeiten ausgestattet waren, wurden von den alten Griechen als Götter verehrt und waren anscheinend der Ursprung vieler griechischer Mythen. Als sich die Menschen so weit entwickelt hatten, daß sie keinen kulturellen Nutzen mehr als diesen Göttern zogen, verließen diese die Erde und übersiedelten nach Pollux IV. Viele Jahre später versuchte der letzte dieser Außerirdischen – der einmal als Gott Apollo bekannt gewesen war – Besatzungsmitglieder der *Enterprise* dazu zu überreden, ihn wie die alten Griechen anzubeten.

»Der Tempel des Apoll.« Apollo beschrieb die Geschichte seines Volkes, wobei er den Besuch bei den alten Griechen vor 5000 Jahren erwähnte.

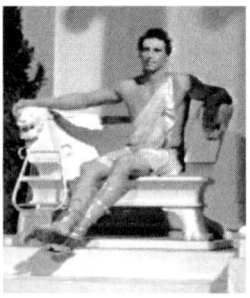

Der griechische Gott Apollo

Der Planet Sarpeidon erlebte vor ungefähr 5000 Jahren eine Eiszeit. Eine aus der Gegenwart Sarpeidons stammende Frau, Zarabeth, wurde von dem Tyrann Zor Khan in diese Vergangenheit verbannt, nachdem zwei Verwandte von Zarabeth sich verschworen hatten, den Diktator zu ermorden. Zarabeth lebte vollkommen allein in dieser Vergangenheit, bis auf die kurze Zeit, die sie mit Spock und McCoy verbrachte, als diese versehentlich durch Sarpeidons Atavachron-Zeitportal in die Vergangenheit reisten.

»Portal in die Vergangenheit.« Spock und McCoy reisten in Sarpeidons 5000 Jahre zurückliegende Vergangenheit.

Zarabeth

Die weit zurückliegende Vergangenheit

4000–3000 vor Christus: Erste groß angelegte menschliche Zivilisationen entwickelten sich in der Region Sumer im Tal des Flusses Nil auf der Erde. Die Sumerer waren verantwortlich für die älteste bekannte Schriftart, die Keilschrift. Die Zivilisation besaß die ersten Aufzeichnungen über den Gebrauch von Gefährten auf Rädern. Die ersten epischen Erzählungen von Gilgamesch enstanden in dieser Zeit.

Geschichtliche Aufzeichnungen.

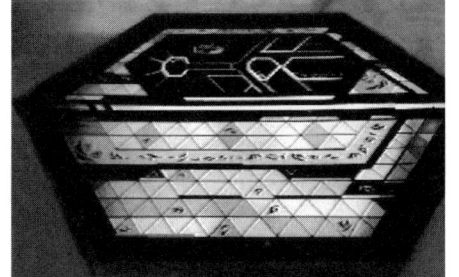

Kontrollkonsole des Kustos

Im Epsilon Mynos Sternensystem errichteten die Vorfahren der Aldeaner einen starken Tarnschild um ihren gesamten Planeten, der von einem hochentwickelten Computer (genannt »der Kustos«) gesteuert wurde. Die Erinnerung an die Aldeaner, die die Anonymität suchten, um von Plünderern und anderen feindlichen Passanten verschont zu werden, verblaßte schließlich zur Legende, bis ihr Tarnschild anfing, größere Umweltschäden auf Aldea anzurichten, wodurch die Aldeaner im Jahre 2364 gezwungen wurden, Hilfe von außen zu suchen.

»Die Sorge der Aldeaner.« Rashella bemerkte: »Für viele Jahrhunderte (Anm.d.Ü.: im Original: Jahrtausende) hatten wir uns hinter unserem Tarnschild versteckt.« Duana bemerkte, daß ihr Hauptcomputer, der Wächter, von den Vorfahren vor vielen Jahrhunderten erbaut worden war.

Flint

3834 vor Christus: Geburt des (fast) unsterblichen Flint in Mesopotamien auf der Erde. Flint beschrieb sein früheres Selbst als einen Rüpel, der trotz schwerer Verletzungen in einem Krieg nicht starb. Flint lebte unter einer Reihe von angenommenen Namen, u. a. Merlin, Leonardo da Vinci und Johannes Brahms, und ließ sich schließlich auf einem kleinen Planeten nieder, den er unter dem Namen Mr. Brack gekauft hatte.

»Planet der Unsterblichen.« Flint beschrieb seine Geschichte.

Der Sahndara genannte Stern wurde vor über 2500 Jahren zur Nova und zerstörte dadurch vermutlich die Planeten in diesem System. Wenigstens einigen der Eingeborenen eines dieser Planeten gelang es, dem Inferno zu entkommen. Sie verbrachten ungefähr um 400 v.Chr. einige Zeit auf der Erde, wo ihr Anführer Parmen ein großer Bewunderer des Philosophen Platon wurde. Nachdem sie die Erde ca. 200 v.Chr. wieder verlassen hatten, siedelten sie auf einem Planeten, den sie Platonius nannten, und versuchten ihre Welt nach Platons Staatsideen zu gestalten. Ungefähr sechs Monate nach ihrer Ankunft auf diesem Planeten begannen die Platonier, starke telekinetische Fähigkeiten zu entwickeln, da sie Spuren des in der Atmosphäre vorkommenden Kironids in sich aufgenommen hatten.

»Platons Stiefkinder.« Parmen bemerkte, daß sein Volk vor ungefähr 2500 Jahren auf ihrem Planeten angekommen war. Philiana, Parmens Frau, sagte, sie sei 2300 Jahre alt, könnte aber in bezug auf ihr Alter gelogen haben.

600–500 vor Christus: Erste Aufzeichnungen von Teilen des Alten Testaments. Geburt von Konfuzianismus und Buddhismus. Blütezeit der griechischen Philosophie und des griechischen Orakels von Delphi.

Geschichtliche Aufzeichnungen.

Zeremonielle Anlagen von Spocks Familie

Spocks Vorfahren wählten sich einen Platz für zeremonielle Anlässe aus, der mindestens bis ins 23. Jahrhundert hinein im Familienbesitz bleibt. Die zeremoniellen Anlagen, die für Paarungsrituale verwendet wird, verkörpern Herz und Seele der Vulkanier, da sie die vulkanische Kultur seit den Anfängen widerspiegeln.

»Weltraumfieber.« Spock bemerkte, daß die Anlagen sich seit über 2000 Jahren im Familienbesitz befanden. T'Paus Kommentare in bezug auf die Zere-

Die weit zurückliegende Vergangenheit

monien legen nahe, daß diese Anlagen älter sind als die vulkanische Reformation.

4 vor Christus: Geburt Jesu Christi. Die Lehren dieses Christus sollten die Grundlage der christlichen Religion der Erde werden.

Geschichtliche Aufzeichnungen.

1. bis 10. Jahrhundert nach Christus

Die Bewohner des Planeten Vulkan waren in furchtbare und vernichtende Kriege verstrickt. Den Grund dafür bildeten die Leidenschaften und Emotionen, von denen sich das vulkanische Volk beherrschen ließ. Spock beschrieb diese Zeit als brutal selbst nach Erdenmaßstäben. Der große Philosoph Surak führte das vulkanische Volk auf den Pfad zu Logik und Frieden, wobei er enormen Mut bewies, da er im Angesicht des Krieges für den Frieden arbeitete. Dies könnte auch das Ereignis gewesen sein, das die Abreise vulkanischer Dissidenten ausgelöst hat, die ihren Heimatplaneten verließen, um schließlich das romulanische Sternenimperium zu begründen.

Surak, der Vater der vulkanischen Philosophie.

»Seit es Menschen gibt.« Spock beschrieb Surak als den Vater der vulkanischen Zivilisation. *»Spock unter Verdacht«, »Die unsichtbare Falle«* und *»Wiedervereinigung ?, Teil 1 und 2«* spielen auf die gemeinsame Abstammung von Vulkaniern und Romulanern an. Es wird kein spezifisches Datum genannt, aber *»Weltraumfieber«* (siehe letzter Eintrag) scheint anzudeuten, daß die Reformation vor ungefähr 2 000 Jahren stattgefunden hat. In *»Portal in die Vergangenheit«* stellt McCoy fest, daß der primitive Spock sich in einen Vulkanier zurückverwandelt hat, wie sie 5 000 Jahre vor seiner Geburt gewesen waren. Dies impliziert, daß die Reformation vor weniger als 5 000 Jahren durchgeführt wurde.

Anmerkung des Herausgebers: Obwohl das Datum der Spaltung von Vulkaniern und Romulanern ebenfalls nicht genau festzulegen ist, scheint dies anzudeuten, daß die interstellare Raumfahrt der Vulkanier ungefähr zwei Jahrtausende vor der der Erde schon hoch entwickelt war.

Die Gesellschaft auf dem Planeten 892-IV, dessen Evolution ähnlich wie die der Erde verlief, entwickelte eine dem alten Rom (auf der Erde) ähnelnde Kultur. Dies ist ein bemerkenswertes Beispiel für Hodgkins Gesetz der parallelen Planetenentwicklung.

»Brot und Spiele.« Kirk bemerkte, daß der Planet von Anführern regiert wurde, die ihre Ahnenreihe 2 000 Jahre zurückverfolgen könnten.

Vor ungefähr 1 500 Jahren brach ein schrecklicher Krieg auf dem Planeten Solais V aus. Der Konflikt zog sich bis weit ins 24. Jahrhundert hinein. Zu dieser Zeit waren beide Seiten vom Aussterben bedroht.

Ein Bewohner des Planeten Solais V.

»Der stumme Vermittler.« Der Krieg auf Solais V hatte zu Beginn der Folge schon fünfzehn Jahrhunderte gedauert.

Das Volk des Planeten Kaelon II führte die Sitte der Auflösung ein, eine Zeremonie, bei der Individuen im Alter von 60 Jahren Selbstmord begehen, um nicht zur Last für ihre Gesellschaft zu werden. Dieser Brauch, der im 24. Jahrhundert immer noch befolgt wird, gilt als Feier des Lebens, indem man ihm ein würdiges Ende verleiht.

»Die Auflösung.« Timicin sagte, daß die Auflösung *»vor fünfzehn oder zwanzig Jahrhunderten«* eingeführt wurde.

Die weit zurückliegende Vergangenheit

Ein Metron

Ein Individuum der metronischen Zivilisation wurde vor ungefähr 1500 Jahren geboren. Im Jahre 2266 war dieses Individuum dafür verantwortlich, daß seine Rasse das Raumschiff *Enterprise* und ein Gorn-Raumschiff im Raum festhielt. Die Metronen versuchen, einen Konflikt zwischen den beiden dadurch zu beenden, daß sie den Kommandanten der beiden Raumschiffe einen physischen Zweikampf ermöglichen. Von den Metronen ist sonst wenig bekannt, da sie beschlossen haben, für die Wissenschaftler der Föderation unentdeckbar zu bleiben.

»*Ganz neue Dimensionen.*« *Der Metron sagte, er sei ungefähr 1500 Jahre alt.*

11. bis 17. Jahrhundert

Die technologisch hochentwickelte Zivilisation auf dem Planeten Ventax II litt vor tausend Jahren unter Überbevölkerung, Umweltverschmutzung und schrecklichen Kriegen. Nach historischen Aufzeichnungen schlossen die Ventaxianer einen Pakt mit einem übernatürlichen Wesen namens Ardra. Sie einigten sich darauf, daß Ardra dem Planeten ein Jahrtausend lang Frieden und Wohlstand gewähren sollte. Am Ende dieser Zeitspanne sollte Ardra dafür berechtigt sein, den Planeten und seine Bewohner für sich zu beanspruchen.

»*Der Pakt mit dem Teufel.*« *Jared, der Anführer der Ventaxianer, beschrieb ihren Pakt mit Ardra und bemerkte dabei, daß er vor zehn Jahrhunderten geschlossen worden sei.*

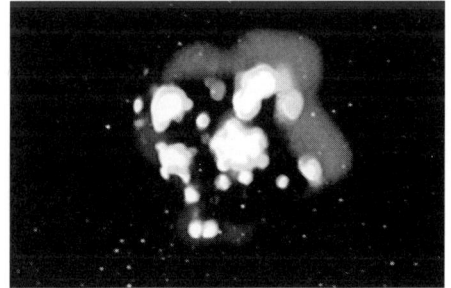

Die Lebensformen von Zetar

Fast das gesamte Leben auf dem Planeten Zetar wurde vor ungefähr tausend Jahren durch eine schreckliche Verheerung zerstört. Nur einhundert Individuen dieses Planeten überlebten in Form von Energiemustern, die ihre Gedanken und ihren Willen verkörperten. Diese Individuen suchten seit einem Jahrtausend nach einem passenden physischen Körper, in dem sie leben könnten.

»*Strahlen greifen an.*« *Die Zetarianer beschrieben Kirk ihre Not.*

Promelianer und Mentharen fochten vor mindestens 1000 Jahren einen vernichtenden Krieg in der Nähe des Planeten Orelious IX aus. Der Krieg war so wild, daß durch ihn der Planet und beide Kulturen vollständig vernichtet wurden. Der Raum in der Nähe des ehemaligen Orelious IX wird nun von einem Asteroidenfeld eingenommen, den Überresten des Planeten.

»*Die Energiefalle.*« *Der Krieg war vor mindestens einem Jahrtausend.*

Der Planet Kataan im silarianischen Sektor machte eine schwere Dürre durch. Die Bewohner des Planeten führten sie auf den allmählichen Anstieg der Sonnenstrahlung zurück. Über den Zeitraum von einigen Jahren gipfelte der Anstieg darin, daß der Stern zur Nova und dadurch das gesamte Leben im System vernichtet wurde. Vor der Explosion hatten die Kataaner eine kleine Raumsonde abgeschossen, die eine Gedächtnisaufzeichnung des Lebens auf diesem Planeten enthielt. Die Sonde reist tausend Jahre durch den Raum, bevor sie auf das Raumschiff *Enterprise* unter dem Kommando von Captain Picard stößt.

»*Das zweite Leben.*« *Data bemerkte, daß der Stern tausend Jahre vor der Folge, die im Jahr 2368 spielt, explodiert war.*

Die Bewohner des Planeten Thasus hatten einst Körper aus fester Materie besessen, haben sich aber schon vor langer Zeit zu reinen Energiewesen fortentwickelt.

»*Der Fall Charlie.*« *Der Thasianer sagte im Gespräch mit Kirk, daß er zu der Form zurückgekehrt sei, die er »vor Jahrhunderten« gehabt hatte, wodurch er andeutete, daß sein Volk vor so langer Zeit feste Körper besessen hatte.*

Die weit zurückliegende Vergangenheit

Vor Jahrhunderten wurde festgestellt, daß der Herrscherfamilie des Ramatis-Sternensystems das für das Gehör notwendige Gen fehlte. Es wurde ein System entwickelt, bei dem ein »Chor« von Dolmetschern für Mitglieder der Herrscherfamilie sowohl hören als auch sprechen. Dieses findige Arrangement wurde jahrhundertelang fortgeführt, wobei jede nachfolgende Generation von Familienmitgliedern des Chors die Dienste ihrer Familie für die Mitglieder der Herrscherfamilie weiterführte.

»Der stumme Vermittler.« Rivas Chor bemerkte, daß das Arrangement schon seit Jahrhunderten bestünde.

Ein interpretierender »Chor« dient als Medium bei der Kommunikation mit den Herrschern des Ramatissystems.

Das Volk des Planeten Ardana erbaute eine herrliche Stadt in den Wolken. Die Stratos genannte Stadt wurde vor Jahrhunderten gebaut und als das schönste Beispiel für Antischwerkraftstabilisation in der Galaxie beschrieben. Die Regierenden der Wolkenstadt versprachen dem Volk von Ardana, daß alle in Stratos leben könnten, aber nach Beendigung der Bauarbeiten wurde den Mitgliedern der Arbeiterklasse nicht erlaubt, dort zu wohnen.

»Die Wolkenstadt.« Vana beschrieb Stratos als vor »Jahrhunderten« erbaut.

625 nach Christus: Mohammed begann den Koran zu schreiben. Dieses Werk sollte der Stützpfeiler der muslimischen Religion werden.

Geschichtliche Aufzeichnungen.

Die Wolkenstadt Stratos oberhalb von Ardana.

Vor Jahrhunderten begann ein Bürgerkrieg auf dem Planet Daled IV. Von den Hemisphären des Planeten, der sich in einem Jahr nur ein einziges Mal um sich selbst dreht, ist die eine ständig beleuchtet und die andere stets dunkel. Aufgrund dessen haben sich zwei ungleiche Zivilisationen auf dieser Welt entwickelt, deren Verschiedenheit dazu führte, daß sie einander viele Jahrhunderte lang bekämpften. Eine junge Frau, deren Eltern von verschiedenen Seiten stammten, wurde später auf einem neutralen Planeten erzogen in der Hoffnung, daß sie ihrer Welt den Frieden bringen könnte.

»Die Thronfolgerin.« Data beschrieb die Geschichte des Planeten und bemerkte dabei, daß der Krieg schon seit Jahrhunderten andauerte.

1609 nach Christus: Galileo Galilei konstruierte das erste astronomische Teleskop der Erde. Galileo sollte später aufgrund seiner Arbeit, die Kopernikus' Sicht des Universums stützte, als Vater der modernen Wissenschaft bekannt werden.

Geschichtliche Aufzeichnungen.

18. Jahrhundert

Eine Gruppe von außerirdischen interstellaren Anthropologen, die Retter genannt wurden, besuchte vor mindestens einigen hundert Jahren die Erde. Sie hielten die Indianer auf der Erde für von der Vernichtung bedroht und verpflanzten daher eine kleine Gruppe von Delawaren, Navajos und Mohikanern auf einen fernen Planeten der Klasse M, wo sie dazu ermutigt wurden, so zu leben, daß ihre Kultur bewahrt bliebe. Da sich dieser Planet in der Nähe eines möglicherweise gefährlichen Asteroidenfeldes befand, sorgten die Retter für einen starken Deflektorstrahlmechanismus, der die Siedlung vor Asteroideneinschlägen schützte. Die umgesiedelten Indianer nennen ihre außerirdischen Wohltäter die Weisen.

»Der Obelisk.« Wenn man die indianische Kultur, wie sie in der Folge zu sehen ist, zugrundelegt, wird die Kolonie wahrscheinlich mindestens 500 Jahre vor der Folge gegründet worden sein, d.h. vor ungefähr 200 Jahren von unserer jetzigen Zeit aus gesehen.

Deflektormechanismus gegen Asteroiden, von den Rettern errichtet.

Die weit zurückliegende Vergangenheit

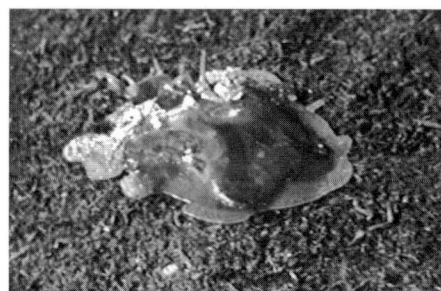

Neurales parasitäres Lebewesen

Von Spock geführte archäologische Forschungen deuten darauf hin, daß das Beta Portolan-System in der fernen Vergangenheit von einem Massenirrsinn heimgesucht wurde. Dies war offenbar dasselbe Leiden, das den Planeten Deneva 2267 befiel, wobei viele Kolonisten starben, darunter Kirks Bruder und Schwägerin. Spock nahm an, daß Beta Portolan die ursprüngliche Quelle des Irrsinns war, der auch den Planeten Lavinius V im Jahre 2067 und Ingraham B im Jahre 2265 Schaden zufügte.

»*Spock außer Kontrolle.*« *Das Datum ist reine Vermutung. Spocks Forschungen deuteten darauf hin, daß ihr Wissen in bezug auf Beta Portolan auf archäologischen Daten basierte, wodurch angedeutet wird, daß der Massenirrsinn Jahrhunderte alt war.*

Die beiden bewohnten Planeten des Eminiar-Sternensystems begannen einen erbitterten Krieg. Die Planeten, Eminiar VII und Vendikar, drohten einander zu zerstören, als eine Übereinkunft erreicht wurde, wonach der Krieg durch Computersimulationen geführt werden sollte. Die Computer sollten dabei auch die Opfer auf beiden Seiten bestimmen. Sobald diese Opfer errechnet waren, würden die entsprechenden Individuen sich in Disintegrationskammern einfinden, so daß ihre Tode aufgezeichnet werden konnten. Repräsentanten von Eminiar VII verteidigten diese Übereinkunft, weil sie beiden Gesellschaften trotz eines vernichtenden Krieges das Überleben ermögliche. Der Krieg der Computer dauerte ungefähr 500 Jahre, bis Captain Kirk 2267 einschritt, indem er die Funkverbindung zwischen den beiden Planeten unterbrach.

Kriegsraum der Computer auf dem Planeten Eminiar VII.

»*Krieg der Computer.*« *Anan Seven bemerkte, daß der Krieg schon 500 Jahre dauerte.*

Kolonisten vom Planeten Peliar Zel wanderten auf die beiden Monde dieser Welt aus. Die Beziehungen zwischen den Kolonien der beiden Monde waren im besten Fall angespannt und Peliar Zels Gouverneur Leka sollte sie später als »zwei zankende Kinder« beschreiben. Die Feindseligkeiten ziehen sich bis ins 24. Jahrhundert, als die Dienste des Trill-Botschafters Odan an der Bewahrung des Friedens im System beteiligt waren.

Autor Samuel Clemens

»*Odan, der Sonderbotschafter.*« *Gouverneur Leka beschrieb die Geschichte des Planeten, wobei er bemerkte, daß die beiden Monde vor fünf Jahrhunderten besiedelt worden waren.*

Hunderte von verurteilten Verbrechern aus dem Sternensystem Ux-Mal wurden auf einem Mond des Planeten Mab-Bu VI inhaftiert. Die Verbrecher wurden irgendwie von ihren Körpern getrennt und ihre Lebensenergie ließ man in den elektromagnetischen Stürmen in der Atmosphäre des Mondes treiben.

»*Ungebetene Gäste.*« *Das Lebewesen, das Trois Körper übernommen hatte, sagte, sie seien schon seit fünf Jahrhunderten inhaftiert.*

19. Jahrhundert

1893: Lieutenant Commander Data wird versehentlich in die Vergangenheit zurückgeschleudert, während er Beweisen nachgeht, daß Außerirdische aus der Zukunft möglicherweise versucht haben, in die Geschichte der Erde einzugreifen. Während er sich im San Francisco des 19. Jahrhunderts befand, begegnete Data dem Autor Samuel Clemens, der durch Datas Aktivitäten mißtrauisch wurde. Data begegnet auch Guinan in der Vergangenheit, wobei er erfährt, daß die zukünftige Barkeeperin der *Enterprise* die Erde ungefähr 472 Jahre vor ihrem Dienst auf dem Raumschiff besucht hatte.

Data und Guinan, die erst später Besatzungsmitglied der *Enterprise* werden wird.

»*Gefahr aus dem 19. Jahrhundert.*« *Das Datum erscheint in einer Zeitungsüberschrift. (Das Datum liegt ungefähr 500 Jahre vor* **Raumschiff Enterprise: Das nächste Jahrhundert.***)*

2.0 Das zwanzigste Jahrhundert

»Wir kamen in Frieden für die gesamte Menschheit«.

1905

Albert Einstein veröffentlicht seine spezielle Relativitätstheorie. Er wird später für sein Werk mit dem Nobelpreis geehrt.

Zeitgenössische Berichte.

1930

Dr. Leonard McCoy, der unter dem Einfluß einer versehentlich gespritzten Überdosis Cordrazine den Wächter der Ewigkeit durchquert, richtet in der Vergangenheit der Erde großen Schaden in bezug auf den Ablauf der Geschichte an, indem er den Tod der Sozialarbeiterin Edith Keeler verhindert. Kirk und Spock folgen McCoy, um dies zu verhindern, und sind auch in der Lage, den Schaden rückgängig zu machen, indem sie dafür sorgen, daß sie doch stirbt. Wäre der Tod Edith Keelers nicht zugelassen worden, so wird berichtet, dann wäre dadurch eine Kettenreaktion von Ereignissen ausgelöst worden, die dazu geführt hätte, daß das nationalsozialistische Deutschland Atomwaffen entwickelt und Hitler mit ihnen den zweiten Weltkrieg gewonnen hätte.

Sozialarbeiterin Edith Keeler

»Griff in die Geschichte.« Edith Keeler sagte McCoy, in welchem Jahr sie sich befanden.

1932

Sieben Frauen werden in Shanghai, China, Planet Erde, erstochen. Die Morde bleiben bis 2267 ungelöst. In diesem Jahr lassen neue Informationen vermuten, daß sie von einem Energiewesen verübt wurden, das von Furcht lebt.

»Der Wolf im Schafspelz.« Computeranalyse brachte die Berichte zutage.

Das zwanzigste Jahrhundert

Jean-Luc Picard als Dixon Hill-Enthusiast.

1934

Die erste Kurzgeschichte über den fiktiven Detektiv Dixon Hill wird im *Amazing Detective Stories Magazine* veröffentlicht. Viele Jahre später wird Captain Jean-Luc Picard von der *Enterprise* ein begeisterter Fan der Dixon Hill-Krimis.

»Der große Abschied.« Data liest die Bibliographie der Dixon Hill-Geschichten in den Computeraufzeichnungen.
Anmerkung der Herausgeber: Die Bildschirmanzeige, die Data beim Studieren der Dixon Hill-Geschichten liest, nennt Tracy Tormé, die Autorin der Folge, als Verfasser dieser Geschichten!

1936

Eine weitere Dixon Hill-Geschichte mit dem Titel »Der lange dunkle Tunnel« erscheint im *Amazing Detective Stories Magazine*.

»Der große Abschied.« Das Datum stammt aus Datas Computernachforschungen.

1945

Die Vereinten Nationen werden auf dem Planeten Erde in der Stadt San Francisco gegründet. Die Organisation repräsentiert einen bedeutsamen Schritt auf dem Weg zum planetaren Frieden.

Zeitgenössische Berichte.

Sputnik I

1957

Sputnik I, der erste künstliche Satellit der Erde, wird ausgesetzt. Damit bricht das Raumfahrtzeitalter der Erde an.

Zeitgenössische Berichte.

Der Kosmonaut Yuri Gagarin

1959

Yuri Gagarin reist an Bord des Raumschiffs *Wostok I* als erster Mensch durch den Raum.

Zeitgenössische Berichte.

1960

Erdgebundene Funkteleskope werden dazu benutzt, nach Anzeichen von Funksignalen von Tau Ceti und Epsilon Eridani zu suchen. Dies ist Teil des Projekts Ozma, eines der ersten irdischen Projekte zur Suche nach außerirdischem Leben.

Zeitgenössische Berichte.

1963

Der Atomwaffensperrvertrag wird auf dem Planeten Erde angenommen. Dieser Vertrag stellt einen bedeutenden frühen Schritt auf dem Weg zur Kontrolle nuklearer Waffen dar.

Zeitgenössische Berichte.

Das zwanzigste Jahrhundert

1966

Wissenschaftler auf Miris Planeten beginnen ein »Lebensverlängerungsprojekt«, indem sie einen Virus erschaffen, der dazu gedacht ist, den Alterungsprozeß zu stoppen. Das Projekt ist ein schrecklicher Fehlschlag und führt zum Tod aller Erwachsenen auf dem Planeten. Die Kinder überleben und altern wesentlich langsamer. Allerdings sorgt der Virus dafür, daß sie nach dem Einsetzen der Pubertät sterben.

»Miri, ein Kleinling.« Spock weist darauf hin, daß das Projekt 300 Jahre vor der Folge (2266) begann.

1968

Die U.S.S. *Enterprise*, die sich auf einer historischen Forschungsmission in die Vergangenheit befindet, begegnet Gary Seven, einem Menschen, der von unbekannten Außerirdischen dazu ausgebildet wurde, nach seiner Rückkehr auf die Erde dem Planeten dabei zu helfen, sein kritisches Atomzeitalter zu überleben. Kirk gefährdet versehentlich diese Mission, ist aber in der Lage, die Ereignisse rückgängig zu machen, bevor eine Atomrakete eine verheerende Explosion anrichten kann.

Gary Seven

»Ein Planet, genannt Erde.« Das Jahr wird von Kirk im Logbuch des Captains festgehalten. Bemerkenswert ist dabei, daß aus Kirks Perspektive diese Ereignisse nach denen im Jahre 1969 aus der Folge »Morgen ist gestern« stattfinden.

Anmerkung der Herausgeber: Diese Folge war eigentlich als Pilotfilm zu einer geplanten Fernsehserie mit dem Namen **Assignment: Earth** *(Anm.d.Ü.: entsprechend dem Originaltitel der Folge) gedacht. Die Serie sollte die Abenteuer von Gary Seven und seiner Assistentin Roberta Lincoln bei der Verteidigung der Erde gegen böswillige Außerirdische behandeln. Der Pilotfilm verkaufte sich nicht und die Serie wurde deshalb nicht produziert.*

1969

Die U.S.S. *Enterprise*, die durch eine nur knapp vermiedene Kollision mit einem schwarzen Loch versehentlich in die Vergangenheit geschleudert wurde, wird als unidentifiziertes Flugobjekt in der Atmosphäre des Planeten Erde entdeckt. Bei dem Versuch, eine weitere Entdeckung zu vermeiden, nimmt Kirk versehentlich Captain John Christopher von der U.S. Air Force gefangen. Christopher wird während des Schleudereffekts bei Erreichen der Lichtgeschwindigkeit, der die *Enterprise* in ihre eigene Zeit zurückführt, an seinen Arbeitsplatz zurückgebracht.

Die U.S.S. *Enterprise* in der oberen Erdatmosphäre.

»Morgen ist gestern.« Uhura fängt eine Radiomeldung mit dem Inhalt auf, daß die erste Mondlandemission am kommenden »Mittwoch, den 16. Juli« gestartet werden soll. Das beschränkt den Zeitraum für die Ereignisse dieser Folge auf die Woche vor Mittwoch, den 16. Juli 1969, an dem **Apollo 11** *startete.*

Anmerkung der Herausgeber: Eine von **Star Treks** *am wenigsten anerkannten Prognosen in bezug auf die Zukunft ist die Tatsache, daß die Autorin Dorothy Fontana genau vorhergesagt hat, daß die erste Mondlandemission an einem Mittwoch starten würde.*

20. Juli 1969: Neil Armstrong wird der erste Mensch, der den Mond der Erde betritt. Die Widmung auf der Landekapsel *Eagle* verkündet: »Wir kamen in Frieden für die gesamte Menschheit.«

Zeitgenössische Berichte.

Erster menschlicher Fußabdruck auf dem Mond

Das zwanzigste Jahrhundert

1974

Fünf Frauen werden in Kiew, UdSSR, Planet Erde, brutal erstochen. Es wird später entdeckt, daß diese Morde wahrscheinlich von demselben Energiewesen verübt wurden, das auch für ähnliche Morde auf dem Planeten Argelius II im Jahre 2267 verantwortlich war.

»Der Wolf im Schafspelz.« Laut Computeraufzeichnungen.

1976

Die Raumsonde *Viking I* landet auf dem Planeten Mars. Dies war der erste größere Versuch der Erde, die Erforschung des Weltraums zur Suche nach außerirdischem Leben zu nutzen.

Zeitgenössische Berichte.

Die Oberfläche des Mars, wie sie von der *Viking* aufgezeichnet wurde.

1977

Das erste Raumschiff *Enterprise* (Space Shuttle OV-101) unternimmt Testflüge.

Zeitgenössische Berichte.

*Anmerkung der Herausgeber: Das Shuttle der NASA wurde natürlich nach dem **Star Trek**-Raumschiff benannt. Die Benennung wurde von Präsident Gerald Ford befohlen, nachdem **Star Trek**-Fans sich sehr dafür eingesetzt hatten. Deshalb ist es nur gerecht, daß das Raumschiff **Endeavour**, ein Schiff der **Nebula**-Klasse, das in »Kampf um das klingonische Reich, Teil 2« erwähnt wird (aber nicht zu sehen ist), nach dem Space Shuttle Orbiter der NASA benannt wurde.*

Das Spaceshuttle *Enterprise*

1981

Das Shuttle *Columbia*, das erste wiederverwendbare Raumschiff der Erde, unternimmt seinen ersten Flug im Orbit.

Zeitgenössische Berichte.

1983

Das Raumschiff *Pioneer 10* wird die erste von Menschen gestartete Raumsonde, die das Sonnensystem der Erde verläßt. Die Sonde treibt in den Tiefen des Raums, bis es im Jahre 2287 von einem klingonischen Bird-of-Prey zerstört wird. *Pioneer 10* startete am 2. März 1972 von der Erde.

*Zeitgenössische Berichte. **Pioneer 10** wurde in **Star Trek V – Am Rande des Universums** zerstört.*

Raumsonde *Pioneer 10*

1986

Sieben Astronauten sterben, als das Raumschiff *Challenger* 73 Sekunden nach dem Abheben explodiert.

Zeitgenössische Berichte.

Ein klingonischer Bird-of-Prey, der von Captain Kirk und seiner Besatzung geflogen wird, landet in San Francisco, um zwei Buckelwale mit zurück in die Zukunft zu nehmen. Durch den Einsatz der Tarnvorrichtung des Schiffs bleibt es vor der terrestrischen Obrigkeit verborgen, auch wenn Commander Pavel Chekov zeitweise vom Militär gefangen gehalten wird. Die Meeresbiologin Gillian Taylor verläßt ihre eigene Zeit und reist mit Kirk ins 23. Jahrhundert.

Dr. Nichols, ein Wissenschaftler und Werksleiter bei Plexicorp in San Francisco, beginnt auf seinem Macintosh-Computer mit der Entwicklung der Molekular-Matrix für transparentes Aluminium.

Die Rettung der Wale.

Das zwanzigste Jahrhundert

Zurück in die Gegenwart — Star Trek IV. Das Datum ist Vermutung. Es basiert auf der Werbung des Studios, daß unsere Helden ins Jahr 1986 zurückgekehrt seien.

1992

Das Buch *Chicago Mobs of the Twenties* erscheint in New York. Ein Exemplar dieses Buchs wird im Jahre 2168 an Bord des Föderationsraumschiffs U.S.S. *Horizon* befördert und versehentlich auf dem Planeten Sigma Iotia II vergessen.

»Epigonen.« Spock liest das Publikationsdatum des Buchs, das zweifellos bald bei Pocket Books erscheinen wird, wenn auch mit einiger Verspätung.

Das Buch

Khan Noonien Singh kommt an die Macht. Er ergreift diktatorisch die Kontrolle über ein Viertel des Planeten Erde, von Südasien bis zum Mittleren Osten. Khan ist das Ergebnis genetischer Manipulation und eugenischer Experimente.

»Der schlafende Tiger.« Spock entnimmt Datum und Beschreibung der Eugenischen Kriege aus historischen Forschungsarbeiten.

Anmerkung der Herausgeber: Wenn wir annehmen, daß Khan zu dieser Zeit in den Dreißigern war, kommen wir zu dem interessanten Schluß, daß er wahrscheinlich vor der Erstausstrahlung der Folge im Jahre 1967 geboren wurde. Glücklicherweise scheint nichts von diesen Ereignissen Wirklichkeit geworden zu sein, zumindest noch nicht, als wir es das letzte Mal bei CNN und unseren hiesigen Zeitungen überprüften.

Khan Noonien Singh

1993

Eine Gruppe eugenisch gezüchteter »Übermenschen« ergreift die Macht gleichzeitig in ungefähr vierzig Staaten der Erde. Daraus ergeben sich schreckliche Kriege, zum Teil, weil die genetischen »Supermänner« anfangen, sich untereinander zu bekämpfen. Ganze Bevölkerungen werden während dieser Eugenischen Kriege vernichtet. Man geht davon aus, daß die Erde am Beginn eines neuen Mittelalters steht.

»Der schlafende Tiger.« Weitere Angaben aus Spocks geschichtlichen Forschungsarbeiten.

1994

Die auf der Erde lebende Claire Raymond stirbt an einer Embolie. Ihr Mann, Donald Raymond, läßt sie kryogenisch einfrieren und schickt sie in den Weltraum für eine mögliche Wiederbelebung in der Zukunft. Der Satellit mit ihrem Körper wird schließlich im Jahr 2364 vom Raumschiff *Enterprise* gefunden.

»Die neutrale Zone.« Dr. Crusher sagte, daß Raymond ungefähr 370 Jahre vor der Folge gestorben sei.

1996

Die Eugenischen Kriege sind beendet, Khan Noonien Singh wird gestürzt und entkommt in der S.S. *Botany Bay*, einem Schläferschiff der DY-100-Klasse, zusammen mit 96 anderen genetischen »Übermenschen« von der Erde.

»Der schlafende Tiger« und **Star Trek II — Der Zorn des Khan** Khan erwähnen das Jahr.

Anmerkung der Herausgeber: Es ist bedauerlicherweise unwahrscheinlich, daß die NASA oder irgendeine andere irdische Raumfahrtgesellschaft im Jahr 1996 ein so hochentwickeltes Raumschiff wie die **Botany Bay** haben wird. Dies ist einer der Punkte, wo die technologischen Voraussagen von

Die S.S. *Botany Bay* verläßt die Erdumlaufbahn.

Star Trek sich bei weitem nicht bewahrheitet haben. Andererseits sollten wir wahrscheinlich dankbar dafür sein, daß die Serie auch die Machtergreifung von genetischen Tyrannen irrtümlich voraussagte.

Der Dichter Tarbolde schreibt »Nachtigallfrauen,« ein Liebessonett, das für die nächsten zwei Jahrhunderte zu den leidenschaftlichsten gezählt werden sollte.

»Spitze des Eisbergs.« Gary Mitchell nennt das Datum, nachdem er eine Passage des Werks zitiert hat. Mitchell erwähnt, daß Tarbolde vom Planeten Canops stammt, vermutlich in der Annahme, daß dies vor dem Kontakt der Menschen zu dieser fremden Welt geschrieben wurde und Tarboldes Werk später ins Englische übersetzt wurde.

Anmerkung der Herausgeber: Die Worte von »Nightingale Woman« wurden in Wirklichkeit von Gene Roddenberry als Liebesgedicht eines Piloten an sein Flugzeug geschrieben.

1999

Die Raumsonde *Voyager 6* startet von der Erde. Diese Sonde fiel schließlich in ein schwarzes Loch und traf nach dem Austritt auf der anderen Seite der Galaxie auf einen Planeten von lebenden Maschinen, die die Sonde verbesserten und im Jahre 2271 zur Erde zurücksandten.

Voyager 6 in der Nähe von Io.

*Das Datum ist eine Vermutung aus **Star Trek – Der Film**. Diese Sonde wurde wahrscheinlich vor der Konstruktion der höher entwickelten **Nomad**-Sonden in den frühen Jahren des 21. Jahrhunderts (»Ich heiße Nomad«) losgeschickt. Tatsache ist, daß die NASA zum jetzigen Zeitpunkt erst zwei Raumsonden der **Voyager**-Reihe gebaut hat und weitere Sonden wegen der schweren Einschränkungen in den Programmen der planetaren Wissenschaften unwahrscheinlich sind. Dies ist besonders bedauerlich, da das **Voyager**-Programm ein wichtiger Teil dessen war, was manche als größte Forschungsära in der Geschichte der Menschheit (zumindest bis jetzt) bezeichnet haben.*

Der Maschinenplanet

*Anmerkung der Herausgeber: Nach der Produktion der Folge »Zeitsprung mit Q« für **Raumschiff Enterprise: Das nächste Jahrhundert** spekulierte Gene Roddenberry halb scherzhaft, daß der Planet, dem **Voyager** begegnet, die Heimatwelt der Borg gewesen sein könnte.*

3.0 Das einundzwanzigste Jahrhundert

Das Durchbrechen der Warpbarriere.

2002

Die Raumsonde *Nomad* wurde von der Erde aus gestartet. Sie war die erste interstellare Sonde, die zur Entdeckung neuer Lebensformen gedacht war. Die Sonde wurde vom Wissenschaftler Jackson Roykirk entworfen. Später nahm man an, daß *Nomad* durch die Kollision mit einem Meteoroiden zerstört wurde.

*»Ich heiße Nomad.« Das genaue Datum ist Vermutung, aber Kirk bemerkte, daß **Nomad** in den frühen Jahren des 21. Jahrhunderts gestartet wurde. (Das Drehbuch der Folge gibt das Startdatum mit 2002 an, aber wir erkennen dies nicht als maßgeblich an, weil es in der ausgestrahlten Version von »Ich heiße Nomad« nicht erwähnt wird.)*

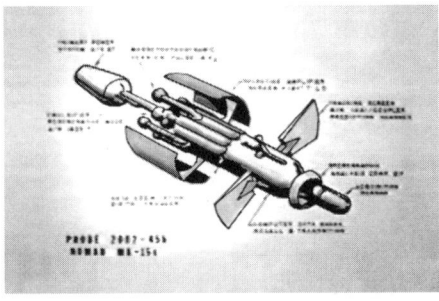

Technische Zeichnung der ursprünglichen Raumsonde *Nomad*.

2009

Captain Shaun Geoffrey Christopher befehligt die erste erfolgreiche Erde-Saturn-Expedition.

Vermutung aufgrund von »Morgen ist gestern,« wobei davon ausgegangen wird, daß seit der Folge (1969) 40 Jahre vergangen sind, in denen Shaun geboren wird und aufwächst.

*Anmerkung der Herausgeber: Dorothy Fontana, die Autorin der Folge, benannte Shaun Geoffrey Christopher nach den drei Söhnen (Shaun, Geoffrey und Christopher) des ebenfalls für **Star Trek** schreibenden John D. F. Black.*

2018

Technologische Fortschritte beim Unterlichtgeschwindigkeitsantrieb sorgen dafür, daß die »Schläferschiffe« veralten.

»Der schlafende Tiger.« Marla McGivers sagte, daß die Schläferschiffe vor diesem Datum notwendig waren. Sie bezog sich offensichtlich nicht auf die Erfindung des Warpantriebs, da Cochrane zu diesem Zeitpunkt noch nicht geboren war.

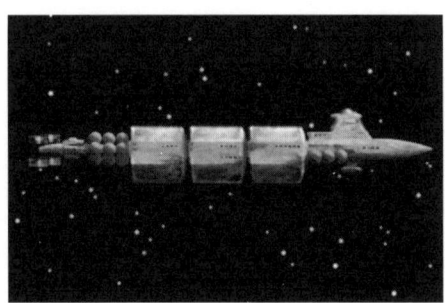

Schläferschiff der DY-750-Klasse.

Das einundzwanzigste Jahrhundert

2025

Wiedervereinigung Irlands. Während Data über die Ansata-Separatisten auf dem Planeten Rutia IV spricht, zitiert er dieses Ereignis als Beispiel dafür, daß terroristische Aktivitäten manchmal zu politischen Veränderungen führen können.

»Terror auf Rutia-Vier.« *Data bemerkte das Datum Picard gegenüber.*

2026

Der Schlagrekord Joe DiMaggios wurde von einem Shortstop der London Kings gebrochen.

»Der große Abschied.« *Data nannte das Datum einem Zeitungsverkäufer im Holodeckprogramm.*

Zefram Cochrane

2030

Zefram Cochrane, der Erfinder des Warpantriebs, wurde geboren. Seine Arbeit leistete einen so enormen Beitrag zur Erforschung des Raums, daß später einmal große Universitäten und sogar ganze Planeten nach ihm benannt werden sollten.

»Metamorphose.« *Cochrane verschwand 150 Jahre vor dieser Folge (2267) und war bei seinem Verschwinden 87 Jahre alt.*

Anmerkung der Herausgeber: Cochrane wird in »Metamorphose« als »Zefram Cochrane von Alpha Centauri« beschrieben. Weil interstellare Reisen vor der Erfindung des Warpantriebs viele, viele Jahre lang gedauert hätten, gehen wir davon aus, daß Cochrane auf der Erde geboren wurde und später nach Alpha Centauri umzog, vermutlich nach der Erfindung des Warpantriebs.

Ein »berühmter Romanschriftsteller« schrieb einen Klassiker über das Thema »Laßt mich helfen.« Er zog diese Worte selbst den Worten »Ich liebe Dich« vor.

»Griff in die Geschichte.« *Als Kirk sich im Jahr 1930 befand, erzählte er Edith Keeler, daß dies hundert Jahre in ihrer Zukunft von einem Autor geschrieben werden sollte, der auf einem Planeten im Orbit des linken Sterns im Gürtel des Orion leben würde.*

James Kirk und Edith Keeler betrachten den linken Stern im Gürtel des Orion.

2033

In die Vereinigten Staaten von Amerika wird der zweiundfünfzigste Staat aufgenommen.

»Hotel Royal.« *Riker bemerkt, daß eine Flagge der Vereinigten Staaten mit 52 Sternen auf ein Datum zwischen 2033 und 2079 hindeutet. Dies würde nahelegen, daß die Vereinigten Staaten als politische Einheit zumindest bis zum letzteren Datum existierten.*

Anmerkung der Herausgeber: Rick Berman, der ausführende Produzent von **Raumschiff Enterprise: Das nächste Jahrhundert,** *bestand darauf, daß die US-Flagge auf dem Wrack der* **Charybdis** *für diejenigen, die die Folge auf dem Videorecorder betrachten, mit 52 Sternen gemalt werden sollte. (Andererseits sieht die Missionsplakette auf Richeys Raumanzug dem Apollo 17-Emblem* **sehr** *ähnlich.)*

Amerikanische Flagge, ca. 2033.

2036

Die Neuen Vereinten Nationen beschließen, daß Erdenbürger nicht für die Untaten ihrer Vorfahren verantwortlich gemacht werden dürfen.

»Der Mächtige.« *Picard nennt Q das Datum im Verlauf der Gerichtsverhandlung.*

Das einundzwanzigste Jahrhundert

2037

Die NASA schickt am 23. Juli das Raumschiff *Charybdis* unter dem Kommando von Colonel Steven Richey los. Es ist der dritte Versuch, den Raum außerhalb des irdischen Sonnensystems zu erkunden. Das Schiff wird für vermißt erklärt, nachdem die automatische Meßdatenübertragung abbricht.

»Hotel Royal.« *Data beschreibt die Mission.*

2040

Das Fernsehen ist nicht mehr länger eine bedeutende Form der Unterhaltung. *Star Trek* bildet dabei zweifellos eine Ausnahme.

»Die neutrale Zone.« *Data nennt L. Q. Sonny Clemonds das Datum.*

Emblem der National Aeronautics and Space Administration.

2044

Das 2037 von der Erde gestartete Raumschiff *Charybdis* erreicht den achten Planeten im Theta 116-System. Eine unbekannte fremde Intelligenz auf dem Planeten findet ein Buch *(Hotel Royal)* im Besitz des Missionskommandanten Richey und erschafft eine Umgebung auf der Grundlage des Buches, um das Leben von Richey zu erhalten.

»Hotel Royal.« *Data beschreibt die Mission.*

*Anmerkung der Herausgeber: Es ist möglicherweise angemessen, davon auszugehen, daß diese unbekannte fremde Intelligenz auch für den Transport der **Charybdis** über interstellare Entfernungen hinweg verantwortlich war, da auf der Erde zur Zeit des Starts des Schiffs der Warpantrieb noch nicht entwickelt worden war. (Zefram Cochrane, der Erfinder des Warpantriebs, war zur Zeit des Starts der **Charybdis** erst sechs Jahre alt. Zweifellos war Cochrane hochintelligent, aber **so** klug war er nicht.)*

2061

Erste erfolgreiche Vorführung des Lichtgeschwindigkeitsantriebs durch Zefram Cochrane. Dies wurde die Grundlage für die frühe Warpantriebstechnologie.

*Das Datum ist Vermutung aufgrund Cochranes Karriere, wie sie in »Metamorphose« beschrieben wird. Mitentscheidend war außerdem die Annahme, daß eine frühe Form des Warpantriebs vorhanden sein mußte, bevor ungefähr im Jahr 2065 die S.S. **Valiant** zu ihrer Expedition aufbrach, da dieses Schiff eindeutig bedeutende interstellare Entfernungen zurücklegte.*

Zefram Cochranes erstes Raumschiff mit Warpantrieb.

2065

S.S. *Valiant* startet zu einer Erforschungsmission des tiefen Weltraums. Die Expedition geht verloren und wird schließlich aus der Galaxie hinausgetrieben. Das Schiff wird beim Versuch der Rückkehr durch die Energiebarriere am Rande der Galaxie nahezu zerstört. Sechs Besatzungsmitglieder sterben, aber ein siebtes durchläuft eine Mutation, die latente ESP-Fähigkeiten dramatisch verstärkt, wodurch diese Person eine Gefahr für das Schiff und die übrige Besatzung wird. Der Captain der *Valiant* befiehlt später die Zerstörung des Schiffs, um die Flucht des mutierten Besatzungsmitglieds zu verhindern.

»Spitze des Eisbergs.« *Die Expedition der **Valiant** begann zweihundert Jahre vor der Folge (2265).*

Die S.S. *Valiant* nähert sich der Barriere am Rande des Universums.

Das einundzwanzigste Jahrhundert

2067

Der der Royal Academy angehörende britische Astronom John Burke kartographiert den Bereich des Weltraums, in dem sich Shermans Planet befindet. Diese Region wird später zum Streitpunkt zwischen der Föderation und dem Klingonischen Imperium.

»Kennen Sie Tribbles?« In der Diskussion zwischen Spock und Chekov wird das Datum als ungefähr 200 Jahre vor der Folge (2267) angegeben.

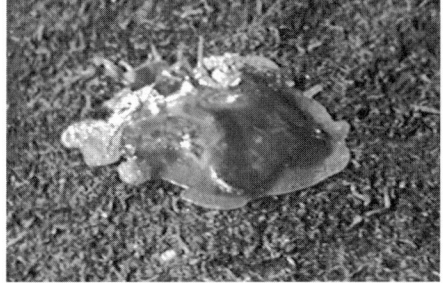

Neurales parasitäres Lebewesen

Der Planet Lavinius V wird von denselben Parasiten heimgesucht, die später den Planeten Deneva angreifen werden.

»Spock außer Kontrolle.« Zweihundert Jahre vor der Folge (2267).

Ein unbekannter Planet schickt einen mit Unterlichtgeschwindigkeit fliegenden Frachter in den Raum, der mit großen Mengen instabilen Nuklearabfalls beladen ist. Das Schiff driftet unbeaufsichtigt ungefähr 300 Jahre lang durch den Raum, bevor es in eine Umlaufbahn um den Planeten Gamelan V einschwenkt und durch das Ausströmen von Strahlung das Leben dort bedroht.

»Die letzte Mission.« Data bemerkte, daß die Reaktorkernelemente des Frachters anscheinend seit mindestens 300 Jahren (die Folge spielt 2367) nicht mehr aktiv gewesen seien.

Das Volk des Planeten Argelius II erlebt ein »großes Erwachen,« einen bedeutenden kulturellen Meilenstein in ihrer hedonistischen Gesellschaft, die der Liebe und dem Vergnügen gewidmet ist.

»Der Wolf im Schafspelz.« Präfekt Jarvis bemerkte, das »große Erwachen« habe 200 Jahre vor der Folge (2267) stattgefunden.

2079

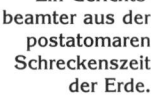

Ein Gerichtsbeamter aus der postatomaren Schreckenszeit der Erde.

Die Erde erholt sich von einem Atomkrieg. In diesem nachatomaren Horror basiert das Rechtssystem auf dem Prinzip »schuldig bis zum Beweis der Unschuld.« Anwälte sind in Ungnade gefallen — Shakespeares Anregung »Tod allen Anwälten« wurde durchaus ernst genommen.

»Der Mächtige.« Q sagt, daß dies das Jahr sei, auf dem sein wiedererschaffener Gerichtssaal basiere. Der genaue Zeitpunkt des Atomkriegs ist nicht bekannt, auch wenn Picard in der Folge »Der zeitreisende Historiker« auf einen »nuklearen Winter« Bezug nimmt, der in der Mitte dieses Jahrhunderts stattgefunden habe. Dieser Konflikt ist vermutlich der »dritte Weltkrieg«, den Dr. McCoy in der Folge »Brot und Spiele« erwähnt.

2082

Colonel Steven Richey, der Kommandant des Raumschiffs *Charybdis*, stirbt in Gefangenschaft auf dem achten Planeten des Theta 118-Systems.

»Hotel Royal.« Richey starb 283 Jahre vor der Folge (2365).

2086

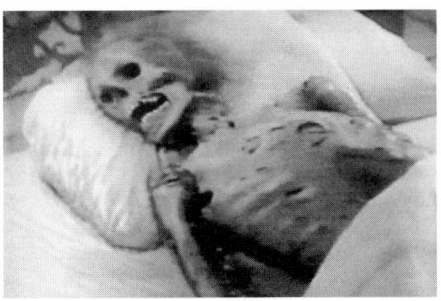

Die Überreste von Colonel Steven Richey.

Der Lornack-Clan auf dem Planeten Acamar III beginnt eine bittere Blutfehde mit dem rivalisierenden Clan der Tralesta. Die Fehde dauert bis zum Jahr 2286 an, in welchem Jahr die Lornack alle Tralesta bis auf fünf umbringen.

»Yuta, die Letzte ihres Clans.« Vom Massaker wurde gesagt, es habe 80 Jahre vor der Folge (2366) stattgefunden, und die Fehde hatte vorher schon 200 Jahre lang gedauert.

4.0 Das zweiundzwanzigste Jahrhundert

Das Große Siegel der Vereinigten Föderation der Planeten, gegründet im Jahre 2161.

2105

In den Mars-Kolonien wurden acht Frauen von einem unbekannten Angreifer brutal erstochen. Später stellte sich heraus, daß es sich bei dem Mörder um dieselbe Lebensform handelte, die im Jahre 2267 auf dem Planeten Argelius II mehrere Morde beging.

»Der Wolf im Schafspelz.« *Das Datum wird vom Bibliothekscomputer während Scottys Gerichtsverhandlung auf der* **Enterprise** *genannt.*

2117

Zefram Cochrane, der zu dieser Zeit im Alpha-Centauri-System lebt, verläßt es im Alter von 87 Jahren mit unbekanntem Ziel. Es wird angenommen, daß er gestorben sei, aber seine Leiche wird niemals gefunden.

»Metamorphose.« *Cochrane verschwand 150 Jahre vor der Folge (2267).*

Anmerkung der Herausgeber: Cochrane erreichte natürlich einen Planetoiden im Gamma-Canaris-System, wo er von einer ihn liebenden Lebensform, die als der Companion bekannt ist, umsorgt wurde. Ebenso wie die Verschmelzung des Companion mit Nancy Hedford sollte diese Angabe theoretisch nicht Teil dieser Chronologie sein, weil Kirk Cochrane versprochen hatte, diese Information niemandem zu verraten.

Zefram Cochrane

2123

Das Raumschiff *Mariposa* wird am 27. November zur Kolonisation des Ficus-Sektors gestartet. Das Schiff setzt Kolonisten auf dem Planeten Bringloid V ab. Später stürzt es bei dem Versuch, eine weitere Gruppe von Siedlern abzusetzen, auf dem Planeten Mariposa ab. Es gibt bei dem Absturz nur fünf Überlebende, die versuchen, ihre Kolonie durch die Verwendung von Klontechnologie lebensfähig zu erhalten.

»Planet der Klone.«

Das zweiundzwanzigste Jahrhundert

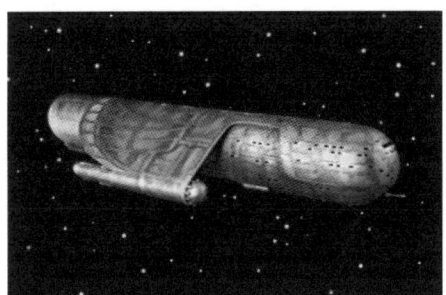

Frühes romulanisches Raumschiff

2156

Beginn der Romulanischen Kriege zwischen den Erdstreitkräften und dem Romulanischen Sternenimperium. Der Krieg wird mit primitiven atomaren Waffen ausgefochten, und die romulanische Flotte ist nicht einmal mit Warpantrieb ausgestattet. Zu den menschlichen Opfern gehören mehrere Mitglieder der Familie Stiles.

Das Datum ist Vermutung aufgrund von »Spock unter Verdacht.« Der Krieg endete ungefähr 100 Jahre vor der Folge; das hier genannte Datum ist noch vier Jahre früher. Die Darstellung, daß es sich um einen Konflikt zwischen der Erde und den Romulanern handelte, legt nahe, daß die Vereinigte Föderation der Planeten zu diesem Zeitpunkt noch nicht bestand.

Auf dem Planeten Alpha Eridani II werden zwei Frauen in Heliopolis-City erstochen. Die Morde bleiben bis zum Jahre 2267 ungelöst. Zu diesem Zeitpunkt stellt sich heraus, daß dieselbe Lebensform mehrere ähnliche Morde auf dem Planeten Argelius II verübt hat.

»Der Wolf im Schafspelz.« Das Datum wird bei Scotty's Gerichtsverhandlung genannt.

2160

Die Romulanischen Kriege werden durch die Schlacht von Cheron beendet. Die Romulaner erleiden eine demütigende militärische Niederlage durch die Erdstreitkräfte.

»Der Überläufer.« Admiral Jarok erwähnte (zu diesem Zeitpunkt noch als Setal) die Schlacht, allerdings ohne Datumsangabe. Vermutlich fand das Gefecht jedoch direkt vor der Unterzeichnung des Friedensvertrags statt, da der Admiral die Schlacht mit der Schaffung der neutralen Zone in Verbindung brachte. (Vergleiche dazu den nächsten Eintrag.)

Anmerkung der Herausgeber: Die Schlacht von Cheron könnte sich auf den Planeten beziehen, der in »Bele jagt Lokai« zu sehen ist, auch wenn Spock in dieser Folge (die im Jahre 2268 spielt) angibt, die Bewohner des Planeten Cheron nicht zu kennen. Ebenso ist möglich, daß die Schlacht von Cheron in Beziehung steht zu Captain Garths Sieg über ein romulanisches Schiff (erwähnt in der Folge »Wen die Götter zerstören«).

Die romulanische neutrale Zone mit Erdaußenposten.

Der Friedensvertrag mit den Romulanern, der die romulanische neutrale Zone als Puffer zwischen den Planeten Romulus und Remus und dem Rest der Galaxie festlegt, wird unterzeichnet. Dabei wird jede Verletzung der neutralen Zone als kriegerischer Akt gewertet. Sämtliche Verhandlungen werden ohne Sichtkontakt zwischen den Parteien über Subraumfunk geführt. Der Pakt wird Vertrag von Algeron genannt.

»Spock unter Verdacht.« Ungefähr 100 Jahre vor der Folge. In der Folge »Der Überläufer« wird der formelle Name der Übereinkunft in Picards Logbuch erwähnt, als er beschließt, die neutrale Zone »unter Verletzung des Vertrages von Algeron« zu durchqueren.

Anmerkung der Herausgeber: Die Namen der romulanischen Heimatplaneten werden in »Spock unter Verdacht« als Romulus und Remus angegeben, auch wenn sie auf Spocks Sternenkarte in dieser Folge als Romulus und Romii verzeichnet sind.

Die Stadt Paris, Sitz des Büros des Präsidenten des Föderationsrats.

2161

Die Vereinigte Föderation der Planeten wird gegründet. Die Sternenflotte wird geschaffen mit dem Motto »mutig dorthin zu gehen, wo noch kein Mensch

Das zweiundzwanzigste Jahrhundert

zuvor gewesen ist.« Die Föderation wird von einem Rat regiert, der seinen Sitz in San Francisco auf der Erde hat. das Büro des Präsidenten des Föderationsrates befindet sich in Paris. Die Konstitution der Föderation enthält wichtige Regeln zum Schutz der individuellen Rechte, u.a die siebte Garantie, die Bürger davor schützt, sich selbst zu belasten.

»Verbotene Liebe.« Troi erwähnt, daß die Föderation im Jahre 2161 gegründet wurde. Auf dem Emblem der Sternenflottenakademie in »Ein mißglücktes Manöver« wird dieses Jahr auch als Gründungsdatum der Akademie genannt. Daß sich die Kammern des Föderationsrats in San Francisco befinden, stellt sich in *Zurück in die Gegenwart — Star Trek IV* heraus. Das Büro des Präsidenten der Föderation kommt in *Star Trek VI — Das unentdeckte Land* vor. Der Blick aus dem Fenster zeigt den Eiffelturm und die Stadt Paris. Die siebte Garantie wird in »Das Standgericht« erwähnt.

Anmerkung der Herausgeber: Die Beschreibung der romulanischen Kriege (»Spock unter Verdacht«) als Konflikt zwischen der Erde und den Romulanern legt nahe, daß die Föderation zumindest zu diesem Zeitpunkt noch nicht gegründet war. Die Sternenflotte war anscheinend für die Missionen der Raumschiffe *Archon* und *Horizon* einige Jahre später (2167 und 2168) verantwortlich, was die Vermutung nahelegt, daß sowohl die Sternenflotte als auch die Föderation zu dieser Zeit existierten. Die U.S.S. *Essex,* die seit 2167 verschollen ist, gehörte eindeutig der Sternenflotte an. (Ein früher Entwurf dieses Buches, in dem 2161 als Datum für die Gründung der Föderation angenommen wurde, wurde als Nachschlagewerk verwendet, als Supervising Producer Jeri Taylor Informationen für die Folge »Verbotene Liebe« benötigte, wodurch das Gründungsjahr 2161 »offiziell« wurde!)

Die Bezeichnung »Vereinigte Föderation der Planeten« wurde erstmals in der 23. Folge (»Krieg der Computer«) der Originalserie *Raumschiff Enterprise* verwendet. »Die Sternenflotte« wurde das erste Mal in der 15. Folge (»Kirk unter Anklage«) benutzt. Während der ersten paar Folgen wurde die Verwaltungsbehörde der *Enterprise* unterschiedlich bezeichnet: z.B. Raumkommando (»Miri, ein Kleinling«) und die Raumforschungsgruppe der Vereinigten Planeten (»Morgen ist gestern«). Trotzdem deuten spätere Folgen darauf hin, daß die Sternenflotte schon in den frühen Folgen existierte, weshalb wir dies ebenfalls annehmen. Die Autorin Dorothy Fontana erzählt, daß einige der oben aufgeführten Namen Fehler waren, aber sie bemerkt auch, daß das heutige Personal der U.S. Navy mindestens ebenso viele Bezeichnungen benutzt, wenn es von der Navy, CINCPAC, dem »Silent Service« und dem Pentagon spricht.

Anmerkung der Übersetzerin: Die hier genannten Beispiele sind nur diejenigen, die mit Namensunstimmigkeiten in den Originalfolgen übereinstimmen. Es gibt sicher noch weitere, besonders wenn man bedenkt, daß die Synchronisation sich auch sonst nicht auf einen Namen einigen kann — in der Originalserie und den Filmen heißt die Flotte nämlich »Raumflotte,« während im *Nächsten Jahrhundert* grundsätzlich von der »Sternenflotte« die Rede ist.

Das Große Siegel der Vereinigten Föderation der Planeten.

Das Hauptquartier der Sternenflotte in San Francisco.

2164

Die Droge Felizium wird zum Eindämmen einer Seuche auf dem Planeten Ornara verwendet. Zu dieser Zeit wird nicht erkannt, daß Felizium, das auf dem Planeten Brekka gewonnen wird, sehr stark süchtig macht, so daß die Ornaraner noch lange, nachdem die Seuche besiegt wurde, von der Substanz abhängig bleiben.

»Die Seuche.« Zweihundert Jahre vor der Folge (2364).

2165

Sarek von Vulkan wird als Kind von Skon und Solkar geboren. Er wird einer der besten Diplomaten der Föderation.

Sarek von Vulkan

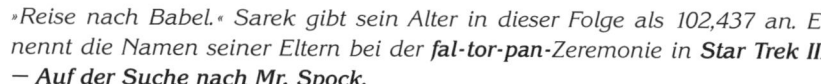
Das zweiundzwanzigste Jahrhundert

Guinan

Kolonie auf dem Planeten Deneva

»Reise nach Babel.« Sarek gibt sein Alter in dieser Folge als 102,437 an. Er nennt die Namen seiner Eltern bei der *fal-tor-pan*-Zeremonie in **Star Trek III — Auf der Suche nach Mr. Spock.**

*Anmerkung der Herausgeber: Es wurde uns erklärt, daß Sareks Vorfahren, die in **Star Trek III** genannt werden, möglicherweise nicht seine Eltern sind. Es ist durchaus denkbar, daß zwar Skon sein Vater, Solkar aber sein Großvater war. Dies würde auch eher zu der Ansicht passen, daß Vulkanierinnen dazu neigen, Namen zu haben, die mit einem T anfangen.*

Guinan begegnet Q das letzte Mal vor 2365. Die beiden können sich nicht leiden.

»Zeitsprung mit Q.« Sie sagt, daß ihre letzte Begegnung 200 Jahre vor der Folge stattfand.

Der Planet Deneva wird von der Föderation kolonisiert, um einen Stützpunkt für Frachtschiffe zu bilden. Der Planet gilt als einer der schönsten der Galaxie.

»Spock außer Kontrolle.« Kirk bemerkte, daß der Planet mehr als ein Jahrhundert vor der Folge (2267) besiedelt worden war.

2167

Das Raumschiff *Archon* besucht den Planeten Beta III im Sternensystem C-111. Der Hauptcomputer des Planeten, der als Landru bekannt ist, zerstört das Schiff, indem er es aus dem Orbit zieht. Viele Besatzungsmitglieder der *Archon* sterben, die übrigen aber werden in die computerkontrollierte Gesellschaft von Beta III aufgenommen. Sie werden von den Bewohnern des Planeten »die Gesetzgeber« (oder »Archonen«) genannt.

»Landru und die Ewigkeit.« Einhundert Jahre vor der Folge (2267).

Die U.S.S. *Essex* (Registriernummer NCC-173), ein Raumschiff der *Daedalus*-Klasse unter dem Kommando von Captain Bryce Shumar und dem Ersten Offizier Steven Mullen, verfängt sich in einem elektromagnetischen Sturm und wird über dem Klasse M-Mond des Planeten Mab-Bu VI zerstört. Alle 229 Besatzungsmitglieder sterben. Das Schicksal des Schiffs bleibt bis zum Jahr 2368 ein Rätsel. Shumars direkter Vorgesetzter in diesem Sektor war Admiral Uttan Narsu auf Sternenbasis 12.

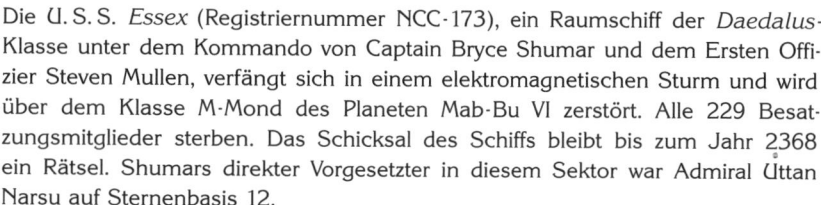
U.S.S. *Essex*

»Ungebetene Gäste.« Das genaue Datum ist Vermutung, aber das Schiff war über 200 Jahre vor der Folge (2368) abgestürzt.

*Anmerkung der Herausgeber: Da die **Essex** ungefähr zur selben Zeit wie die **Horizon** (aus »Epigonen«) und die **Archon** (»Landru und die Ewigkeit«) im Einsatz war, haben wir geschlossen, daß auch die beiden anderen Schiffe der **Daedalus**-Klasse angehörten.*

Das Buch

2168

Das Raumschiff *Horizon* besucht den Planeten Sigma Iotia II, ungefähr hundert Lichtjahre außerhalb des Gebiets der Föderation. Die Besatzung berichtet, daß die humanoide Bevölkerung des Planeten kurz vor der Einführung der Industrialisierung steht.

Zu diesem Zeitpunkt hat die Sternenflotte die Erste Direktive über die Nichteinmischung noch nicht eingeführt, und ein Besatzungsmitglied der *Horizon* läßt ein Exemplar eines Buchs mit dem Titel *Chicago Mobs of the Twenties* zurück. Das katastrophale, wenn auch nicht beabsichtigte, Ergebnis ist, daß die Bevölkerung von Iotia das Buch als Vorbild für ihre Gesellschaft nimmt.

Das zweiundzwanzigste Jahrhundert

Kurze Zeit nach dem Kontakt mit Sigma Iotia II geht die U.S.S. *Horizon* zusammen mit der gesamten Besatzung verloren. Deswegen weiß die Sternenflotte nichts von dem Kontakt und der kulturellen Kontamination, bis hundert Jahre später Funksignale der *Horizon* empfangen werden.

»*Epigonen.*« Kirk bemerkte, daß der Kontakt hundert Jahre vor der Folge (2268) stattgefunden habe.
Anmerkung der Herausgeber: Kirk erwähnte, daß zu diesem Zeitpunkt der Subraumfunk noch nicht erfunden war.

Siedler von der Erde gründen eine Kolonie auf dem Planeten Moab IV. Sie erschaffen eine abgeschlossene, gut durchdachte, genetisch balancierte Biosphäre, in der sie hoffen, eine perfekte Gesellschaft formen zu können.

»*Das künstliche Paradies.*« Benbeck bemerkte, daß sein Volk zwei Jahrhunderte lang an der Erschaffung seines Paradieses gearbeitet habe.

Kolonie mit abgeschlossener Biosphäre auf dem Planeten Moab IV.

2170

Letzte Eruption des Neutronensterns Kavis Alpha vor 2366, als Dr. Stubbs den Ausbruch für seine astrophysikalische Forschungsarbeit benutzt.

»*Die Macht der Naniten.*« Stubbs bemerkte, daß das Phänomen regelmäßig alle 196 Jahre auftritt.

2196

Die Sternenflotte zieht das letzte Raumschiff der *Daedalus*-Klasse aus dem Verkehr.

»*Ungebetene Gäste.*« Data erklärte, daß diese Schiffe zum Zeitpunkt der Folge (2368) seit 172 Jahren nicht mehr im Dienst gewesen seien.

Raumschiff der *Daedalus*-Klasse

5.0 Das dreiundzwanzigste Jahrhundert

Klingonischer Kampfkreuzer, ein gefürchtetes Symbol militärischer Macht im dreiundzwanzigsten Jahrhundert.

2215

Der Planet Selcundi Drema beginnt zu zerfallen, wodurch ein Asteroidenfeld in diesem Sonnensystem entsteht.

»Brieffreunde.« Einhundertfünfzig Jahre vor der Folge (2365).

2217

Die U.S.S. *Valiant* nimmt Kontakt zum Planeten Eminiar VII im Sternenhaufen NGC 321 auf. Das Schiff und seine Besatzung fallen dem Krieg zwischen Eminiar und Vendikar zum Opfer.

»Krieg der Computer.« Fünfzig Jahre vor der Folge (2267).

*Anmerkung der Herausgeber: Dies war vermutlich ein anderes Raumschiff namens **Valiant**, da ein früheres Schiff mit demselben Namen 2065 gestartet und nie zurückgekehrt war (»Spitze des Eisbergs«).*

2218

Erster Kontakt mit dem Klingonischen Imperium. Dieser katastrophale Erstkontakt mit den Klingonen führt dazu, daß die Sternenflotte von diesem Zeitpunkt an neu entdeckte Zivilisationen zunächst verdeckt observiert, bevor die Kontaktaufnahme versucht wird.

»Das Gleichgewicht der Kräfte.« McCoy bemerkte in der Folge, die im Jahr 2268 spielt, daß Klingonen und Menschen schon seit fünfzig Jahren Gegner gewesen seien.

Anmerkung der Herausgeber: »Erster Kontakt« beschrieb dieses Ereignis ebenfalls. Allerdings hieß es dort, daß es »vor Jahrhunderten« geschehen sei, obwohl es nur 149 Jahre vor dieser Folge war (2367).

Erste Stadt des klingonischen Imperiums.

Das dreiundzwanzigste Jahrhundert

2219

Richard Daystrom wird geboren. Er wird später ein brillanter Computerwissenschaftler werden, Duotronik-Systeme erfinden und den Nobelpreis und den Zee-Magnees-Preis gewinnen.

»Computer M5.« Daystrom erfand die Duotronik 25 Jahre vor der Folge (2268) und war zu diesem Zeitpunkt laut einer Bemerkung von Kirk 24 Jahre alt.

Richard Daystrom

2222

Montgomery Scott wird geboren. Er wird später der Chefingenieur der ersten U.S.S. *Enterprise* unter dem Kommando von Captain Kirk.

Das Datum ist eine Vermutung, die davon ausgeht, daß Scotty während der ersten Staffel der Originalserie Raumschiff Enterprise vierundvierzig Jahre alt war. Dies entspricht dem Alter von Scottys Darsteller James Doohan zu diesem Zeitpunkt.

Montgomery Scott

2223

Die Beziehungen zum Klingonischen Imperium verschlechtern sich. Es beginnen ungefähr 70 Jahre unversöhnlicher Feindseligkeit zwischen den Klingonen und der Föderation bis zur Konferenz von Khitomer im Jahre 2293.

Star Trek VI — Das unentdeckte Land. Spock sagte, daß die Feindschaft zwischen den beiden Großmächten sich seit 70 Jahren vor dem Film, der im Jahr 2293 spielt, hinziehe.

Sybok

2224

Sybok wird als Sohn Sareks und einer vulkanischen Prinzessin geboren. Die Prinzessin, Sareks erste Ehefrau, stirbt kurz nach Syboks Geburt. Sybok ist Spocks älterer Halbbruder.

Das Datum ist eine Vermutung aufgrund von Star Trek V — Am Rande des Universums und »Reise nach Babel«. Der Zeitpunkt liegt wegen des siebenjährigen vulkanischen Paarungszyklus sieben Jahre vor dem erschlossenen Datum von Spocks Geburt.

Anmerkung der Herausgeber: Gene Roddenberry erachtete einige der Ereignisse in Star Trek V als apokryph; dennoch haben wir sie der Vollständigkeit halber in diese Chronologie mit aufgenommen.

Leonard H. McCoy

2227

Leonard H. McCoy wird geboren. Er wird später Chefarzt der ersten U.S.S. *Enterprise*. Sein Vater ist David McCoy.

Data gibt McCoys Alter in »Der Mächtige« mit 137 an. Der Anfangsbuchstabe seines zweiten Vornamens und der Name seines Vaters werden in Star Trek III genannt.

2229

Sarek von Vulkan und Amanda Grayson von der Erde heiraten. Sarek sollte später seine Entscheidung, die menschliche Amanda zu heiraten, als »logisch« beschreiben.

Sarek und Amanda

Das dreiundzwanzigste Jahrhundert

Das Datum ist Vermutung aufgrund von »Reise nach Babel.« Eine Zeile in einem frühen Drehbuchentwurf ging davon aus, daß sie 38 Jahre vor der Folge (2267) geheiratet hatten.

*Anmerkung der Herausgeber: In fast allen Fällen haben wir nur Informationen aus ausgestrahlten Folgen in diese Chronologie aufgenommen, da wir das Material aus frühen Drehbüchern nicht als »offiziell« ansahen. Es gab allerdings einige wenige Angaben aus Drehbüchern, die wir für so wichtig für das **Star Trek**-Universum hielten, daß wir sie mit einschließen wollten. Die Heirat von Sarek und Amanda ist ein solches Ereignis.*

Anmerkung der Übersetzerin: In der Folge »Reise nach Babel« wird Sareks Ehefrau in der deutschen Synchronisation Emily genannt.

2230

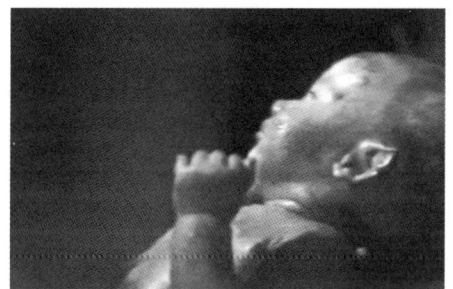

Spock als Kleinkind.

Spock wird als Sohn von Sarek und Amanda geboren. Der vulkanisch-menschliche Mischling Spock wird später Wissenschaftsoffizier auf der *Enterprise* unter dem Kommando von Captain Christopher Pike und Captain James Kirk. Danach spielt er eine entscheidende Rolle bei den Friedensverhandlungen zwischen der Föderation und dem Klingonischen Imperium und ebenso bei den Bemühungen um die vulkanisch-romulanische Wiedervereinigung.

Das Datum ist Vermutung: Es liegt ein Jahr nach dem erschlossenen Datum von Sareks und Amandas Heirat. (Vergleiche dazu den vorigen Eintrag.) Dorothy Fontana, die Autorin von »Reise nach Babel,« bemerkt, daß bei diesem Geburtsjahr Spocks Alter genau dem des Schauspielers Leonard Nimoy zur Zeit der Erstausstrahlung der Folge entspräche.

T'Pring wird geboren. Mit sieben Jahren werden Spock und sie durch eine Vereinbarung der Eltern telepathisch verbunden, was zur Heirat bei Erreichen des Erwachsenenalters führen soll.

»Weltraumfieber.« Spock sagte, daß sowohl er als auch T'Pring zum Zeitpunkt ihrer Gedankenverbindung sieben Jahre alt gewesen seien, woraus man schließen kann, daß im selben Jahr geboren wurden.

2233

James Tiberius Kirk

James T. Kirk wird am 22. März in Iowa auf der Erde geboren. Er hat mindestens einen älteren Bruder, George Samuel Kirk.

*In der Folge »Wie schnell die Zeit vergeht« wird Kirks Alter mit 34 angegeben. In **Zurück in die Gegenwart — Star Trek IV** erzählte er Gillian, daß er in Iowa geboren wurde. Kirks Bruder wurde in der Folge »Der alte Traum« beschrieben. Das Alter von Sam Kirk wird nicht angegeben, aber in »Spock außer Kontrolle« ist Sam kurz zu sehen und scheint wesentlich älter als sein Bruder zu sein. Verläßliche Quellen der Stadt Riverside in Iowa teilen uns mit, daß ihre Stadt der Geburtsort des Captains der **Enterprise** sein wird. Wir haben keinen Grund, dies zu bezweifeln, auch wenn weder in einer Folge noch in einem der Filme Riverside als Geburtsort genannt wird.*

2236

Vina, Besatzungsmitglied der *Columbia*, die beim Absturz ihres Schiffs entstellt wurde.

S.S. *Columbia* stürzt auf dem Planeten Talos IV ab, nur ein Besatzungsmitglied, Vina, überlebt. Obwohl sie im Schiffsmanifest als Erwachsene aufgeführt ist, erscheint sie ungefähr achtzehn Jahre später Captain Pike als junge Frau. Die Talosianer kümmern sich um die schwerverletzte Vina. Allerdings können sie ihren Körper nur unzulänglich wiederherstellen, da sie niemals zuvor einen Menschen gesehen hatten.

»Der Käfig.« Achtzehn Jahre vor der Folge (2254).

Das dreiundzwanzigste Jahrhundert

2237

Der sieben Jahre alte Spock verschwindet mitten in der Nacht in die Llangon-Berge nahe seiner Heimatstadt ShirKahr, um herauszufinden, ob er dem traditionellen *kahs-wan*-Überlebenstest gewachsen ist. Seine Eltern machen sich große Sorgen um ihn. Spock, dessen zahmer Sehlat I-Chaya von einem wilden Tier schwer verwundet wird, beschließt, sein Haustier von einem Heiler einschläfern zu lassen, damit es nicht langsam und qualvoll sterben muß.

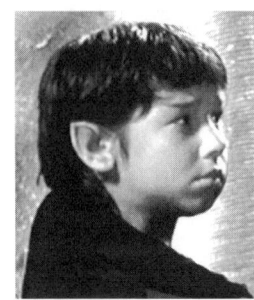

Spock im Alter von 7 Jahren.

»Die Täuschung,« »Wiedervereinigung?, Teil 1« und »Reise nach Babel.« Spocks Alter, der Name seiner Heimatstadt und der Tod seines Haustiers werden in der Zeichentrickfolge »Die Täuschung« beschrieben. Sarek bestätigt in »Wiedervereinigung?, Teil 1,« daß Spock häufig in die Berge verschwand, offensichtlich in Anlehnung an die Hintergrundhandlung von »Die Täuschung.« Von Spocks zahmem Sehlat wird in »Reise nach Babel« berichtet.

Anmerkung der Herausgeber: Wie im Vorwort beschrieben, ist dieses Ereignis aus »Die Täuschung«, geschrieben von Dorothy Fontana, die einzige Information aus der Zeichentrickserie, die wir mit in diese Chronologie aufgenommen haben. Dies geschieht einerseits, weil es durch Material aus »Wiedervereinigung?, Teil 1« und »Reise nach Babel« bestätigt wird, andererseits aber auch, weil Fontana eine so entscheidende Rolle bei der Entwicklung von Spocks Hintergrund in der Originalserie **Raumschiff Enterprise** *gespielt hat. Zu bemerken ist, daß wir nur die Elemente der Hintergrundhandlung von »Die Täuschung« verwenden, die Spocks Kindheit betreffen, und nicht die Rahmenhandlung, die beschreibt, wie der erwachsene Spock in die Vergangenheit zurückreist, um sein jüngeres Selbst zu besuchen.*

Der junge Spock wird in einer rituellen vulkanischen Zeremonie, die von den Eltern der beiden arrangiert wird, telepathisch mit T'Pring verbunden. Die Gedankenverbindung, die weniger als eine Heirat, aber mehr als eine Verlobung ist, sichert, daß die beiden zur rechten Zeit zueinander hingezogen werden, wenn sie herangewachsen sind.

»Weltraumfieber.« Spock sagte, daß die Vereinigung stattgefunden habe, als er sieben Jahre alt gewesen sei. Wir setzen dies willkürlich nach den Ereignissen aus »Die Täuschung« an, da diese Episode einen Ritus auf dem Weg zum Erwachsenwerden bildet.

Hikaru Sulu wird in San Francisco auf dem Planeten Erde geboren. Er wird eine bemerkenswerte Karriere bei der Sternenflotte durchlaufen, zunächst als Stabsphysiker und Steuermann auf der U.S.S. *Enterprise* und später als Captain der U.S.S. *Excelsior*.

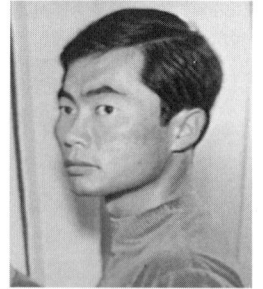

Sulu

Das Datum ist eine Vermutung, die davon ausgeht, daß Sulu während der ersten Staffel von **Raumschiff Enterprise** *29 Jahre alt war. In* **Zurück in die Gegenwart – Star Trek IV** *stellt sich heraus, daß San Francisco Sulus Geburtsort ist. Er diente auf der* **Enterprise** *als Physiker in der Folge »Spitze des Eisbergs«, bevor er in späteren Folgen das Steuer übernahm. Sulu befehligte die* **Excelsior** *in* **Star Trek VI – Das unentdeckte Land,** *wo auch erstmals sein Vorname genannt wird.*

2239

Uhura wird in den Vereinigten Staaten von Afrika auf dem Planeten Erde geboren. Sie wird Kommunikationsoffizier an Bord der U.S.S. *Enterprise* werden und später beim Sternenflottenkommando in San Francisco dienen.

Das Datum ist eine Vermutung, die davon ausgeht, daß Uhura während der ersten Staffel von **Raumschiff Enterprise** *27 Jahre alt war, was dem Alter*

Uhura

Das dreiundzwanzigste Jahrhundert

*von Nichelle Nichols entspricht. Ihr Geburtsort ist ebenfalls nur Vermutung, die im Handbuch für die Autoren von **Star Trek** vorgeschlagen wurde. Uhuras Arbeit bei der Sternenflotte wurde in **Star Trek III — Auf der Suche nach Mr. Spock** gezeigt.*

Ein Einsiedler, der Mr. Brack genannt wird, kauft den Planeten Holberg 917-G, eine im Omega-System liegende Welt der Klasse M. Später stellt sich heraus, daß Brack ein Pseudonym des (nahezu) unsterblichen Flint ist.

»Planet der Unsterblichen.« Spocks Untersuchung ergab, daß Brack den Planeten dreißig Jahre vor der Folge (2269) gekauft hatte.

2242

Die Schlacht von Donatu V wird in der Nähe von Shermans Planeten ausgefochten, in einer Region, um die sich das Klingonische Imperium und die vereinigte Föderation der Planeten streiten.

»Kennen Sie Tribbles?« Spock bemerkte, daß die Schlacht 23 Sonnenjahre vor der Folge (2267) stattfand.

2243

Dr. Richard Daystrom

Dr. Richard Daystrom erfindet die duotronische Computertechnologie und wird mit dem Nobel- und dem Zee-Magnees-Preis ausgezeichnet. Seine revolutionären Systeme werden die Grundlage der Hauptcomputer des Raumschiffs *Enterprise*. Daystrom, der zu diesem Zeitpunkt noch relativ jung ist, verbringt viele seiner späteren Jahre damit, an diese Leistung heranzureichen, ist aber im großen und ganzen erfolglos. Viele Jahre später wird er anerkannt, als das Daystrom-Institut für Technologie nach ihm benannt wird.

»Computer M5.« Spock bemerkte, daß der Durchbruch der Duotronik fünfundzwanzig Jahre vor der Folge (2268) stattgefunden hatte. Die Existenz des Daystrom-Instituts wird erwähnt in »Wem gehört Data?«, »Datas Nachkomme«, »Picard macht Urlaub« und »Datas Tag.«

2245

Raumschiff *Enterprise*, NCC-1701.

Das erste Raumschiff *Enterprise*, NCC-1701, läuft in den San Francisco-Werften, die sich im Orbit um die Erde befinden, vom Stapel. Captain Robert April übernimmt das Kommando auf dem Schiff der *Constitution*-Klasse und beginnt eine fünf Jahre dauernde Forschungsmission. Einer der Designer des Schiffs ist ein junger Ingenieur namens Lawrence Marvick.

*Annahme aufgrund Gene Roddenberrys Anregung, daß die **Enterprise** zur Zeit von »Spitze des Eisbergs« zwanzig Jahre alt war. Marvick wird in »Die fremde Materie« genannt.*

Captain Robert April, der erste Kommandant des Raumschiffs *Enterprise*.

*Anmerkung der Herausgeber: Nach eigener Aussage wollte Gene Roddenberry, daß die **Enterprise**, die in der Originalserie **Raumschiff Enterprise** zu sehen ist, ein Schiff mit »Geschichte« sei. Setzt man 2265 als Datum für »Spitze des Eisbergs« mit einem zwanzig Jahre alten Schiff an, so fällt der Stapellauf der **Enterprise** ins Jahr 2245. Dies steht im Widerspruch zur Aussage von Admiral Morrow im Film **Star Trek III — Auf der Suche nach Mr. Spock**, wo er sagt, daß das Schiff zu diesem Zeitpunkt (2285) 20 Jahre alt war, was den Stapellauf der **Enterprise** ins Jahr 2265 verlegen würde. Das Problem mit der Datumsangabe von Morrow ist, daß dies bedeuten würde, daß das Schiff unmittelbar vor der ersten Staffel der Originalserie*

Das dreiundzwanzigste Jahrhundert

vom Stapel gelaufen sein müßte. Dies würde aber der Folge »Talos IV — Tabu« widersprechen, in der angedeutet wird, daß Spock über 11 Jahre lang (seit 2252) auf der **Enterprise** unter Captain Pike gedient hatte. Aus diesem Grund verwenden wir Genes Datum (2245) für den Stapellauf der **Enterprise**.

Captain Robert April basiert nicht auf irgendeinem Anhaltspunkt aus einer Folge oder einem Film, sondern wurde aufgrund eines Vorschlags von Gene Roddenberry mit aufgenommen. Der Name der Figur stammt aus Genes erstem Entwurf der **Star Trek**-Serie aus dem Jahr 1964, in dem April als Captain der **Enterprise** und Hauptperson der Serie genannt wurde. April tauchte in der **Star Trek**-Zeichentrickfolge »Weltraumkosmetik« auf, die von Fred Bronson unter dem Pseudonym John Culver geschrieben worden war. (Ein zwischenzeitlicher Entwurf des Drehbuchs zu »Der Käfig« nannte die Figur Captain James Winter, zweifellos ein Nachkomme des **Star Trek**-Filmproduzenten Ralph Winter.)

Pavel Chekov

Pavel A. Chekov wird geboren. Er ist ein Einzelkind. Chekov wird später Navigator und taktischer Offizier auf der *Enterprise* unter dem Kommando von James Kirk und dient auch als Erster Offizier an Bord der *Reliant* unter Captain Clark Terrell.

»Der Tempel des Apoll.« Chekov bemerkte, daß er zur Zeit dieser Folge (2267) 22 Jahre alt war. Die Tatsache, daß Chekov ein Einzelkind ist, erwähnt Sulu in »Das Gleichgewicht der Kräfte.« Chekovs Dienst auf der **Reliant** ist in **Star Trek II** zu sehen.

Leonard McCoy tritt ins College ein, um einen medizinischen Grad zu erwerben.

Vermutung. Geht davon aus, daß McCoy zur Zeit der Aufnahme 18 Jahre alt war. Vergleiche die Bemerkung in bezug auf Fragen zu McCoys Vergangenheit in Anhang A.

2246

Als auf dem Planeten Tarsus IV die durch einen exotischen Pilz hervorgerufene Nahrungsmittelknappheit kritisch wird, ergreift Kodos, der Henker, die Macht, verhängt das Kriegsrecht und ordnet die Exekution von 4000 Menschen an. Erst nach der Exekution treffen Notfall-Nachschublieferungen ein. Die zukünftigen *Enterprise*-Besatzungsmitglieder James Kirk und Kevin Riley gehören zu den neun Augenzeugen, die den Vorfall überleben. Riley verliert durch das Massaker seine Eltern. Ein weiterer überlebender Augenzeuge ist Kirks Freund Thomas Leighton. Später wird ein verbrannter Körper gefunden und als Kodos identifiziert. Dies war die letzte bekannte Aufzeichnung über Kodos vor 2266, als herauskommt, daß der Körper fälschlich als Kodos identifiziert wurde.

Anton Karidian

»Kodos, der Henker.« Laut Computeraufzeichnung zwanzig Jahre vor der Folge (2266).

Anmerkung der Herausgeber: Kirk wäre zu diesem Zeitpunkt ungefähr 13 Jahre alt gewesen und Kevin Riley noch einige Jahre jünger.

2247

Lenore Karidian wird geboren. Ihre Geburt ist auch die erste bekannte Aufzeichnung mit Bezug auf den Schauspieler Anton Karidian, von dem sich später herausstellen sollte, daß er Kodos, der Henker, war.

»Kodos, der Henker.« Lenore ist zur Zeit der Folge (2266) 19 Jahre alt.

Lenore Karidian

Das dreiundzwanzigste Jahrhundert

2249

Charles Evans mit 17 Jahren.

Spock beschließt, in die Sternenflotte einzutreten, anstatt an der vulkanischen Akademie der Wissenschaften zu studieren. Dadurch entfremdet er sich seinem Vater Sarek bis zur Konferenz von Babel im Jahr 2267.

»Reise nach Babel.« Amanda sagte, daß Spock und Sarek vor der Folge (2267) achtzehn Jahre lang nicht miteinander gesprochen hätten. Zu beachten ist, daß dieses Datum in Widerspruch zu Garths Rede in »Wen die Götter zerstören« steht, die nahelegt, daß Spock sich nach der Friedensmission von Axanar der Sternenflotte angeschlossen haben könnte. (Siehe nächste Seite.)

Charles Evans wird geboren. Seine Eltern nehmen an einem erfolglosen Kolonisationsprojekt teil, das mit einem katastrophalen Absturz auf dem Planeten Thasus endet.

»Der Fall Charlie.« Zur Zeit der Folge (2266) ist er 17 Jahre alt.

2250

Der Campus der Sternenflottenakademie in San Francisco.

James Kirk schreibt sich auf der Sternenflottenakademie ein. Mallory, der Vater eines zukünftigen Besatzungsmitglieds der *Enterprise*, hilft Kirk dabei, auf die Akademie zu gelangen. Einer der Professoren, die den größten Eindruck auf ihn hinterlassen, ist der Historiker John Gill. Kirks persönlicher Held ist Captain Garth, der als der Prototyp eines Raumschiffkommandanten gilt und dessen Heldentaten auf der Akademie zur Pflichtlektüre gehören. Spock studiert ebenfalls unter Gill, auch wenn Kirk und Spock anscheinend nicht in derselben Klasse waren.

Das Datum ist Vermutung, die davon ausgeht, daß Kirk siebzehn Jahre alt war, als er zur Akademie zugelassen wurde. Dies folgt dem Vorschlag des Autorenhandbuchs der Originalserie **Raumschiff Enterprise.** *Dies stimmt auch mit den Angaben in »Spitze des Eisbergs« überein, wo erwähnt wird, daß Kirk ungefähr fünfzehn Jahre vor der Folge auf der Akademie gewesen war, auch wenn Kirk anscheinend in einer höheren Klasse als Mitchell war. (Vergleiche den späteren Eintrag über Mitchell.) Mallory wird in »Die Stunde der Erkenntnis« erwähnt. Gill wird in »Patterns of Force« genannt und Garth erscheint in »Wen die Götter zerstören.«*
Anmerkung der Übersetzerin: Die Folge »Patterns of Force« wurde in Deutschland bisher nicht ausgestrahlt, weshalb auch kein deutscher Titel existiert.

Ben Finney

James Kirk freundet sich als Fähnrich auf der Sternenflottenakademie mit dem Dozenten Ben Finney an. Die zwei stehen sich schließlich so nahe, daß Ben seine Tochter nach Kirk Jamie nennt.

»Kirk unter Anklage.« Das Datum ist Vermutung, aber laut Beschreibung ist Kirk Fähnrich auf der Akademie, als sie sich kennenlernen.

Fähnrich James Kirk dient auf der U.S.S. *Republic*, NCC-1371. Er meldet einen Fehler, den sein Freund Ben Finney gemacht hat. Aus diesem Grund wird Finney nicht befördert. Laut Kirks Meldung hatte er Finney auf Wache abgelöst und entdeckt, daß ein Reglerkreis-Schalter der Atommeiler unsachgemäß offengelassen worden war, wodurch die Sicherheit des Schiffs gefährdet wurde. Jahre später wirft Finney Kirk dies vor, da er die Meldung für den einzigen Grund hält, weshalb er niemals das Kommando über ein Raumschiff erlangt hatte.

»Kirk unter Anklage.« Das Datum ist Vermutung. Kirks Dienstzeit auf der **Farragut** *(»Tödliche Wolken«, wo Kirk Lieutenant ist) wurde als seine erste Versetzung nach der Akademie beschrieben, was nahe legt, daß die Ereignisse*

Das dreiundzwanzigste Jahrhundert

*auf der **Republic** stattfanden, als Kirk noch auf der Akademie war. Dies wird durch die Tatsache bestätigt, daß Kirk zu jener Zeit Fähnrich war. Dies wiederum deutet darauf hin, daß Kirks Dienst auf der **Republic** vor seiner Begegnung mit Mitchell, der zeitweise auf der Akademie Kirks Schüler war, lag.*

Anmerkung der Herausgeber: Die offensichtliche Tatsache, daß Kirk den Rang eines Fähnrichs (und später eines Lieutenants) trug, während er noch auf der Akademie war, wird möglicherweise bei denen, die mit dem Protokoll heutiger Militärschulen vertraut sind, für Verwunderung sorgen, aber uns wurde erklärt, daß es in solchen Institutionen möglich (wenn auch sehr selten) ist, daß einem Schüler schon vor dem Abschluß ein Rang verliehen wird. Außerdem ist wahrscheinlich anzunehmen, daß die Sternenflotte, so sehr sie sich der Tradition verpflichtet fühlt, auch einige Dinge gegenüber der Art, wie ihre Vorgänger des 20. Jahrhundert sie handhaben, verändert hat.

James Kirk, der sich anscheinend immer noch auf der *Republic* befindet, besucht den Planeten Axanar auf einer Friedensmission. Der Einsatz ist eine große Errungenschaft für Captain Garth, der die Mission leitet. Die Sternenflotte verleiht Kirk das Palmenblatt des Friedensrates von Axanar für seine Rolle bei diesem Auftrag.

Captain Garth

*Das Datum ist Vermutung. In der Folge »Kirk unter Anklage« wird festgestellt, daß Kirk die Auszeichnung erhalten hat. Die Hintergrundgeschichte wird in »Wen die Götter zerstören« erzählt, wenn Kirk bemerkt, daß er Axanar als gerade flügge gewordener Kadett besucht hat, und so nahelegt, daß er zu jener Zeit noch auf der Akademie war. Die Folge scheint anzudeuten, daß Kirk während der Axanar-Mission nicht unter Garths Kommando stand. Daß Kirk zu diesem Zeitpunkt auf der **Republic** diente, ist eine Vermutung aufgrund der Theorie, daß Akademiekadetten einen Teil ihrer Ausbildung auf einem echten Raumschiff erhalten. Dies würde zu den Praktiken auf den heutigen Marine- und Küstenwachenakademien passen, wo von den Kadetten Dienst auf See erwartet wird.*

Kirk begegnet auf der Akademie Gary Mitchell. Sie werden sehr gute Freunde, auch wenn Mitchell, der Kurse besuchte, in denen Kirk lehrte, diesen später als einen Dozenten bezeichnen sollte, der die Schüler dazu zwang, »den Stoff zu fressen oder gefressen zu werden.« Als Kirk später sein erste Kommando übernimmt, fordert er Mitchell für seine Besatzung an. Ein weiterer Bekannter Kirks ist Finnegan, der in einer höheren Klasse als Kirk ist. Kirk erinnert sich später besonders an Finnegans Vorliebe für Streiche.

Gary Mitchell

*»Spitze des Eisbergs.« Fünfzehn Jahre vor der Folge. Mitchell beschrieb Kirk als einen Lieutenant, was vielleicht bedeutet, daß Kirk nach seinem Dienst als Fähnrich auf der **Republic** (»Kirk unter Anklage«) als Dozent oder Aushilfslehrer tätig war. Anderseits könnte es auch möglich sein, daß Kirk nach seinem Abschluß im Jahr 2254 als Dozent auf der Akademie lehrte. Dies würde zu der Tatsache passen, daß Kirk bei seiner Versetzung auf die **Farragut**, dem ersten Schiff, auf dem er nach seiner Akademiezeit diente, als Lieutenant bezeichnet wurde. Allerdings paßt es nicht zu der Information, Kirk habe Mitchell vor fünfzehn Jahren kennengelernt. Leider scheint Kirks Hintergrundgeschichte von allen **Star Trek**-Hauptfiguren die größte Anzahl an inneren Widersprüchen aufzuweisen. Finnegan erscheint in der Folge »Landeurlaub.«*

Das Raumschiff *Enterprise* kehrt unter dem Kommando von Captain Robert April von seiner Fünfjahresmission zurück und wird für den nächsten Einsatz überholt. Christopher Pike übernimmt die Position des Captains.

Raumschiff *Enterprise*

Vermutung.

Das dreiundzwanzigste Jahrhundert

Captain Christopher Pike

2251

Das Raumschiff *Enterprise* läuft unter dem Kommando von Captain Christopher Pike zu seiner zweiten Fünfjahresmission zur Erforschung des Unbekannten aus.

*Vermutung, siehe Eintrag über Spocks Dienstbeginn auf der **Enterprise** im Jahr 2252.*

2252

Spock beginnt noch als Akademiekadett seinen Dienst an Bord der U.S.S. *Enterprise* unter dem Kommando von Captain Pike.

Spock

*»Talos IV — Tabu.« Spock sagte, er habe 11 Jahre und 4 Monate lang zusammen mit Pike gedient. Pike diente als Captain der **Enterprise** bis 2263. Diese Angaben könnten dahingehend interpretiert werden, daß Pike zwei Fünfjahresmissionen der **Enterprise** befehligte. Die Idee, Spock könnte auf der **Enterprise** gedient haben, während er noch Kadett war, paßt zu der Annahme, daß Kirk an Bord der **Republic** ebenfalls anscheinend als Kadett tätig war (»Kirk unter Anklage.«) Möglich ist allerdings auch, daß Spock einen Teil seiner Dienstzeit mit Pike an Bord eines anderen Schiffes verbrachte, was aber in Widerspruch zu unserer Vermutung, daß Pike das Kommando über zwei Fünfjahresmissionen hatte, stünde.*

Charles Evans überlebt im Alter von drei Jahren als Einziger einen Raumschiffabsturz auf dem Planeten Thasus. Die mysteriösen körperlosen Thasianer kümmern sich um ihn und statten ihn mit außergewöhnlichen Geisteskräften aus, um sein Überleben zu sichern.

»Der Fall Charlie.« Vierzehn Jahre vor der Folge (2266).

Kirk beginnt eine romantische Beziehung zu Ruth. Kirk lernt außerdem R.M. Merrick kennen, einen Studenten, der schließlich von der Akademie geworfen wird, nachdem er einen psychologischen Test nicht besteht.

Ruth

»Landeurlaub.« Fünfzehn Jahre vor der Folge (2267). (Ruths Familienname wurde in der Episode nicht genannt.) Merrick stammt aus »Brot und Spiele.« Das Datum ist eine Spekulation, da diese Ereignisse zu jedem Zeitpunkt in Kirks Akademiezeit passiert sein können. (Vergleiche die Anmerkung der Herausgeber bezüglich Merrick beim Eintrag zur Folge »Brot und Spiele«.)

2253

Spock schließt seine Ausbildung an der Sternenflottenakademie ab.

Vermutung. Geht davon aus, daß Spock 2249 in die Akademie eintrat (nach »Reise nach Babel«) und die üblichen vier Jahre Studienzeit durchlief. Allerdings ist Spock natürlich hochintelligent und könnte deshalb weniger als vier Jahre für den Abschluß benötigt haben, auch wenn kein direkter Beweis für diese These existiert.

Dr. Leonard H. McCoy

Dr. Leonard McCoy beendet sein medizinisches Studium.

Vermutung. Geht davon aus, daß McCoy 2245 mit dem Studium begann und einen acht Jahre dauernden medizinischen Lehrgang abschloß. (Siehe Anmerkung im Anhang A bezüglich bedeutender Unklarheiten in McCoys Lebenslauf.)

Das dreiundzwanzigste Jahrhundert

2254

James Kirk macht seinen Abschluß an der Sternenflottenakademie. Er ist der einzige Kadett in der Geschichte der Akademie, der die Kobayashi Maru-Simulation, ein Szenario, in dem man nicht siegen kann, gewonnen hat. Kirk bekommt eine Auszeichnung für originelles Denken dafür, daß er die Simulation so umprogrammiert hatte, daß sie zu gewinnen war.

*Das Datum ist Vermutung aufgrund der Annahme, daß Kirk beim Eintritt in die Akademie siebzehn Jahre alt war. In »Das Standgericht«, »Das Duplikat« und »Ein mißglücktes Manöver« wird festgestellt, daß die Ausbildung an der Sternenflottenakademie normalerweise vier Jahre dauert. Die **Kobayashi Maru**-Simulation kommt in **Star Trek II – Der Zorn des Khan** vor.*

James T. Kirk

Lieutenant Kirk wird auf das Raumschiff *Farragut* unter dem Kommando von Captain Garrovick versetzt.

»Tödliche Wolken.« *In der Folge stellt sich heraus, daß Kirk direkt nach Abschluß der Akademie auf die **Farragut** versetzt wurde. Kirk bemerkte, daß Garrovick sein kommandierender Offizier war »als ich die Akademie verließ«.*

Die von Captain Pike befehligte U.S.S. *Enterprise* wird in einen gewaltsamen Konflikt auf dem Planeten Rigel VII verwickelt. Drei Besatzungsmitglieder, unter anderem der Bootsmann des Captains, werden getötet und sieben weitere verletzt. Pike gibt sich später die Schuld für den Zwischenfall, weil er unvorsichtigerweise nicht mit Feindseligkeiten der Rigelianer gerechnet habe.

Ankunftsort des Landetrupps auf Rigel VII.

»Der Käfig.« *Zwei Wochen vor dem Zwischenfall auf Talos IV.*

»Der Käfig.« (In der Folge wird keine Sternzeit angegeben.) Die U.S.S. *Enterprise* empfängt auf dem Weg zur Vega-Kolonie einen Notruf des Raumschiffs S.S. *Columbia,* das laut Aufzeichnungen vor ungefähr 18 Jahren in der Nähe der Talos-Sterngruppe verschwunden war. Nachforschungen führen zur Entdeckung der Absturzstelle der *Columbia* auf dem Planeten Talos IV und zum Kontakt mit den einheimischen Bewohnern des Planeten. Die Talosianer versuchen Pike gefangenzunehmen, um durch ihn das Überleben ihrer Rasse zu sichern, aber Pike und die *Enterprise* entkommen, indem sie die Talosianer davon überzeugen, daß Menschen nicht für ein Leben in Gefangenschaft geeignet sind.

Captain Christopher Pike wird von den Talosianern gefangengenommen.

Laut Spocks Zeugenaussage bei der Kriegsgerichtsverhandlung dreizehn Jahre vor »Talos IV – Tabu.«

*Anmerkung der Herausgeber: José Tyler erzählt Dr. Haskins, daß die Raumfahrt in den achtzehn Jahren seit dem Absturz der **Columbia** viel schneller geworden sei, weil die Zeitbarriere durchbrochen wurde. Dies könnte man als einen Bezug auf die Entwicklung des Warpantriebs verstehen, aber dies stünde im Widerspruch zu anderen Zeitangaben, die nahelegen, daß Zefram Cochrane den Warpantrieb ungefähr im Jahr 2061 erfand. (Der Warpantrieb mußte bereits vor dem Absturz der **Columbia** existiert haben, da die **Columbia** und andere Schiffe bei ihren Einsätzen beträchtliche interstellare Entfernungen zurücklegten.) Daher gehen wir davon aus, daß sich Tylers Aussage auf eine wichtige, aber nicht näher ausgeführte Verbesserung der Warpantriebstechnologie bezieht.*

Captain Pike und Mr. Spock auf der Brücke der U.S.S. *Enterprise.*

*Captain Pike gibt in seiner Begrüßung des Trugbilds der Überlebenden auf Talos IV den Namen seines Schiffs als »United Space Ship **Enterprise**« an, wodurch geklärt ist, was »U.S.S.« bedeutet.*

Lieutenant Kirk, der zum ersten Mal einen Erkundungstrupp führt, freundet sich mit Tyree an, einem Bewohner eines technologisch unkomplizierten Planeten

Das dreiundzwanzigste Jahrhundert

Tyree

der Klasse M. Jahre später kehrt Kirk zu Tyrees Planet zurück, als die Klingonen sich dort in eine lokale Auseinandersetzung einmischen.

»Der erste Krieg.« Dreizehn Jahre vor der Folge.

Anmerkung der Herausgeber: Der Name von Tyrees Planeten wird in der Folge nicht genannt. In einem Drehbuchentwurf jedoch hieß er Neural. Auch wenn es in der Folge nicht explizit gesagt wird, scheint Kirk zu diesem Zeitpunkt auf dem Raumschiff **Farragut** *gedient zu haben.*

2255

Letzter Kontakt zwischen den kontaktscheuen Sheliak und der Vereinigten Föderation der Planeten vor 2366. Beide Seiten stimmen dem Vertrag von Armens zu, in dem die Föderation den Planeten Tau Cygna V an die Sheliak abtritt. Der Vertrag umfaßt 500 000 Worte und zu seinem Entwurf waren 372 Rechtsexperten der Föderation notwendig.

»Die Macht der Paragraphen.« *Riker sagt in der Folge (2366), die Föderation und die Sheliak hätten seit 111 Jahren nicht miteinander kommuniziert.*

2256

Die U.S.S. *Enterprise* beendet unter dem Kommando von Captain Christopher Pike dessen erste Fünfjahres-Forschungsmission (die zweite des Schiffs, wenn man Captain Aprils Mission mitzählt) und wird ein Jahr lang im Raumdock überholt.

Vermutung.

Die zukünftige Mrs. Nancy Crater.

Leonard McCoy beendet eine Affäre mit der zukünftigen Mrs. Nancy Crater.

»Das Letzte seiner Art.« *McCoy sagt: »Es sind immerhin zehn Jahre vergangen, seit wir uns damals getrennt haben.« (Die Folge spielte 2266.)*

2257

Lieutenant Kirk, der immer noch auf der U.S.S. *Farragut* dient, begegnet einer gefährlichen »Vampirwolke« in der Nähe des Planeten Tycho IV. Direkt mit dem Wesen konfrontiert, zögert Kirk einen Augenblick, bevor der die Schiffsphaser abfeuert, und fühlt sich später verantwortlich, als das Wesen den Tod von 200 Menschen verschuldet, unter anderem auch den von Captain Garrovick von der *Farragut*. Jahre später wird Garrovicks Sohn unter Kirks Kommando auf der *Enterprise* dienen.

»Tödliche Wolken.« *Elf Jahre vor der Folge (2268).*

Die U.S.S. *Enterprise* bricht zu Captain Pikes zweiter Fünfjahres-Forschungsmission (der dritten für das Schiffs) auf.

Vermutung. Die Tatsache, daß Spock sagte, er habe mehr als elf Jahre unter Pike gedient (»Talos IV — Tabu«), scheint die Annahme zu unterstützen, daß Pike zwei Fünfjahresmissionen mit einer dazwischenliegenden Pause zum Überholen des Schiffs durchgeführt hat.

Die Karidian-Schauspielkompanie beginnt eine offizielle Einführungstour, die vom galaktischen kulturellen Austauschprogramm gefördert wird. Sie wird bekannt für ihre Aufführungen klassischer Shakespeare-Stücke.

»Kodos, der Henker.« *Laut der historischen Datenbank der* **Enterprise** *neun Jahre vor der Folge (2266).*

Das dreiundzwanzigste Jahrhundert

2261

Die U.S.S. *Enterprise* beendet die zweite Fünfjahres-Forschungsmission unter dem Kommando von Captain Christopher Pike. Das Schiff läuft zu einer großen Inspektion und Überholung ins Raumdock ein. Während dieser Überholung wird die Besatzungskapazität des Schiffs von 203 auf 430 erhöht.

Vermutung. Die Angaben über die Erhöhung der Besatzung basiert auf Pikes Kommentar in »Der Käfig,« der von einer Besatzung von 203 zu diesem Zeitpunkt ausgeht. Während der ersten Staffel der Originalserie spricht Kirk von einer Besatzung von ungefähr 430.

Raumschiff *Enterprise*

Das Forschungsschiff S.S. *Beagle*, ein kleines Vermessungsschiff der Klasse IV, stürzt auf dem Planeten 892-IV ab, nachdem es von einem Meteor beschädigt wurde. Das Schiff hatte die erste Vermessung des Sektors vorgenommen. Die Besatzung wird von den Bewohnern des Planeten gefangengenommen und dazu gezwungen, wie römische Gladiatoren zu kämpfen. Merrick, der Kommandant des Schiffs, überlebt bis 2267 dadurch, daß er zum starken Mann in der lokalen Politik wird. 2267 nimmt die *Enterprise* Kontakt zu diesem Planeten auf.

R. M. Merrick, Captain der *Beagle*.

*»Brot und Spiele.« Kirk sagte (2267), daß die **Beagle** seit sechs Jahren vermißt werde.*

David Marcus wird als Sohn von Carol Marcus und James Kirk geboren. Carol Marcus bittet Kirk, sich nicht in die Erziehung des Jungen einzumischen. Kirk sieht seinen Sohn erst 2285 wieder.

Dr. David Marcus mit 24 Jahren.

Star Trek II — Der Zorn des Khan. *Das Datum ist Vermutung aufgrund der Annahme, daß David zur Zeit von **Star Trek II** ungefähr 24 Jahre alt war.*

Robert und Nancy Crater kommen auf dem Planeten M-113 an, um die antiken Ruinen dort zu erforschen. Nancy Crater wird später vom letzten noch lebenden Eingeborenen des Planeten getötet.

»Das Letzte seiner Art.« Spock bemerkte, daß die Craters fünf Jahre vor der Folge (2266) auf dem Planeten eingetroffen waren.

Die letzte Nachricht von Dr. Roger Korbys archäologischer Expedition auf dem Planeten Exo III wird empfangen. Korbys Funkspruch beschreibt die Entdeckung unterirdischer Höhlen. Danach hört man weder von Korby noch von seiner Expedition, und zwei nachfolgende Expeditionen sind nicht in der Lage, sie auf dem Planeten zu lokalisieren. Korby, der als der Pasteur der archäologischen Medizin gilt, ist anerkannt für seine Übersetzung medizinischer Berichte aus den Orion-Ruinen, die zu einer Revolution der Immunisierungstechniken führte.

»Der alte Traum.« Kirk bemerkte, daß seit Korbys letzter Nachricht fünf Jahre vergangen seien. (Die Folge spielt 2266.)

James Kirk hat eine Affäre mit der zukünftigen Janet Wallace. Wegen ihrer unterschiedlichen Karriereziele geht die Beziehung schief. Janet heiratet schließlich Theodore Wallace, einen Wissenschaftler, der 26 Jahre älter als sie ist.

Die zukünftige Janet Wallace.

»Wie schnell die Zeit vergeht.« Janet erinnerte Kirk daran, daß »sechs Jahre, vier Monate und ein paar Tage« seit ihrem letzten Zusammentreffen vergangen waren.

Spock begegnet auf der Erde der Botanikerin Leila Kalomi. Kalomi fühlt sich zu Spock hingezogen, der ihr jedoch zu verstehen gibt, daß er aufgrund seiner vulkanischen Herkunft ihre Gefühle nicht erwidern kann.

Leila Kalomi

»Falsche Paradiese.« Leila erinnerte Spock daran, daß sie ihm sechs Jahre vor der Folge (2267) ihre Liebe gestanden habe.

Das dreiundzwanzigste Jahrhundert

2263

Spock besucht zum letzten Mal vor der Konferenz von Babel, auf der über die Aufnahme der Coridianer in die Föderation verhandelt wird, seine Eltern auf Vulkan. Der Besuch verläuft angespannt, weil Sarek mit der Berufswahl seines Sohnes nicht einverstanden ist.

»Reise nach Babel.« (2267) Amanda wirft Spock vor, sie seit vier Jahren nicht mehr besucht zu haben.

Areel Shaw

James Kirk sieht Areel Shaw zum letzten Mal vor Kirks Prozeß auf der Sternenbasis 11. Die beiden hatten eine Affäre miteinander.

»Kirk unter Anklage.« Areel sagte, daß sie sich vor der Folge (2267) »vier Jahre, elf Monate und 23 Tage« nicht gesehen hätten.

James Kirk wird zum Captain des Raumschiffs Enterprise befördert und begegnet Christopher Pike, der zum Fleet-Captain befördert wird.

Vermutung. In »Talos IV — Tabu« sagte Kirk, daß er Pike vor der Folge einmal begegnet sei und zwar bei dessen Beförderung zum Fleet-Captain.

Die Bergleute Childress, Gossett und Benton beginnen ihre Arbeit im Liziumbergwerk auf dem Planeten Rigel XII.

»Die Frauen des Mr. Mudd.« Ruth bemerkte, daß die drei Bergleute seit fast drei Jahren dort gewesen seien. (Die Folge spielt 2266.)

Eine Gruppe von 150 Kolonisten verläßt unter der Führung von Elias Sandoval die Erde, um auf dem Planeten Omicron Ceti III zu siedeln.

»Falsche Paradiese.« Kirk bemerkte, daß die Sandoval-Expedition sich drei Jahre vor der Folge auf dem Planeten niedergelassen und die Reise ein Jahr gedauert habe, woraus sich ergibt, daß ihre Abreise vier Jahre vor der Folge (2267) lag.

Raumschiff Enterprise

2264

Captain James Kirk bricht als Kommandant der U.S.S. Enterprise zu einer historischen Fünfjahres-Forschungsmission auf.

Das Datum ist Vermutung: Sie geht davon aus, daß »Spitze des Eisbergs« 13 Monate und 12 Tage nach Beginn der Mission spielte, was einer der Theorien zur Berechnung der Sternzeiten entspricht. (Die Folge hatte die Sternzeit 1312.) Die späteren Folgen passen nicht zu diesem System zur Bestimmung der Sternzeiten, aber es ist zumindest nützlich, um den Beginn von Kirks Mission im Verhältnis zu dieser Folge festzusetzen.

Harcourt Fenton Mudd

Harcourt Fenton Mudd wird überführt, ein Raumschiff mit Falschgeld gekauft zu haben. Er wird zu einer psychiatrischen Behandlung verurteilt und ihm wird mit Wirkung ab Sternzeit 1116,4 seine Lizenz entzogen. Mudd war vorher schon wegen Schmuggels verurteilt worden, auch wenn diese Strafe zur Bewährung ausgesetzt worden war.

»Die Frauen des Mr. Mudd.« Das Datum ist Vermutung, liegt aber anscheinend vor »Spitze des Eisbergs«, da die Sternzeit seines Lizenzentzugs niedriger ist als die der Folge.

Die echte Nancy Crater wird vom letzten Eingeborenen des Planeten M-113 getötet. Das Wesen nimmt später Nancys Gestalt an und lebt mit Professor Robert Crater, einem Archäologen, der M-113 erforscht, zusammen.

DAS DREIUNDZWANZIGSTE JAHRHUNDERT

»Das Letzte seiner Art.« Das genaue Datum ist Vermutung, aber Professor Crater bemerkte, daß Nancy ein oder zwei Jahre vor der Folge (2267) getötet worden war.

Die Sandoval-Expedition trifft zur Kolonisation auf dem Planeten Omicron Ceti III ein. Unglücklicherweise stellt sich später heraus, daß der Planet einen hohen Anteil tödlicher Bertholdstrahlung besitzt, durch die das Leben der Kolonisten gefährdet wird.

»Falsche Paradiese.« (2267) Kirk bemerkte, daß die Kolonisten seit drei Jahren auf dem Planeten seien.

2265

Die Psychiaterin Dr. Elisabeth Dehner, die das Verhalten von Besatzungsmitgliedern in Notsituationen untersucht, schließt sich bei einem Aufenthalt der *Enterprise* auf der Aldebaron-Kolonie der Besatzung an.

Kurz vor »Spitze des Eisbergs.«

»Spitze des Eisbergs.« Sternzeit 1312,4. Die *Enterprise* trifft auf eine Unfallboje der S.S. *Valiant*, die zweihundert Jahre zuvor in der Nähe des Randes der Galaxie verschwunden war. Die Aufzeichnungen auf den Bändern der Boje machen deutlich, daß das Schiff von seinem Captain zerstört wurde. Kirk gibt den Befehl, die *Enterprise* zu Nachforschungen über den Rand der Galaxie hinaus zu steuern, wo das Schiff auf eine seltsame Energiebarriere trifft, was zum Tod von neun Besatzungsmitgliedern führt. Gary Mitchell, Kirks Freund seit seiner Akademiezeit, wird von der Barriere irgendwie verändert und besitzt auf einmal enorme psychokinetische Kräfte. Später kommt heraus, daß die Psychiaterin Elisabeth Dehner ebenso verändert wurde. Der Versuch, Mitchell im Bergwerk auf Celta Vega zu isolieren, schlägt fehl und Kirk muß ihn töten, um sein Schiff zu schützen. Dehner kommt bei dem Vorfall ebenfalls ums Leben.

Elizabeth Dehner

Die *Enterprise* nähert sich der Barriere.

*Das Datum ist Vermutung: Sie geht davon aus, daß die Folge zwischen sechs Monaten und einem Jahr vor der ersten Staffel von **Raumschiff Enterprise** stattfand. Diese Zeitspanne ist angesetzt, um die Kostüm- und Ausstattungsänderungen zwischen dieser Pilotfolge und dem Rest der Serie zu erklären.*

*Anmerkung der Herausgeber: Der Grabstein, den Gary Mitchell für Kirk kreiert, gibt den Namen des Captains als »James R. Kirk« an. Später wurde sein Name zu »James T. Kirk« geändert. Dorothy Fontana bemerkt, daß sich Kirks mittlerer Anfangsbuchstabe änderte, weil Gene Roddenberry einfach vergessen hatte, daß er in dieser Folge als »R« auftauchte. Außerdem habe Gene seinen Hauptpersonen gern den Zweitnamen »Tiberius« gegeben. (Gary Lockwoods Figur in Roddenberrys Serie **The Lieutenant** hieß William Tiberius Rice.)*

Lithium-Abbauanlage auf Delta Vega.

*Diese Folge (und »Die Frauen des Mr. Mudd«) zeigt, daß die **Enterprise** »Liziumkristalle« für ihren Antrieb verwendet, allerdings wird der Name der Kristalle in späteren Folgen zu »Dilizium« verändert. Laut Fontana schlug der Physiker der RAND-Corporation (und technische Berater von **Star Trek**) Harvey Lynn die Änderung vor. Der Grund dafür war, daß Lizium existiert, Dilizium jedoch nicht, weshalb die Verwendung von Dilizium den **Star Trek**-Autoren größere Freiheit beim Erzählen ihrer Geschichten gibt, ohne daß sie befürchten müssen, wissenschaftlichen Unsinn zu erfinden. Fontana erklärte außerdem, daß die Änderung als technologische Verbesserung des Schiffsantriebs gewertet werden könne.*

Die Borg zerstören Guinans Heimatplaneten. Nur wenige von Guinans Volk überleben; sie werden in der Galaxie zerstreut.

Guinan

HEEL-BÜCHER

Das Große Trek-Lexikon

Seit fast drei Jahrzehnten ist das Raumschiff Enterprise unterwegs, um ferne Welten und unbekannte Zivilisationen zu entdecken. Wer diese Reisen begleitet, wird mit einer Vielzahl von exotisch klingenden Begriffen konfrontiert: Bajoraner, Warp Speed, Cardessianer, Q-Kontinuum, Trill, stabiles Wurmloch - was verbirgt sich hinter Vokabeln wie diesen?
"Das Große Trek-Lexikon" gibt hier mit hunderten von alphabetisch geordneten Stichwörtern erschöpfend Auskunft. Ein unentbehrliches Nachschlagewerk, das die Welt von Star Trek durchschaubarer macht.

Thomas Maxwell
Das Große Trek-Lexikon
Ca. 150 Seiten, Format
216 x 280 mm, Softback
ISBN 3-89365-393-7
DM 24,80

Captain's Logbuch

Dieses Buch ist das erste, das einen vollständigen Überblick über alle Episoden des Trek-Abenteuers gibt. Beginnend mit dem Pilotfilm im Jahre 1966 bis hin zu den Reisen der jüngsten Trek-Generation wird jede Episode inhaltlich geschildert - zunächst in einer kurzen, objektiven Zusammenfassung und dann in den eigenen Worten der Produzenten, Autoren und anderer Beteiligter. Hierzu führten die Autoren Hunderte von Interviews durch, im Rahmen derer natürlich viele unbekannte Anekdoten und Fakten zu Tage kamen. Ungewöhnlich ist auch das Fotomaterial, das die Schauspieler auch einmal in anderen Rollen zeigt. Alles in allem also ein gleichermaßen informatives wie unterhaltsames Nachschlagewerk.

Gross / Altman
Captain's Logbuch
Alle Abenteuer der Trek-Crew
Ca. 270 S., ca. 130 teils farb.
Abb., Format 217 x 280 mm.
ISBN 3-89365-376-7
DM 29,80

Deep Space Logbuch

Irgendwo im Weltraum liegt die DS9, Operationsbasis der neuesten Trek Crew: Commander Benjamin Sisko, Major Kira Nerys, Chief Operations Officer Miles O`Brien, Dr. Julian Bashir, Officer Jadzia Dax und Sicherheitschef Odo.
Sie alle trifft der Leser im Deep Space Logbuch, das einen Blick hinter die Kulissen des ersten Jahres der Raumstation und ihrer Abenteuer bietet. Die Autoren haben ein Verzeichnis aller Mitwirkenden, die Erstausstrahlungstermine im Fernsehen, einen Rückblick und eine Zusammenfassung jeder Episode zusammengestellt. Es gibt Hintergrundstories und Interviews mit Beteiligten, etwa mit Avery Brooks, Nana Visitor und vielen anderen - eine unerläßliche Informationsquelle für jeden Star-Trek-Fan

Gross/Altman
Deep Space Logbuch
Ca. 120 Seiten, ca. 70 Abb.,
Format 220 x 280 mm, Softback
ISBN 3-89365-338-4
DM 24,80

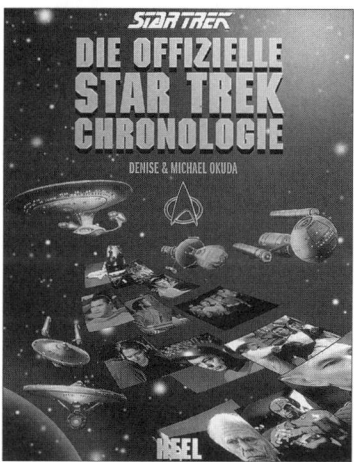

Die offizielle Star Trek Chronologie

Dieses Werk ist die erste und einzige autorisierte Chronologie von Star Trek. Jahr für Jahr wird jedes Ereignis der Trek-Episoden - von Trek-Clasic bis hin zu TNG - sowie der Spielfilme dokumentiert. Die Autoren - beide aktiv an der Produktion von Star Trek beteiligt - verbrachten Tausende von Stunden damit, das Zeitgerüst von Star Trek nachzuverfolgen und das Geschehen in einem logischen zeitlichen Zusammenhang zu veranschaulichen. Das Ergebnis ihrer akribischen Recherche ist wirklich beeindruckend: Authentisch und umfassend wird hier die Geschichte von Star Trek reflektiert. Das Buch ist mit rund 500 Fotos üppig illustriert und eine schier unerschöpfliche Fundgrube für jeden Trekkie!

Denise u. Michael Okuda
Die offizielle Star Trek Chronologie
Ca. 184 Seiten, rund 500 s/w-Fotos,
Format 215 x 279 mm, Softback
ISBN 3-89365-443-7
DM 29,80

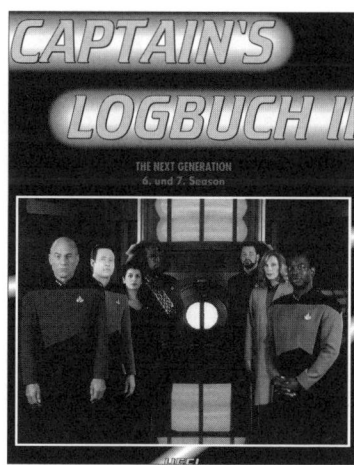

Captain's Logbuch II

Der zweite Band vom Captain's Logbuch behandelt jene Trek-Folgen, die im ersten Band nicht berücksichtigt werden konnten: Zur Überraschung und großen Freude aller Trekkies wurden zwei weitere Staffeln von "Next Generation" (die 6. und 7. Season) ausgestrahlt, deren einzelne Episoden hier geschildert werden. Das hauptsächliche Anliegen des Autors Mark Altman ist es hier wiederum, die Anekdoten und Geschichten wiederzugeben, die hinter den Kulissen der Serie stattfanden.

Mark A. Altman
Captain's Logbuch II
The Next Generation: 6. u. 7. Season
Ca. 160 S., ca. 40 s/w-Fotos, Format 216 x 280 mm
ISBN 3-89365-417-8
DM 24,80

Die Technik d. U.S.S. Enterprise

Dieses Werk ist das erste offizielle technische Handbuch der U.S.S. Enterprise, das aus berufener Feder stammt: Beide Autoren waren an der Entstehung von Star Trek beteiligt.
Im Buch werden Zusammenhänge und Details, die im Rahmen der Episoden nur angedeutet werden können, erläutert und anhand von Diagrammen, technischen Schemata und Grundrißplänen veranschaulicht: Kommando-Systeme, Antrieb, Verteidigung, Kommunikation, Computer-Systeme... Ein absolutes Muß für jeden Trekkie!

Sternbach / Okuda / Roddenberry (Vorw.)
Star Trek
Die Technik der U.S.S. Enterprise
Ca. 184 Seiten, ca. 160 s/w-Illustrationen,
Format 215 x 279 mm, Softback
ISBN 3-89365-397-X
DM 39,80

Erhältlich überall im Buchhandel oder bei:
HEEL Bücher, 53639 Königswinter, Hauptstraße 354, Bestell-Hotline 0531/799079, Bestell-Fax 795939

Das dreiundzwanzigste Jahrhundert

»Zeitsprung mit Q.« Einhundert Jahre vor der Folge (2365).

Der Planet Ingraham B wird von denselben parasitären Wesen angegriffen, die später die Population des Planeten Deneva dezimierten.

»Spock außer Kontrolle.« Zwei Jahre vor der Folge (2267).

2266

Dr. Leonard McCoy nimmt seinen Dienst als Schiffsarzt auf der U.S.S. *Enterprise* auf. Er löst Dr. Mark Piper ab.

Das Datum ist Vermutung: Er kam offensichtlich nach »Spitze des Eisbergs« an Bord, da in dieser Folge Dr. Piper der Schiffsarzt war, und vor »Pokerspiele«, wo er zum ersten Mal auftritt.

Dr. Simon Van Gelder wird zum stellvertretenden Direktor der Strafkolonie auf Tantalus V ernannt. Er dient im Stab des Koloniedirektors Tristan Adams.

»Der Zentral-Nervensystemmanipulator.« Spocks Computernachforschung ergab, daß Van Gelder sechs Monate vor der Folge auf die Kolonie versetzt worden war.

McCoy

Lieutenant Hikaru Sulu akzeptiert eine Versetzung vom Stabsphysiker zum Steuermann an Bord der U.S.S. *Enterprise*.

Das Datum ist Vermutung: Offensichtlich wurde er nach »Spitze des Eisbergs« und vor »Pokerspiele« versetzt.

Das Raumschiff *Enterprise* beginnt eine routinemäßige Sternenvermessung.

Drei Tage vor »Pokerspiele.«

Sulu

Das dreiundzwanzigste Jahrhundert

5.1 Raumschiff Enterprise — Jahr 1

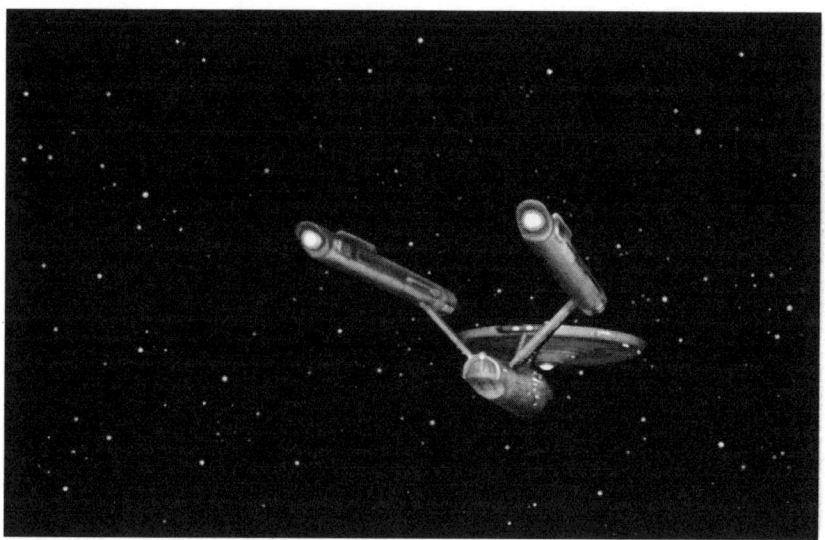

» ... mutig dorthin zu gehen, wo noch kein Mensch zuvor gewesen ist.«

*Ausgehend von der Annahme, daß die Originalserie **Raumschiff Enterprise** 300 Jahre nach der Erstausstrahlung der Serie (September 1966) spielt.*

Baloks vorgetäuschtes Aussehen.

»**Pokerspiele.**« Sternzeit 1512,2. Die U.S.S. *Enterprise*, die mit einer routinemäßigen Sternenvermessung beschäftigt ist, nimmt Erstkontakt zum Raumschiff *Fesarius* der Ersten Föderation auf. Obwohl Balok, der Kommandant der *Fesarius*, zunächst mißtrauisch gegenüber der *Enterprise* ist und ihr ein falsches Abbild seiner selbst zeigt, akzeptiert er schließlich die Versicherungen bezüglich der guten Absichten von seiten der Besatzung der *Enterprise*, nachdem Kirk Hilfe angeboten hatte, als Baloks Schiff Schwierigkeiten zu haben schien. Kirk beauftragt Lieutenant Bailey, an Bord der *Fesarius* im Sinne des kulturellen Austauschs tätig zu werden.

Einige Frauen werden auf dem Planeten Rigel IV von einem unbekannten Angreifer, im Volksmund *Boratis* genannt, brutal ermordet. Später wird man entdecken, daß der Mörder dasselbe Energiewesen ist, das ein Jahr später ähnliche Morde auf dem Planeten Argelius II verübt. Man nimmt an, daß das Wesen im Körper von Hengist, einem Eingeborenen von Rigel IV, nach Argelius II reiste, als dieser von der dortigen Regierung als Berater angestellt wurde.

»*Der Wolf im Schafspelz.*« Computeraufzeichnungen gaben an, daß die Morde ein Jahr vor der Folge (2267) verübt worden waren.

Harcourt Fenton Mudd

»**Die Frauen des Mr. Mudd.**« Sternzeit 1329,8. Die *Enterprise* versucht, ein kleines Frachtschiff der Klasse J zu retten, das sich zu nah an ein Asteroidenfeld herangewagt hat. Der Versuch schlägt fehl, aber die Besatzung des Schiffs wird vor dessen Zerstörung erfolgreich auf die *Enterprise* gebeamt. Allerdings werden bei dem Rettungsversuch die Liziumkristalle der *Enterprise* beschädigt, wodurch das Schiff nahezu lahmgelegt wird. Der Captain des Transportschiffs, Harcourt Fenton Mudd, wird später dazu gezwungen, Kirk bei Verhandlungen mit den Liziumbergleuten auf Rigel XII zu helfen, um Kristalle zur Rettung der *Enterprise*, die auf die Oberfläche zu stürzen droht, zu erhalten.

Die drei mit Mudd zusammenreisenden Frauen, die anscheinend von ihm als zukünftige Ehefrauen für die Siedler auf dem Planeten Ophicus III angeheuert wurden, beschließen, statt dessen bei den Liziumbergleuten auf Rigel XII zu bleiben.

Das dreiundzwanzigste Jahrhundert

Harcourt Fenton Mudd wird wegen illegalen Führens eines Frachtschiffs den Föderationsbehörden übergeben.

Direkt nach »Die Frauen des Mr. Mudd.«

»Kirk : 2 = ?« Sternzeit 1672,1. Die U.S.S. *Enterprise* unternimmt eine routinemäßige geologische Erkundung des Planeten Alfa 177. Das Gebiet, in dem der Landungstrupp arbeitet, ist durch magnetisches Erz kontaminiert, was zu einer Transporterfehlfunktion führt. Durch diese Fehlfunktion wird Kirk beim Rücktransport teilweise repliziert. Es handelt sich um eine fast perfekte Verdopplung, bei der allerdings jede Kopie nur einen Teil der persönlichen Wesenszüge des Originals besitzt. Das Überleben beider Kopien ist deshalb gefährdet. Wissenschaftsoffizier Spock und Ingenieur Scott gelingt es, durch eine Transportermodifikation Kirk sein ursprüngliches Selbst wiederzugeben.

Unvollständige Kopie von Captain Kirk, die die aggressiven Züge seiner Persönlichkeit enthält.

Die übrigen Mitglieder des Landungstrupps sind auf der Oberfläche von Alfa 177 gefangen, bis der Transporter repariert werden kann, wo sie sich durch Unterkühlung schwere Erfrierungen zuziehen. Bei ihrer Rückkehr auf die *Enterprise* werden alle Mitglieder des Landungstrupps medizinisch versorgt. Es bestehen beste Aussichten für eine vollständige Genesung.

Anmerkung der Herausgeber: Für diese Folge wurde der vulkanische Nervengriff erfunden, den Spock dazu verwendet, den »bösen« Kirk elegant (und gewaltfrei) bewußtlos zu machen. Die Angehörigen des **Star Trek***-Produktionsstabs (und einige Drehbücher) sollten später diesen Trick als FSNP bezeichnen, den »Famous Spock Nerve Pinch« (Spocks berühmten Nervengriff). Warum Spock kein Shuttle auf die Oberfläche des Planeten schicken konnte, als der Transporter versagte, ist leicht zu beantworten: es* **gab** *zu dem Zeitpunkt, als diese frühe Folge gedreht wurde, noch kein Shuttle.*

»Das Letzte seiner Art.« Sternzeit 1513,1. Die U.S.S. *Enterprise* erhält den Auftrag, eine Routinegesundheitsüberprüfung der Archäologen auf dem Planeten M-113 durchzuführen. Als drei Besatzungsmitglieder der *Enterprise* auf dem Planeten tot aufgefunden werden, wird eine Untersuchung eingeleitet, da die Umstände ihres Todes unklar sind. Es stellt sich heraus, daß der Mörder das letzte Exemplar einer auf M-113 eingeborenen Rasse ist. Später wird bekannt, daß das Wesen die ungewöhnliche hypnotische Fähigkeit besitzt, seine Opfer dazu zu bringen, es für jemand anderen zu halten. Außerdem wird klar, daß das Wesen von dem Sodiumchlorid lebt, das es den Körpern seiner Opfer entzieht. Zwei weitere Opfer werden auf der *Enterprise* entdeckt, darunter der Archäologe Robert Crater, bevor das Wesen beim Versuch, Captain Kirk anzugreifen, getötet wird.

Das letzte Lebewesen von M-113.

Anmerkung der Herausgeber: Spock erzählt Uhura, daß sein Heimatplanet Vulkan keinen Mond hat, obwohl wir in **Star Trek — Der Film** *mehrere Monde um den Planeten herum sehen. Erstaunlicherweise war keiner dieser Satelliten zu sehen, als das Raumschiff* Enterprise *in »Weltraumfieber« oder »Botschafter Sarek« den Planeten besucht. (Es wurde der Vorschlag gemacht, daß es sich bei den »Monden« in* **Star Trek I** *um andere Planeten gehandelt habe, deren Umlaufbahnen sie* **sehr** *nahe an Vulkan vorbeiführen.) »Das Letzte seiner Art« ist auch die Quelle für den in Fankreisen kursierenden Segenswunsch »Der große Vogel der Galaxie segne Ihren Planeten« (Anm.d.Ü.: In der deutschen Synchronisation: »Möge der große galaktische Geist Ihren Planeten segnen«), der von Sulu ausgesprochen wird und von der scherzhaften Bezeichnung abgeleitet wurde, die Associate Producer Bob Justman für den Produzenten Gene Roddenberry prägte.*

Dr. McCoy verschüttet eine bißchen Säure auf einem Tisch in seinem medizinischen Labor, wodurch er ein Loch in die Tischplatte ätzt. Ein Jahr später bemerkt er eine identische Verätzung auf demselben Tisch in der *Enterprise* des Paralleluniversums.

Das dreiundzwanzigste Jahrhundert

»Ein Parallel-Universum.« McCoy bemerkte, daß er vor einem Jahr an dieser Stelle Säure verschüttet hatte.

»Implosion in der Spirale.« Sternzeit 1704,2. Die U.S.S. *Enterprise* bekommt den Auftrag, ein Wissenschaftlerteam vom Planeten Psi 2000 aufzunehmen. Ein Landungstrupp entdeckt, daß alle Forscher unter ungewöhnlichen Umständen gestorben sind. Später stellt sich heraus, daß der Grund dafür ein fremdes Virus war. Der Landungstrupp bringt versehentlich das Virus mit aufs Schiff zurück, wodurch fast die gesamte Besatzung infiziert wird. Durch das Virus verliert die Besatzung ihre emotionale Kontrolle und gefährdet so die *Enterprise*. Zu den am stärksten Betroffenen gehört Lieutenant Kevin Riley, der den Maschinenraum des Schiffs unter seine Kontrolle bringt. McCoy entwickelt ein Serum, das es der Besatzung ermöglicht, ihre emotionale Stabilität wiederzuerlangen. Ein Notfall-Kaltstart der Schiffsmaschinen unter Verwendung einer theoretischen Intermix-Formel führt dazu, daß die *Enterprise* mit der gesamten Besatzung ungefähr 71 Stunden in die Vergangenheit reist.

Entdeckung erfrorener Mitglieder des Wissenschaftlerteams Psi 2000.

Sulu unter dem Einfluß des Psi 2000-Virus

*Anmerkung der Herausgeber: Diese Folge war ursprünglich als erster Teil eines Zweiteilers geplant. Laut Dorothy Fontana verließ der Autor der Folge, John D. F. Black, die Serie, ohne den zweiten Teil geschrieben zu haben, weshalb der geplante Inhalt schließlich von Fontana zu einer eigenständigen Folge (»Morgen ist gestern«) verarbeitet wurde. »Implosion in der Spirale« beschreibt die Art der Psi 2000-Infektion nicht. Erst als dieselbe Krankheit in »Gedankengift« die Besatzungen der **Tsiolkovsky** und der **Enterprise-D** infiziert, stellt sich heraus, daß es sich um ein Virus handelt. In dieser Folge wurde erstmals erwähnt, daß der Warpantrieb der **Enterprise** durch Antimateriereaktionen betrieben wird.*

Charles Evans wird von der Besatzung des wissenschaftlichen Erkundungsschiffs *Antares* unter dem Kommando von Captain Ramart vom Planeten Thasus gerettet. Der siebzehn Jahre alte Menschenjunge Evans ist der einzige Überlebende eines 14 Jahre vorher abgestürzten Raumschiffs.

Charles Evans

Vor »Der Fall Charlie.«

»Der Fall Charlie.« Sternzeit 1533,6. Erstkontakt mit den mythischen Thasianern. Die U.S.S. *Enterprise* erhält den Befehl, sich mit dem Raumschiff *Antares* zu treffen, um den verwaisten Charles Evans zu seinen nächsten lebenden Verwandten auf Kolonie 5 zu bringen. Es stellt sich heraus, daß Evans ungewöhnliche telekinetische Fähigkeiten besitzt, wodurch die Existenz der Thasianer bewiesen wird, die bisher als reiner Mythos galten. Evans kehrt schließlich nach Thasus zurück, wo seine Kräfte, die ihm als Hilfe zum Überleben verliehen worden waren, keine Bedrohung darstellen, wie sie es in einer normalen menschlichen Gesellschaft wären. Es wird allgemein angenommen, daß Evans für die Zerstörung des Wissenschaftsschiffs *Antares* kurz nach dessen Begegnung mit der *Enterprise* verantwortlich war.

Romulanisches Raumschiff der Raubvogelklasse.

Romulanischer Kommandant

»Spock unter Verdacht.« Sternzeit 1709,2. Es wird die Zerstörung der Außenposten 2 bis 4 in der Neutralen Zone durch einen romulanischen Angriff gemeldet. Die *Enterprise* reagiert, da sie der Meinung ist, daß die Aktion der Romulaner dazu gedacht ist, die Entschlossenheit der Föderation zu testen, die seit der Einführung der Neutralen Zone vor einem Jahrhundert nicht von den Romulanern herausgefordert wurde. Das romulanische Raumschiff kann zwar nur mit Unterlichtgeschwindigkeit fliegen, besitzt jedoch einen Tarnschirm, der ein Schiff für Sensoren nahezu unsichtbar machen kann und eine neue mächtige Plasmaenergie-Waffe, die bei der Zerstörung der Außenposten in der Neutralen Zone eingesetzt wurde. Die *Enterprise* fliegt auf Captain Kirks Anordnung in direkter Verletzung der Befehle der Sternenflotte in die neutrale Zone hinein und zerstört erfolgreich das romulanische Schiff. Dadurch wird ein möglicher Einfall der Romulaner zurückgeschlagen.

Das dreiundzwanzigste Jahrhundert

Das einzige Opfer an Bord der *Enterprise* ist der Phaserspezialist Robert Tomlinson. Er hinterläßt seine Verlobte Angela. Ihre Hochzeitszeremonie war durch die Nachrichten über den Angriff der Romulaner unterbrochen worden.

Ein Unfall an Bord eines alten Raumschiffs der Klasse-J verursacht den Tod von mehreren Sternenflottenkadetten. Die Zahl der Opfer wäre noch höher gewesen, hätte nicht Fleet-Captain Christopher Pike unter Einsatz seines Lebens mehrere Kadetten in Sicherheit gebracht. Pike wird bei dem Vorfall schwer verwundet und ist später an den Rollstuhl gefesselt, da er starker Deltastrahlung ausgesetzt war.

»Talos IV — Tabu, Teil 1.« Das genaue Datum ist eine Vermutung, aber Commodore Mendez erklärte, der Unfall sei »Monate« vor der Folge passiert.

Captain Pike, nach dem Unfall an den Rollstuhl gefesselt.

»Der alte Traum.« Sternzeit 2712,4. Die U.S.S. *Enterprise* befindet sich im Orbit um den Planeten Exo III auf einer Suchaktion nach dem vermißten Wissenschaftler Dr. Robert Korby, dem Verlobten von Christine Chapel, die als Krankenschwester auf der *Enterprise* tätig ist. Korby wird lebend aufgefunden, es stellt sich aber heraus, daß er durch Anwendung einer außerirdischen Technologie, die er auf dem Planeten entdeckt hat, seine Persönlichkeit in einen Androidenkörper eingepflanzt hat. Ebenso wurde Korbys Assistent Dr. Brown in einen Androidenkörper übertragen. Korby stellt schließlich fest, daß der Prozeß auf irgendeine Weise seine menschlichen Emotionen verringert und zerstört sich selbst.

Dr. Roger Korby

Schwester Christine Chapel beschließt, auf der *Enterprise* zu bleiben. Chapel hatte eine vielversprechende Karriere in der biologischen Forschung aufgegeben, um in der Hoffnung, eines Tages ihren verlorenen Verlobten wiederzufinden, auf einem Raumschiff anzuheuern.

Anmerkung der Herausgeber: In dieser Folge tritt Christine Chapel zum ersten Mal auf. Sie wird von Majel Barrett gespielt, der zukünftigen Mrs. Gene Roddenberry. Barrett hatte vorher die mysteriöse »Nummer Eins« dargestellt, den ersten Offizier der **Enterprise** *in der Pilotfolge »Der Käfig«. Außerdem lieh Barrett ihre Stimme dem Computer der* **Enterprise** *sowohl in* **Raumschiff Enterprise,** *als auch in* **Raumschiff Enterprise: Das nächste Jahrhundert,** *und spielte Lwaxana Troi.*

»Der Zentral-Nervensystemmanipulator.« Sternzeit 2715,1. Die *Enterprise*, die sich auf einer Versorgungsmission zur Strafkolonie auf Tantalus V befindet, nimmt versehentlich einen Insassen auf, der einen Ausbruchsversuch macht. Später stellt sich heraus, daß es sich bei dem Insassen um Dr. Simon Van Gelder handelt, den stellvertretenden Direktor der Rehabilitationskolonie. Die Untersuchung Van Gelders durch Kirk und die Psychiaterin Helen Noel führt zu dem Ergebnis, daß Van Gelder unter schädlichen Effekten eines experimentellen Zentral-Nervensystemmanipulators leidet, der von Dr. Tristan Adams, dem Leiter der Kolonie, entwickelt wurde. Das Gerät, das für die Behandlung von gewalttätigen Patienten gedacht ist, führte bei Van Gelder zu zeitweiligen mentalen Störungen. Das Gerät wird zerstört und Van Gelder zum Koloniedirektor befördert. Von Dr. Adams wird berichtet, er sei durch eine übermäßige Behandlung mit dem Zentral-Nervensystemmanipulator gestorben.

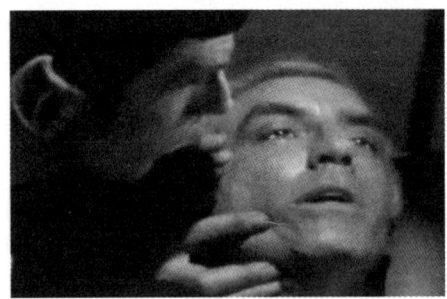

Spock verwendet die vulkanische Gedankenverschmelzung, um Informationen von Dr. Van Gelder zu erhalten.

Anmerkung der Herausgeber: In dieser Folge sehen wir Spock zum ersten Mal die vulkanische Gedankenverschmelzung durchführen.

Die U.S.S. *Enterprise* verzeichnet bei der kartographischen Erfassung des Sternensystems L-370 sieben Planeten.

»Planeten-Killer.« Das genaue Datum ist Vermutung, aber Spock sagte, sie hätten ein Jahr vor der Folge in diesem System sieben Planeten erfaßt.

Das dreiundzwanzigste Jahrhundert

Miri

»Miri, ein Kleinling.« Sternzeit 2713,5. Die *Enterprise* reagiert auf einen Notruf von einem Planeten der Klasse M, der nahezu identisch mit der Erde ist. Es stellt sich heraus, daß fast alle einheimischen humanoiden Bewohner einem Forschungsprojekt zum Opfer gefallen sind, das ironischerweise auf eine Verlängerung des Lebens abzielte. Nachforschungen ergeben, daß die einzigen Überlebenden eine Gruppe von Kindern sind, die mit einer Rate von einem Monat pro Jahrhundert Realzeit altern. Eines der eingeborenen Kinder, eine junge Frau namens Miri, gibt den Leuten von der *Enterprise* Informationen, aus denen diese folgern, daß die Kinder hier bei Einsetzen der Pubertät sterben. Da der Landungstrupp der *Enterprise* mit derselben Krankheit infiziert wurde, wird er auf der Oberfläche des Planeten isoliert, bis Dr. Leonard McCoy ein wirksames Gegenmittel entwickelt hat.

Die Föderation schickt ein soziologisches Team zu Miris Planeten, um den Kindern dort zu helfen.

Direkt nach »Miri, ein Kleinling«.

Klingonische Agenten versuchen, in die lokalen politischen Verhältnisse auf Tyrees Planeten einzugreifen, indem sie Feuerwaffen an die technologisch wenig entwickelten Bewohner ausgeben.

»Der erste Krieg«. Das genaue Datum ist Vermutung, aber Tyree bemerkte, daß die »Feuerstöcke« fast ein Jahr vor der Folge aufgetaucht seien.

Die *Enterprise* wird vom Wissenschaftler Dr. Thomas Leighton zum Planeten Q gerufen, um Berichte über ein neues Verfahren zur synthetischen Herstellung von Nahrungsmitteln zu prüfen. Aufgrund der Hoffnung, daß diese Entwicklung die Gefahr einer Hungersnot der Erdkolonie auf dem Planeten Cygnia Minor abwenden könnte, befiehlt Kirk eine Kursabweichung der *Enterprise* um drei Lichtjahre, um sich mit Leighton zu treffen.

Direkt vor »Kodos, der Henker«.

Lenore und Anton Karidian begegnen James Kirk.

»Kodos, der Henker.« Sternzeit 2817,6. Kirk erfährt, daß Dr. Thomas Leightons Bericht ein Versuch war, Kirk im Geheimen über den Verdacht zu informieren, daß der augenblicklich auf dem Planeten Q gastierende Schauspieler Anton Karidian in Wirklichkeit der berüchtigte »Henker« Kodos ist. Diese Behauptung bewahrheitet sich schließlich, aber erst nachdem herausgefunden wird, daß Karidians Tochter für eine Reihe von Morden verantwortlich ist, die den Versuch darstellen, alle noch lebenden Zeugen der Greueltaten ihres Vaters vor 20 Jahren zu beseitigen. Zu Lenore Karidians Opfern gehört auch Dr. Thomas Leighton, der getötet wurde, kurz nachdem er Kirk von seinem Verdacht berichtet hatte. Mordversuche werden auch gegen James Kirk und Kevin Riley unternommen, die die letzten überlebenden Augenzeugen von Kodos' Massakern sind.

Die Bewohner des Planeten Acamar III schließen schließlich, nachdem sie über mehrere Generationen hinweg Clan-Kriege ertragen haben, Frieden für fast alle Betroffenen. Eine bedeutende Ausnahme bilden die vogelfreien Sammler-Nomaden, die ein weiteres Jahrhundert lang gewalttätig bleiben und viele Planeten und Sternensysteme in der Umgebung überfallen.

»Yuta, die Letzte ihres Clans«. Die Herrscherin Marouk sagte, der Frieden ihres Volkes bestünde seit einem Jahrhundert. (Die Folge spielt 2366.)

Ein Raumschiff, das Besucher vom Planeten Ingraham B zum Planeten Deneva bringt, befördert eine tödliche parasitäre Lebensform, die ein Jahr zuvor bereits auf Ingraham B zu einem Massenwahnsinn geführt hat.

»Spock außer Kontrolle«. Aurelan Kirk bemerkte, daß die Parasiten acht Monate vor der Folge eingetroffen waren.

Eine gefährliche Seuche bedroht die Bewohner der Kolonien von Neu Paris. Die U.S.S. *Enterprise* wird beauftragt, medizinische Notvorräte zum Planeten Makus III zu transportieren. Von dort aus sollen sie unter der Leitung von Kommissar Ferris nach Neu Paris transferiert werden.

Vor »Notlandung auf Galileo 7.«

2267

»Notlandung auf Galileo 7.« Sternzeit 2821,5. Die *Enterprise* befindet sich auf einer medizinischen Notversorgungsmission nach Makus III. Der Einsatz verzögert sich, als das Shuttleschiff *Galileo* bei einer Untersuchung von Murasaki 312, einem quasar-ähnlichen Formation, verloren geht. Später stellt sich heraus, daß die *Galileo* unter dem Kommando von Wissenschaftsoffizier Spock auf dem Planeten Taurus II notlanden mußte. Sie ist allerdings in der Lage, eine suborbitale Flugbahn zu erreichen, die zur Ortung durch die Sensoren der *Enterprise* ausreicht, bevor der kritische Zustand der Neu Paris-Mission es notwendig macht, daß die *Enterprise* das System verläßt. Latimer und Gaetano, zwei der Besatzungsmitglieder der *Galileo*, werden von eingeborenen Lebensformen auf Taurus II getötet.

Das Shuttleschiff *Galileo*

Anmerkung der Übersetzerin: Der Titel der Folge wurde bei der deutschen Synchronisation vollständig verfälscht. Allerdings wäre auch eine korrekte Übersetzung nicht in der Lage gewesen, das im Original vorhandene Wortspiel mit ins Deutsche zu übertragen. (»The Galileo Seven« bedeutet sowohl »Galileo 7«, was die Bezeichnung des Shuttles wiedergibt, als auch »Die Sieben von der Galileo«.)

Die U.S.S. *Enterprise* setzt ihre Reise nach Makus III mit Warpgeschwindigkeit fort, um die medizinischen Notvorräte für die Kolonien von Neu Paris abzuliefern.

Direkt nach »Notlandung auf Galileo 7«.

Sternzeit 2945,7. Das Raumschiff *Enterprise* gerät in einen Ionensturm. Der Computeroffizier Benjamin Finney stirbt laut Bericht beim Aussetzen einer Sensorsonde.

Direkt vor »Kirk unter Anklage«.

»Kirk unter Anklage.« Sternzeit 2947,3. Die *Enterprise* hat einen außerplanmäßigen Aufenthalt auf der Sternenbasis 11 zur Reparatur der Schäden, die sie durch einen Ionensturm erhalten hat. Kirk wird der fahrlässigen Tötung von Ben Finney angeklagt, aber die Nachforschungen des Gerichtsverfahren ergeben, daß Finney noch am Leben ist. Kirk, der der erste Raumschiffcaptain ist, dem ein Gerichtsverfahren gemacht wird, wird in allen Anklagepunkten freigesprochen, als sich herausstellt, daß Finney die Computeraufzeichnungen der *Enterprise* gefälscht hat. Bei Kirks Verhandlung, die unter dem Vorsitz von Commodore (Anm.d.Ü.: im Deutschen Captain) Stone stattfand, vertrat Areel Shaw die Anklage, während Samuel T. Cogley die Verteidigung übernahm. Die *Enterprise* verläßt Sternenbasis 11.

Sternenbasis 11

Spock

*Anmerkung der Herausgeber: In »Kirk unter Anklage« wird der Begriff »Sternenflottenkommando« zum ersten Mal verwendet, und zwar während Kirks, Spocks und McCoys Computeraufzeichnungen. Kirk bezeichnet die U.S.S. **Republic**, auf der er früher Dienst tat, als »United Star Ship« (Anm.d.Ü.: der Begriff fällt in der deutschen Synchronisation weg), was eine zweite mögliche Deutung der Buchstabenkombination U.S.S. ist. Kirk verwendet den Begriff »United Star Ship« ein weiteres Mal in »Tödliche Spiele auf Gothos.« (Captain Pike hatte in »Der Käfig« die **Enterprise** als United Space Ship bezeichnet.)*

Das dreiundzwanzigste Jahrhundert

Spock wird vom Lieutenant Commander zum Commander befördert.

Sein Rang wird in »Kirk unter Anklage« als Lieutenant Commander angegeben, in »Talos IV — Tabu« ist er jedoch Commander.

Spock, der erste Offizier der *Enterprise*, meldet den Befehl für das Schiff, zur Sternenbasis 11 zurückzukehren, obwohl keine Computereintragung der Meldung zu finden ist.

Direkt vor »Talos IV — Tabu, Teil 1.«

Spock fälscht per Computer die Einsatzbefehle der *Enterprise*.

»Talos IV — Tabu, Teil 1.« Sternzeit 3012,4. Die *Enterprise* erreicht die Sternenbasis 11, aber Nachforschungen durch Commodore Mendez enthüllen zunächst nicht, von wem der Befehl zur Rückkehr gegeben wurde. Weiterführende Nachforschungen ergeben, daß die Befehle von Commander Spock geändert wurden. Spock entführt Fleet-Captain Pike und bringt die *Enterprise* nach Talos IV, wodurch er die Allgemeine Regel 7 bricht, die einen Kontakt mit diesem Planeten untersagt. Pike war einige Monate zuvor bei einem Unfall an Bord eines Trainingsschiffs schwer verwundet worden. Kirk und Mendez, die beim Abflug der *Enterprise* auf Sternenbasis 11 zurückgeblieben waren, verfolgen das Schiff erfolgreich mit einem Shuttle. Sobald Kirk und Mendez an Bord der *Enterprise* sind, ergibt sich Spock, um sich unter Arrest stellen zu lassen, und Mendez beruft ein Kriegsgericht gegen Spock ein.

Spock vor dem Kriegsgericht.

»Talos IV — Tabu, Teil 2.« Sternzeit 3013,1. Auf der *Enterprise*, die sich auf dem Weg nach Talos IV befindet, findet eine Kriegsgerichtsverhandlung gegen Commander Spock statt. Die Anklage lautet auf Sabotage, Entführung der *Enterprise* und von Fleet-Captain Pike und den Versuch, gegen die Allgemeine Regel 7 zu verstoßen. Sämtliche Anklagepunkte werden fallengelassen, als herauskommt, daß Spock im Namen der Talosianer und im besten Interesse von Fleet-Captain Pike gehandelt hat. Mit spezieller Erlaubnis des Sternenflottenkommandos ermöglicht Captain Kirk Fleet-Captain Pike, das Angebot der Talosianer anzunehmen, die ihm vorschlagen, den Rest seines Lebens auf ihrem Planeten zu verbringen, da er dort nicht unter den Gebrechen seines Körpers zu leiden braucht.

»Landeurlaub.« Sternzeit 3025,3. Die U.S.S. *Enterprise* untersucht einen neu entdeckten Planeten in der Region Omicron Delta auf seine Eignung für Landurlaub. Anfängliche Untersuchungen legen nahe, daß es sich um eine nahezu idyllische Umgebung handelt, aber spätere Berichte deuten einige höchst ungewöhnliche Phänomene an. Das Schiff wird kurzzeitig außer Gefecht gesetzt, weil die Besatzung mit der Technologie des Planeten nicht vertraut ist. Schließlich stellt sich heraus, daß der Planet als ein großer Vergnügungspark geplant wurde.

Eine vom Vergnügungsparkplaneten erschaffene fiktive Figur.

Die Besatzung der *Enterprise* verbringt (mit Ausnahme von Spock) einen Erholungsurlaub auf dem »Vergnügungsparkplaneten«.

Direkt nach »Landeurlaub«.

Die U.S.S. *Enterprise* befindet sich auf einer Versorgungsmission zur Kolonie auf dem Planeten Beta VI.

Direkt vor »Tödliche Spiele auf Gothos«.

»Tödliche Spiele auf Gothos.« Sternzeit 2124,5. Die Brückenbesatzung der U.S.S. *Enterprise* wird durch einen unbekannten außerirdischen Eingriff nach Gothos entführt, einem neuentdeckten einzelnen Planeten in einem sternenlosen Gebiet im Raum. Nachforschungen ergeben, daß der Außerirdische ein Lebewesen namens Trelane ist, über den wir erfahren, daß er ein Kind einer extrem hochentwickelten und mächtigen Rasse ist, die die Fähigkeit zum Erschaffen und Manipulieren von Planeten hat.

Trelane, der Herr von Gothos.

Das dreiundzwanzigste Jahrhundert

*Anmerkung der Herausgeber: Trelane sagt, daß er die Geschichte der Erde von vor neunhundert Jahren studiert hat, aber beschreibt Erzeugnisse aus dem frühen neunzehnten Jahrhundert. Wenn Trelane damit Recht hätte, dann würde diese Folge (und die erste Staffel von **Raumschiff Enterprise**) im frühen achtundzwanzigsten Jahrhundert spielen. Da dies aber im Widerspruch zur überwiegenden Mehrzahl der Datierungsinformationen steht, gehen wir davon aus, daß Trelanes Aussage falsch ist und vielleicht ein weiteres Beispiel seiner Fehlbarkeit und Jugend darstellt.*

Ein Föderationsaußenposten auf dem Planeten Cestus III wird durch ein Raumschiff der Gorn zerstört. Nach den Berichten soll sich das Schiff der Gorn mit Unterlichtgeschwindigkeit entlang der Annäherungsrouten der Föderation dem Außenposten genähert haben, bevor es dessen Phaserbänke mit seiner ersten Salve ausschaltete.

Ein Tag vor »Ganz neue Dimensionen«. Dies war offensichtlich der erste Kontakt zwischen den Gorn und der Föderation.

Commodore Travers von der Basis auf Cestus III lädt Captain Kirk und die führenden Offiziere der *Enterprise* augenscheinlich zum Essen ein. Erst später stellt sich heraus, daß die Nachricht von den Gorn gefälscht wurde und der Außenposten auf Cestus III bereits vor dem Absenden der Nachricht zerstört worden war.

Direkt vor »Ganz neue Dimensionen«.

»Ganz neue Dimensionen.« Sternzeit 3045,6. Die U.S.S. *Enterprise* erreicht den Planeten Cestus III und entdeckt, daß die Basis durch einen offenbar nicht provozierten Angriff der Gorn zerstört wurde. Die *Enterprise* verfolgt das angreifende Schiff, doch die Jagd wird durch das Eingreifen der Metronen unterbrochen, das den ersten Kontakt zwischen dieser Rasse und der Föderation darstellt. Die Besatzung der *Enterprise* erfährt, daß die Feindseligkeiten der Gorn darin begründet sein könnten, daß die Föderation die Grenzen des Gebiets der Gorn nicht kennt. Schließlich lehnen die Metronen die Aufnahme diplomatischer Beziehungen zur Föderation ab.

Gorn

*Anmerkung der Herausgeber: In dieser Folge wird erstmals festgestellt, daß Warpfaktor Sechs die normale Höchstgeschwindigkeit der **Enterprise** darstellt und bei Erreichen von Warp Acht die Lage brenzlig wird. Hier wird auch zum ersten Mal gezeigt, daß der Transporter nicht eingesetzt werden kann, wenn die Schilde ausgefahren sind.*

Das Raumschiff *Enterprise* kehrt nach Cestus III zurück.

Nach »Ganz neue Dimensionen«.

Die Föderationsbergleute auf dem Planeten Janus VI erschließen auf der Suche nach Pergiumablagerungen eine neue Ebene.

»Horta rettet ihre Kinder«. Vanderberg bemerkte, daß ihre Schwierigkeiten ungefähr drei Monate vor der Folge mit der Erschließung der neuen Ebene begannen.

»Auf Messers Schneide.« Sternzeit 3087,6. Die U.S.S. *Enterprise* entdeckt bei der Erkundung eines nicht verzeichneten Planeten eine starke Raum/Zeit-Diskontinuität. Nachforschungen ergeben, daß das Raum/Zeit-Phänomen durch Lazarus, ein Wesen aus unserem Universum, und sein mental instabiles Gegenstück aus einem aus Antimaterie bestehenden Parallel-Kontinuum ausgelöst wurde. Ihr Konflikt gefährdet die Existenz beider Universen, aber der Lazarus des alternativen Universums kann sich selbst und sein Gegenstück in einer isolierten Zeittasche einschließen.

Die U.S.S. *Enterprise* läuft Cygnet XIV für allgemeine Reparatur- und Wartungsarbeiten an. Die Techniker von Cygnet XIV, einer von Frauen dominierten Gesell-

Lazarus

Das dreiundzwanzigste Jahrhundert

schaft, fanden Berichten zufolge, daß es dem Computer der *Enterprise* an Charakter fehle, weshalb sie ihm eine stereotype weibliche Persönlichkeit gaben.

»Morgen ist gestern«. Das Datum ist Vermutung, aber Kirk berichtete Captain Christopher vom Reparatur-Zwischenstopp bei Cygnet XIV. Wir vermuten, daß er nach »Auf Messers Schneide« stattfand, da der kichernde Computer in dieser Folge kein Problem zu sein scheint. Dorothy Fontana besteht darauf, daß der Computer nicht so sehr kicherte als vielmehr den guten Captain sexuell neckte.

Die U.S.S. *Enterprise* nimmt Kurs auf Sternenbasis 9. Auf dem Weg dorthin kollidiert sie fast mit einem schwarzen Loch. Durch einen vollen Rückwärtswarpschub gelingt es dem Schiff, sich aus dem Einzugsbereich des schwarzen Lochs zu befreien, aber der daraus resultierende Schleudereffekt wirft die *Enterprise* quer durch den Raum und in der Zeit zurück.

Direkt vor »Morgen ist gestern«.

Die U.S.S. *Enterprise* in der oberen Erdatmosphäre.

»Morgen ist gestern.« Sternzeit 3113,2. Die *Enterprise* wurde nach einer Beinahekollision mit einem schwarzen Loch in der Zeit ins Jahr 1969 zurückgeworfen, wo das Auftauchen des Raumschiffs eine Störung der Geschichte der Erde auslösen könnte. Diese mögliche Störung besteht aus dem U.S. Air Force-Captain John Christopher, der versehentlich an Bord der *Enterprise* genommen wird, nachdem das Schiff in der Erdatmosphäre als UFO gesichtet wurde. Nachforschungen ergeben, daß Christophers unbeabsichtigte Entführung ihn davon abhalten könnte, ein Kind zu zeugen, das den Berichten zufolge die erste erfolgreiche Erd-Saturn-Expedition leiten wird. Kirk führt einen Landungstrupp auf die Erdoberfläche, um die Veränderung der Geschichte abzuwenden, bevor die *Enterprise* den Schleudereffekt bei Erreichen der Lichtgeschwindigkeit zur Rückkehr in die heutige Zeit nutzt.

Anmerkung der Herausgeber: Als der Air Force-Captain Fellini Kirk droht, ihn »für nächsten zweihundert Jahre« einzusperren, bemerkt Kirk trocken: »Ja, das dürfte so ungefähr hinkommen.« Wenn man es wörtlich nimmt, steht dies im Widerspruch zu der grundsätzlichen Annahme, die Originalserie **Raumschiff Enterprise** *spiele 300 Jahre in der Zukunft. Andererseits kann man Kirk natürlich ein bißchen künstlerische Freiheit in einer scheinbar ziemlich harten Situation zugestehen. (Vergleiche auch die Anmerkung der Herausgeber zu »Der schlafende Tiger«.)*

Captain John Christopher der U.S. Air Force.

Kirks Bemerkung zu Captain Christopher macht deutlich, daß es zu diesem Zeitpunkt in der Sternenflotte nur zwölf Raumschiffe der **Constitution**-*Klasse gibt. Obwohl der Begriff »Sternenflottenkommando« einige Folgen früher eingeführt worden war, wird die Verwaltungsbehörde der* **Enterprise** *in dieser Folge entweder als zentrale Kontrolle (zu hören bei einem Funkspruch der Sternenflotte) oder Raumforschungsgruppe der Vereinigten Planeten (von Kirk gegenüber Christopher) bezeichnet. Vergleiche hierzu die Anmerkungen zu »Implosion in der Spirale.«*

»Landru und die Ewigkeit.« Sternzeit 3156,2. Die U.S.S. *Enterprise* untersucht das Verschwinden des Raumschiff *Archon*, das 2167 in der Nähe des Planeten Beta III verlorenging. Ein Landungstrupp entdeckt, daß die *Archon* von einem hochentwickelten Computer zerstört wurde, um die Bewohner des Planeten zu beschützen. Das mit einem Bewußtsein ausgestattete Computersystem, das von den Bewohnern des Planeten »Landru« genannt wird, zerstört sich selbst, als es einsieht, daß es durch seine Taten der Gesellschaft, die es schützen sollte, Schaden zufügt.

Gesetzgeber setzen den Willen von Landru durch.

Der Soziologe Lindstrom bleibt zusammen mit einem Expertenteam der *Enterprise* auf dem Planeten Beta III zurück, um den eingeborenen Bewohnern dabei zu helfen, ihre Kultur nach der Befreiung von Landrus Kontrolle auf den Weg zu einer normaleren Form zurückzuführen.

Das dreiundzwanzigste Jahrhundert

Nach »Landru und die Ewigkeit«.

Die *Enterprise* macht sich auf Befehl des Föderationsbotschafters Robert Fox auf den Weg zum Sternenhaufen NGC 321. In dieser Region verschwanden in den letzten zwanzig Jahren Tausende von Föderationsmitgliedern und es besteht die Hoffnung, auf dem Planeten Eminiar VII einen Vertragshafen einrichten zu können, der dabei helfen soll, in Zukunft den Verlust weiterer Leben zu vermeiden.

Direkt vor »Krieg der Computer«.

Die Hauptstadt des Planeten Eminiar VII.

»Krieg der Computer.« Sternzeit 3192,1 Die U.S.S. *Enterprise* wird dazu aufgefordert, sich vom Planeten Eminiar VII fernzuhalten, wo im Jahre 2217 das Raumschiff *Valiant* verschwunden war. Trotz eines Kontaktaufnahmeverbots nach Code 710 befiehlt Botschafter Fox der *Enterprise*, die lokale planetare Regierung zu kontaktieren. Die Besatzung des Schiffs wird laut Aussage des eminiarischen Repräsentanten Anan Seven zum Opfer eines computerisierten Krieges mit dem Nachbarplaneten Vendikar erklärt. Um sein Schiff zu schützen sorgt Kirk dafür, daß der Kriegsvertrag außer Kraft gesetzt wird, was dazu führt, daß beide Seiten um Frieden bitten, anstatt eine wirkliche bewaffnete Auseinandersetzung zu suchen.

Eminiarischer Repräsentant Anan Seven.

»Der schlafende Tiger.« Sternzeit 3141,9. Das Raumschiff *Enterprise* empfängt den Notruf eines alten interplanetaren Raumschiffs vom Typ DY-100, das in der Nähe des Mutara-Sektors im Raum treibt. Nachforschungen ergeben, daß es sich um die S.S. *Botany Bay* handelt, ein Schläferschiff, das Flüchtlinge der Eugenischen Kriege auf der Erde transportiert.

Ein überlebender Passagier auf dem Schiff wird als Khan Noonien Singh identifiziert, der ehemalige Diktator eines Viertels des Planeten Erde. Captain Kirk faßt einen Beschluß, der es Khan und seinen Gefährten erlaubt, auf dem Planeten Ceti Alpha V zu siedeln. Die Historikerin der *Enterprise*, Marla McGivers, die Khan bei einem erfolglosen Versuch, die Kontrolle über das Schiff zu erlangen, geholfen hatte, beschließt, ebenfalls auf Ceti Alpha V zu bleiben.

Khan Noonien Singh

*Anmerkung der Herausgeber: Es besteht ein möglicher Widerspruch in Kirks Bemerkung zu Khan, die **Botany Bay** befinde sich seit ungefähr zwei Jahrhunderten auf der Reise. Ausgehend von einem Start im Jahr 1996 würde dies die Folge ins Jahr 2196 (anstelle von 2266) versetzen. Es wäre möglich, daß Kirk nur eine grobe Zeitspanne angeben wollte oder absichtlich einen Versuch unternahm, Khan genaue Informationen vorzuenthalten. Ebenso wahrscheinlich ist, daß die Produzenten der Originalserie **Raumschiff Enterprise** zu diesem frühen Zeitpunkt in der Produktion der Serie noch kein genaues Datum für die Abenteuer der **Enterprise** festgelegt hatten. Ein weiterer Punkt: Wenn die erste Staffel der Originalserie **Raumschiff Enterprise** wirklich 200 Jahre in der Zukunft anzusetzen ist, würde das bedeuten, daß die S.S. **Valiant** (aus »Spitze des Eisbergs«), die zweihundert Jahre vor der Folge verschwunden war, schon 1965 gestartet sein müßte. Die Idee, daß die **Botany Bay** in der Nähe des Mutara-Sektors gefunden wurde, basiert natürlich einzig und allein auf den beiläufigen Bemerkungen aus **Star Trek II — Der Zorn des Khan**. Eine Widersprüchlichkeit besteht in der Tatsache, daß die Figur des Chekov zu dem Zeitpunkt, als »Der schlafende Tiger« gedreht wurde, noch nicht zur Serie gehörte und dennoch Khan in **Star Trek II** behauptete, sich an ihn zu erinnern. Der Autor Ron Moore vermutet, daß Kirk durch die Freilassung Khans die Regeln brach und deshalb der Sternenflotte nie von der Niederlassung auf Ceti Alpha V berichtete. Dies würde erklären, warum die Besatzung der **Reliant** nichts von Khan wußte.*

»Falsche Paradiese.« Sternzeit 3417,3. Die U.S.S. *Enterprise* untersucht die Kolonie auf Omicron Ceti III, von der angenommen wird, daß sie ernsthaft gefährdet sei, weil sie über lange Zeit tödlicher Bertholdstrahlung ausgesetzt

Kolonieleiter Elias Sandoval

Das dreiundzwanzigste Jahrhundert

war. Medizinische Tests beweisen, daß alle Kolonisten vollständig gesund sind. Später stellt sich heraus, daß dieses Phänomen auf die Wirkung fremder symbiotischer Sporen zurückzuführen ist, die die Kolonisten auch vor den Bertholdstrahlen schützen. Darüber hinaus hatten die Sporen eine ungewöhnliche psychologische Wirkung auf ihre Gastkörper. Die Besatzung der *Enterprise* wird ebenfalls durch diese Sporen beeinflußt, doch ihre Wirkung kann durch eine intensive Infraschallbehandlung ausgeglichen werden.

Fünfzig Bergleute werden auf dem Planeten Janus VI von einem mysteriösen unterirdischen Lebewesen getötet. Die U.S.S. *Enterprise* wird vom Kolonieverwalter Vanderberg herbeigerufen, um bei der Untersuchung der Todesfälle zu helfen.

Vor »Horta rettet ihre Kinder«.

Pergiumfördereinrichtung auf Janus VI.

»Horta rettet ihre Kinder.« Sternzeit 3196,1. Die U.S.S. *Enterprise* trifft zur Untersuchung geheimnisvoller Todesfälle bei der Pergiumbergwerkskolonie auf Janus VI ein. Nachforschungen ergeben, daß die Todesfälle von einem eingeborenen Lebewesen namens Horta, das aus Silizium besteht, verursacht wurden. Weitere Nachforschungen führen zu dem Ergebnis, daß Horta intelligent ist und nur zur Selbstverteidigung getötet hat, nachdem Bergleute beim Erschließen einer neuen Ebene drei Monate zuvor unabsichtlich die unterirdische Kammer für die Eier der Horta beschädigt hatten. Es werden friedliche Beziehungen zu der neuentdeckten Lebensform aufgenommen.

Es wird berichtet, daß die Verhandlungen mit dem Klingonischen Imperium über umstrittene Raumgebiete zu scheitern drohen. Das Sternenflottenkommando erwartet einen möglichen Überraschungsangriff der Klingonen, die soeben ein Ultimatum gestellt haben, worin der Rückzug aus den umstrittenen Gebieten gefordert wird. Die Sternenflotte erfährt, daß die Klingonen den Planeten Organia überfallen haben und befiehlt der *Enterprise* einzugreifen.

Laut Kirk vor »Kampf um Organia«.

Anmerkung der Herausgeber: Auf diese Hintergrundgeschichte wird auch in **Star Trek VI – Das unentdeckte Land** *angespielt, wo angedeutet wird, daß die Feindseligkeiten mit den Klingonen bis ins Jahr 2223 zurückgehen, 70 Jahre vor diesem Film. Zusammen mit »Das Gleichgewicht der Kräfte« deutet dies darauf hin, daß der Erstkontakt zu den Klingonen im Jahr 2218 stattgefunden hatte.*

Der klingonische Kommandant Kor, militärischer Gouverneur des Planeten Organia.

»Kampf um Organia.« Sternzeit 3198,4. Das Raumschiff *Enterprise* hat den Befehl, einen erwarteten Überfall der Klingonen auf den Planeten Organia, der von einer landwirtschaftlich orientierten humanoiden Kultur mit relativ geringer technischer Entwicklung bewohnt zu sein scheint, zu verhindern. Dieser Überfall wird zum Brennpunkt des seit langem brodelnden Streits zwischen der Föderation und dem Klingonischen Imperium, der zum Ausbruch eines interstellaren Krieges zu führen droht.

Die lokale Planetenregierung lehnt das Hilfsangebot der Sternenflotte ab. Zu diesem Zeitpunkt wird entdeckt, daß die Organier in Wahrheit körperlose Wesen sind. Die überaus mächtigen Organier verkünden die Einführung des Friedensvertrags von Organia zwischen Klingonen und der Föderation. Außerdem prophezeien sie den beiden Gegnern eine zukünftige Freundschaft.

Anmerkung der Herausgeber: In dieser Folge treten die Klingonen zum ersten Mal in der Serie auf. Es ist interessant zu sehen, wie die Klingonen sich über die Jahre von relativ simplen Schurken zu einer komplexen, agressiven, aber sehr ehrenhaften und traditionsgebundenen Gesellschaft entwickeln. Ebenso interessant ist zu bemerken, wie sich das Aussehen der Klingonen durch die Verbesserung der Make-Up- und Kostüm-Techniken (und deren Budgets) über die Jahre ständig weiterentwickelt. Dorothy Fontana erzählte uns, daß die Klingonen in der Originalserie öfter als die Romulaner

Das dreiundzwanzigste Jahrhundert

verwendet wurden, weil ihr Make Up einfacher und deshalb billiger war. Fontana bemerkt, daß ihrer Meinung nach die Romulaner interessantere Möglichkeiten als Gegner geboten hätten, aber die Serie sich wegen des geringen Budgets die vielen Spitzohren nicht hätte leisten können!

»**Griff in die Geschichte.**« (In der Folge wird keine Sternzeit angegeben.) Die U.S.S. *Enterprise* untersucht ein Raum/Zeit-Verzerrungsphänomen, das sich später als Zeitportal herausstellt, erschaffen von einer sehr alten ausgestorbenen Zivilisation. Während der Schiffsarzt McCoy Steuermann Sulu wegen einer Verletzung behandelt, die sich dieser bei einem Zwischenfall auf dem Schiff zugezogen hat, injiziert er sich versehentlich eine Überdosis Cordrazin. Dies führt zu paranoiden Wahnvorstellungen, die McCoy durch das Zeitportal fliehen lassen, wodurch er katastrophale Änderungen in der Geschichte der Erde auslöst. Kirk und Spock folgen ihm in dem Versuch, den Schaden rückgängig zu machen. Während er in der Vergangenheit nach McCoy sucht, verliebt sich Kirk in eine Sozialarbeiterin namens Edith Keeler. Obwohl Kirk und Spock schließlich das Zeitkontinuum erfolgreich wiederherstellen können, wird die Mission für Kirk ungeheuer schwer, als er erfährt, daß er Edith Keelers Tod zulassen muß, um die Geschichte wieder ins Lot zu bringen.

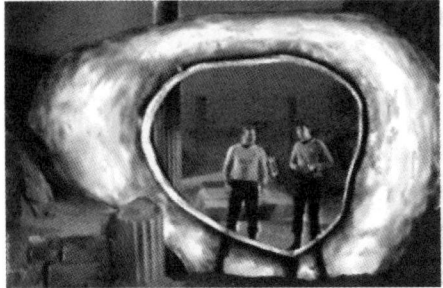

Der Wächter der Ewigkeit.

Kirk und die Sozialarbeiterin Edith Keeler.

»**Spock außer Kontrolle.**« Sternzeit 3287,2. Das Raumschiff *Enterprise* scheitert bei dem Versuch, den Piloten eines kleinen Raumschiffs zu retten, das auf direktem Weg in die Sonne des Planeten Deneva fliegt. Weitere Nachforschungen ergeben, daß die gesamte Bevölkerung der Deneva-Kolonie (ungefähr 1 000 000 Individuen) von einem Parasiten infiziert wurde, der seinen Wirtskörper durch die Kontrolle seines Nervensystems beherrscht.

Zu den Opfern gehören Kirks Bruder, George Samuel Kirk, und dessen Frau, Aurelan Kirk. Ihr Sohn Peter Kirk überlebt.

Derselbe Parasit, der offensichtlich aus einer anderen Galaxie stammte, wird auch für die Verseuchung der beiden Planeten Lavinius V und Ingraham B im Beta Portalan-System verantwortlich gemacht. McCoy entwickelt eine Methode, die Parasiten auszurotten, indem er sie einer starken ultravioletten Strahlung aussetzt. Die planetenweite Behandlung von Deneva wird durch die Verwendung von 210 Ultraviolett-Satelliten erreicht, die im Orbit um den Planeten plaziert werden.

Ein neurales parasitäres Lebewesen wird im wissenschaftlichen Labor der *Enterprise* untersucht.

Anmerkung der Herausgeber: In »Der alte Traum« spricht James Kirk von drei Söhnen seines Bruders Sam. Dies scheint anzudeuten, daß Sam außer Peter noch zwei weitere überlebende Söhne hat. Diese Folge deutet auch an, daß Sam einen Umzug auf die Forschungsstation der Erdkolonie Zwei geplant hatte. Da Sam offensichtlich älter als James war, könnten diese beiden anderen Söhne alt genug gewesen sein, um irgendwo anders auf dem College zu sein oder eigene Karrieren zu verfolgen. Daß Sam Kirks Körper eine solch große Familienähnlichkeit zu seinem Bruder aufweist, liegt daran, daß dieser Part von William Shatner »gespielt« wurde!

Das dreiundzwanzigste Jahrhundert

5.2 Raumschiff Enterprise — Jahr 2

Diplomatischer Empfang im Vorfeld der Konferenz von Babel im Jahre 2267.

Unbekannte außerirdische Geschöpfe, die auf dem Planeten Pyris VII entdeckt wurden.

Föderationsbeauftragte Nancy Hedford.

»Das Spukschloß im Weltall.« Sternzeit 3018,2. Die U.S.S. *Enterprise* erkundet den Planeten Pyris VII, wobei sie Erstkontakt mit Lebewesen unbekannter Herkunft macht. Es stellt sich heraus, daß diese Außerirdischen über eine Technologie zur Umwandlung von Materie verfügen.

Die *Enterprise* bekommt den Auftrag, die Föderationsbeauftragte Nancy Hedford zu behandeln, die an der Sakuro-Infektion leidet. Ein Shuttle der *Enterprise* wird losgeschickt, um Nancy Hedford auf Epsilon Canaris III abzuholen und auf das Schiff zu bringen. Hedford hatte sich auf Epsilon Canaris III befunden, um einen Krieg zu verhindern.

Direkt vor »Metamorphose«.

»Metamorphose.« Sternzeit 3219,8. Das Shuttleschiff *Galileo*, auf dem sich Kirk, Spock, McCoy und die Föderationsbeauftragte Hedford befinden, läßt sich nicht mehr steuern und muß auf einem Planetoiden in der Gamma Canaris-Region notlanden. Das Shuttle kann zusammen mit den vermißten Besatzungsmitgliedern der *Enterprise* geborgen werden, aber die todkranke Nancy Hedford beschließt zurückzubleiben. Man geht davon aus, daß sie gestorben ist.

Anmerkung der Herausgeber: In dieser Folge begegnen Kirk und Co. Zefram Cochrane und seinem mysteriösen Freund, dem Companion, versprechen aber später, den Aufenthaltsort Cochranes nicht zu verraten. Daher nehmen wir an, daß die geschichtlichen Aufzeichnungen, die nach Kirks Logbüchern erstellt werden, keine Eintragung über Cochrane, Hedfords Genesung, oder den Gefährten auf dem Planetoiden enthalten.

»Im Namen des jungen Tiru.« Sternzeit 3497,2. Die U.S.S. *Enterprise* erhält den Auftrag, einen Erzabbauvertrag mit den Bewohnern des Planeten Capella IV auszuarbeiten. Auch ein Agent der Klingonen bietet für die Abbau-Rechte mit. Die Verhandlungen werden durch lokale Machtkämpfe erschwert, die zur Wahl eines neuen Führers führen, dessen Regent einem Vertrag mit der Föderation zustimmt. Der neue Führer, ein nach capellanischem Recht gewählter Säugling, wird in Anerkennung von Leonard McCoys und James Kirks Unterstützung zur Bewahrung der capellanischen Unabhängigkeit Leonard James Akaar genannt.

Das dreiundzwanzigste Jahrhundert

»Der Tempel des Apoll.« Sternzeit 3468,1. Die *Enterprise*, die Daten über die Planeten im Beta Geminorum-System sammelt, entdeckt eine bisher unbekannte Lebensform in der Nähe des Planeten Pollux IV. Bei dieser Lebensform, die sich selbst Apollo nennt, handelt es sich anscheinend um das letzte Mitglied einer Gruppe von Lebewesen, die vor langer Zeit auf der Erde gewohnt und der Behauptung Apollos zufolge dort die Grundlage für die griechischen Göttermythen gebildet hatte.

Apollo

Spock verweigert unter dem Einfluß des *pon farr,* des vulkanischen Paarungstriebs, die Nahrungsaufnahme und zieht sich völlig in sich selbst zurück. Dr. McCoy untersucht Spock später und äußert die Meinung, daß Spock innerhalb der kommenden Woche zu seinem Heimatplaneten zurückkehren oder sterben muß.

Drei Tage vor »Weltraumfieber«.
(Anmerkung der Übersetzerin: Vergleiche den folgenden Eintrag.)

»Weltraumfieber.« Sternzeit 3372,7. Die U.S.S. *Enterprise* befindet sich auf einer diplomatischen Mission zum Planeten Altair VI. Kirk leitet das Schiff statt dessen gegen den Befehl der Sternenflotte zum Planeten Vulkan um, damit der Wissenschaftsoffizier Spock zu seinem Heimatplaneten zurückkehren kann, um den üblichen siebenjährigen vulkanischen Paarungszyklus einzuhalten.

Auf Vulkan verlangt Spocks Verlobte T'Pring die Durchführung der *Koon-ut-kal-if-fee*-Herausforderung für das Recht der Heirat. T'Pring wählt sich später Stonn zum Ehemann, wodurch sie Spock freigibt.

Spock mit einer Lirpa, einer traditionellen vulkanischen Waffe.

Anmerkung der Übersetzerin: Diese Folge ist bei der deutschen Synchronisation leider völlig verstümmelt worden, da man den Inhalt wohl zu heikel fand. Anstelle der »Amok Time« (so der Originaltitel, übersetzt ungefähr »Zeit des Amoklaufens«) durchlebt Spock ein »Weltraumfieber« mit Alpträumen und Halluzinationen.

Die U.S.S. *Enterprise* setzt ihre diplomatische Mission zum Planeten Altair VI fort, wenn auch ein wenig verspätet. Die Mission beinhaltet die Teilnahme an der Ernennung des Präsidenten, von dem erwartet wird, daß er das gesamte Altair-System nach einem langen interplanetarischen Konflikt stabilisieren soll.

Direkt nach »Weltraumfieber«.

Commodore Matt Decker

Sternzeit 4202,1. Das unter dem Kommando von Commodore Matt Decker stehende Raumschiff *Constellation* begegnet mehreren zerstörten Sonnensystemen, unter ihnen vermutlich das System L-370. Der Wissenschaftsoffizier Masada berichtet, daß der vierte Planet des Systems L-374 auseinanderzubrechen scheint, aber schwere Subrauminterferenzen verhindern eine Benachrichtigung des Sternenflottenkommandos.

Vor »Planeten-Killer«.

Das Raumschiff *Constellation* wird von einer automatischen Waffe unbekannter Herkunft fast vollständig zerstört. In dem Bemühen, seine Besatzung zu retten, transportiert Commodore Matt Decker alle auf den dritten Planeten des Systems L-374. Dennoch wird bald danach die gesamte Besatzung getötet, als die Roboterwaffe auch diese Welt zerstört.

Direkt vor »Planeten-Killer«.

»Planeten-Killer.« (Keine Sternzeitangabe.) Als die U.S.S. *Enterprise* auf den Notruf des Raumschiffs *Constellation* reagiert, entdeckt sie eine ausgedehnte Zerstörung in den Sonnensystemen L-370, L-374 und anderen Systemen des Sektors. Die *Constellation* wird als treibendes Wrack entdeckt, nachdem sie offensichtlich von einer übermächtigen Kraft angegriffen wurde. Es stellt sich heraus, daß Commodore Matt Decker, der die *Constellation* befehligt, als einzi-

Das Wrack der U.S.S. *Constellation*.

Das dreiundzwanzigste Jahrhundert

Spock, Sulu und Decker bemühen sich darum, die Kontrolle über das Schiff zu behalten, während es vom Planeten-Killer angegriffen wird.

ges Besatzungsmitglied überlebt hat. Decker berichtet, was er über die Beschaffenheit des automatischen Planeten-Killers herausgefunden hat. Laut seiner Theorie ist er uralt und stammt aus einer anderen Galaxie. Taktische Kursberechnungen lassen vermuten, daß das Gerät, wenn es ungehindert seinen Weg fortsetzt, die am dichtesten besiedelte Region der Galaxie in der Nähe der Rigel-Kolonien durchqueren wird. Um dies zu verhindern, fliegt Decker ein Shuttleschiff auf einer Selbstmordmission in den Planeten-Killer hinein. Decker scheitert, aber das Datenmaterial von seinem Versuch kann dazu verwendet werden, einen zweiten Versuch durchzuführen, bei dem die stärkeren Reaktoren des Wracks der *Constellation* verwendet werden. Der zweite Anlauf gelingt, die *Constellation* wird zerstört und der Planeten-Killer deaktiviert.

Der Ingenieur Montgomery Scott wird bei einer Explosion an Bord der U.S.S. *Enterprise* verwundet.

Vor »Der Wolf im Schafspelz«.

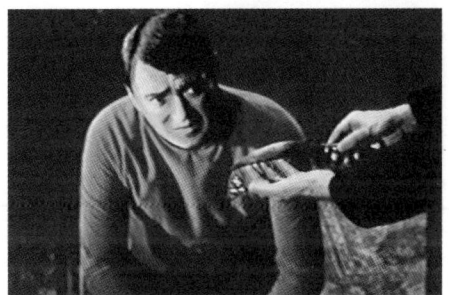

Scott wird auf dem Planeten Argelius II mit der Mordwaffe konfrontiert.

»Der Wolf im Schafspelz.« Sternzeit 3614,9. Ingenieur Scott, der sich auf kurativem Landurlaub auf dem Planeten Argelius II befindet, wird des brutalen Mordes an einer einheimischen Frau beschuldigt. Die Befragung durch örtliche Behörden stützt die Anklage. Die Beziehungen zwischen Argelius und der Föderation werden durch zwei weitere Morde, deren Scott ebenfalls angeklagt wird, immer angespannter. Weitere Nachforschungen beweisen die Anwesenheit eines bislang unentdeckten Energiewesens, das sich von der menschlichen Angst ernährt. Darüber hinaus wird bewiesen, daß diese Lebensform die Morde verübt hat, ebenso wie zahlreiche andere bislang ungeklärte Verbrechen.

Die vier Planeten des malurianischen Systems werden von Unbekannten angegriffen. Mehr als vier Milliarden Individuen werden ausgelöscht, neben anderen auch Mitglieder eines Wissenschaftlerteams der Föderation unter der Leitung von Dr. Manway.

Vor »Ich heiße Nomad«.

Raumsonde *Nomad*

»Ich heiße Nomad.« Sternzeit 3451,9. Die U.S.S. *Enterprise* untersucht den vor kurzem erfolgten Angriff auf das malurianische System und entdeckt, daß er von einer uralten Raumsonde verursacht wurde. Die Sonde, die sich *Nomad* nennt, war im frühen 21. Jahrhundert von der Erde aus auf die Suche nach außerirdischem Leben geschickt worden. Es wird herausgefunden, daß ein außergewöhnlicher Unfall, in den eine außerirdische Raumsonde namens *Tan Ru* verwickelt war, *Nomad* dazu brachte, eine Mission zur »Sterilisation« allen Lebens auszuführen. Es wird angenommen, daß *Tan Ru* darauf programmiert worden war, eventuell als Einleitung einer Kolonisation, Erdreichproben zu sterilisieren, und daß die Kontrollprogramme beider Sonden bei der Kollision irgendwie miteinander verschmolzen waren. Kirk gelingt es, die fehlgeleitete *Nomad* mit nur sehr geringer sonstiger Verwüstung zu zerstören.

Der Planet Ceti Alpha VI explodiert und stört dadurch die Umlaufbahn von Ceti Alpha V. Die sich daraus ergebenden Klimaveränderungen sind verheerend für die dortige Kolonie, die von Khan Noonien Singh geleitet wird. Die Sternenflotte erfährt nichts von der Explosion und ihren Konsequenzen bis zum Jahr 2285, als das Raumschiff *Reliant* den Planeten als möglichen Testort des Genesisprojekts untersucht.

Star Trek II – Der Zorn des Khan. Das genaue Datum ist Vermutung, aber Khan sagte, daß Ceti Alpha VI sechs Monate nach den Ereignissen in »Der schlafende Tiger« explodiert sei.

Kirk, Spock und McCoy auf Erkundungsmission auf dem Planeten Gamma Trianguli VI.

»Die Stunde der Erkenntnis.« Sternzeit 3715,3. Die *Enterprise* führt eine Routineerkundung des Planeten Gamma Trianguli VI durch. Der Erkundungstrupp

Das dreiundzwanzigste Jahrhundert

berichtet von der Entdeckung einer primitiven humanoiden Kultur, aber durch weitere Nachforschungen wird ein überaus mächtiges und altes Computersystem entdeckt, das das Klima des Planeten kontrolliert. Es stellt sich heraus, daß der Computer, der von den Bewohnern des Planeten Vaal genannt wird, ein zentrales Objekt der Religion des Planeten geworden ist, da die eingeborene Zivilisation offensichtlich vor allem zu dem Zweck existiert, das Computersystem mit Brennstoff zu versorgen. Als Vaal den Trupp von der *Enterprise* auf dem Planeten entdeckt, versucht er, die Nachforschungen zu verhindern, indem er den Tod von zwei *Enterprise*-Besatzungsmitgliedern verursacht und versucht, das Schiff im Orbit zu zerstören. Mit der Begründung, Vaal habe für die Stagnation der Kultur des Planeten gesorgt, befiehlt Kirk, den Computer mit den Schiffsphasern zu zerstören, und gibt den Bewohnern von Gamma Trianguli VI dadurch die Möglichkeit, zu einer normalen kulturellen Entwicklung zurückzukehren.

»**Ein Parallel-Universum.**« (Keine Sternzeitangabe.) Die *Enterprise* befindet sich auf einer diplomatischen Mission ins Halkan-System, um dort Diliziumschürfrechte zu sichern. Die Durchführung des Auftrags wird durch einen schweren Ionensturm behindert, der durch eine Störung der Transporterfunktionen fast zum Verlust des Landetrupps der *Enterprise* führt. Später stellt sich heraus, daß die Transporterstörung zu einem Austausch des Landetrupps mit den entsprechenden Individuen einer parallelen Dimension geführt hat, und beide Trupps werden in ihr ursprüngliches Universum zurückgebracht.

Der Spock des Paralleluniversums.

Bei ihrer Rückkehr berichten die Mitglieder des Landungstrupps, daß das Parallel-Universum ihrem eigenen auffallend ähnlich sei, wenn auch viel gewalttätiger, und daß es von einem Unterdrücker-Imperium kontrolliert werde. Außerdem berichten sie, daß der andere Spock, der die Unvermeidbarkeit der Veränderung und die damit verbundene Möglichkeit eines Verlusts des Lebens verstand, vielleicht willens sei, dabei zu helfen, seine Gesellschaft in eine humanere Richtung zu führen.

Die Sternenflotte verliert den Kontakt zum kulturellen Beobachter der Föderation auf dem Planeten Ekos, John Gill.

Ungefähr sechs Monate vor »Patterns of Force«. (Anmerkung der Übersetzerin: Vergleiche die Anmerkung zum ersten Eintrag des Jahres 2250.)

McCoy und der Spock des Spiegeluniversums.

Die U.S.S. *Enterprise* erhält den Auftrag, Commodore Stocker zur Sternenbasis 10 zu transportieren.

Direkt vor »Wie schnell die Zeit vergeht«.

»**Wie schnell die Zeit vergeht.**« Sternzeit 3478,2. Die U.S.S. *Enterprise* befindet sich auf einer Versorgungsmission zur Forschungskolonie auf Gamma Hydra IV. Der Landetrupp berichtet, daß alle Kolonisten tot sind oder im Sterben liegen. Sie sind Opfer einer ungewöhnlichen Krankheit, die den Alterungsprozeß stark beschleunigt. Kurze Zeit später zeigen fast alle Landetruppmitglieder ähnliche Symptome. Commodore Stocker befiehlt der *Enterprise*, auf direktem Weg Sternenbasis 10 anzufliegen, um die dortigen medizinischen Einrichtungen bei der Suche nach einem Heilmittel gegen die Krankheit mit einzusetzen. Der Kurs führt die *Enterprise* durch die romulanische neutrale Zone, wodurch eine Auseinandersetzung mit einem romulanischen Raumschiff heraufbeschworen wird. Der medizinische Offizier McCoy entwickelt ein Heilmittel gegen die Krankheit, das sich an alten Therapien auf Adrenalinbasis orientiert, die bei Verstrahlung verwendet wurden.

Dr. McCoy, geplagt von der Krankheit, die den Alterungsprozeß stark beschleunigt.

Das Besatzungsmitglied Norman, das erst kürzlich auf die *Enterprise* versetzt wurde, weicht mehreren Versuchen von Dr. McCoy aus, eine Routinegesundheitskontrolle mit ihm auszumachen.

Drei Tage vor »Der dressierte Herrscher«.

Das dreiundzwanzigste Jahrhundert

Raumstation K-7

»Der dressierte Herrscher.« Sternzeit 4513,3. Die U.S.S. *Enterprise* wird vom Androiden Norman entführt, der sich als *Enterprise*-Besatzungsmitglied ausgegeben hatte. Er bringt das Schiff zu einem bisher unbekannten Planetoiden der Klasse K. Dort stellt sich heraus, daß der bekannte Kriminelle Harcourt Fenton Mudd hinter der Entführung steckt. Der Versuch der androidischen Bevölkerung des Planeten, sowohl Mudd als auch die *Enterprise* in ihre Gewalt zu bringen, wird von Kirk und seinem Stab vereitelt. Es stellt sich heraus, daß die Androiden ursprünglich aus der Andromeda-Galaxie stammen und hier strandeten, nachdem ihre Sonne zur Nova geworden war. Mudd wird in den Gewahrsam der androidischen Bevölkerung gegeben.

Die U.S.S. *Enterprise* wird durch einen Notruf der Prioritätsstufe 1, der eine drohende oder eingetretene totale Katastrophe anzeigt, zur Raumstation K-7 gerufen. Der gesamte Quadrant wird daraufhin in Gefechtsbereitschaft versetzt.

Direkt vor »Kennen Sie Tribbles?«

Kirk findet die Tribbles im Quadrotriticale.

»Kennen Sie Tribbles?« Sternzeit 4523,3. Bei der Ankunft auf der Raumstation K-7 stellt die *Enterprise* fest, daß der Notruf der Prioritätsstufe 1 gesendet wurde, um die Quadrotiticale-Vorräte zu schützen. Bei Quadrotriticale handelt es sich um eine spezielle Weizenzüchtung, die für die Entwicklung von Shermans Planeten als strategisch unbedingt notwendig erachtet wird. Der Planet wird sowohl von der Föderation als auch vom Klingonischen Imperium für sich beansprucht. Die Besorgnis bezüglich der Sicherheit erweist sich als berechtigt, als ein klingonischer Agent versucht, den Entwicklungsanspruch der Föderation zu sabotieren, indem er Quadrotriticale-Vorräte vergiftet. Die Sabotage wird zufällig entdeckt, als herauskommt, daß einige Tribbles durch den Genuß des vergifteten Getreides gestorben sind.

Auf dem Planeten 892-IV erschienenes Magazin.

»Brot und Spiele.« Sternzeit 4040,7. Die *Enterprise* findet das Wrack des Raumschiffs *Beagle* auf dem Planeten 892-IV, das seit ungefähr sechs Jahren als in diesem Sektor vermißt gilt. Der *Enterprise*-Landetrupp, der das Wrack untersucht, wird von Bewohnern des Planeten gefangen genommen. Ingenieur Scott gelingt es, den Landungstrupp zu retten, ohne gegen die Erste Direktive zum Schutz von eingeborenen Lebensformen zu verstoßen, indem er für einen kurzzeitigen Ausfall der lokalen Stromversorgung sorgt.

Die anschließende Analyse der Mission ergibt, daß sich möglicherweise eine Variation der christlichen Religion der Erde auf dem Planeten 892-IV entwickelt, die vielleicht der römischen Kultur des Planeten eine humanere Form geben könnte.

*Anmerkung der Herausgeber: Kirk sagte, er habe den Captain der **Beagle**, R.M. Merrick, auf der Sternenflottenakademie kennengelernt. Er bemerkte, daß Merrick in seinem fünften Jahr ausgeschlossen wurde, nachdem er einen Psychosimulatortest nicht bestanden hatte. Dies scheint anderen Angaben zu widersprechen, aus denen hervorgeht, daß die Ausbildung auf der Sternenflottenakademie vier Jahre dauert. Andererseits ergibt sich aus »Ein mißglücktes Manöver«, daß Wesley Crusher sein zweites Ausbildungsjahr wiederholen muß (und so fünf Jahre bis zum Abschluß benötigen wird). Möglicherweise erging es Merrick genauso.*

Das Raumschiff *Enterprise* holt 114 Föderationswürdenträger ab, darunter 32 Botschafter, um sie zu einer Konferenz auf dem neutralen Planetoiden Babel zu bringen.

Ungefähr zwei Wochen vor »Reise nach Babel«. McCoy klagte darüber, daß die Honoratioren schon so lange an Bord seien.

Der vulkanische Botschafter Sarek hat einen leichten Herzanfall, bereits seinen zweiten. Zur Behandlung bekommt er Benjasidrin verschrieben.

Kurz vor »Reise nach Babel«.

Das dreiundzwanzigste Jahrhundert

»**Reise nach Babel.**« Sternzeit 3842,3. Die U.S.S. *Enterprise* befindet sich mit Würdenträgern an Bord auf dem Weg zum Planetoiden Babel, wo über die Aufnahme des Planeten Coridan in die Föderation verhandelt werden soll. Die Konferenz wird durch einen anscheinend von den Andorianern verübten Terrorakt gestört. Später stellt sich heraus, daß hinter dem Anschlag die Regierung von Orion steht, die gegen Coridans Aufnahme in die Föderation ist.

Botschafter Sarek kommt in Begleitung seiner Frau auf der *Enterprise* an.

Botschafter Sarek erleidet einen weiteren Herzanfall und wird von Dr. Leonard McCoy unter Verwendung von Commander Spocks Blut behandelt. Die Operation verläuft erfolgreich, obwohl Sareks Ehefrau Amanda wegen der Gefahr für beide Beteiligten gegen die Vorgehensweise gewesen war. Dies ist McCoys erste wirkliche chirurgische Erfahrung mit einem vulkanischen Patienten.

Anmerkung der Herausgeber: Zwar wurde schon in früheren Folgen von Spocks Eltern gesprochen, aber in »Reise nach Babel« treten sie zum ersten Mal auf. Auch ihre Namen werden hier erstmals genannt. Sarek und Amanda wurden zu wiederkehrenden Figuren in den **Star Trek**-*Filmen, und Sarek hatte darüber hinaus noch zwei Auftritte in* **Raumschiff Enterprise: Das nächste Jahrhundert.**

Der tellaritische Botschafter Gav.

(Anmerkung der Übersetzerin: Vergleiche zum Namen von Sareks Gattin Eintrag unter 2229. In den Filmen wird ihr Name übrigens wieder korrekt übernommen.)

Coridan wird in die Föderation aufgenommen.

Nach »Reise nach Babel«. In der Folge »Botschafter Sarek« erfahren wir, daß die Angelegenheit zugunsten der Aufnahme entschieden wurde.

»**Der erste Krieg.**« Sternzeit 4211,4. Ein *Enterprise*-Landetrupp führt eine botanische Untersuchung auf einem technologisch wenig entwickelten Planeten der Klasse M durch und wird dabei in eine lokale Auseinandersetzung hineingezogen. Spock wird bei dieser Auseinandersetzung schwer verwundet, wobei sich herausstellt, daß die eingeborene Bevölkerung mit relativ fortschrittlichen Waffen ausgerüstet ist. Weitere Nachforschungen ergeben, daß klingonische Agenten für diese kulturelle Kontamination verantwortlich sind. Captain Kirk, der den Planeten 13 Jahre zuvor erkundet hatte, beschließt, daß der einzige Weg, allen das Überleben zu sichern, darin besteht, alle lokalen Gruppen gleichmäßig mit entsprechenden Waffen auszustatten.

Dr. M'Benga

Anmerkung der Herausgeber: Von Dr. M'Benga, der Spock nach seiner Verwundung auf der Planetenoberfläche behandelt, wird berichtet, er habe sein medizinisches Praktikum auf einer vulkanischen Krankenstation absolviert. M'Benga tauchte ein zweites Mal in »Gefährliche Planetengirls« auf.

Die U.S.S. *Enterprise* erhält den Auftrag, eine Routineuntersuchung der automatischen Kommunikations- und Astronavigationsanlagen auf dem Planetoiden Gamma II durchzuführen.

Direkt vor »Meister der Sklaven«.

Die Regierungen der Romulaner, Klingonen und der Föderation gründen in einem Joint-venture eine Kolonie auf dem Planeten Nimbus III und benennen ihn in »Planet des galaktischen Friedens« um. Das Experiment ist ein Fehlschlag, obwohl die Kolonie mindestens zwanzig Jahre lang überlebt.

Star Trek V – Am Rande des Universums. *Die romulanische Botschafterin Caithlin Dar sagte, die Niederlassung sei 20 Jahre vor dem Film (2287) gegründet worden.*

Das dreiundzwanzigste Jahrhundert

2268

Kirk trifft auf die Versorger von Triskelion.

»**Meister der Sklaven.**« Sternzeit 3211,7. Die U.S.S. *Enterprise* befindet sich in einer Umlaufbahn um den Planeten Gamma II zur Inspektion von automatischen Kommunikations- und Astronavigationsanlagen. Während des Hinunterbeamens wird der Landetrupp von einer bisher unbekannten, technisch hochentwickelten Zivilisation des Planeten Triskelion im System M24 Alpha entführt. Captain Kirk erfährt, daß die Bewohner von Triskelion eine Art Sklaverei praktizieren, indem sie gefangene Lebewesen als entbehrliche Teilnehmer bei Wettkämpfen verwenden. Mit einer unhaltbaren Situation konfrontiert, schließt Kirk eine Wette ab und gewinnt sie und dadurch die Freiheit für die *Enterprise*-Besatzung und die Sklaven.

Das Sternenflottenkommando erhält eine Nachricht von der U.S.S. *Horizon*, die vor einem Jahrhundert verschwand. Die über konventionellen Funk gesendete Nachricht deutet an, daß das Schiff eine kulturelle Kontamination des Planeten Sigma Iotia II verursacht hat.

»Epigonen«. Kirk bemerkte, daß die Nachricht einen Monat vor der Folge empfangen wurde.

Die tödliche Wolke

»**Tödliche Wolken.**« Sternzeit 3619,2. Die U.S.S. *Enterprise* begegnet einem Wolkenwesen, von dem angenommen wird, daß es vor elf Jahren für Todesfälle an Bord des Raumschiffs *Farragut* verantwortlich gewesen sei. Das Wesen tötet zwei *Enterprise*-Besatzungsmitglieder. Kirk verfolgt das Wesen bis zu seinem Heimatplaneten Tycho IV, wo es durch eine kleine Antimaterieladung getötet wird.

Die U.S.S. *Enterprise* setzt ihren Weg zu einem Treffen mit der U.S.S. *Yorktown* fort, übernimmt von ihr Impfstoffe und bringt diese zur Kolonie auf dem Planeten Theta VII, wo sie dringend benötigt werden.

*Nach »Tödliche Wolken«. Dies ist eine Vermutung, aber McCoy und Spock erinnerten Kirk an die kritische Situation auf Theta VII, wodurch nahegelegt wird, daß die **Enterprise** direkt von Tycho IV aus zur Lösung dieser Krise fliegt.*

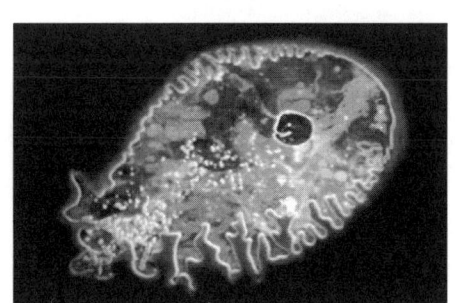

Weltraumamöbe

»**Das Loch im Weltraum.**« Sternzeit 4307,1. Die U.S.S. *Enterprise*, die sich auf dem Weg zur Sternenbasis 6 für einen Erholungsurlaub befindet, erhält den Befehl, sich zu einer äußerst wichtigen Rettungsmission ins System Gamma 7A zu begeben. Auf dem Weg dorthin erfährt man, daß das Raumschiff *Intrepid* von jemandem zerstört worden ist, der offensichtlich auch das Gamma 7A-System angegriffen und dabei Milliarden Menschen getötet hat. Nachforschungen ergeben, daß die Zerstörung von einem riesigen im Weltraum lebenden Organismus verursacht wurde. Dieses Wesen bringt negative Partikel hervor und verzehrt die Energie von Planetensystemen und Raumschiffen. Obwohl es sich nicht um ein empfindungsfähiges Lebewesen handelt, wird es als ernsthafte Gefahr für die Galaxie erachtet und zerstört.

Die gesamte Besatzung der U.S.S. *Intrepid* hatte aus Vulkaniern bestanden.

»**Epigonen.**« (Keine Sternzeitangabe.) Die U.S.S. *Enterprise* besucht den Planeten Sigma Iotia II (der schon vor einem Jahrhundert vom Raumschiff *Horizon* aufgesucht worden war) und entdeckt eine schwere kulturelle Kontamination, die durch ein einziges Buch ausgelöst wurde, das von der früheren Expedition zurückgelassen worden war. In dem Bemühen, den zukünftigen kulturellen Schaden zu minimieren, hilft Kirk den lokalen Führern, den Planeten unter einer gemeinsamen Regierung zu vereinen.

Das dreiundzwanzigste Jahrhundert

»Stein und Staub.« Sternzeit 4657,5. Die U.S.S. *Enterprise,* reagiert auf einen Notruf, und der entsandte Landetrupp wird von Außerirdischen gefangen genommen, die sich später als Vortrupp des Kelvanischen Imperiums aus der Andromeda-Galaxie entpuppen. Es stellt sich heraus, daß die Kelvaner eine Kolonie in dieser Galaxie gründen wollen und glauben, daß eine Invasion die einzige Möglichkeit sei, dies zu erreichen.

Captain Kirk handelt einen Vertrag mit den Kelvanern aus, wonach auf friedlichem Wege ein geeigneter Planet für ihre Nutzung gefunden werden kann. Ein unbemanntes Schiff wird zum Kelvanischen Imperium geschickt, um es von dem Vertrag zu unterrichten.

Der Kelvaner Rojan und Captain Kirk.

Eine Forschungsstation der Föderation wird auf dem Planeten Minara II eingerichtet, um einen in der Nähe liegenden Stern zu untersuchen, der laut Vorhersage in ungefähr sechs Monaten zur Nova werden soll. Zum Personal der Station gehören die Doktoren Linke und Ozaba. Der Stern hatte schon einige Zeit lang Zeichen eines drohenden Kollapses gezeigt.

»Der Plan der Vianer«. Die Station war sechs Monate vor der Folge eingerichtet worden.

»Geist sucht Körper.« Sternzeit 4768,3. Die *Enterprise,* die sich viele Lichtjahre über erforschtes Gebiet hinauswagt, entdeckt Hinweise darauf, daß vor einer halben Million Jahre auf einem bisher unerforschten Planeten ein katastrophaler Krieg stattgefunden hat. Weitere Nachforschungen führen zur Entdeckung von Urnen, in denen die Intellekte von drei überlebenden Mitgliedern der ausgestorbenen Zivilisation aufbewahrt werden. Ein Versuch wird unternommen, diese Überlebenden mit Androidenkörpern auszustatten. Einer von ihnen, Henoch, wird jedoch vernichtet, als er versucht, einen lebenden Körper zu stehlen. Die beiden übrigen Überlebenden, Sargon und Thalassa, beschließen, in die Vergessenheit zu entschwinden.

Kirk untersucht Sargons Urne.

»Patterns of Force.« (Keine Sternzeitangabe.) Die U.S.S. *Enterprise* untersucht das scheinbare Verschwinden des kulturellen Beobachters John Gill, der auf dem Planeten Ekos stationiert ist. Während der orbitalen Annäherung wird die *Enterprise* mit einer thermonuklearen Waffe beschossen, was die erste von mehreren Entdeckungen ist, die auf eine schwere kulturelle Kontamination hindeuten. Nachforschungen ergeben, daß Gill in Verletzung der Ersten Direktive ein kulturelles Experiment begonnen hat, die gefährliche Anarchie des Planeten durch Einsetzen einer Regierung im Stil des nationalsozialistischen Deutschland der alten Erde zu beseitigen. Leider erschuf Gill durch die Einführung der Effizienz der Nazis eine Umgebung, in der auch der Machtmißbrauch gedieh. Kirk unterstützt die lokalen Bewohner beim Umsturz des Nazi-Regimes.

Captain Kirk auf dem Planeten Ekos.

(Anmerkung der Übersetzerin: Vergleiche hierzu den ersten Eintrag unter 2250.)

»Computer M5.« Sternzeit 4729,4. Die U.S.S. *Enterprise* erhält den Auftrag, den experimentellen multitronischen Computer M-5, der von Dr. Richard Daystrom erfunden wurde, in der Praxis zu testen. Obwohl die anfänglichen Anwendungen sehr vielversprechend verlaufen, zeigen spätere Tests bei einer Gefechtssimulation, daß M-5 unberechenbar reagiert, was zur Zerstörung des Raumschiffs *Excalibur* und dessen Besatzung führt.

Captain Kirk von der *Enterprise* und Commodore Wesley, der Leiter der Spezialeinheit auf der U.S.S. *Lexington,* beweisen eine schnelle Auffassungsgabe, indem sie die M-5-Einheit abschalten lassen, bevor es zu weiteren Todesfällen kommen kann. Die anschließende Analyse ergibt, daß trotz des Planziels, durch den Einsatz von M-5 die Teilnahme von Menschen bei der Erforschung des Weltraums überflüssig zu machen, das menschliche Denken die Situation gerettet hat.

Dr. Richard Daystrom

Das dreiundzwanzigste Jahrhundert

Gefechtsübung des Computers M-5.

Commodore Robert Wesley

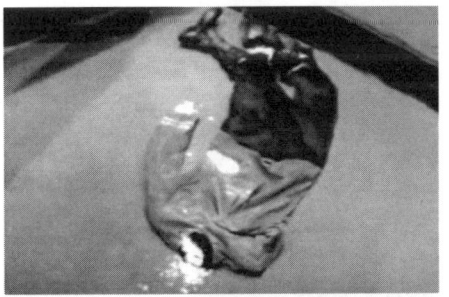

Besatzungsmitglied der U.S.S. *Exeter*, dem bakteriologischen Krieg auf Omega IV zum Opfer gefallen.

*Anmerkung der Herausgeber: Commodore Bob Wesley wurde nach dem Pseudonym benannt, das Gene Roddenberry als Autor für **Have Gun, Will Travel** benutzte, während er noch als Polizist arbeitete.*

»Das Jahr des roten Vogels.« (Keine Sternzeitangabe.) Die U.S.S. *Enterprise* findet das Wrack des Raumschiffs *Exeter*, das im Orbit um den Planeten Omega IV treibt. Die gesamte Besatzung ist tot. Das Prisenkommando entdeckt, daß die Todesfälle durch den Kontakt zu einem fremden biologischen Kampfstoff verursacht wurden, der anscheinend von der Planetenoberfläche auf das Schiff mitgebracht wurde. Es existieren Hinweise darauf, daß sich auf dem Planeten auch biologische Stoffe befinden, die gegen die Krankheit immun machen, weshalb das Außenteam von der *Enterprise* auf die Oberfläche des Planeten gebeamt wird.

Nachforschungen auf der Oberfläche von Omega IV ergeben, daß sowohl die Krankheit als auch die Immunität der Bevölkerung gegen sie das Resultat uralter bakteriologischer Kriegsführung, möglicherweise älter als ein Jahrtausend, sind. Auch Ronald Tracey, der Captain der *Exeter*, wird entdeckt, der die Krankheit zufällig überlebt hatte, da er auf der Planetenoberfläche zurückgeblieben war. Als sich herausstellt, daß sich Tracey in Verletzung der Ersten Direktive in die Angelegenheiten der lokalen Regierung eingemischt hat, wird er festgenommen.

»Ein Planet, genannt Erde.« (Keine Sternzeitangabe.) Die U.S.S. *Enterprise* findet auf einer historischen Forschungsmission in die Vergangenheit der Erde Beweise dafür, daß die Erde (ca. 1968) Hilfe von Außerirdischen erhielt, um ihr kritisches Atomzeitalter zu überleben.

Das dreiundzwanzigste Jahrhundert

5.3 Raumschiff Enterprise — Jahr 3

Captain James Kirk kehrt von einer geheimen Sternenflotten-Mission auf ein romulanisches Schiff zurück.

»Wildwest im Weltraum.« Sternzeit 4385,3. Die U.S.S. *Enterprise* nimmt Erstkontakt zu den Melkot auf, einer außerirdischen Rasse mit ungewöhnlichen telepathischen Fähigkeiten. Nach anfänglicher Unsicherheit kann Kirk die Melkot von den friedlichen Absichten der Föderation überzeugen. Die Melkot stimmen diplomatischen Beziehungen zur Föderation zu.

»Brautschiff Enterprise.« Sternzeit 4372,5. Die *Enterprise* befindet sich auf einer diplomatischen Mission ins Tellun-System. Sie hat den Auftrag, Elaan, Dohlman des Planeten Elas, zum Planeten Troyius zu bringen als Teil eines Friedensvertrags zwischen den beiden miteinander kriegführenden Planeten. Die Mission wird durch klingonische Einmischung erschwert, da sich die Klingonen anscheinend den Zugang zu reichen Diliziumvorkommen auf Troyius sichern wollen.

Anmerkung der Herausgeber: In dieser Folge wird zum ersten Mal ein klingonischer Schlachtkreuzer eingesetzt. Frühere Folgen nahmen zwar auf dieses Schiff Bezug, es erschien jedoch nicht auf dem Bildschirm. (Bei der Erstausstrahlung der Folgen wurde »Die unsichtbare Falle« vor »Brautschiff Enterprise« gesendet, so daß der erste klingonische Schlachtkreuzer, den die Zuschauer sahen, von Romulanern geflogen wurde.)

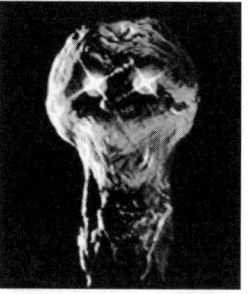

Melkot

Elaan von Troyius

»Der Obelisk.« Sternzeit 4842,6. Bei der Erforschung der Bewohner eines Planeten der Klasse M, der mit einem Asteroiden zu kollidieren droht, geht Captain Kirk dem Landetrupp verloren. Die Suche nach Kirk wird abgebrochen, damit die *Enterprise* den Asteroiden abfangen kann, um ihn von seinem Kollisionskurs abzubringen. Dieser Versuch schlägt fehl und führt zu einer schweren Beschädigung der Warpantriebssysteme der *Enterprise*. Die *Enterprise* kehrt zum Planeten zurück, um die Suche nach dem Captain wiederaufzunehmen. Kirk leidet aufgrund einer Verletzung unter Gedächtnisverlust. Schließlich findet Spock Hinweise auf eine uralte Deflektorvorrichtung, die erfolgreich zur Umleitung des Asteroiden eingesetzt wird. Es stellt sich heraus, daß Kirk während seiner Amnesie eine eingeborene Frau namens Miramanee geheiratet hatte, die anschließend bei einem lokalen Machtkampf getötet wurde.

Kirk während seines Aufenthalts bei den Indianern.

Das dreiundzwanzigste Jahrhundert

Die U.S.S. *Enterprise*, umringt von romulanischen Kampfkreuzern.

»Die unsichtbare Falle.« Sternzeit 5027,3. Die U.S.S. *Enterprise* durchquert in Verletzung des Vertrags die romulanische neutrale Zone und wird von drei romulanischen Schlachtkreuzern gefangen genommen. Captain Kirk und Commander Spock werden in romulanischen Gewahrsam genommen und von einem romulanischen Kommandanten der kriminellen Spionage angeklagt. Bei ihrer Flucht wenig später stehlen sie eine verbesserte romulanische Tarnvorrichtung. Die *Enterprise* entkommt aus dem romulanischen Einflußbereich, und es stellt sich heraus, daß Kirk und Spock eine verdeckte Mission im Auftrag der Sternenflotte durchgeführt haben, um militärische Geheimnisse über die verbesserte Tarnvorrichtung auszukundschaften. Bei ihrer Flucht nehmen sie die romulanische Kommandantin als Gefangene mit auf die *Enterprise*.

Anmerkung der Herausgeber: Die Einführung der klingonisch-romulanischen Allianz in der dritten Staffel von **Raumschiff Enterprise** *sollte eigentlich die Verwendung klingonischer Schlachtschiffe durch die Romulaner erklären. Der wirkliche Grund bestand natürlich darin, daß die Serie gerade eine große Summe in den Entwurf und Bau des neuen klingonischen Schiffs investiert hatte. Eine Allianz zwischen den beiden Gegnern sorgte für einen Grund, das schöne neue Modell öfter zu zeigen. Dieses Schiff wurde im Verlauf der Originalserie dreimal gezeigt und das grundlegende Design sowohl in den* **Star Trek**-*Filmen als auch in* **Raumschiff Enterprise: Das nächste Jahrhundert** *verwendet.*

In dieser Folge wird angedeutet, daß Spock seit 18 Jahren der Sternenflotte angehört, was seinen Eintritt ins Jahr 2250 setzen würde, wohingegen »Reise nach Babel« für 2249 spricht.

Die Eroberung der romulanischen Tarnvorrichtung zu diesem relativ frühen Zeitpunkt in der **Star Trek**-*Geschichte wirft die Frage auf, warum die* **Enterprise** *und andere Schiffe der Sternenflotte den unsichtbar machenden Schirm niemals in ihre Standardausstattung mit aufgenommen haben. Dramatisch ist dies durch das Bedürfnis der Autoren zu begründen, jedem Satz von Charakteren (d.h. den Romulanern und der Föderation) einen unterschiedlichen Satz von Charakteristika zuzuordnen. Der Sternenflotte der Föderation die Tarnvorrichtung zu geben, würde einen der besonders interessanten Unterschiede zwischen den Gruppen eliminieren. Außerdem sollte Gene Roddenberry in späteren Jahren die Ansicht äußern, daß die Männer und Frauen der Föderations-Sternenflotte Forscher und Wissenschaftler seien, weshalb sie nicht versteckt im Raum herumschlichen. Deshalb gehen wir davon aus, daß die Politik der Föderation die Verwendung von Tarnvorrichtungen in einer primär nichtmilitärischen Flotte verbietet. Rick Sternbach, der Mitautor von* **Star Trek – Die Technik der U.S.S. Enterprise,** *hat die Theorie, daß das Design der Föderationsraumschiffe sich so sehr von dem der romulanischen und klingonischen Schiffe unterscheidet, daß die Verwendung der Tarnvorrichtung einen zu hohen Energieverbrauch mit sich brächte.*

Romulanische Kommandantin

Die romulanische Kommandantin wird den Föderationsbehörden übergeben.

Nach »Die unsichtbare Falle«.

Gorgon

»Kurs auf Marcus 12.« Sternzeit 5029,5. Die *Enterprise* entdeckt, daß alle erwachsenen Mitglieder der Starnes-Expedition auf dem Planeten Triacus (Anm.d.Ü.: in der Synchronisation Triadus) ums Leben gekommen sind. Die überlebenden Kinder zeigen erstaunlich wenig emotionale Auswirkungen der Tragödie. Später stellt sich heraus, daß sie unter dem psychischen Einfluß eines körperlosen Lebewesens stehen, das sich selbst »Gorgan« nennt und anscheinend die Grundlage für die Legenden von Triacus bildet, die von Plünderern berichten. Dieses Wesen versucht, mit Hilfe der Kinder die Kontrolle

Das dreiundzwanzigste Jahrhundert

über die *Enterprise* zu übernehmen. Die Besatzung der *Enterprise* hilft den Kindern dabei, sich ihrer Trauer zu stellen und befreit sie dadurch von Gorgans Einfluß.

Die Überlebenden der Tragödie der Starnes-Expedition auf dem Planeten Triacus werden zur Sternenbasis 4 gebracht.

Nach »Kurs auf Marcus 12«.

»Spocks Gehirn.« Sternzeit 5431,4. Die U.S.S. *Enterprise* wird in der Nähe des Sigma Draconis-Systems von einem Raumschiff einer bisher unbekannten Zivilisation dieses Systems angegriffen. Das einzige Opfer ist Commander Spock, dessen Gehirn der Angreifer auf chirurgischem Weg entfernt. Die *Enterprise* verfolgt das Raumschiff nach Sigma Draconis VI, wo sich herausstellt, daß Spocks Gehirn als lebenswichtige Komponente eines massiven Computersystems verwendet wird, das für die Bewohner des Planeten sorgt. Captain Kirk führt einen Landetrupp auf den Planeten und holt das Gehirn zurück. Dr. McCoy nutzt die fortschrittliche Technologie des Planetencomputers, um die chirurgische Technik zu erlernen, die für das Wiedereinsetzen des Gehirns in Spocks Körper notwendig ist. Schließlich ermutigt die *Enterprise*-Besatzung die Bewohner des Planeten dazu, das Überleben unabhängig vom Computersystem zu erlernen.

Planetarischer Computer auf Sigma Draconis VI.

»Die fremde Materie.« Sternzeit 5630,7. Die U.S.S. *Enterprise* hat den Auftrag, eine Gruppe zum diplomatischen und kulturellen Austausch zu einem Raumschiff der Medusen zu bringen. Zu den Passagieren gehören der medusische Botschafter Kollos, Dr. Miranda Jones und der technische Spezialist Lawrence Marvick. Emotionelle Belastung, die durch direkten visuellen Kontakt zu Kollos noch verstärkt wird, treibt Marvick zu irrationalem Verhalten. Zu dieser Zeit steuert er die *Enterprise* durch die Energiebarriere am Rande der Galaxie. Der gefährliche Rückflug wird durch Botschafter Kollos' Sachkenntnis auf dem Gebiet der Navigation ermöglicht. Kurze Zeit später nimmt Jones gedanklichen Kontakt zu Kollos auf.

Dr. Miranda Jones

Anmerkung der Herausgeber: Lawrence Marvick wird als einer der Designer der Enterprise beschrieben.

Das Raumschiff *Defiant* verschwindet spurlos in unerforschtem Gebiet nahe der tholianischen Grenze.

»Das Spinnennetz«. Kirks sagte in seinem Logbucheintrag, die Defiant sei drei Wochen vor der Folge verschwunden.

»Der Plan der Vianer.« Sternzeit 5121,5. Die U.S.S. *Enterprise* ist unterwegs, um das Personal der Forschungsstation auf dem Planeten Minara II abzuholen, bevor der Stern zur Nova wird. Der *Enterprise*-Landetrupp entdeckt, daß das gesamte Personal der Station verschwunden ist. Weitere Nachforschungen ergeben, daß alle Mitglieder des Personals bei einem bizarren Experiment der Vianer ums Leben gekommen sind. Durch das Experiment wollen die Vianer herausfinden, ob die Bewohner des Planeten es wert sind, gerettet zu werden.

Gem, ein Mitglied einer der Rassen, die im Minara-System leben.

Der Stern Minara explodiert.

Direkt nach »Der Plan der Vianer«.

»Das Spinnennetz.« Sternzeit 5693,2. Die U.S.S. *Enterprise* untersucht das Verschwinden des Raumschiffs *Defiant* in unerforschtem Gebiet, lokalisiert die *Defiant* und entdeckt Hinweise auf schwere Gewaltanwendung, die zum Tod deren gesamter Besatzung geführt hat. Dieses Verhalten scheint das Ergebnis einer Beeinträchtigung des Zentralnervensystems zu sein, die durch eine Raumverdichtung, eine zeitweilige Überlappung zweier Universen, hervorgerufen wurde. Es stellt sich heraus, daß das Phasenverschiebungsphänomen auch für

Die U.S.S. *Enterprise*, gefangen im Netz des tholianischen Schiffs.

Das dreiundzwanzigste Jahrhundert

Kommandant Loskene von der Tholien-Föderation.

das Verschwinden der *Defiant* und des *Enterprise*-Captains James Kirk verantwortlich ist.

Die Bemühungen, Kirk aus dem Parallelraum zurückzuholen, werden durch einen starken von der Raumverdichtung hervorgerufenen Energieverlust der *Enterprise*-Systeme ebenso behindert, wie durch das mentale und verhaltenmäßige Durcheinander der Besatzung der *Enterprise*, das ebenfalls von dem Phänomen ausgelöst wird. Die Rettungsaktion wird weiter erschwert durch einen bisher nicht bekannten Gebietsanspruch auf diesen Bereich des Raums, der von Commander Loskene als Repräsentant der Tholien-Föderation aufgestellt wird. Dennoch wird Kirk schließlich gerettet, bevor die Tholianer entscheidende Schritte gegen die *Enterprise* unternehmen können.

Anmerkung der Herausgeber: Dies ist die einzige Begegnung mit den Tholianern, die wir gesehen habe, obwohl mehrere Folgen des **Nächsten Jahrhunderts** *von einem fortwährenden Konflikt zwischen der Föderation und der Tholien-Föderation sprechen. Spock bemerkt auch, es gäbe keine Aufzeichnung darüber, daß jemals eine Sternenflottenbesatzung gemeutert habe, obwohl die Folge »Wen die Götter zerstören« (die nach »Das Spinnennetz« gedreht wurde) deutlich macht, daß Garths Besatzung vor einiger Zeit gemeutert hatte, als er ihnen befahl, die Bewohner des Planeten Antos IV zu töten. Es ist natürlich möglich, daß Garth übertrieb.*

Bei Dr. Leonard McCoy wird Xeno-Polycythemia diagnostiziert, eine sehr seltene Blutanomalie, die nicht heilbar ist. Er befindet sich im Endstadium.

Direkt vor »Der verirrte Planet«.

Fabrini-Hohepriesterin Natira und Dr. Leonard McCoy.

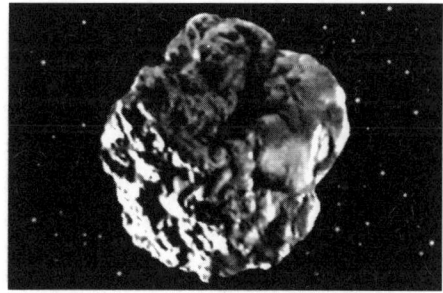

Asteroidenschiff *Yonada*

»Der verirrte Planet.« Sternzeit 5476,3. Die *Enterprise* wehrt erfolgreich einen Angriff technisch einfacher Raketen ab. Nachforschungen ergeben, daß der Angriff von einem Asteroiden kam, der als bewohntes Fahrzeug mit Unterlichtgeschwindigkeit durch den Raum reist. Kursprojektionen deuten an, daß der Asteroid in etwas mehr als einem Jahr auf dem Planeten Daran V aufprallen wird, wodurch 3,7 Millionen Menschenleben auf dieser Welt gefährdet würden.

Captain James Kirk, Mr. Spock und Dr. McCoy beamen auf das Asteroidenschiff hinunter und stellen fest, daß das Schiff, das *Yonada* genannt wird, von den Bewohnern des Fabrini-Systems vor ungefähr 10 000 Jahren kurz vor der Explosion ihrer Sonne gebaut wurde. Der Landetrupp schafft es nicht, die lokale Obrigkeit zur Kooperation zu bewegen, aber Dr. McCoy, der an Xeno-Polycythemia im Endstadium leidet, beschließt aus persönlichen Gründen, auf dem Asteroiden zu bleiben, als Kirk und Spock zur *Enterprise* zurückkehren. Nachdem McCoy Yonadas Hohepriesterin Natira geheiratet hat, entdeckt er eine Beschreibung der technischen Schemata des Raumfahrzeugs. Unter Verwendung dieser Informationen ist die Besatzung der *Enterprise* in der Lage, Yonada wieder auf seinen geplanten Kurs zurückzubringen, wodurch die befürchtete Kollision mit Daran V abgewendet wird. Bei den Aufzeichnungen auf Yonada findet sich auch ein Heilmittel für Xeno-Polycythemie, das es Dr. McCoy ermöglicht, zum Dienst an Bord der *Enterprise* zurückzukehren.

Die U.S.S. *Enterprise* empfängt einen Notruf von einer Kolonie auf dem Planeten Beta XIIA. Zu diesem Zeitpunkt wird nicht erkannt, daß das Signal von einer fremden Lebensform fabriziert wurde und ein klingonischer Schlachtkreuzer einen entsprechenden gefälschten Notruf empfangen hat.

Direkt vor »Das Gleichgewicht der Kräfte«.

Der klingonische Kommandant Kang

»Das Gleichgewicht der Kräfte.« (Keine Sternzeitangabe.) Ein Landetrupp der U.S.S. *Enterprise* entdeckt auf dem Planeten Beta XIIA, daß der aufgefangene Notruf eine List war, anscheinend der Trick eines klingonischen Schlachtschiffs, das sich ebenfalls im Orbit befindet. Dem Personal der *Enterprise*

Das dreiundzwanzigste Jahrhundert

gelingt es, der Gefangennahme durch einen Landetrupp der Klingonen zu entgehen und statt dessen die Klingonen an Bord der *Enterprise* gefangen zu nehmen. Auf dem klingonischen Schiff werden gefährliche Strahlungsemissionen festgestellt, weshalb die *Enterprise* das Schiff vernichtet, um eine weitere Gefährdung zu vermeiden.

An Bord der *Enterprise* kommt es zu ernsten Gefechten zwischen den Besatzungen der *Enterprise* und des Klingonenkreuzers. Schließlich stellt sich heraus, daß die Situation (einschließlich der gefälschten Notrufe) von einem bisher unbekannten Lebewesen auf Energiebasis, das von den Emotionen Haß und Wut lebt, arrangiert wurde. Die *Enterprise*-Besatzung und die Klingonen kooperieren daraufhin, um diese Lebensform zu vertreiben, indem sie positive Emotionen erzeugen.

»Platons Stiefkinder.« Sternzeit 5784,2. Die *Enterprise* reagiert auf einen Notruf von einer bisher unbekannten Zivilisation. Es stellt sich heraus, daß die Bewohner dieses Planeten vor fast drei Jahrtausenden vom Sahndara-Sternensystem geflohen waren, bevor Sahndara zur Nova wurde. Sie hatten eine Zeit lang auf der alten Erde verbracht, wo ihr Führer Parmen eine große Bewunderung für den Philosophen Platon entwickelte. Als sie sich später auf einem Planeten niederließen, den sie Platonius nannten, versuchten diese ungewöhnlich langlebigen Humanoiden, einen Staat nach dem Vorbild von Platons Republik zu erschaffen.

Alexander

Auf Platonius lehnt der Schiffsarzt der *Enterprise*, Dr. Leonard McCoy eine Einladung, bei den Platoniern zu bleiben, ab. Die Platonier versuchen durch den Einsatz ihrer außergewöhnlichen telekinetischen Fähigkeiten, McCoy zum Bleiben zu zwingen. Dennoch ist McCoy in der Lage, unter Verwendung lokaler chemischer Kironid-Vorkommen das Personal der *Enterprise* mit ähnlichen telekinetischen Kräften auszustatten und so ihre Flucht zu ermöglichen. Ein Platonier, Alexander, der den Leuten von der *Enterprise* geholfen hatte, äußert den Wunsch, Platonius zu verlassen und wird als Gast auf der *Enterprise* willkommen geheißen.

Captain Kirk unterrichtet die Sternenflotte über die Platonier und ihre außergewöhnlichen telekinetischen Kräfte und rät anderen Raumschiffen, vor der Kontaktaufnahme zu diesem Planeten entsprechende Vorkehrungen zu treffen.

Direkt nach »Platons Stiefkinder«.

»Was summt denn da?« Sternzeit 5710,5. Die U.S.S. *Enterprise* reagiert auf einen Notruf vom Planeten Scalos. Ein Landetrupp entdeckt Hinweise auf eine technisch hochentwickelte humanoide Zivilisation, aber keine unmittelbar erkennbaren Lebensformen. Bei der Rückkehr des Landetrupps auf die *Enterprise* wird eine Reihe ungeklärter Fehlfunktionen auf die Anwesenheit von zuvor nicht entdeckten humanoiden Lebensformen dieses Planeten zurückgeführt.

Deela, die Königin der Scalosianer.

Es stellt sich heraus, daß diese Humanoiden einer schrecklichen vulkanischen Katastrophe zum Opfer gefallen sind, die die Scalosianer beschleunigte, so daß sie ihr Leben sehr viel schneller als normal leben. Die scalosianische Königin Deela gibt darüber hinaus bekannt, ihr Versuch, die *Enterprise*-Besatzung zu kontrollieren, sei darin begründet, die genetisch geschädigten Scalosianer mit Zuchtmaterial zu versorgen. Allerdings stellt sich heraus, daß der Beschleunigungsprozeß für Menschen tödlich ist. Die *Enterprise*-Besatzung wehrt sich erfolgreich gegen die Übernahme und entwickelt dabei ein Mittel, den Beschleunigungseffekt rückgängig zu machen.

Losira

»Gefährliche Planetengirls.« (Keine Sternzeitangabe.) Das Raumschiff *Enterprise* untersucht einen anomalen Planeten, der seinem scheinbaren geologischen Alter nach wesentlich jünger ist, als die einheimische Vegetation andeutet. Ein Landetrupp entdeckt Hinweise auf eine bedeutende geologische Instabilität, bricht die Erkundung aber ab, als er feststellt, daß die *Enterprise* aus dem

Das dreiundzwanzigste Jahrhundert

Orbit des Planeten verschwunden ist. Später stellt sich heraus, daß das Schiff ungefähr 990,7 Lichtjahre versetzt worden ist, und zwar offensichtlich von demjenigen, der auch für die geologische Instabilität verantwortlich ist.

Der Verantwortliche zeigt sich als Bild einer Frau namens Losira, die das letzte überlebende Mitglied einer hiesigen kalandanischen Kolonie war. Der Planet selbst stellt sich als künstliche Konstruktion heraus, das Produkt der kalandanischen Technologie. Losiras Bild wurde vom noch funktionierenden Computer der Kolonie benutzt, um die Einrichtung zu schützen, obwohl alle Kolonisten vor einigen Jahren durch eine Krankheit ums Leben gekommen waren.

*Anmerkung der Herausgeber: In dieser Folge taucht Dr. M'Benga zum zweiten Mal in der Krankenstation der **Enterprise** auf. Vorher war er schon in »Der erste Krieg« vorgekommen.*

Auf Sternenbasis 4 wird ein Shuttleschiff gestohlen. Später stellt sich heraus, daß das Gefährt von Lokai, einem Flüchtling vom Planeten Cheron, entwendet wurde.

Zwei Wochen vor »Bele jagt Lokai«.

Eine planetenweite bakterielle Infektion bedroht das Leben auf dem Planeten Ariannus, einem wichtigen kommerziellen Raumknotenpunkt. Die U.S.S. *Enterprise* erhält den Auftrag, mit Hilfe einer orbitalen Spraymethode die Dekontamination durchzuführen.

Direkt vor »Bele jagt Lokai«.

Bele, der Chef der Fahndungskommission für politische Verräter, vom Planeten Cheron.

»Bele jagt Lokai.« Sternzeit 5730,2. Auf dem Weg zum Planeten Ariannus zu einem Dekontaminationseinsatz fängt die U.S.S. *Enterprise* ein Shuttle ab und ein, das von Sternenbasis 4 gestohlen worden war. Es wird von Lokai vom Planeten Cheron geflogen. Kurze Zeit später begegnet der *Enterprise* ein zweites Schiff, am Steuer Bele vom Planeten Cheron, der berichtet, daß er Lokai wegen Verbrechen gegen die cheronische Regierung verfolgt und die Auslieferung Lokais aus dem Gewahrsam der Föderation fordert. Captain Kirk verweigert die Übergabe, da kein Auslieferungsvertrag bestehe.

Nach Beendigung der Dekontamination von Ariannus wird die *Enterprise* gezwungen, Bele und Lokai nach Cheron zurückzubringen, wo sie entdeckt, daß Heimatzivilisation der beiden Gegner durch Rassenhaß vollständig zerstört worden war.

*Anmerkung der Herausgeber: Die Selbstzerstörungs-Kommandosequenz der U.S.S. **Enterprise**, die verwendet wird, als Kirk Bele an der Übernahme des Schiffs hindern will, wurde im Film **Star Trek III — Auf der Suche nach Mr. Spock** fast wortwörtlich wiederholt. Die Selbstzerstörungssequenz der **Enterprise**-D ist jedoch, wie in der Folge »11001001« erstmals zu sehen, eine andere.*

Garth und Marta, Insassen der Strafkolonie auf Elba II.

»Wen die Götter zerstören.« Sternzeit 5718,3. Die U.S.S. *Enterprise* erhält den Auftrag, neue Medikamente zur Strafkolonie auf dem Planeten Elba II zu bringen. Dort stellt sich heraus, daß einer der Insassen, der frühere Captain Garth von Izar, die Kolonie in seine Gewalt gebracht hat, indem er eine Zellenmetamorphose-Technik anwandte, die er auf dem Planeten Antos IV gelernt hatte. Später nimmt Garth auch Captain Kirk und seinen Ersten Offizier Spock gefangen und verursacht den Tod einer orionischen Insassin namens Marta. Kirk und Spock gelingt es, dem Kolonieleiter Donald Corey die Kontrolle über die Kolonie zurückzugeben, und erste Anzeichen deuten darauf hin, daß die neue Behandlung in der Lage sein könnte, den Verlauf von Garths Geisteskrankheit umzukehren.

Die Regierung des Planeten Gideon stimmt einem begrenzten diplomatischen Kontakt zu Repräsentanten der Föderation zu. Bisherige Versuche zur

Das dreiundzwanzigste Jahrhundert

Aufnahme diplomatischer Beziehungen scheiterten aufgrund der starken Tradition des Isolationismus auf Gideon. Die Aufnahme Gideons, das laut Berichten beinahe ein Paradies zu sein scheint, in die Föderation wird in Erwägung gezogen.

Vor »Fast unsterblich«.

»**Fast unsterblich.**« Sternzeit 5423,4. Das Raumschiff *Enterprise* befindet sich auf diplomatischer Mission zum Planeten Gideon. Beim Transport auf die Planetenoberfläche hinunter wird Captain James Kirk als vermißt gemeldet. Nachforschungen ergeben, daß Kirk vom Hohen Rat von Gideon entführt wurde. Hodin, der Premierminister von Gideon, versucht, in Kirks Blut enthaltene Krankheitsorganismen zur Lösung eines schweren Überbevölkerungsproblems zu verwenden. Zwar lehnt Kirk es ab, zur Übertragung der Krankheitsorganismen auf Gideon zu bleiben, aber Hodins Tochter Odona hat sich in der Zwischenzeit bei Kirk angesteckt und ist so in der Lage, den Bedürfnissen ihres Planeten gerecht zu werden.

Odona von Gideon

Ein Föderationsschiff nimmt Erstkontakt zu einem Raumschiff einer Rasse auf, die sich selbst »Kinder von Tama« nennt. Sämtliche Kommunikationsversuche scheitern aufgrund der außergewöhnlich großen Verschiedenheit der Sprachtypen, auch wenn ihr Verhalten auf eine friedliebende Rasse schließen läßt. Dies ist die erste von sieben solchen Begegnungen im folgenden Jahrhundert. Der Kommandant der *Shiku Maru*, Captain Silvestri, beschrieb die Tamarianer nach seinem Kontakt zu ihnen als unverständlich. Die Berichte der anderen Kontaktversuche lauten ähnlich. Aus diesem Grund werden keine formellen Beziehungen zwischen den Tamarianern und der Föderation aufgenommen.

»*Darmok*«. Data bemerkte, daß Schiffe der Föderation hundert Jahre vor der Folge (2368) erstmals tamarianischen Schiffen begegnet waren.

2269

»**Strahlen greifen an.**« Sternzeit 5725,3. Die U.S.S. *Enterprise* erhält den Auftrag, Lieutenant Mira Romaine zum Planetoiden Memory Alpha zu bringen, einem massiven Archiv für die Kulturgeschichte und Wissenschaft der Föderation. Beim letzten Anflug auf dem Orbit um Memory Alpha wird die *Enterprise* von einem Energiephänomen unbekannten Ursprungs abgefangen, was einen starken nervlichen Druck auf Romaine ausübt. Das Phänomen greift anschließend die Memory Alpha-Einrichtung an, was zum Tod des gesamten Personals der Station führt. Die Besatzung der *Enterprise* findet später heraus, daß die Energie die Verkörperung der Überlebenden des Planeten Zetar ist, der vor vielen Jahren zerstört wurde. Die Überlebenden fanden in Romaine eine kompatible Lebensform, die ihnen als Körper dienen sollte, aber der Besatzung der *Enterprise* gelingt es, die Zetar-Lebensformen zu vertreiben, nachdem sie festgestellt haben, daß sie Romaines Identität bedrohen.

Mira Romaine

Lieutenant Mira Romaine kehrt nach Memory Alpha zurück, um beim Wiederaufbau der Einrichtung zu helfen.

Nach »Strahlen greifen an«.

Eine Planzenseuche bedroht die Vegetation auf dem Planeten Merak II. Man geht davon aus, daß die Verwüstung durch die Seuche die Oberfläche des Planeten unbewohnbar machen wird. Das einzige bekannte Gegenmittel erfordert Mengen des seltenen Minerals Zenait.

Vor »Die Wolkenstadt«.

»**Die Wolkenstadt.**« Sternzeit 5818,4. Die U.S.S. *Enterprise* befindet sich auf einem Noteinsatz, um von Bergleuten des Planeten Ardana das Mineral Zenait zu erhalten. Die Auslieferung des Zenait wird durch terroristische Aktivitäten ver-

Plasus, Verwalter von Stratos (Jeff Corey)

Spock berät mit Droxine, einer Bewohnerin von Stratos.

zögert. Nachforschungen ergeben, daß die Terroristen getrieben werden von den starken sozialen Unterschieden zwischen der in den unterirdischen Minen lebenden Arbeiterklasse und der Oberklasse, die in der Wolkenstadt Stratos lebt. Die Repräsentanten von Stratos verteidigen die Aufteilung, wobei sie Hinweise auf eine geringere Intelligenz der Arbeiter als Begründung anführen. Es stellt sich jedoch heraus, daß die mentale Beeinträchtigung auf die Arbeitsbedingungen zurückzuführen ist. Captain Kirk verhandelt mit beiden Seiten über eine Verbesserung der Arbeitsbedingungen im Austausch für die Lieferung der Zenaitladung.

Das Raumschiff *Enterprise* setzt seinen Weg zum Planeten Merak II fort, um dort das Zenait zur Bekämpfung der Planzenseuche abzuliefern.

Direkt nach »Die Wolkenstadt«.

Dr. Severin

»**Die Reise nach Eden.**« Sternzeit 5832,3. Die *Enterprise* lokalisiert den Raumkreuzer *Aurora*, der als gestohlen gemeldet ist. Die *Enterprise* fängt die *Aurora* ab und nimmt mehrere Individuen in Gewahrsam, die von Dr. Severin, einem bekannten Wissenschaftler, geführt werden. Severin offenbart, daß er sich auf der Suche nach dem mythischen Planeten befindet, der die Grundlage für die Legenden von Eden bildet. Severin zwingt die Schiffsbesatzung, einen Planeten zu finden, der seinen Vorgaben entspricht, wobei er die Datenbanken des Schiffscomputers zum Zusammentragen der astronomischen Daten hinzuzieht. Anschließend befiehlt Severin der *Enterprise*, ihn und seine Leute dorthin zu bringen.

Bei der Ankunft auf Severins Planeten stellt sich heraus, daß der Planet zwar sehr schön ist, aber die Verhältnisse sehr giftig für humanoides Leben sind. Severin stirbt durch den Kontakt mit der einheimischen Flora. Captain Kirk empfiehlt, keine legalen Schritte gegen die übrigen Mitglieder von Severins Gruppe zu unternehmen.

Anmerkung der Herausgeber: Eine frühere Version dieser Story wurde von Dorothy Fontana unter dem Titel »Joanna« geschrieben. Die Figur der Irina (Chekovs neuentflammte Liebe in der ausgestrahlten Folge) war eigentlich Dr. McCoys Tochter Joanna, die Captain Kirks Interesse erregt.

Eine schwere Epidemie des rigelanischen Fiebers bricht auf dem Raumschiff *Enterprise* aus. Drei Besatzungsmitglieder sterben und 23 weitere erkranken lebensbedrohlich. Die Auswirkungen des rigelanischen Fiebers ähneln denen der Beulenpest, es tötet seine Opfer innerhalb eines Tages. Die *Enterprise* ändert ihren Kurs, um auf dem Planeten Holberg 917-G im Omega-System ausreichende Mengen Ryetalyns abzuholen, die zur Behandlung der Epidemie notwendig sind.

Direkt vor »Planet der Unsterblichen«.

Flints Schloß auf dem Planeten Holberg 917-G.

»**Planet der Unsterblichen.**« Sternzeit 5843,7. Ein Landetrupp der *Enterprise* versucht, auf der Oberfläche von Holberg 917-G rohes Ryetalyn einzusammeln. Bei Holberg 917-G handelt es sich um einen Planeten der Klasse M, von dem bisher angenommen wurde, er sei unbewohnt. Das Ryetalyn wird dringend als Gegenmittel gegen das rigelianische Fieber, das momentan das Leben der gesamten *Enterprise*-Besatzung bedroht, benötigt. Es stellt sich heraus, daß der Planet der Wohnsitz eines einsiedlerischen Individuums namens Flint ist, von dem man später erfährt, daß er ein nahezu unsterblicher Mann ist und von der Erde stammt. Flint bietet seine Hilfe bei der Gewinnung und Veredelung des Ryetalyn an. Später stellt sich allerdings heraus, daß er die Mitglieder des Landetrupps absichtlich zurückhält, um einem hochentwickelten Androiden, den Flint konstruiert hat, die Möglichkeit zu geben, menschliches Verhalten kennenzulernen. Der Android, der als menschliche Frau erschaffen und Rayna Kapec genannt wurde, erweist sich als unfähig, menschliche Emotionen zu ertragen, und erleidet einen vollständigen Systemausfall.

Das dreiundzwanzigste Jahrhundert

Flint, von dem man erfährt, daß er in seinem Leben viele Identitäten hatte, behauptet, er sei u.a. Leonardo da Vinci, Reginald Pollack, Sten von Marcus II, Brahms, Alexander, Merlin, Salomon, Lazarus und Abramson gewesen. Schließlich sorgt Flint für genügend raffiniertes Ryetalyn für die Behandlung der *Enterprise*-Besatzung. Außerdem stellt sich heraus, daß er seine Unsterblichkeit geopfert hatte, als er das Ökosystem der Erde verließ, und den Rest seines Lebens der Verbesserung der menschlichen Verhältnisse widmen will.

Anmerkung der Herausgeber: Rayna Kapec wurde offensichtlich nach Karel Capek benannt, dem tschechoslowakischen Autor, der in seiner Kurzgeschichte »R.U.R.« als Erster den Begriff »Roboter« prägte. Das Medikament »Ryetalyn« schreibt sich im Drehbuch »Vrietalyn«.

Flint und seine Androidin Rayna.

»Seit es Menschen gibt.« Sternzeit 5906,4. Die U.S.S. *Enterprise* führt im Orbit um den Planeten Excalbia wissenschaftliche Untersuchungen durch und begegnet einer Lebensform, die behauptet, der verstorbene Präsident Abraham Lincoln von der Erde zu sein. Captain Kirk, der vom nahezu perfekten Abbild der historischen Figur fasziniert ist, nimmt die Einladung, mit Spock auf die Oberfläche von Excalbia zu beamen, an. Dort begegnen sie ähnlichen Nachbildungen von zahlreichen anderen historischen Figuren, u.a. Surak von Vulkan, Colonel Green von der Erde und Kahless, dem Unvergeßlichen, von der klingonischen Heimatwelt. Die *Enterprise*-Besatzung entdeckt, daß die gesamte Situation von den Bewohnern von Excalbia arrangiert wurde, um die Begriffe »gut« und »böse« zu beobachten und etwas über sie zu lernen. Am Ende der Vorstellung bringen die Excalbianer Kirk und Spock auf die *Enterprise* zurück.

Excalbianer

Anmerkung der Herausgeber: In »Tödliche Nachfolge« erzählt Worf Alexander von Kahless, dem Unvergeßlichen, dem Führer, der die klingonische Heimatwelt vereinte. In »Die Soliton-Welle« erzählt Worf Alexander die klingonische Legende von Kahless und seinem Bruder Morath, die beschreibt, wie Kahless zwölf Tage und Nächte lang gegen Morath kämpfte, weil dieser sein Wort gebrochen hatte. Eine Skulptur zweier ringender Figuren in Worfs Quartier stellt diesen heroischen Kampf dar.

»Portal in die Vergangenheit.« Sternzeit 5943,7. Die U.S.S. *Enterprise* untersucht den Planeten Sarpeidon, wenige Stunden, bevor, laut Vorhersage, Beta Niobe, der Stern dieses Planeten, explodieren soll. Obwohl frühere Aufzeichnungen berichteten, daß Sarpeidon von einer zivilisierten humanoiden Spezies bewohnt war, zeigen die Sensoren an, daß keine Bewohner mehr vorhanden sind. Nachforschungen ergeben, daß ein hochentwickeltes Zeitportal, Atavachron genannt, von den Bewohnern zur Flucht in die Vergangenheit ihres Planeten benutzt worden war. Mangelnde Vertrautheit mit dem Atavachron führt zum zufälligen Transport von Captain Kirk, Mr. Spock und Dr. McCoy an verschiedene Punkte von Sarpeidons Vergangenheit. Allerdings werden alle drei von Mr. Atoz, dem Operatoren des Atavachron, wieder zurückgeholt. Atoz flieht anschließend in die von ihm gewählte Zeit in der Vergangenheit, und die *Enterprise* verläßt Sarpeidon direkt vor der Explosion von Beta Niobe.

Kirk begegnet dem Abbild von Präsident Abraham Lincoln.

Die U.S.S. *Enterprise* empfängt einen Notruf von einem Team von Föderationsarchäologen, die die Ruinen auf dem Planeten Camus II erforschen. Das Schiff befindet sich auf dem Weg zu einem Treffen mit dem Raumschiff *Potemkin* bei Beta Aurigae, um dort Gravitationsstudien durchzuführen. Nun weicht die *Enterprise* von ihrem Kurs ab, um nach Camus II zu fliegen.

Direkt vor »Gefährlicher Tausch«.

Mr. Atoz

»Gefährlicher Tausch.« Sternzeit 5928,5. Das Raumschiff *Enterprise* führt bei Camus II eine Rettungsmission durch, wo es den Überlebenden eines Teams von Föderationsarchäologen hilft, das durch einen Unfall einer starken Strahlung ausgesetzt war. Nach der Rückkehr auf das Schiff zeigt der Captain der

Persönlichkeitstransfer auf Camus II.

Das dreiundzwanzigste Jahrhundert

Dr. Janice Lester

Enterprise, James Kirk, ein stark anormales Verhalten, das zur Einberufung einer Anhörung führt, in der Kirks Fähigkeit, weiterhin das Schiff zu befehlen, beurteilt werden soll. Nachforschungen ergeben, daß Kirk während seines Aufenthalts auf Camus II von Dr. Janice Lester, einem Mitglied des Archäologenteams, entführt wurde. Offensichtlich hatte Lester ein uraltes Gerät, das in den Ruinen gefunden wurde, dazu benutzt, ihr Bewußtsein in den Körper von James Kirk und Kirks Bewußtsein in Lesters Körper zu transferieren. Es wird entschieden, daß dieser mentale Austausch durch die emotional instabile Lester der Grund für Kirks irrationales Verhalten ist. Später stellt sich heraus, daß der Transfer zeitlich begrenzt ist, und Kirk und Lester kehren in ihre ursprünglichen Körper zurück. Lester wird dem früheren Leiter der archäologischen Expedition, Dr. Coleman, zur ärztlichen Behandlung übergeben.

Anmerkung der Herausgeber: Die Sternenflotte wurde wegen Janices Rede zu Kirk, in der sie sich beklagt, daß seine Welt von Raumschiffkommandanten keine Frauen zuläßt, des Sexismus angeklagt. Obwohl es durchaus möglich ist, daß die Sternenflotte zu diesem Zeitpunkt noch keine weiblichen Captains hatte (aus chronologischer Sicht war der erste weibliche Captain, den wir sahen, die Kommandantin der U.S.S. **Saratoga** *in* **Zurück in die Gegenwart – Star Trek IV),** *haben wir uns entschlossen, Janices Aussage so zu deuten, daß in Kirks persönlicher Welt, die sich um seine Karriere als Raumschiffkommandant drehte, kein Platz für eine dauernde Beziehung zu einer Frau blieb. (Gene Roddenberry war offenbar anderer Ansicht, da er in späteren Jahren zugab, daß diese Aussage einfach sexistisch gewesen sei.) »Gefährlicher Tausch« war die letzte Folge der Originalserie* **Raumschiff Enterprise.**

Die U.S.S. *Enterprise* fliegt zur Sternenbasis 2.

Direkt nach »Gefährlicher Tausch«.

Kirks Fünfjahresmission endet, und das Raumschiff *Enterprise* kehrt ins Raumdock zurück.

Das Datum ist Vermutung. Sie geht davon aus, daß die Pilotfolge »Spitze des Eisbergs« ungefähr ein Jahr nach Beginn der Fünfjahresmission spielt und die erste Staffel ungefähr ein Jahr nach dieser Folge. Dorothy Fontana bemerkt, daß man durch das Mitzählen der Zeichentrickfolgen (was wir in dieser Chronologie nicht tun) auch auf insgesamt fünf Jahre kommt.

Die *Enterprise* wird im orbitalen Raumdock überholt.

Das Asteroidenraumschiff *Yonada* erreicht sein gelobtes Land, und die Fabrini beginnen unter der Leitung der Hohepriesterin Natira von Bord zu gehen.

»Der verirrte Planet«. Kirk bemerkte, daß die **Yonada** *ungefähr 390 Tage nach der Folge, die in der zweiten Hälfte des Jahres 2268 spielt, ihr Ziel erreichen würde.*

Anmerkung der Herausgeber: Kirk versprach McCoy, er werde dafür sorgen, daß die **Enterprise** *dabei sei, wenn die Fabrini ihr gelobtes Land erreichten, aber da dies nach dem Ende der dritten Staffel von* **Raumschiff Enterprise** *geschah, können wir nicht wissen, ob McCoy es wirklich schaffte, dort zu sein oder nicht. Auch wenn nach unserer Berechnung die Ankunft* **Yonadas** *nach dem Ende von Kirks Fünfjahresmission geschah, ist im Zeitplan sicherlich genug Raum für Fehler, um die Ankunft noch vor dem Ende der Reise stattfinden zu lassen.*

Admiral James T. Kirk

James T. Kirk wird zum Admiral befördert und wird zum Chef der Sternenflotteneinsatzplanung. Er nimmt die Beförderung gegen den Rat seines Freundes Leonard McCoy an.

Star Trek – Der Film. *Kirk sagte, er sei seit zweieinhalb Jahren bei der Sternenflotteneinsatzplanung.*

Das dreiundzwanzigste Jahrhundert

2270

Spock nimmt seinen Abschied von der Sternenflotte. Er kehrt nach Vulkan zurück, um sich dort dem *Kohlinar*-Training zur Reinigung seines Intellekts von noch verbliebenen emotionalen Einflüssen zu unterziehen.

Leonard McCoy verläßt ebenfalls die Sternenflotte, kehrt zur Erde zurück und eröffnet dort eine private medizinische Praxis. Er schwört, niemals zur Sternenflotte zurückzukehren.

Das Datum ist Vermutung. Beide verließen die Sternenflotte nach der Originalserie **Raumschiff Enterprise,** *aber vor* **Star Trek – Der Film.**

In orbitalen Trockendock von San Francisco beginnt eine gründliche Überholung des Raumschiffs *Enterprise*. Will Decker wird auf Kirks Empfehlung hin zum Captain der *Enterprise* befördert.

Star Trek – Der Film. *Scotty bemerkte, er habe achtzehn Monate beim Überholungsprojekt mitgearbeitet, so daß der Beginn so lange vor dem Film liegen muß.*

Botschafter Sarek von Vulkan beginnt mit der Erarbeitung eines Vertrags mit dem kontaktscheuen Legaranern. Erst 2366 kann er ihn erfolgreich abschließen.

»Botschafter Sarek«. Zum Zeitpunkt der Folge (2366) hatte Sarek laut eigener Aussage bereits seit 96 Jahren an diesem Projekt gearbeitet.

Spock unterzieht sich auf seinem Heimatplaneten Vulkan dem Kohlinar.

Dr. Leonard McCoy

DER AUFBRUCH IN DIE GALAXIE...

Was vor über 30 Jahren als Idee begann, hat sich mit phänomenaler Lichtgeschwindigkeit zu einem **Science Fiction** Universum entwickelt.

STAR TREK - THE FIRST EDITION

Die **vier Pilotfilme** aus dem STAR TREK Programm in einmaliger Sonderausgabe:

- **STAR TREK** - KLASSIK
  Der Käfig - The Cage
  Deutsche Fassung + englische Originalversion auf einer Kassette / ca. 130 Min.

- **STAR TREK** - THE NEXT GENERATION
  Mission Farpoint - Encounter at Farpoint
  Deutsche Fassung + englische Originalversion auf einer Kassette / ca. 180 Min.

- **STAR TREK** - DEEP SPACE 9
  Der Abgesandte - Emissary
  Deutsche Fassung + englische Originalversion auf einer Kassette / ca. 180 Min.

- **STAR TREK** - ANIMATED
  Mehr Trouble mit Tribbles + Das Superhirn
  ca. 45 Min.

Mit informativer Broschüre - Die ausführliche Chronik über 30 Jahre **STAR TREK**

EINMALIGES TREKKIE-ANGEBOT:

5.4 Die Star Trek-Filme I–VI

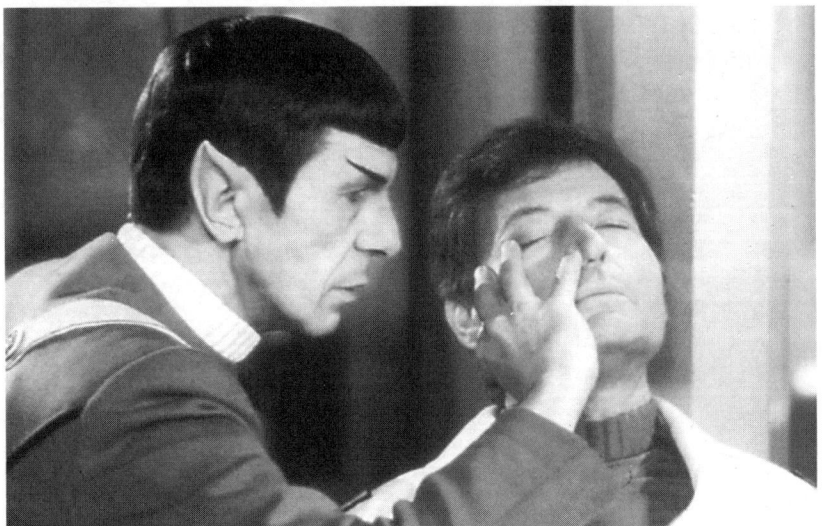

Die Übertragung der *katra*.

2271

Star Trek — Der Film. Sternzeit 7412,6. Drei klingonische Raumschiffe und die Station Epsilon 9 der Sternenflotte werden von einem riesigen Maschinenorganismus namens V'Ger zerstört. Der Sol-Sektor wird in Gefechtsbereitschaft versetzt, als klar wird, daß V'Ger mit Warp 7 Richtung Erde unterwegs ist.

Die überholte U.S.S. *Enterprise* nimmt ihren Dienst wieder auf, um die Bedrohung zu untersuchen. Sternenflotten-Admiral Nogura ernennt vorübergehend Admiral James Kirk wieder zum Captain der *Enterprise* und gibt dem bisherigen Captain Decker den Auftrag, als Erster Offizier an Bord zu bleiben. Commander Spock und Dr. McCoy kehren beide in den Dienst der Sternenflotte zurück.

Kirk kann die Bedrohung durch V'Ger von der Erde abwenden, aber Commander Decker und Lieutenant Ilia werden als im Einsatz vermißt gemeldet.

Anmerkung der Herausgeber: Deckers Aussage, Kirk habe in zweieinhalb Jahren keine einzige Flugstunde ins Logbuch eingetragen, deutet an, daß der Film so lange nach dem Abschluß der ersten **Raumschiff Enterprise***-Serie spielen soll. Kirks Aussage, daß er fünf Jahre da draußen damit verbracht habe, sich mit dem Unbekannten auseinanderzusetzen, scheint zu bestätigen, daß sich beide wirklich auf die Fünfjahresmission beziehen.*

In diesem Film treten erstmals die »neuen und verbesserten« Klingonen auf, wobei Latex-Maskenteile verwendet werden, um ihre unverwechselbaren Stirnwülste zu erzeugen. Der Maskenbildner Fred Phillips erschuf das neue Aussehen. Phillips erklärte, daß dies das ist, was er immer schon für die Klingonen vorgesehen hatte, aber vorher aufgrund des begrenzten Fernseh-Budgets nicht hatte verwirklichen können. Wie verlautet, haben Phillips und Roddenberry immer gescherzt, der Grund für den Unterschied sei, daß in der Originalserie immer nur Klingonen aus dem Süden zu sehen gewesen seien, die in den Filmen aber aus dem Norden stammten.

Die U.S.S. *Enterprise* bricht zu Kirks zweiter Fünfjahres-Forschungsmission auf.

Vermutung.

Klingonische Raumschiffe treffen auf V'Ger.

U.S.S. *Enterprise*

Das dreiundzwanzigste Jahrhundert

Commander Decker und Leutnant Ilia

Wissenschaftsoffizier Xon

Botschafter Sarek

U.S.S. *Enterprise* im Raumdock im Erdorbit.

Kirk zu Hause in San Francisco.

*Anmerkung der Herausgeber: Paramount Pictures hatte zu einer bestimmten Zeit eine zweite **Star Trek**-Serie (unter dem Namen **Star Trek II**, nicht zu verwechseln mit dem gleichnamigen Film) geplant, die von einer zweiten Fünfjahresmission der **Enterprise** unter dem Kommando von Captain Kirk handeln sollte. Die meisten Darsteller der Originalserie hatten zugestimmt, für diese zweite Serie zurückzukommen, und als Neuzugänge waren u.a. Will Decker, Ilia und der vulkanische Wissenschaftsoffizier Xon (der von David Gautreux dargestellt werden sollte) geplant. Wie dem auch sei, direkt bevor die Produktion begann, entschied Paramount, die Serie doch nicht zu drehen, und die erste Folge wurde zu **Star Trek — Der Film** verarbeitet.*

2274

Das Kolonieschiff *Artemis* startet zu einer Mission zur Besiedelung des Planeten Septimus Minor. Das Schiff landet schließlich bei Tau Cygna V im de-Laure-Asteroidengürtel, wo ein Drittel der ursprünglichen Kolonisten durch die Elementarstrahlung des Gebietes stirbt. Auch wenn dies zu jenem Zeitpunkt noch nicht bekannt ist, stellt die Koloniegründung auf Tau Cygna einen Bruch des Vertrags von Armens dar, der den Planeten an die Sheliak-Corporation abtritt.

»Die Macht der Paragraphen.« *Das Schiff war 92 Jahre vor der Folge gestartet, und die Kolonie bestand seit über neunzig Jahren.*

2276

Das Raumschiff *Enterprise* kehrt von Kirks zweiter Fünfjahres-Forschungsmission zurück.

Vermutung.

2277

James Kirk nimmt eine Berufung an die Fakultät der Sternenflottenakademie auf der Erde an und zieht in ein Apartment in San Francisco.

Commander Spock wird zum Captain befördert, wird Mitglied der Sternenflottenakademie-Fakultät auf der Erde und übernimmt das Kommando über das Raumschiff *Enterprise*.

Leonard McCoy wird vom Lieutenant Commander zum Commander befördert.

Commander Pavel Chekov wird Erster Offizier auf der U.S.S. *Reliant*.

*Das Datum ist Vermutung: All dies geschah nach **Star Trek I**, aber vor **Star Trek II**.*

Die Sternenflotte schafft den Brauch ab, auf jedem Raumschiff ein eigenes Emblem zu verwenden und übernimmt statt dessen das Symbol der *Enterprise* für die gesamte Organisation.

*Vermutung. In der Originalserie sahen wir unterschiedliche Abzeichen auf den einzelnen Raumschiffen, aber seit **Star Trek — Der Film** trägt fast das gesamte Sternenflottenpersonal das **Enterprise**-Emblem.*

2278

Das von Captain Morgan Bateson befehligte Raumschiff *Bozeman*, verschwindet drei Wochen nach dem Verlassen der Sternenbasis. Später stellt sich heraus, daß es sich in einer temporalen Kausalitätsschleife in der Nähe der Typhon-Ausdehnung befindet. Das Schiff der *Soyuz*-Klasse bleibt in der Kausalitätsschleife gefangen, bis es im Jahr 2368 von der *Enterprise* befreit wird.

»Déjà Vu«. *Captain Bateson nennt Picard das Jahr, in dem die **Bozeman** zu ihrer verhängnisvollen Reise aufgebrochen war.*

Das dreiundzwanzigste Jahrhundert

*Anmerkung der Herausgeber: Die Registriernummer der U.S.S. **Bozeman**, NCC-1941, wurde vom Modellbauer Greg Jein vorgeschlagen, der die Modifikationen vornahm, um die **Reliant** der **Miranda**-Klasse in die **Bozeman** der **Soyuz**-Klasse zu verwandeln. Greg hat u.a. auch Miniaturen für Steven Spielbergs Film **1941** hergestellt. Greg baute auch Raumschiffe für Spielbergs **Unheimliche Begegnung der dritten Art**.*

U.S.S. *Bozeman*

Pardek wird Mitglied des romulanischen Senats, als Repräsentant des Krocton-Segments des Planeten Romulus. Später begegnet Pardek Spock auf der Konferenz von Khitomer im Jahr 2293. Er wird als »Mann des Volkes« angesehen und unterstützt viele Reformen. Die romulanische Führung hält ihn aufgrund seines Eintretens für den Frieden für einen Radikalen.

»Wiedervereinigung ?, Teil 1«. Data beschreibt Pardeks Karriere, wobei er bemerkt, daß er dem romulanischen Senat seit neun Dekaden angehöre. (Ausgehend von der Folge im Jahr 2368.)

2279

Admiral Mark Jameson wird geboren. Während seiner bemerkenswerten Sternenflottenkarriere war er u.a. Kommandant des Raumschiffs *Gettysburg*.

»*Die Entscheidung des Admirals.*« Er war zum Zeitpunkt der Folge (2364) 85 Jahre alt.

Mark Jameson

2281

Saavik tritt in die Sternenflottenakademie ein.

*Das Datum ist Vermutung: Saavik machte 2285 (**Star Trek II — Der Zorn des Khan**) den **Kobayashi Maru**-Test, was vermuten läßt, daß sie zu dieser Zeit fast am Ende ihrer Studienzeit angekommen war. Dieses Datum liegt vier Jahre vor dem Test, da ja in »Ein mißglücktes Manöver« festgestellt wird, daß die Akademieausbildung vier Jahre dauert.*

Saavik

2283

Die Flasche romulanisches Ale, die McCoy Kirk 2285 zum Geburtstag schenkt, stammte aus diesem Jahr.

Star Trek II — Der Zorn des Khan. Kirk liest den Jahrgang von der Flasche ab.

2284

Dr. Carol Marcus präsentiert der Föderation ihren Vorschlag für das Projekt Genesis. Das Geld für das Projekt wird aufgebracht und ihr Team beginnt mit der Arbeit auf der Raumstation Regula I im Mutara-Sektor.

Star Trek II — Der Zorn des Khan. Kirk sagte, daß Carols Genesis-Projekt vor einem Jahr vorgeschlagen worden war.

Dr. Carol Marcus

Das Raumschiff *Enterprise* wird aus dem Forschungsdienst zurückgezogen und als Trainingsschiff der Sternenflottenakademie in San Francisco zugewiesen.

Das Datum ist Vermutung: Dies geschah nach Star Trek — Der Film, aber vor Star Trek II — Der Zorn des Khan.

Commander Kyle wird auf die U.S.S. *Reliant* versetzt. Er war Transporter-Chief auf der *Enterprise* während Kirks erster Amtszeit als Captain.

Das Datum ist Vermutung: Dies geschah nach Star Trek — Der Film, aber vor Star Trek II — Der Zorn des Khan.

Das dreiundzwanzigste Jahrhundert

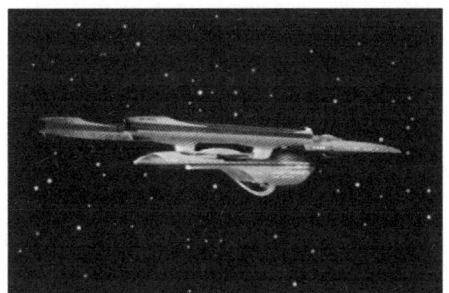

U.S.S. *Excelsior*, das große Experiment.

Sternzeit 8205,5. Das Raumschiff *Excelsior* wird in San Franciscos Orbital-Werften in Dienst gestellt. Das Schiff dient als experimentelle Testbasis für das unglückselige Transwarp-Entwicklungsprojekt, wird aber später mit einem Standard-Warpantrieb ausgerüstet und dient erfolgreich als Schiff der Flotte.

Das Datum ist Vermutung: Dies geschah sicherlich vor Star Trek III — auf der Suche nach Mr. Spock, weil das Schiff in diesem Film zu sehen war, aber auch vor Star Trek II — Der Zorn des Khan wegen der Sternzeit, die in Star Trek VI — Das unentdeckte Land auf der Indienststellungs-Plakette auf der Brücke zu lesen ist.

2285

Khan

Die U.S.S. *Reliant*, die dem Projekt Genesis zur Unterstützung zugeteilt ist, sucht im Mutara-Sektor nach einem leblosen Planetoiden für die dritte Experimentalphase. Diese Phase beinhaltet den Test des Genesisprojektils auf planetarer Ebene.

Kurz vor Star Trek II — Der Zorn des Khan.

Star Trek II — Der Zorn des Khan. Sternzeit 8130,3. Admiral James Kirk feiert seinen 52. Geburtstag. Kirk und Spock, die nun an der Akademie lehren, fliegen später mit dem Shuttle zur *Enterprise* hinauf, um an einer Inspektion und einem Kadettentrainingsflug teilzunehmen.

Lieutenant Saavik legt den *Kobayashi Maru*-Test an der Sternenflottenakademie auf der Erde ab. Sie steuert die *Enterprise* später bei einem Trainingsflug aus dem Raumdock hinaus.

Das Föderationsschiff *Reliant* setzt seine Erkundungsmission auf der Suche nach einem leblosen Planeten als mögliches Testgebiet für das Genesisprojekt fort. Während er den Planeten Ceti Alpha V erkundet, entdeckt der Landetrupp der *Reliant* zufällig den Lagerplatz von Khan Noonien Singh, dem ehemaligen Tyrannen der Eugenischen Kriege auf der Erde. Khan requiriert die *Reliant* und benutzt das Schiff dazu, die Kontrolle über die Raumstation Regula I und das dort entwickelte Genesisprojekt zu übernehmen. Wie sich später herausstellt, tut er dies, um sich an Captain James Kirk zu rächen, der Khan im Jahr 2267 nach Ceti Alpha V verbannt hatte.

Detonation des Genesis-Torpedos.

Auch wenn Khans Vorhaben schließlich vereitelt werden kann, wird Captain Clark Terrell getötet und sein Schiff, die *Reliant*, zerstört, als Khan versucht, das Genesisprojektil zu stehlen.

Captain Spock stirbt an der schweren Verstrahlung, die er sich während der Genesiskrise zugezogen hat, aber sein Opfer ermöglicht es der *Enterprise*, der Detonation des Projektils zu entkommen. Laut Aufzeichnungen sind Khan und seine Gefolgleute in der Explosion getötet worden. Spocks Sarg wird den Tiefen des Raums übergeben.

Der Tod von Captain Spock.

Anmerkung der Herausgeber: Die Tatsache, daß Saavik bereits Lieutenant war, obwohl sie offensichtlich noch Kadett auf der Akademie war, stimmt mit der Aussage überein, daß Kirk offensichtlich auch schon auf der Akademie den Rang eines Lieutenant bekleidete.

Lieutenant Saavik und David Marcus werden auf die U.S.S. *Grissom* versetzt, um den Genesis-Planeten im Mutara-Sektor weiter zu untersuchen.

Zwischen Star Trek II und Star Trek III.

Marcus und Saavik erforschen den Genesisplaneten.

Star Trek III — Auf der Suche nach Mr. Spock. Sternzeit 8201,3. Die U.S.S. *Enterprise* kehrt nach dem Gefecht im Mutara-Sektor zu Reparaturen ins Raumdock in der Erdumlaufbahn zurück. Bei der Ankunft wird James Kirk als Kommandant der *Enterprise* von Admiral Morrow informiert, daß die *Enterprise* nicht mehr repariert, sondern verschrottet werden soll.

Das dreiundzwanzigste Jahrhundert

Ein Wissenschaftlerteam der U.S.S. *Grissom,* bestehend aus Saavik und Marcus, entdeckt bei der Erkundung des Genesisplaneten im Mutara-Sektor eine außerordentliche Vielfalt von Lebensformen, u.a. den regenerierten, lebenden Körper von Captain Spock. Es wird vermutet, daß der Torpedo, der als Sarg für ihn diente, irgendwie weich auf dem Planeten landete. Während der Nachforschungen wird die *Grissom* von einem klingonischen Schiff angegriffen und mit der gesamten Besatzung zerstört. Saavik und Marcus bleiben als einzige Überlebende auf dem Planeten gestrandet zurück. Später wird Marcus von einem klingonischen Landetrupp getötet.

Admiral James Kirk beschlagnamt das Raumschiff *Enterprise* und fliegt mit ihm zum Mutara-Sektor, um dort Spocks Körper vom Genesisplaneten abzuholen und ihn anschließend zum Planeten Vulkan zurückzubringen. Während der nichtautorisierten Aktion ordnet Kirk die Zerstörung der *Enterprise* an, um zu verhindern, daß sie in die Hände der Klingonen fällt. Kirk erlangt die Kontrolle über das klingonische Schiff und benutzt es dazu, Spocks lebenden Körper wieder nach Vulkan zurückzubringen.

Die Zerstörung der U.S.S. *Enterprise.*

Der Genesisplanet löst sich durch die bei seiner Erschaffung verwendete Protomaterie in seine Bestandteile auf.

Die vulkanische Hohepriesterin T'Lar leitet die uralte *Fal-tor-pan*-Zeremonie zur Wiedervereinigung von Spocks *katra,* die sich in Dr. McCoys Geist befindet, mit Spocks Körper, der vom Genesisplaneten zurückgeholt wurde.

T'Lar

*Anmerkung der Herausgeber: Der Flugdatenrecorder der Enterprise, der für Sarek abgespielt wird, zeigt als Sternzeit für Spocks Tod 8128,7 an. Dies scheint in Widerspruch zur Sternzeit von 8130,3 zu stehen, die Saavik während ihres **Kobayashi Maru**-Tests angibt. Man könnte dies auf die relativistischen Effekte der Raumfahrt zurückführen oder auf eine Besonderheit bei der Berechnung von Sternzeiten.*

In diesem Film wird Dr. Leonard McCoys mittlerer Anfangsbuchstabe »H« genannt und außerdem der Name seines Vaters: David.

Das Raumschiff U.S.S. *Hathaway* wird vom Stapel gelassen. Als es achtzig Jahre später aus dem aktiven Dienst ausscheidet, nimmt dieses Schiff der *Constellation*-Klasse an einer strategischen Simulationsübung der Sternenflotte unter dem Kommando von Captain Picard und Commander Riker teil.

*»Galavorstellung«. Die **Hathaway** war zur Zeit der Folge (2365) 80 Jahre alt.*

Spock unterzieht sich im Haus seiner Eltern auf dem Planeten Vulkan einem erneuten Erziehungs- und Lernprozeß. Er erlangt sehr schnell seine technischen und wissenschaftlichen Kenntnisse wieder, die er auf die vulkanische Art gelernt hatte, hat aber Schwierigkeiten mit den humanistischen Konzepten, die ihm seine Mutter Amanda vermittelt hatte.

*Zwischen **Star Trek III** und **IV.** In Kirks Logbuch in **Star Trek IV** ist die Gesamtlänge ihres Aufenthalts auf Vulkan (und damit auch Spocks erneuter Erziehung) mit ungefähr drei Monaten angegeben.*

2286

Zurück in die Gegenwart – Star Trek IV. Sternzeit 8390,0. Der klingonische Botschafter verlangt die Auslieferung von Admiral Kirk für angebliche Verbrechen gegen die klingonische Nation. Der Rat der Föderation lehnt die Forderung mit Verweis auf die anhängige Klage der Föderation gegen Kirk wegen Verstoßes gegen neun Sternenflottenvorschriften ab.

Eine fremde Raumsonde unbekannten Ursprungs beschädigt mehrere Raumschiffe und richtet verheerende Umweltschäden auf der Erde an. Die Sonde kehrt nach erfolgreicher Kommunikation mit zwei Buckelwalen, die von Admiral Kirk in dieses Jahrhundert gebracht wurden, in die Tiefen des Raums zurück.

Der klingonische Botschafter

Das dreiundzwanzigste Jahrhundert

Dr. Gillian Taylor

Die neue U.S.S. *Enterprise*, NCC-1701-A.

Sybok

Die Meeresbiologin Gillian Taylor, die aus dem 20. Jahrhundert der Erde stammt, wird Wissenschaftlerin auf einem Forschungsschiff der Föderation.

Admiral James Kirk und seine Schiffskameraden beschließen, auf die Erde zurückzukehren, um sich dort vor Gericht für die bei der Rettung von Captain Spock verübten Gesetzesübertretungen zu verantworten. Kirk wird der Mißachtung direkter Befehle für schuldig befunden und zum Captain degradiert. Er wird als Kommandant auf das Raumschiff *Enterprise*, NCC-1701-A, versetzt.

Die U.S.S. *Enterprise*, NCC-1701-A, wird als zweites Raumschiff dieses Namens unter dem Kommando von Captain James Kirk in Dienst gestellt.

Der Lornak-Clan vom Planeten Acamar III massakriert den gesamten Clan der Tralesta bis auf fünf Mitglieder und beendet damit eine 200 Jahre dauernde Blutfehde. Yuta vom Tralesta-Clan ist eine der Überlebenden. Ihre Zellstruktur wird verändert, um ihren Alterungsporzeß zu verlangsamen, damit ihr genug Zeit für die Rache an allen Mitgliedern des Clans der Lornak bleibt.

»Yuta, die Letzte ihres Clans«. *Achtzig Jahre vor der Folge (2366).*

2287

Star Trek V — Am Rande des Universums. Sternzeit 8454,1. Die U.S.S. *Enterprise* wird unter der Leitung von Chefingenieur Montgomery Scott den letzten Tests unterzogen und für den Einsatz vorbereitet.

Diplomatische Repräsentanten der Romulaner, Klingonen und der Föderation werden auf dem Planeten Nimbus III von Spocks Halbbruder Sybok gefangengenommen. Das Raumschiff *Enterprise* wird losgeschickt, um über ihre Freilassung zu verhandeln. Die Verhandlungen schlagen fehl und es wird der Versuch unternommen, die Geiseln gewaltsam zu befreien. Dieser Versuch ist ebenfalls ein Fehlschlag, bei dem die *Enterprise* von Sybok und seinen Gefolgsleuten erobert wird.

Sybok beschlagnamt die *Enterprise* für die Suche nach dem mythischen Planeten Shaka-Ree, der sich im Zentrum der Galaxie befinden soll. Der Planet wird schließlich gefunden, aber Sybok wird von einem dort lebenden böswilligen Wesen getötet.

Die Raumsonde *Pioneer 10*, die im interstellaren Raum treibt, wird von einem klingonischen Bird-of-Prey unter dem Befehl von Captain Klaa zerstört.

*Anmerkung der Herausgeber: Gene Roddenberry sagte, er halte einige der Ereignisse in **Star Trek V** für apokryph. Der Film wurde jedoch in diese Chronologie mit aufgenommen, da wir möglichst vollständig sein wollten.*

Das Transwarp-Entwicklungsprojekt wird vom Sternenflottenkommando als erfolglos abgeschlossen. Die U.S.S. *Excelsior* wird mit einem Standard-Warpantrieb umgerüstet und in den Dienst der Sternenflotte gestellt. Das Schiff, das bisher als experimentelles Schiff eingestuft und deshalb mit dem Präfix NX registriert war, wird in NCC-2000 umbenannt.

*Das Datum ist Vermutung, aber dies geschah wahrscheinlich zwischen **Star Trek IV** und **Star Trek VI**. Wir haben das Datum willkürlich näher an **Star Trek VI** herangerückt, um der Sternenflotte genügend Zeit zur Ausführung ihrer Experimente und Tests zu geben und trotzdem dem Schiff genug Zeit einzuräumen, um drei Jahre mit der Katalogisierung von Planetenatmosphären verbracht zu haben.*

Ein Föderationsraumschiff erleidet einen systemweiten technologischen Ausfall. Dies ist das letzte Vorkommnis dieser Art vor der Übernahme der Hauptcomputer der *Enterprise*-D durch die Naniten im Jahr 2366.

U.S.S. *Excelsior*, NCC-2000.

»Die Macht der Naniten«. *Data bemerkt, daß ein solcher Ausfall in den letzten 79 Jahren nicht vorgekommen sei. Man fragt sich, ob dieses Ereignis sich auf einen Ausfall des Transwarpantriebs bezieht.*

Das dreiundzwanzigste Jahrhundert

2288

Die Sternenflotte stellt die Raumschiffe der *Soyuz*-Klasse außer Dienst.

*»Déjà Vu«. Geordi bemerkt, daß die Schiffe der **Soyuz**-Klasse in den letzten achtzig Jahren vor der Folge (2368) nicht mehr im Einsatz waren.*

*Anmerkung der Herausgeber: Die zur **Soyuz**-Klasse gehörende U.S.S. **Bozeman** in »Déjà Vu« war natürlich eine Modifikation der U.S.S. **Reliant** der **Miranda**-Klasse, deren Modell für **Star Trek II — Der Zorn des Khan** gebaut worden war. Ursprünglich hatte man gehofft, ein neues Modell für die **Bozeman** bauen zu können, aber praktische Erwägungen machten die Verwendung des **Reliant**-Modells notwendig, und so fügte der Modellbauer Greg Jein ein paar nette Außenbord-Sensorengehäuse hinzu, um sein Modell in eine andere Raumschiffklasse zu verwandeln.*

Ein Raumschiff der *Soyuz*-Klasse.

2290

Hikaru Sulu wird zum Captain befördert und erhält das Kommando über das Raumschiff *Excelsior*. Das Schiff bekommt den Auftrag, eine wissenschaftliche Forschungsmission im Beta-Quadranten in der Nähe der klingonischen neutralen Zone durchzuführen.

*Star Trek VI — Das unentdeckte Land. Dies geschah drei Jahre vor dem Film **Star Trek VI**, der im Jahr 2293 spielt, da Sulu in seinem Logbuch erwähnt, daß er soeben seine erste Mission als Captain der **Excelsior** beendet hat und diese Mission drei Jahre dauerte.*

Captain Hikaru Sulu

Janice Rand wird als Kommunikationsoffizier auf die *Excelsior* versetzt.

*Das Datum ist Vermutung, aber sie diente in **Star Trek VI** als Kommunikationsoffizier der **Excelsior**, während sie zuvor, wie in **Star Trek IV** zu sehen ist, beim Sternenflottenkommando beschäftigt war.*

Die U.S.S. *Enterprise*, die U.S.S. *Excelsior* und andere Schiffe der Föderation werden zur Unterstützung eines wissenschaftlichen Projekts zur Katalogisierung atmosphärischer Anomalien einzelner Planeten mit verbesserten Sensoren ausgestattet.

Star Trek VI — Das unentdeckte Land. Das Projekt war zu Beginn des Films (2293) seit drei Jahren im Gang.

Kommunikations-offizier Janice Rand

Das klingonische Schläferschiff *T'Ong* startet unter dem Kommando von Captain K'Temok zu einer ausgedehnten Forschungsmission. Als sie im Jahr 2365 zurückkehren, herrscht Frieden zwischen der Föderation und dem klingonischen Imperium.

*»Klingonenbegegnung«. Das Schiff war 75 Jahre vor der Folge gestartet. K'Ehleyr sagte, daß das Schiff aus einer Zeit stammte, als sich die Föderation noch mit den Klingonen im Krieg befand. Dies paßt zum 2290er Datum, das vor der Konferenz von Khitomer in **Star Trek VI — Das unentdeckte Land** liegt.*

U.S.S. *Excelsior*

2292

Die Klingonen entwickeln einen verbesserten Bird-of-Prey, der in der Lage ist, einen begrenzten Unsichtbarkeitsschirm auch beim Abfeuern von Torpedos aufrechtzuerhalten.

*Das Datum ist Vermutung. Dies geschieht vermutlich kurz vor **Star Trek VI — Das unentdeckte Land.***

Das dreiundzwanzigste Jahrhundert

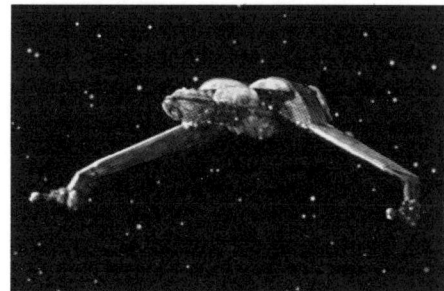

Verbesserter klingonischer Bird-of-Prey.

*Anmerkung der Herausgeber: Diese Entwicklung wirft die Frage auf, warum klingonische Raumschiffe in den Folgen von **Raumschiff Enterprise: Das nächste Jahrhundert** immer noch nicht getarnt schießen können. Der wirkliche Grund dafür ist natürlich, daß die Autoren von **Raumschiff Enterprise: Das nächste Jahrhundert** während der ersten vier Staffeln nichts von dieser »Entwicklung« wußten, weil **Star Trek VI** erst danach geschrieben wurde. Wir stellen uns vor, daß die Tarntechnologie dieser Zeit wie die heutige »Stealth«-Technologie ein sich ständig weiterentwickelnder Wettlauf zwischen den Konstrukteuren von Tarnschirmen und denen von Sensoren ist. Auch wenn dieses »verbesserte« Schiff beim Feuern einer Entdeckung entgehen könnte, so kann man doch annehmen, daß verbesserte Sensoren später diese Entwicklung überholen würden, zumindest bis zur nächsten Verbesserung der Tarntechnologie. In der Tat scheint Kirks Einsatz von Plasmasensoren auf Photonentorpedos in **Star Trek VI** genau dies zu tun.*

Die Allianz zwischen dem klingonischen Imperium und dem romulanischen Sternenimperium zerbricht. Die ehemaligen Verbündeten werden für mindestens 75 Jahre zu erbitterten Feinden.

»Tödliche Nachfolge«. (Die Folge spielt 2367.) Geordi ist überrascht, als er Hinweise auf eine klingonisch-romulanische Zusammenarbeit findet, und bemerkt dazu, daß die beiden Mächte seit 75 Jahren Erzfeinde sind.

2293

Captain Montgomery Scott

Montgomery Scott kauft sich ein Boot. Uhura erklärt sich bereit, ein Seminar an der Sternenflottenakademie zu leiten.

*Direkt vor **Star Trek VI — Das unentdeckte Land.***

Star Trek VI — Das unentdeckte Land. Sternzeit 9521,6. Der klingonische Mond Praxis explodiert, wodurch ein schwerer Schaden für die klingonische Heimatwelt Qo'noS entsteht. Das Föderationsraumschiff *Excelsior* wird durch die Subraum-Schockwelle der Explosion ebenfalls beschädigt.

Der klingonische Kanzler Gorkon

Die Klingonen starten eine größere Friedensinitiative, in deren Verlauf sich Captain Spock bereit erklärt, auf Wunsch von Botschafter Sarek als spezieller Gesandter zu dienen. Die anfänglichen Gespräche verlaufen vielversprechend, aber der klingonische Kanzler Gorkon wird auf dem Weg zu einer Friedenskonferenz auf der Erde ermordet. Der Captain der *Enterprise*, James T. Kirk, und Dr. Leonard H. McCoy werden von einem klingonischen Gericht des Mordes für schuldig befunden und zu lebenslanger Haft in den Diliziumminen auf Rura Penthe verurteilt. Die Friedenskonferenz wird nach Khitomer verlegt.

Später stellt sich heraus, daß Kirk und McCoy unschuldig an Gorkons Tod sind. Dieser ist statt dessen das Werk von Sternenflottenadmiral Cartwright und anderer Offiziere der Föderations- und klingonischen Streitkräfte, die gegen eine Änderung des Status quo sind. Kirk, der die *Enterprise* befehligt, und Captain Sulu, der das Raumschiff *Excelsior* kommandiert, können einen weiteren Versuch dieser Kräfte, die Friedenskonferenz zu stören, verhindern. Die Konferenz von Khitomer wird zu einem großen Wendepunkt in der galaktischen Politik, sie repräsentiert den Beginn der Annäherung zwischen den beiden Gegnern.

Sternzeit 9523,1. Letzte Mission des Raumschiff *Enterprise* unter dem Kommando von Captain James T. Kirk.

James Tiberius Kirk

*Anmerkung der Herausgeber: Zur Zeit, als diese Chronologie zusammengetragen wurde, war es Paramounts ausdrückliche Intention, daß **Star Trek VI** der letzte Film mit der ursprünglichen Besatzung sein sollte. Natürlich ist es durchaus möglich, daß das Studio zu irgendeinem Zeitpunkt eine gemein-*

Das dreiundzwanzigste Jahrhundert

schaftliche Gesinnungswandlung durchmacht und noch ein weiteres Abenteuer mit diesen Freunden produziert, aber während wir dies schreiben, nehmen wir an, daß dies ihre letzte Mission ist. Eine Folge der sechsten Staffel von **Raumschiff Enterprise: Das nächste Jahrhundert**, die zum jetzigen Zeitpunkt produziert wird (»Besuch von der alten Enterprise«), wird andeuten, daß die **Enterprise**-A ungefähr ein Jahr nach den Ereignissen in **Star Trek VI** außer Dienst gestellt wurde.

Das Datum von **Star Trek VI** schließen wir aus Dr. McCoys Zeugenaussage, daß er seit 27 Jahren auf der **Enterprise** gedient habe. McCoy wurde offensichtlich Anfang 2266 auf das Schiff versetzt (zwischen »Spitze des Eisbergs« und »Pokerspiele«). In diesem Film stellt sich heraus, daß James T. Kirks zweiter Vorname Tiberius lautet und Sulus Vorname Hikaru ist. Hier wird auch der Name der klingonischen Heimatwelt, Qo'noS (Aussprache: »kronos«), zum ersten Mal genannt.

Spock begegnet dem romulanischen Senator Pardek während der Konferenz von Khitomer. Sie bleiben bis zum Jahr 2368 in Kontakt und arbeiten auf das gemeinsame Ziel der romulanisch-vulkanischen Wiedervereinigung hin. 2368 wird Pardek als Geheimagent der konservativen romulanischen Regierung entlarvt.

»Wiedervereinigung?, Teil 1«. Sarek sagte, dort seien sich Spock und Pardek begegnet.

Dr. Leonard H. McCoy

Camp Khitomer, Ort der Konferenz von Khitomer.

2295

Eine tödliche Plasmaseuche bricht auf dem Planeten Obi VI aus. Dr. Susan Nuress, eine Forscherin, die die Seuche untersucht, führt mindestens 58 Tests durch, die zu mindestens einer sehr bösartigen mutierten Virenart führt.

»Das Kind«. Pulaski bemerkte, der Ausbruch habe sich 70 Jahre vor der Folge (2365) ereignet.

2296

Die Regierung des Ostkontinents des Planeten Rutia IV lehnt eine Unabhängigkeitsforderung der Ansata, einer Separatistenorganisation, ab. Mitglieder der Ansata beginnen einen langen Terrorkrieg in dem Versuch, die Regierung zur Gewährung ihrer Forderung zu zwingen.

»Terror auf Rutia-Vier«. Alexana erzählte Riker, daß die Ansata seit 70 Jahren kämpften. (Die Folge spielt 2366.)

2297

Erstkontakt zu den Bewohnern des Planeten Ventax II durch eine klingonische Expedition. Laut Bericht ist die Kultur des Planeten eine friedliche landwirtschaftliche Ökonomie, obwohl es Hinweise auf eine technologisch hochentwickelte Gesellschaft in vergangenen Jahrhunderten gibt.

»Der Pakt mit dem Teufel«. Dr. Clark sagte, daß der Kontakt 70 Jahre vor der Folge (2367) aufgenommen wurde.

6.0 Das vierundzwanzigste Jahrhundert

Das fünfte Föderationsraumschiff, das den Namen *Enterprise* trägt, spielte eine wichtige Rolle bei der Erforschung und Diplomatie in der zweiten Hälfte des 24. Jahrhunderts.

2302

Letzter Kontakt der Föderation mit dem Planeten Angel I vor 2364. Ein Föderationsschiff berichtet, daß der Planet auf der gleichen technologischen Stufe steht wie die Erde in der Mitte des 20. Jahrhunderts.

»Angel One«. Data bemerkt, daß der letzte Kontakt 62 Jahre vor dieser Folge stattfand (2364).

Jean-Luc Picard

2305

Jean-Luc Picard wird als Sohn von Maurice und Yvette Picard in LaBarre, Frankreich, auf der Erde geboren. Er wird Captain des fünften Föderationsraumschiffs, das den Namen *Enterprise* trägt.

Vermutung: Dieses Datum paßt zur Sternenflotten-Graduierung im Jahr 2327, die in »Ein mißglücktes Manöver« erwähnt wird, wenn man davon ausgeht, daß Picard sich vergeblich im Alter von 17 Jahren bei der Akademie beworben hatte und mit 18 angenommen wurde (wie in »Prüfungen« angedeutet wird). Die Angaben zu Picards Eltern und Geburtsort stammen aus seiner Computerakte aus »Mission ohne Gedächtnis«. In einer Episode der sechsten Staffel, »Geheime Mission auf Celtris Drei, Teil 2« wird gesagt, daß Picards Mutter Yvette Gessard war.

Timicin

2307

Timicin wird auf dem Planeten Kaelon II geboren. Er wird Wissenschaftler und spielt eine wichtige Rolle in den Versuchen seines Planeten, das Leben des Sterns Kaelon durch einen Heliumfusions-Zündungsprozeß zu verlängern.

»Die Auflösung«. Timicin war zum Zeitpunkt der Folge 60 Jahre alt (2367).

Das vierundzwanzigste Jahrhundert

2311

Der Tomed-Ziwschenfall. Tausende von Föderationsbürgern sterben. Das ist der letzte Föderationskontakt mit den Romulanern vor 2364.

»Die neutrale Zone«. 53 Jahre vor dieser Folge.

*Anmerkung der Herausgeber: In der Folge wird deutlich, daß die Föderation und die Romulaner keinerlei Kontakt zwischen diesem Zwischenfall und »Die neutrale Zone« (2364) hatten, aber andere Folgen scheinen anzudeuten, daß die Romulaner während dieser Zeit zumindest mit den Klingonen in Kontakt standen, da die Romulaner anscheinend seit zwanzig Jahren — ausgehend vom Beginn der vierten Staffel **Raumschiff Enterprise: Das nächste Jahrhundert** — versuchen, die klingonische Regierung zu destabilisieren (»Kampf um das klingonische Reich, Teil 1«, 2367).*

Das Emblem des Romulanischen Sternenimperiums.

2312

Eine Lebensform, die als Douwd bezeichnet wird, ein unsterbliches Wesen, das sich tarnt und sich seine Umwelt erschafft und seit Tausenden von Jahren in der Galaxie lebt, nimmt die Form des Menschen Kevin Uxbridge an. Auf der Erde, in der Unterwasser-Stadt New Martim Vaz im Atlantik verliebt er sich in die menschliche Frau Rishon und heiratet sie. Sie schließen sich 2361 den 11 000 Kolonisten der zum Scheitern verurteilten Kolonie Delta Rana IV an.

»Die Überlebenden auf Rana-Vier«. Kevin sagte, daß er seit ungefähr 50 Jahren in menschlicher Form lebt, aber da er und Rishon seit 53 Jahren verheiratet sind, haben wir uns entschieden, daß er 54 Jahre vor dieser Folge menschliche Form annahm. Die Kolonie auf Rana IV existiert zum Zeitpunkt der Folge seit fünf Jahren (2366).

Kevin Uxbridge

2313

Der Sammler Penthor Mull vom Planeten Acamar III wird beschuldigt, einen Überfall auf den Tralesta-Stamm angeführt zu haben. Er wird durch einen Mikrovirus getötet, den Yuta trägt, um das Massaker an ihrem Clan im Jahr 2286 zu rächen.

»Yuta, die Letzte ihres Clans«. 53 Jahre vor dieser Folge (2366).

2314

Mark und Anne Jameson heiraten. Die gefeierte Sternenflotten-Karriere des zukünftigen Admirals Mark Jameson beinhaltet auch einen Kurzaufenthalt als Commander des Raumschiffs *Gettysburg*.

»Die Entscheidung des Admirals«. Anne Jameson sagte, daß sie zum Zeitpunkt der Folge seit 50 Jahren verheiratet sind (2364).

2319

Der Vater von Karnas, Anführer des Planeten Mordan IV wird von einem gegnerischen Stamm ermordet. Karnas entführt 65 Passagiere eines Starliners und verlangt, daß die Föderation Waffen im Austausch mit den Geiseln liefert. Zwei Föderationsvermittler werden bei erfolglosen Versuchen, die Situation zu klären, getötet. Die Föderationsgeiseln, die von den Revolutionären auf Mordan IV fest-

Das vierundzwanzigste Jahrhundert

gehalten werden, können schließlich dank der von Captain Jameson von der U.S.S. *Gettysburg* geleiteten Verhandlungen befreit werden. Zwar gelang Jameson eine friedliche Lösung des Problems, allerdings stellt sich später heraus, daß ein Teil seiner Vereinbarung aus einem Waffen-gegen-Geiseln-Tausch bestand, dessen Ergebnis ein 40jähriger blutiger Bürgerkrieg war.

»Die Entscheidung des Admirals«. 45 Jahre vor dieser Folge (2364).

2322

Jean-Luc Picard bewirbt sich bei der Sternenflotten-Akademie, wird jedoch abgelehnt. Das Ergebnis seiner Aufnahmeprüfung ist allerdings so hoch, daß er sich im Folgejahr noch einmal bewerben darf.

Das Datum ist eine Vermutung, die davon ausgeht, daß er zu diesem Zeitpunkt 17 war, ein Jahr später mit 18 angenommen wurde und, wie in »Ein mißglücktes Manöver« erwähnt wird, im Jahr 2327 graduierte. Picard gesteht seine fehlgeschlagene Akademie-Bewerbung gegenüber Wesley in »Prüfungen«.

2323

Jean-Luc Picard

Bei seiner zweiten Bewerbung wird Jean-Luc Picard an der Sternenflotten-Akademie aufgenommen. Der Superintendent der Akademie ist ein Vollbetazoide. Als neuer Kadett zieht Picard während des 40-Kilometer-Laufs auf Danula II auf dem letzten Hügel an vier älteren Kadetten vorbei. Er ist der einzige Neuling, der je einen Akademie-Marathon gewonnen hat. Eine von Picards Interessen ist die Archäologie, und er studiert die legendären Iconier.

Das Datum ist eine Vermutung, die davon ausgeht, daß Picard 18 Jahre alt war, als er in die Akademie eintrat und daß er 2327 graduierte, wie in »Ein mißglücktes Manöver« gesagt wird. Picards Sieg beim Akademie-Marathon wird von Admiral Hanson in »Angriffsziel Erde« beschrieben. Picards Interesse an den Iconiern stammt aus »Die Iconia-Sonden«.

2324

Dr. Beverly Crusher

Beverly Howard, die zukünftige Beverly Crusher, wird in Copernicus City, Luna, als Tochter von Paul und Isabel Howard geboren.

»Mission ohne Gedächtnis«. Datum und Namen der Eltern stammen aus ihrer Computerakte. Das stimmt mit den Angaben im Autoren-/Regieführer überein, nach denen Beverly während der ersten Staffel ungefähr vierzig Jahre alt ist.

Das Team der Sternenflotten-Akademie gewinnt einen Parrises Squares Wettbewerb gegen das weit überlegene Team aus Minsk. Das Akademie-Team erringt einen dramatischen Sieg in den letzten vierzig Sekunden des letzten Spiels der Serie.

»Ein mißglücktes Manöver«. Boothby erinnert Picard an den »Parrises Squares Wettbewerb von '24«.

2325

Devinoni Ral wird auf der Erde in Brüssel, Teil der Europäischen Allianz, geboren. Er ist zu einem Viertel Betazoide, was er in seiner späteren Karriere als professioneller Vermittler zu seinem Vorteil einsetzen kann.

»Der Bazanhandel«. In dieser Folge wird gesagt, daß Ral 41 Jahre alt ist.

Das vierundzwanzigste Jahrhundert

2327

Jean-Luc Picard schließt die Sternenflotten-Akademie ab. Er ist der Abschiedsredner seiner Klasse. Jahre später bedankte er sich bei dem Akademie-Gärtner Boothby, der ihm dabei half, die Kraft zu finden, einige schwierige Zeiten durchzustehen.

»Ein mißglücktes Manöver«. Picard erinnert Boothby daran, daß er in der Klasse von '27 graduierte. Robert Picard sagt in »Familienbegegnung«, daß Jean-Luc Abschiedsredner war.

Boothby, Gärtner der Sternenflotten-Akademie

2328

Das cardassianische Imperium annektiert die bajoranische Heimatwelt und zwingt einen Großteil der Bevölkerung zur Umsiedlung auf andere Planeten, unter anderem auch auf drei Planeten im Valo-System, am Rande des cardassianischen Gebiets. Wer auf Bajor zurückbleibt wird gefoltert oder auf andere Weise gequält. Eine Untergrundbewegung bajoranischer Bürger führt während der nächsten vierzig Jahre eine Terrorkampagne gegen die Cardassianer. Die Vereinigte Föderation der Planeten, die diese Vorgänge als internes cardassianisches Problem sieht, drückt zwar ihr Mitgefühl gegenüber dem bajoranischen Volk aus, greift jedoch bis 2368 nicht ein.

»Fähnrich Ro«. Admiral Kennelly sagt, daß die Cardassianer Bajor vierzig Jahre vor dieser Folge annektiert haben (2368).

2331

Die Vereinigte Föderation der Planeten errichtet einen Außenposten auf dem Planeten Boradis III. Dies ist die erste Föderationssiedlung in diesem System. Diese Kolonie gehört zu den dreizehn Kolonien im Boradissektor, die in potentieller Angriffsreichweite des klingonischen Schläferschiffs *T'Ong* sind, das im Jahr 2365 zurückkehrt.

»Klingonenbegegnung«. Vierunddreißig Jahre vor dieser Folge (2365).

U.S.S. *Stargazer*, NCC-2893.

2333

Captain Jean-Luc Picard übernimmt das Kommando der U.S.S. *Stargazer* und begibt sich auf eine historische Forschungsmission. Picard ist mit 28 einer der jüngsten Sternenflotten-Offiziere, die je ein Raumschiff befehligt haben.

*Dieses Datum ist eine Vermutung, die sich auf eine Anmerkung im **Raumschiff Enterprise: Das nächste Jahrhundert** Autoren-/Regieführer stützt, nach der Picards **Stargazer**-Mission 22 Jahre dauerte. Das Datum basiert außerdem auf einer Bemerkung in »Die Schlacht von Maxia«, aus der hervorgeht, daß die Schlacht von Maxia neun Jahre vor dieser Folge stattfand. Boothby bemerkt in »Ein mißglücktes Manöver«, daß Locarno noch jünger als Picard gewesen wäre, hätte er es mit 25 zum Captain gebracht.*

William T. Riker

2335

William T. Riker wird in Valdez, Alaska, auf der Erde geboren. Er ist der Sohn von Kyle Riker.

»Rikers Vater«. Riker war zum Zeitpunkt der Folge (2365) anscheinend dreißig Jahre alt, da er fünfzehn war, als sein Vater ihn verließ und dies 15 Jahre zurückliegt.

Geordi La Forge wird in der afrikanischen Konföderation auf dem Planeten Erde geboren.

»Déjà Vu«. Geburtsjahr und -ort stehen auf dem Bildschirm mit Geordis persönlichen Angaben.

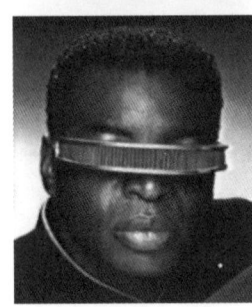

Geordi La Forge

Das vierundzwanzigste Jahrhundert

2336

Deanna Troi wird auf Betazed geboren. Sie ist die Tochter von Lwaxana Troi und dem Sternenflottenoffizier Ian Andrew Troi.

»Mission ohne Gedächtnis«. Das Geburtsjahr erscheint auf dem Computerschirm. Der Name von Trois Vater wird in »Das Kind« genannt.

Die wissenschaftliche Kolonie auf Omicron Theta wird von etwas zerstört, das später als Kristallwesen bekannt wird. Alle Lebensformen auf dem Planeten werden von dem Kristallwesen, das anscheinend von dem fehlgeleiteten Androiden Lore unterstützt wird, entweder absorbiert oder vernichtet. Dem Wissenschaftler Noonien Soong, der einen zweiten Androiden namens Data konstruiert hat, gelingt es, die Erinnerungen aller Kolonisten in dem neuen Androiden aufzuzeichnen. Soong versteckt den noch nicht eingeschalteten Androiden Data an einem Ort unterhalb der Oberfläche und flüchtet von Omicron Theta, obwohl man zu diesem Zeitpunkt noch annimmt, daß sich Soong unter den Opfern der Kolonie befindet.

»Das Duplikat«. Das Datum ist eine Vermutung, aber dies liegt in jedem Fall vor Datas Entdeckung durch die Besatzung der Tripoli im Jahr 2338. Data sagt, daß er von einer Staubschicht bedeckt war, als er gefunden wurde, was darauf hinweist, das einige Zeit vergangen war.

2337

Natasha Yar wird in der Föderationskolonie auf dem Planeten Turkana IV geboren. Sie verläßt schließlich den Planeten, schließt sich der Sternenflotte an und wird Sicherheitschefin auf der U.S.S. Enterprise.

In »Gedankengift« wird gesagt, daß Tasha 15 Jahre alt war, als sie aus der Turkana-Kolonie floh. »Die Rettungsoperation« spielt 15 Jahre nach ihrer Flucht, was bedeutet, daß Tasha 30 gewesen wäre, hätte sie im Jahr 2367 (in dem »Die Rettungsoperation« spielt) noch gelebt. Tasha war 27, als sie in »Die schwarze Seele« starb.

Will Rikers Mutter stirbt, worauf er von seinem Vater Kyle Riker, einem Zivilberater der Sternenflotte allein aufgezogen wird.

»Rikers Vater«. Riker war zwei Jahre alt, als seine Mutter starb.

Der Trill-Botschafter Odan vermittelt erfolgreich in einem Streit zwischen den beiden Monden des Planeten Peliar Zel; zu diesem Zeitpunkt ist das Wesen, das sich später Odan nennen sollte, allerdings noch als Odans Vater bekannt. Odan überbrückt die Schwierigkeiten zwischen den beiden Gegnern, indem er ihre Repräsentanten überredet, für eine Woche die Plätze zu tauschen, damit sie die Position des anderen besser verstehen können. Der Repräsentant des Alpha-Mondes Kalin Trose vereitelt den von Radikalen gefaßten Plan, die Abgesandten des Beta-Mondes zu ermorden.

»Odan, der Sonderbotschafter«. In Rikers Körper sagt Odan, daß die Verhandlungen dreißig Jahre vor dieser Folge stattgefunden haben (2367).

Die Regierung der Föderationskolonie auf dem Planeten Turkana IV wird langsam instabil, was schließlich zur Zerstörung der Städte auf der Oberfläche führen wird.

»Die Rettungsoperation«. Ishara Yar sagt, daß die Kolonie sich fast dreißig Jahre vor der Folge aufzulösen begann (2338).

2338

In den Überresten der Kolonie auf dem Planeten Omicron Theta wird Data von der Besatzung des Föderationsschiffes U.S.S. Tripoli entdeckt. Die

DAS VIERUNDZWANZIGSTE JAHRHUNDERT

Besatzung der *Tripoli* berichtet, daß alle Kolonisten vermißt werden und die gesamte Flora abgestorben ist. Erst später stellt sich heraus, daß das Kristallwesen für die Zerstörungen verantwortlich war.

»Das Duplikat«. *Data wurde 26 Jahre vor dieser Folge (2364) entdeckt. Weitere Angriffe werden in »Das Recht auf Leben« erwähnt.*

2340

Auf dem klingonischen Heimatplaneten Qo'noS wird Worf geboren.

»Mutterliebe«. *Zur Zeit des Khitomer-Massakers war er sechs Jahre alt. Anmerkung des Herausgebers: Der klingonische Heimatplanet wird in* **Star Trek IV: Das unentdeckte Land** *als Qo'noS ('kronos' gesprochen) bezeichnet.*

Ro Laren wird auf dem Planeten Bajor geboren. Als Erwachsene dient sie auf dem Raumschiff *Wellington* und wird nach einem katastrophalen Zwischenfall auf Garon II vor ein Kriegsgericht gestellt. Später dient sie auf der U.S.S. *Enterprise* unter dem Kommando von Captain Jean-Luc Picard.

»Mission ohne Gedächtnis«. *Das Geburtsjahr erscheint auf dem Computerschirm. Ros Hintergrund wird in »Fähnrich Ro« etabliert.*

Geordi La Forge gerät im Alter von fünf Jahren in ein Feuer. Er wird von seinen Eltern nach einigen Minuten gerettet. Er wird zwar nicht verletzt, sagt aber später, dies wären die längsten Minuten seines Lebens gewesen und daß er einige Zeit gebraucht hätte, bis er seine Eltern außer Hörweite ließ.

»Der einzige Überlebende«. *Geordi sagt, er wäre zum Zeitpunkt des Feuers fünf gewesen. Er fügt hinzu, daß er damals noch keinen VISOR hatte.*

Worf

2341

Data tritt in die Sternenflotten-Akademie ein. Data wurde von der Akademie als vernunftbegabtes Wesen anerkannt und war daher zur Teilnahme am Aufnahmeverfahren berechtigt.

»Mission ohne Gedächtnis«. *Informationen stammen aus Datas Computerakte. In »Kampf um das klingonische Reich, Teil 2« wird klar, daß Data seit ungefähr 26 Jahren bei der Sternenflotte ist (was bedeutet, daß er 2342 in die Flotte eintrat). In »Der Mächtige« wird die Entscheidung der Akademie, Data als vernunftbegabtes Wesen anzuerkennen, erwähnt.*

2342

Ishara Yar wird auf dem Planeten Turkana IV geboren. Natasha Yar ist ihre ältere Schwester.

»Die Rettungsoperation«. *Ishara sagt, daß ihre Eltern »kurz nach« ihrer Geburt getötet wurden (siehe nächsten Eintrag).*

Natasha Yar, ein fünfjähriges Mädchen, das in der Kolonie auf Turkana IV lebt, wird zur Waisen, als ihre Eltern im Kreuzfeuer zwischen rivalisierenden Banden getötet werden. Von da an muß sie sich um ihre jüngere Schwester Ishara kümmern.

»Gedankengift«. *Tasha sagt, daß sie fünf war, als sie zur Waisen wurde. Turkana IV wird in »Die Rettungsoperation« erwähnt.*

9. April. Jean-Luc Picard versetzt die zukünftige Jenice Manheim im Café des Artistes in Paris. Jahre später lassen die beiden die Ereignisse noch einmal im Holodeck der *Enterprise* entstehen, nur daß Picard dieses Mal zum Rendezvous erscheint.

Ishara Yar

Die zukünftige Jenice Manheim

Das vierundzwanzigste Jahrhundert

Die Stadt Paris auf dem Planeten Erde.

»Begegnung mit der Vergangenheit«. 22 Jahre vor dieser Folge (2364).

Anmerkung der Herausgeber: Das futuristische Paris, das man vom Café des Artistes sehen kann, ist das gleiche Hintergrundbild, das der Produktionsdesigner Herman Zimmerman für das Büro des Föderationspräsidenten in **Star Trek VI: Das unentdeckte Land** benutzte.

Beverly Howard (die zukünftige Dr. Beverly Crusher) tritt in die medizinische Schule der Sternenflotten-Akademie ein.

»Mission ohne Gedächtnis«. Das Jahr erscheint auf dem Computerschirm.

2343

Die Sternenflotte genehmigt die ersten Entwürfe des Entwicklungsprojekts für das Raumschiff der *Galaxy*-Klasse. Das dritte Schiff dieser Klasse wird schließlich das fünfte Föderationsraumschiff, das den Namen *Enterprise* trägt.

Vermutung.

Im Alter von acht Jahren bekommt Geordi La Forge sein erstes Haustier, eine circassianische Katze. Jahre später erinnert sich Geordi, daß sein Haustier »seltsam« aussah.

»Geistige Gewalt«. *Geordi sagt, daß er acht war, als er sein Haustier bekam.*

Rachel Garrett, Captain der *Enterprise*

2344

Die *Enterprise*-C, unter dem Kommando von Captain Rachel Garrett, wird fast zerstört, als sie einen klingonischen Außenposten auf Narendra III gegen einen romulanischen Angriff verteidigt. Diese Unterstützung durch ein Föderationsschiff ist ein wichtiges Ereignis, das den Weg zu friedliche Beziehungen zwischen der Föderation und den Klingonen erleichtert.

»Die alte Enterprise«. 22 Jahre vor dieser Folge (2366).

Anmerkung der Herausgeber: Obwohl die Khitomer-Konferenz von 2293 (Star Trek VI: Das unentdeckte Land) als Wendepunkt in der Beziehung zwischen der Föderation und den Klingonen gilt, geht aus Ereignissen wie dem Zwischenfall bei Narendra und dem Khitomer-Massaker im Jahr 2346 (»Die Sünden des Vaters«) deutlich hervor, daß sich der Friedensprozeß zwischen den beiden Mächten langsam vollzog und daß es im Laufe der Jahre zu vielen Fehlschlägen und Durchbrüchen kam.

U.S.S. *Enterprise*, NCC-1701-C.

Natasha Yar

Es wird berichtet, daß einige Besatzungsmitglieder der *Enterprise*-C nach der Schlacht bei Narendra III von den Romulanern gefangengenommen wurden. Jahre später tauchen Beweise dafür auf, daß sich unerklärlicherweise auch eine 29-jährige Frau namens Natasha Yar unter den gefangenen Besatzungsmitgliedern befand und daß es sich dabei anscheinend um die gleiche Natasha Yar handelt, die als Sicherheitschefin auf der *Enterprise*-D diente und im Jahr 2364 im Alter von 27 Jahren starb. Später wird vermutet, daß die Leben dieser Angehörigen der Sternenflotte verschont wurden, als Natasha Yar sich bereit erklärte, die Frau eines romulanischen Beamten zu werden. Die Berichte über eine Gefangennahme von Besatzungsmitgliedern der *Enterprise*-C wurden jahrelang für unbestätigte Gerüchte gehalten, bis die Romulaner zwischen 2367-68 versuchten, die klingonische Regierung zu übernehmen. Man nimmt an, daß die Frau, die von den Romulanern gefangen wurde, aus einer anderen Zeitebene stammte.

»Kampf um das klingonische Reich, Teil 2«. *Sela berichtet von Tasha Yars Schicksal gegenüber Picard. Wir gehen davon aus, daß ihre Geschichte grundsätzlich der Wahrheit entspricht.*

Das vierundzwanzigste Jahrhundert

Vor 2364 der letzte Versuch, mit den Jaradanern diplomatische Beziehungen aufzunehmen. Der Versuch scheitert an der falschen Aussprache eines einzigen Wortes.

»Der große Abschied«. Zwanzig Jahre vor dieser Folge (2364).

In der Nähe ihres Hause in Valdez, Alaska, geht der junge Will Riker mit seinem Vater Kyle Riker angeln. Es gelingt dem jungen Riker, einen großen Fisch an den Haken zu bekommen, aber sein Vater besteht darauf, die Leine selbst einzuholen. Dieser Zwischenfall wird Will jahrelang Probleme bereiten.

Kyle Riker

2345

Data schließt die Sternenflotten-Akademie mit Auszeichnungen in Exobiologie und Wahrscheinlichkeitsberechnung ab.

»Der Mächtige«. Aus »Ein mißglücktes Manöver« geht hervor, daß man an der Akademie vier Jahre lang ausgebildet wird, allerdings ergibt dann Datas Abschluß im Jahr 2345 keinen Sinn, da er sagt, er wäre in der »Klasse von '78« gewesen. Diese spätere Datumsangabe wurde geschrieben, bevor man gegen Ende der ersten Staffel von **Raumschiff Enterprise: Das nächste Jahrhundert** *das genaue Jahr festlegte, in dem die Folgen spielen sollten. Aus diesem Grund, und da das Datum in keinem Zusammenhang zu der Masse an anderen Informationen steht, wird es hier ignoriert.*

Kurn, Sohn von Mogh und Bruder von Worf wird geboren.

»Die Sünden des Vaters«. Das Datum ist eine Vermutung, aber Kurn sagt, daß er »noch nicht ganz ein Jahr alt war«, als Worf mit seinen Eltern nach Khitomer ging. Weiterhin gehen wir davon aus, daß das Khitomer-Massaker von 2346 kurz nach ihrer Ankunft stattfand.

Sela wird auf Romulus geboren. Später wird sie behaupten, die Tochter von Tasha Yar, früheres Besatzungsmitglied der *Enterprise* und einem romulanischen Beamten zu sein.

»Kampf um das klingonische Reich, Teil 2«. Ein Jahr nach den Ereignissen in »Die alte Enterprise«.

Campus der Sternenflotten-Akademie im Presidio in San Francisco.

Sela

2346

Mogh hegt den Verdacht, daß Ja'rod, ein Mitglied der mächtigen Duras-Familie, sich mit den Romulanern gegen den klingonischen Imperator verschworen hat. Er folgt Ja'rod zum Khitomer-Außenposten. Mogh geht von einer kurzen Reise aus, deshalb bittet er Lorgh, einen Freund der Familie, sich um seinen jüngsten Sohn, den Säugling Kurn zu kümmern. Moghs Frau und sein älterer Sohn Worf begleiten ihn nach Khitomer.

»Die Sünden des Vaters«. Das Datum ist eine Vermutung, aber die Ereignisse spielten sich wahrscheinlich zwischen Kurns Geburt (der »noch nicht ganz ein Jahr alt war«, als Mogh ihn verließ) und dem Khitomer-Massaker ab. Kahlest, Worfs ehemaliges Kindermädchen, berichtet Picard von Moghs Verdacht.

Die Romulaner greifen den klingonischen Außenposten auf Khitomer an. Der Angriff ist erfolgreich, weil ein klingonischer Verräter den Angreifern den Zugang zu geheimen klingonischen Verteidigungscodes ermöglichte. Viertausend Klingonen sterben in dem Massaker. Zwanzig Jahre nach seinem Tod wird Mogh, Worfs Vater, beschuldigt, den Romulanern die Verteidigungscodes gegeben zu haben, aber es stellt sich schließlich heraus, daß Ja'rod, der Vater des Ratsmitglieds Duras, das Verbrechen begangen hat.

DAS VIERUNDZWANZIGSTE JAHRHUNDERT

Das Föderationsschiff U.S.S. Intrepid reagiert auf einen Notruf von Khitomer und ist eins der ersten Schiffe, das zur Hilfeleistung eintrifft.

Einer der Überlebenden ist Worf, ein sechsjähriger klingonischer Junge, der vom Warpfeld-Spezialisten der Intrepid, Sergey Rozhenko, gerettet wird. Rozhenko findet das Kind begraben unter einem Trümmerhaufen. Er adoptiert Worf und zieht ihn auf der Farmerwelt Gault auf. Die einzig andere Überlebende, Worfs Kindermädchen Kahlest, wird auf Sternenbasis 24 behandelt und später auf den klingonischen Heimatplaneten zurückgebracht. Das klingonische Oberkommando, das nicht weiß, daß Worfs Bruder Kurn bei einem Freund der Familie lebt, teilt Rozhenko mit, daß Worf keine lebenden Verwandten hat, und so weiß Worf nichts von seinem biologischen Bruder.

»Die Sünden des Vaters«. Zwanzig Jahre vor dieser Folge. Die Informationen zu Worfs Adoptiveltern stammen aus »Familienbegegnung«. In »Worfs Brüder« wird erwähnt, daß Worf auf Gault aufgezogen wurde. Worf sagt in »Mutterliebe«, daß er sechs Jahre alt war, als seine Eltern getötet wurden.

Dr. Paul Stubbs

Der Astrophysiker Dr. Paul Stubbs beginnt mit dem Studium des Zerfalls von Neutronium, das bei einer stellaren Explosion mit relativistischen Geschwindigkeiten austritt. Für dieses Projekt sucht er sich ein Doppelsternsystem im Kavis Alpha Sektor aus, das wegen seiner regelmäßigen stellaren Explosionen besonders gut geeignet ist. Er bereitet eine unbemannte Sonde auf den Start zu diesem Stern vor, dessen nächste Explosion im Jahr 2366 stattfinden soll.

»Die Macht der Nanlten«. Stubbs sagt, daß er seit 20 Jahren an der »Ei«-Sonde arbeitet.

2347

Mit sieben Jahren gerät Worf in der Schule in Schwierigkeiten, weil er einige Jugendliche zusammengeschlagen hat.

»Familienbegegnung«. Worfs Alter wird von seinem Adoptivvater, Sergey Rozhenko, erwähnt.

Ro Laren

Ro Laren ist dabei, als ihr Vater von den cardassianischen Besatzungsmächten brutal gefoltert und ermordet wird.

»Fähnrich Ro«. Ro sagt, daß sie sieben war, als ihr Vater getötet wurde. Wir gehen davon aus, daß Ro im Jahr 2340 geboren wurde, so wie es aus ihrer Computerakte in »Mission ohne Gedächtnis« und »So nah und doch so fern« hervorgeht.

Im Jahr 2367 wird Robert seinem Bruder Jean-Luc Picard eine Flasche Chateau Picard dieses Jahrgangs schenken. Captain Picard wird diese Flasche später mit Kanzler Durken vom Planeten Malcor teilen.

»Familienbegegnung«. Robert Picard erwähnt das Jahr. Picard und Durken trinken den Wein in »Erster Kontakt«.

Das Sternenflottenkommando ordnet eine Veränderung im Design des Sternenflotten-Emblems an. Das neue, vereinfachte Design beinhaltet einen elliptischen Hintergrund und eine leicht veränderte Pfeilspitze.

*Das Datum ist eine Vermutung, aber man sieht die ältere Kinofilmversion des Emblems im Jahr 2344 auf der **Enterprise**-C (»Die alte Enterprise«) und die neuere Version im Jahr 2349 an Jack Crushers Uniform (»Familienbegegnung«).*

Anmerkung der Herausgeber: Der Produzent Ronald D. Moore (Autor von »Familienbegegnung«) sagte uns, daß es reiner Zufall ist, daß Jack Crusher in dieser Folge das neue Abzeichen trägt. Moore war zufällig am Set, als

Neues Emblem der Sternenflotte.

Das vierundzwanzigste Jahrhundert

Jacks holographische Botschaft an Wesley gefilmt wurde. Er bemerkte, daß Jack kein Abzeichen an seiner Uniform trug und machte den Kostümstab darauf aufmerksam. Die konnten allerdings nur ein Abzeichen aus **Raumschiff Enterprise: Das nächste Jahrhundert** *finden, also wurde das benutzt.*

2348

Der Sternenflottenoffizier Jack Crusher heiratet die Medizinstudentin Beverly Howard. Jack bittet sie mit einem Witz um ihre Hand. Er schenkt ihr ein Buch mit dem Titel *Wie man seine Karriere durch eine Heirat voranbringt.* Jack und Beverly waren einander von Walker Keel vorgestellt worden, einem engen Freund von Jack Crusher und Jean-Luc Picard. Picard erwähnt allerdings später, daß er Beverly damals noch nicht kannte.

»Familienbegegnung«. Das Datum ist eine Vermutung, ein Jahr vor der Geburt ihres Sohns Wesley. Walker Keel taucht in »Die Verschwörung« auf.

Jack Crusher

Marouk, die Herrscherin des Planeten Acamar III versucht den Streit zwischen ihr und den Sammlern unter ihren Untertanen zu beenden. Die als Nomaden lebenden Sammler weigern sich, den Frieden, der seit 82 Jahren auf dem Planeten herrscht, anzuerkennen.

»Yuta, die Letzte ihres Clans«. Marouk sagt, daß man 18 Jahre vor dieser Folge zum letzten Mal versucht hatte, mit den Sammlern Frieden zu schließen.

Jean-Luc Picard besucht seine Familie in seiner Heimatstadt Labarre in Frankreich. Es ist sein letzter Besuch bis zu seinem Genesungsurlaub nach der Begegnung mit den Borg im Jahr 2367.

»Familienbegegnung«. Picard ist seit fast zwanzig Jahren nicht mehr zu Hause gewesen.

2349

Wesley Crusher wird als Sohn von Jack und Beverly Crusher geboren. Als Wesley zehn Wochen alt ist, zeichnet Jack eine holographische Nachricht auf, von der er hofft, daß Wesley sie an seinem 18. Geburtstag abspielen wird. Jack Crusher hofft zwar, eine ganze Reihe dieser Nachrichten aufzeichnen zu können, aber diese wird die einzige sein.

»Die Macht der Naniten«. Beverly sagt, daß Wesley zum Zeitpunkt der Folge (2364) siebzehn ist. Jacks holographische Botschaft wird in »Familienbegegnung« gezeigt.

Wesley Crusher

Dr. Paul Manheims Arbeit über Zeit und Schwerkraft wird langsam in den wissenschaftlichen Reihen der Föderation akzeptiert.

»Begegnung mit der Vergangenheit«. Fünfzehn Jahre vor dieser Folge (2364).

Tasha Yar

Die ehemalige Sicherheitsoffizierin der *Enterprise* wird angeblich hingerichtet, nachdem sie versucht hatte, mit ihrer Tochter Sela von Romulus zu fliehen. Der Fluchtversuch schlägt fehl, weil das Kind soviel Angst davor hat, von zu Hause weggebracht zu werden, daß es schreit.

»Kampf um das klingonische Reich, Teil 2«. Sela erzählt Picard, daß sie vier war, als ihre Mutter getötet wurde.

2350

Beverly Crusher schließt die Sternenflotten-Akademie mit einem Doktortitel ab.

»Mission ohne Gedächtnis«. Das Jahr steht in ihrer Computerakte. Wir gehen davon aus, daß ein Doktortitel nach acht Jahren Studium verliehen wird.

Kyle Riker

Das vierundzwanzigste Jahrhundert

Kyle Riker verläßt seinen 15jährigen Sohn William. Wills Mutter war einige Jahre vorher gestorben. Der junge Riker haßt seinen Vater, der ihn »verlassen« hat, und die beiden werden erst 2365 wieder miteinander reden.

»Rikers Vater«. 15 Jahre vor dieser Folge.

2351

Sergey und Helena Rozhenko

Sergey und Helena Rozhenko verlassen mit ihrem adoptierten Sohn Worf und einem anderen Sohn die Farmerwelt Gault und kommen zur Erde.

Das Datum ist eine Vermutung. Der Umzug zur Erde basiert auf einem Satz von Worf in »Worfs Brüder«. Dort sagt er, daß er seine Jugend auf Gault verbracht hätte. In »Familienbegegnung« bemerkt Guinan allerdings, daß für Worf die Erde seine Heimat ist. Worf erwähnt seinen Stiefbruder in »Worfs Brüder«.

2352

Natasha Yar auf Turkana IV

Die 15jährige Natasha Yar entkommt aus der fehlgeschlagenen Kolonie auf Turkana IV. Ihre jüngere Schwester Ishara, die sich inzwischen einer der Banden angeschlossen hat, lehnt es ab, mit ihr zu kommen. Tasha wird schließlich in die Sternenflotte eintreten und Sicherheitschefin auf der *Enterprise* werden. Kurz nach Tashas Flucht bricht die Kolonie den Kontakt zur Föderation ab.

»Die Rettungsoperation«. Ishara Yar berichtet, daß ihre Schwester fünfzehn Jahre vor dieser Folge (2367) den Planeten verlassen hat. In »Gedankengift« wird gesagt, daß sie zum Zeitpunkt der Flucht 15 war.

Varria, eine idealistische junge Frau, beginnt ihre vierzehnjährige Zusammenarbeit mit dem skrupellosen Sammler Kivas Fajo, einem zibalianischen Mitglied der Stacius-Handelsgilde. Sie bleiben bis 2366 zusammen. In diesem Jahr wird sie von Fajo getötet, nachdem sie versucht hat, Data, der von Fajo gefangen gehalten wird, zur Flucht zu verhelfen.

»Der Sammler«. Varria erzählt Data, daß sie seit 14 Jahren bei Fajo ist.

Beverly Crusher leistet eine Dienstzeit auf dem Planeten Delos IV unter Dr. Dalen Quaice ab.

Dr. Dalen Quaice

»Das Experiment«. Beverly sagt Data, daß sie Quaice seit fünfzehn Jahren kennt (2367).
Anmerkung der Herausgeber: Das stimmt nicht mit Beverlys Akademieabschluß im Jahr 2350 überein, der in »Mission ohne Gedächtnis« erwähnt wird. Vielleicht kannte sie Quaice tatsächlich schon seit siebzehn Jahren und hat nur abgerundet.

Wissenschaftler der Darwin-Forschungsstation auf dem Planeten Gagarin IV starten ein ehrgeiziges genetisches Experiment, durch das ihre Kindern unglaublich starke Immunsysteme bekommen sollen.

»Die jungen Greise«. Das älteste Superkind war 12 zum Zeitpunkt der Folge (2365). Dies ist ein Jahr vor diesem Punkt.

2353

Kyle Riker, ein ziviler Berater der Sternenflotte, ist einziger Überlebender eines tholianischen Angriffs auf eine Sternenbasis. Später erholt sich Riker unter der Aufsicht von Katherine Pulaski, der späteren Leiterin der medizinischen Abteilung der *Enterprise*. Die beiden verlieben sich ineinander, und Pulaski wird später sagen, daß sie ihn von einer Sekunde auf die andere geheiratet hätte, wenn er in seinem Leben nicht andere Prioritäten gesetzt hätte. Pulaski nimmt später

Das vierundzwanzigste Jahrhundert

auch an, daß die emotionalen Narben, die Riker bei dem tholianischen Angriff davontrug, dafür verantwortlich sind, daß er nie wieder geheiratet hat.

»Rikers Vater«. Zwölf Jahre vor dieser Folge (2365).

Jeremiah Rossa wird als Sohn von Connor und Moira Rossa in der Föderationskolonie auf Galen IV geboren. Er ist der Enkel der Sternenflotten-Admiralin Connaught Rossa. Seine Eltern werden später bei einem talarianischen Angriff auf die Kolonie getötet, und er wird von dem talarianischen Captain Endar adoptiert, der darauf besteht, Jeremiah als seinen eigenen Sohn aufzuziehen, und ihn in Jono umtauft.

»Endars Sohn«. Data sagt, daß Jono zum Zeitpunkt der Folge zwölf ist (2367).

William Riker tritt in die Sternenflotten-Akademie ein. Einer seiner Freunde, sein Mitstudent Paul Rice, wird später die U.S.S. Drake kommandieren und auf dem Planeten Minos ums Leben kommen. Der Superintendent der Akademie stammt vom Planeten Vulkan.

William Riker

Das Datum ist eine Vermutung. Wir gehen davon aus, daß er in diesem Jahr 18 wurde, wie es aus seinem Geburtsjahr, das in »Rikers Vater« genannt wird, hervorgeht. Paul Rice taucht in »Die Waffenhändler« auf. Riker erwähnt den Superintendent in »Ein mißglücktes Manöver«.

Geordi La Forge tritt im Alter von 18 Jahren in die Sternenflotten-Akademie ein. Sein Hauptfach ist Mechanik.

»Déjà Vu«. Das Jahr steht in seiner Computerakte.

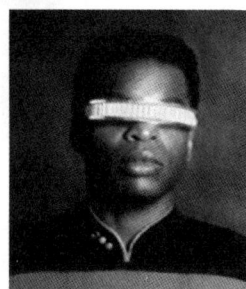

Geordi La Forge

2354

Jeremy Aster wird als Sohn von Maria Aster geboren. Jeremys Mutter dient später als Besatzungsmitglied auf der *Enterprise* und wird bei einer archäologischen Forschungsmission getötet, als ein uraltes Artefakt explodiert. Worf, Sicherheitsoffizier der *Enterprise,* adoptiert den Waisenjungen durch die klingonische R'uustai-Zeremonie.

»Mutterliebe«. In der Folge (2366) wird gesagt, daß Jeremy 12 ist.

Lieutenant Jack Crusher stirbt bei einer Außenmission der U.S.S. *Stargazer,* die unter dem Kommando von Captain Picard steht. Wesley Crusher ist anwesend, als Picard Jacks Körper zurück zu seiner Familie auf eine Sternenbasis bringt. Picard begleitet Beverly, als sie zu der Leiche geht.

Jeremy Aster

Das Datum ist eine Vermutung, aber im Autoren-/Regieführer von **Raumschiff Enterprise: Das nächste Jahrhundert** *wird gesagt, daß Wesley fünf war, als sein Vater starb. In »Geistige Gewalt« wird in Beverlys Erinnerung gezeigt, wie sie und Picard zu Jacks Körper gingen.*

Captain Picard besucht mit der U.S.S. *Stargazer* den Planeten Chalna. Die Einwohner nennen sich selbst die Chalnoth. Jahre später begegnet Picard Esoqq, einem Bewohner dieses Planeten. Beide werden von unbekannten Außerirdischen festgehalten, die eine Verhaltensstudie durchführen.

»Versuchskaninchen«. Picard sagt, er hätte den Planeten 12 Jahre vor dieser Folge (2366) besucht, während er die **Stargazer** *kommandierte. Es ist nicht klar, ob dieses Ereignis vor oder nach Jack Crushers Tod liegt.*

Jean-Luc Picard und Beverly Crusher nach dem Tod von Beverlys Ehemann.

2355

Die U.S.S. *Stargazer,* die unter dem Kommando von Captain Picard steht, wird bei einem Zwischenfall im Maxia Zeta System beinahe von einem unbekannten

Das vierundzwanzigste Jahrhundert

USS *Stargazer* nach der Schlacht von Maxia.

Gegner — einem Raumschiff der Ferengi, wie sich später herausstellt — zerstört. Picard erzählt später, daß ein unbekanntes Schiff plötzlich aufgetaucht sei, zweimal aus kürzester Entfernung auf die *Stargazer* feuerte und damit die Schilde zerstört hätte. Picard rettet seine Besatzung durch eine Aktion, die man später als »Picard-Manöver« bezeichnen wird. Die Besatzung verläßt das Schiff und treibt zehn Wochen lang in Rettungsbooten und Shuttles durch den Raum, bis sie schließlich gerettet werden. Später stellt sich heraus, daß der Sohn des Ferengi DaiMon Bok der Kommandant des angreifenden Ferengischiffs war und in dem Kampf, den die Ferengi »Schlacht von Maxia« nennen, getötet wurde.

»Die Schlacht von Maxia«. Neun Jahre vor dieser Folge (2364).

Captain Picard wird von Phillipa Louvois, der Staatsanwältin der Sternenflotte wegen des Verlusts der U.S.S. *Stargazer* vor ein Kriegsgericht gestellt.

Rechtsoffizierin Phillipa Louvois

»Wem gehört Data?«. Zehn Jahre vor dieser Folge (2365). Da Picard auch weiterhin in der Sternenflotte dient, kann man davon ausgehen, daß er nicht verurteilt wurde.

Worf erreicht mit 15 das Alter der Initiation (Ritus des Aufsteigens). Diese Zeremonie ist ein wichtiger Schritt im Erwachsenwerden eines klingonischen Kriegers.

»Rikers Vater«. In dieser Folge (2365) feiert Worf das zehnjährige Jubiläum seiner Initiations-Zeremonie.

2356

Ein tarellianisches Raumschiff, auf dem sich anscheinend die letzten Überlebenden des Planeten Tarella befinden, wird von den Alcyonen zerstört Die Tarellianer hatten versucht, von ihrem durch Kriege verwüsteten Planeten zu entkommen, wurden aber gejagt, da sie die Träger tödlicher Viren aus einer biologischen Waffe waren. Acht Jahre später wird ein weiteres tarellianisches Schiff entdeckt, das versucht, auf dem Planeten Haven zu landen.

»Die Frau seiner Träume«. Das letzte tarellianische Schiff wurde acht Jahre vor dieser Folge (2364) zerstört.

2357

William Riker schließt die Sternenflotten-Akademie ab. Eine seiner ersten Dienstzeiten leistet er als Lieutenant auf der U.S.S. *Potemkin* ab. Zu irgendeinem Zeitpunkt ist er auch auf dem Planeten Betazed stationiert, wo er Deanna Troi kennenlernt. Später dient er auf der U.S.S. *Hood* und wird 2364 auf die U.S.S. *Enterprise* versetzt.

Vermutung. Wir gehen davon aus, daß Riker 2353 im Alter von 18 Jahren in die Akademie eintrat. Rikers Zeit auf der **Potemkin** wird in »Galavorstellung« erwähnt. Er wurde in »Der Mächtige« von der **Hood** auf die **Enterprise** versetzt.

Riker und Troi

Geordi La Forge schließt die Sternenflottenakademie mit dem Hauptfach Mechanik ab. Eine seiner ersten Dienstzeiten leistet er auf dem Raumschiff *Victory* ab.

»Mission ohne Gedächtnis«. Das Jahr steht in seiner Computerakte. Daß sein Hauptfach Mechanik war, wird in »Das Kind« gesagt. Geordis Zeit auf der **Victory** wird in »Sherlock Data Holmes« und »Der unbekannte Schatten« erwähnt.

Worf

Worf tritt in die Sternenflotten-Akademie ein. Er ist der erste Klingone in der Sternenflotte der Föderation. Worfs Stiefbruder tritt ebenfalls in die Akademie ein, aber es gefällt ihm dort nicht, daher kehrt er in sein ehemaliges Zuhause auf dem Planeten Gault zurück.

Das vierundzwanzigste Jahrhundert

»Worfs Brüder«. Worf erzählt Korris die Geschichte seiner Familie und weist darauf hin, daß er zum Zeitpunkt der Folge (2364) der einzige Klingone in der Sternenflotte ist. Das Datum von Worfs Akademie-Eintritt stammt aus seiner Computerakte aus »Mission ohne Gedächtnis«.

Der Frachter S.S. *Odin* wird bei dem Zusammenprall mit einem Asteroiden zerstört. Einigen Überlebenden gelingt die Flucht in die Rettungsboote. Fünf Monate treiben sie im All, bis sie zu dem Planeten Angel One gelangen.

»Angel One«. Sieben Jahre vor dieser Folge (2364).

Der omaranische Captain T'Jon übernimmt das Kommando des Raumfrachters *Sanction*. In den nächsten sieben Jahren transportiert er mehr als 27 mal wichtige medizinische Fracht zwischen den Planeten Omara und Brekka, bis sein Schiff im Jahr 2364 eine schwerwiegende Fehlfunktion aufweist.

»Die Seuche«. T'Jon sagte, er hätte das Kommando seit sieben Jahren.

Der Föderationsaußenposten auf Galen IV wird während eines langwierigen Grenzkonflikts von talarianischen Kräften angegriffen. Die meisten Bewohner des Außenpostens werden getötet. Unter den Opfern sind auch Connor und Moira Rossa, deren Sohn Jeremiah vom talarianischen Captain Endar gerettet wird. Jeremiah ist der einzige Überlebende.

Interplanetarischer Frachter *Odin*

»Endars Sohn«. Data sagt, daß der Außenposten zehn Jahre und drei Monate vor dieser Folge (2367) ausgelöscht wurde. In der Folge wird auch auf ein Friedensabkommen hingewiesen, daß anscheinend irgendwann in den zehn Jahren zwischen dem Angriff und dieser Folge geschlossen wurde.

2358

Großangelegte Systemarbeiten werden auf dem Raumschiff der *Galaxy*-Klasse U.S.S. *Enterprise* vorgenommen, das in den Utopia Planitia Flottenwerften der Sternenflotte, die sich in einer Umlaufbahn um den Mars befinden, gebaut wird. Das Projekt wird von Commander Quinteros geleitet und überwacht. Dr. Leah Brahms, ein neues Mitglied des Konstruktionsteams 7 und Absolventin des Daystrom Instituts leistet einen wichtigen Beitrag zum Design des Warpantriebssystems. Die Diliziumkristallkammer wird auf Außenposten Seran-T-Eins hergestellt.

Projektemblem für die Entwicklung des Raumschiffs der *Galaxy*-Klasse.

Das Datum ist eine Vermutung, aber Quinteros taucht in »11001001« auf und Brahms sieht man in »Die Energiefalle« und »Die Begegnung im Weltraum«. Der Außenposten Seran-T-Eins wird in »Die Energiefalle« erwähnt.

2359

Worf und K'Ehleyr haben eine ungeklärte Beziehung.

»Klingonenbegegnung«. Sechs Jahre vor dieser Folge (2365).

Auf dem Planeten Mordan IV endet ein blutiger Bürgerkrieg. Der Konflikt hatte 40 Jahre gedauert und wurde dadurch ausgelöst, daß sich der Sternenflottenoffizier Mark Jameson im Jahre 2319 in unangemessener Weise in die inneren Belange des Planeten eingemischt hatte.

»Die Entscheidung des Admirals« (2364). Data bemerkt, daß auf Mordan IV seit fünf Jahren Friede herrscht.

Worf und K'Ehleyr

2361

Kevin und Rishon Uxbridge treffen in der Kolonie auf Delta Rana IV ein. Rishon weiß nicht, daß ihr Mann in Wirklichkeit ein unglaublich mächtiger Außerirdischer von der Rasse der Dowd ist, der sich nur als Mensch getarnt hat. Bei einem Angriff der Husnok wird die Kolonie später zerstört und alle Kolonisten

Das vierundzwanzigste Jahrhundert

(außer Kevin) werden getötet. Unter den Opfern befindet sich auch Kevins Frau Rishon. Aus Wut und Trauer setzt Kevin seine große Macht ein, um die gesamte Rasse der Husnok zu vernichten.

»Die Überlebenden auf Rana-Vier«. Fünf Jahre vor dieser Folge (2366).

Vash

Die Archäologin Vash beginnt ihre Arbeit als Assistentin von Professor Samuel Estragon, der einen Großteil seines Lebens mit der Suche nach dem *Tox Uthat*, einem Artefakt aus dem 27. Jahrhundert, das zur Sicherheit in der Zeit zurückgeschickt wurde, verbracht hat. Estragon findet das *Uthat* nicht, allerdings benutzt Vash nach seinem Tod seine Notizen und findet das Artefakt auf dem Planeten Risa.

»Picard macht Urlaub«. Vash sagt, daß sie in den letzten fünf Jahren für Estragon gearbeitet hat, der anscheinend kurz vor der Folge (2366) gestorben ist.

Jeremy Asters Vater stirbt an einer Russhton-Infektion. Jeremys Mutter, Maria Aster erzieht Jeremy allein. Sie kommen auf die U.S.S. *Enterprise*, als Maria Aster dort als Stabsarchäologin angestellt wird.

»Mutterliebe«. Jeremys Vater starb fünf Jahre vor dieser Folge (2366).

Der letzte Föderationskontakt mit der fehlgeschlagenen Kolonie auf Turkana IV findet durch das Raumschiff *Potemkin* statt. Den nächsten wird die U.S.S. *Enterprise* im Jahr 2367 unternehmen. Das Personal der *Potemkin* wird gewarnt, daß jeder, der auf den Planeten beamt, getötet wird. Turkana IV ist der Geburtsort von Tasha Yar, der zukünftigen Sicherheitschefin der *Enterprise*.

»Die Rettungsoperation«. Data beschreibt die Geschichte der Kolonie (siehe die Anmerkung der Herausgeber auf Seite 127 bezüglich des Zusammenhangs zwischen der **Potemkin** in »Die Rettungsoperation« und eines anderen Schiffs dieses Namens in »Gefährlicher Tausch«).

2362

Dr. Dalen Quaice beginnt seine Dienstzeit auf der Sternenbasis 133. Er bleibt auf diesem Posten bis zum Tod seiner Frau im Jahr 2367. Quaice war während seiner Dienstzeit der Lehrer von Beverly Crusher, der leitenden medizinischen Offizierin der *Enterprise*.

»Das Experiment« (2368). Beverly sagt Picard, daß Quaice dort sechs Jahre lang stationiert war.

Fähnrich Geordi La Forge dient auf dem Raumschiff U.S.S. *Victory* unter dem Kommando von Captain Zimbata. Bei Sternzeit 40164,7 sind er und ein anderes Mitglied der Besatzung, Susanna Leijten Teil eines Außenteams, das das Verschwinden von 49 Personen aus der Kolonie auf Tarchannan III untersuchen soll. Fünf Jahre später verspüren alle Mitglieder dieses Außenteams den unerklärlichen Drang, zu diesem Planeten zurückzukehren.

»Sherlock Data Holmes«. Geordi erwähnt, daß er vor seiner Zeit auf der **Enterprise** auf der **Victory** gedient hat. In »Der unbekannte Schatten« erzählt Susanna, daß der Zwischenfall auf Tarchannan III fünf Jahre vor dieser Folge (2367) stattgefunden hat, als sie beide auf der **Victory** waren.

2363

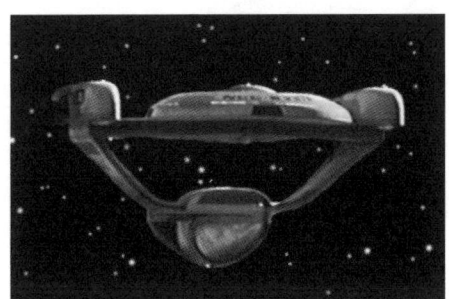

U.S.S. *Tsiolkovsky*, NCC-59311.

Das Föderationsraumschiff *Tsiolkovsky* beginnt seine letzte Wissenschaftsmission. Es wird schließlich zerstört, nachdem seine Besatzung von einer Variante des Psi 2000 Virus getötet wurde.

»Gedankengift«. Acht Monate vor dieser Folge.

Das vierundzwanzigste Jahrhundert

Das Raumschiff der *Galaxy*-Klasse U.S.S. *Enterprise*, Sternenflottenregistrirungsnummer NCC-1701-D, wird von den Utopia Planitia Flottenwerften der Sternenflotte, die sich in einer Umlaufbahn um den Mars befinden, gestartet. Seine Mission lautet »mutig dorthin zu gehen, wo noch niemand je gewesen ist«. Captain Jean-Luc Picard übernimmt das Kommando des Schiffs, dem fünften, das den Namen *Enterprise* trägt, bei Sternzeit 41124.

In »Die geheimnisvolle Kraft« wird gesagt, daß das Schiff weniger als ein Jahr vor der ersten Staffel gestartet wurde. »Der Mächtige« scheint darauf hinzuweisen, daß Picard das Kommando erst seit kurzem hat. Sterndatum und Motto des Schiffs stehen auf einer Gedenktafel auf der Brücke der **Enterprise**. *Das Datum von Picards Kommandoübernahme stammt aus »Das Standgericht«.*

U.S.S. *Enterprise*, NCC-1701-D.

2364

Nick Locarno wird als Kadett an der Sternenflotten-Akademie auf der Erde aufgenommen. Locarno gilt als einer der vielversprechendsten Studenten, die je in dieser Institution ausgebildet wurden.

»Ein mißglücktes Manöver«. Picard bemerkt, daß Locarno in der Abschlußklasse dieses Jahrs (2368) gewesen wäre, was darauf hindeutet, daß er vier Jahre vorher aufgenommen wurde.

Die U.S.S. *Enterprise* antwortet auf einen Notruf der Kolonie auf dem Planeten Carnel. Vor Ort trifft Captain Picard auf Natasha Yar, die auf einem anderen Schiff dient, das ebenfalls an der Rettungsaktion teilnimmt. Als Tasha Yar ihr Leben riskiert, um einen verletzten Kolonisten zu retten, ist Picard von ihrem Mut so beeindruckt, daß er darum bittet, sie als Sicherheitschefin auf die *Enterprise* versetzen zu lassen.

»Die Rettungsoperation«. Picard beschreibt diesen Zwischenfall so, als wäre er schon Captain der **Enterprise** *gewesen, aber das muß kurz vor »Der Mächtige« passiert sein, da Tasha da bereits Sicherheitschefin des Schiffes war.*

Kadett Nick Locarno

Commander William Riker wird das Kommando des Raumschiffs *Drake* angeboten, aber er lehnt ab, um auf der U.S.S. *Enterprise* zu dienen. Rikers Klassenkamerad Paul Rice übernimmt das Kommando der *Drake*, die später bei dem Planeten Minos zerstört wird.

»Die Waffenhändler«. Das exakte Datum ist eine Vermutung, aber Riker erzählte Tasha, daß er eine Dienstzeit auf der **Enterprise** *für vorteilhafter gehalten hätte, was darauf hinweist, daß dies kurz vor Rikers Versetzung in »Der Mächtige« stattfand.*

Admiral Leonard McCoy reist an Bord der U.S.S. *Hood*, die sich mit der *Enterprise* bei der Farpoint Station treffen soll. Ebenfalls an Bord befinden sich Commander William T. Riker (der als erster Offizier dient), Lieutenant (junior grade) Geordi La Forge, Dr. Beverly Crusher und ihr Sohn Wesley Crusher, die alle auf dem Weg zur *Enterprise* sind.

Vor »Der Mächtige«.

Die *Enterprise* erhält den Auftrag, den unbekannten Raum in der großen stellaren Masse hinter dem Planeten Deneb IV zu erforschen.

Unmittelbar vor »Der Mächtige«.

Captain Paul Rice

Admiral Leonard McCoy

Das vierundzwanzigste Jahrhundert

6.1 Raumschiff Enterprise: Das nächste Jahrhundert — Jahr 1

Die Besatzung der U.S.S. *Enterprise*, NCC-1701-D.

Das Jahr 2364 wird als Datum für die erste Staffel in »Die neutrale Zone« genannt.

Farpoint-Station

Q

»Der Mächtige«. Sternzeit 41153,7. Die *Enterprise* erhält den Auftrag, die Farpoint Station auf dem Planeten Deneb IV zu untersuchen. Farpoint ist eine neue Sternenbasis, die vor kurzem von den Bandi gebaut wurde und eventuell als Einrichtung der Sternenflotte genutzt werden soll. Bei einer Untersuchung stellt sich heraus, daß die Station mit der unfreiwilligen Hilfe einer im Raum lebenden Lebensform erbaut wurde, die in der Lage ist, praktisch jede Gestalt oder Form anzunehmen, in diesem Fall die der Station. Das Wesen wird befreit und kehrt in den tiefen Raum zurück.

Der erste Kontakt mit einer nicht aus unserer Dimension stammenden Lebensform, die sich Q nennt und aus dem sogenannten Q-Kontinuum kommt. Das Wesen hat die unglaubliche Macht, Raum und Materie zu verändern und mischt sich in die Ausführung der Farpoint-Untersuchung ein.

Commander William T. Riker, der vorher auf der *Hood* unter dem Kommando von Captain Jonathan DeSoto diente, kommt auf der Farpoint Station an Bord der *Enterprise* und übernimmt die Pflichten eines ersten Offiziers. Lieutenant Geordi La Forge kommt auf der Farpoint Station an Bord der *Enterprise* und übernimmt die Pflichten eines Steueroffiziers (Conn). Dr. Beverly Crusher kommt auf der Farpoint Station an Bord der *Enterprise* und übernimmt die Pflichten eines leitenden medizinischen Offiziers, Sternzeit 41154. Ihr 15-jähriger Sohn Wesley kommt ebenfalls auf die *Enterprise*.

Der Sternenflotten-Admiral Leonard McCoy, der auf der *Hood* reist, unternimmt einen Inspektionsbesuch auf der neuen *Enterprise*.

*Anmerkung der Herausgeber: In »Das Experiment« wird die Sternzeit 41154 als das Datum genannt, an dem Beverly an Bord kam. Picard übernahm bei Sternzeit 41124 (»Das Standgericht«) das Kommando der **Enterprise**, woraus man schließen kann, daß Picard das Kommando nur kurz vor »Der Mächtige« bekommen hatte.*

Das vierundzwanzigste Jahrhundert

»**Gedankengift**«. Sternzeit 41209,2. Die U.S.S. *Enterprise* erhält den Auftrag, sich mit dem Wissenschaftsschiff *Tsiolkovsky* zu treffen, das den Zusammenbruch eines Roten Riesen beobachtet hatte. Durch eine Reihe merkwürdiger Nachrichten von der *Tsiolkovsky* nimmt man an, daß schwerwiegende psychische Krankheiten die Besatzung gefährden. Als die *Enterprise* den Treffpunkt erreicht, sind alle 80 Besatzungsmitglieder des Schiffs bereits tot. Eine Untersuchung ergibt, daß die Besatzung der *Tsiolkovsky* einem Virus zum Opfer fiel, der dem Psi 2000 Virus gleicht, der 2266 die frühere *Enterprise* bedrohte. Das Außenteam wird verseucht und sorgt dafür, daß sich der Virus unter der Besatzung der *Enterprise* ausbreitet, bis schließlich eine Heilungsmethode gefunden wird.

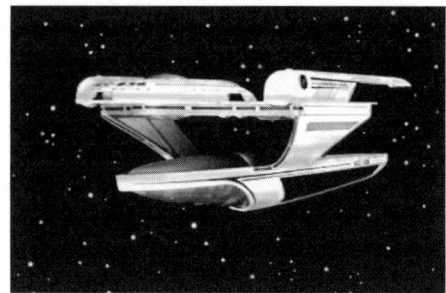

Wissenschaftsschiff *Tsiolkovsky*

Der romulanische Senator Pardek nimmt an einer Handelskonferenz teil. Unter den anderen Teilnehmern sind auch die Barolianer.

»Wiedervereinigung?, Teil 1«. Data entdeckt ein Archivvideo von Pardek in den barolianischen Aufzeichnungen dieser Verhandlungen und gibt an, daß die Konferenz vier Jahre vor dieser Folge (2368) stattgefunden hat.

Ein Ausbruch des Anchilles-Fiebers auf dem Planeten Stryris IV gerät außer Kontrolle und führt zu Millionen von Toten.

Vor »Der Ehrenkodex«.

»**Der Ehrenkodex**«. Sternzeit 41235,25. Die *Enterprise* befindet sich auf einer diplomatischen Mission, um einen Vertrag mit dem Planeten Ligon II abzuschließen und dort einen seltenen Impfstoff zur Behandlung einer Seuche auf dem Planeten Stryris IV zu erwerben. Die Sicherheitsoffizierin der *Enterprise*, Yar, wird zur Schachfigur im Machtkampf zwischen dem ligonischen Anführer Lutan und seinen politischen Rivalen, denen es schließlich gelingt, Lutan loszuwerden.

Ligonianischer Herrscher Lutan

Die *Enterprise* liefert dringend benötigten Impfstoff an den Planeten Stryris IV.

Nach »Der Ehrenkodex«.

Kosinski, Antriebsexperte der Sternenflotte, führt Verbesserungen an den Warpsystemen der Schiffen *Fearless* und *Ajax* durch. Beide Schiffe melden leichte Geschwindigkeitsgewinne.

»Der Reisende«. Das exakte Datum ist eine Vermutung, aber dies muß recht kurz vor dieser Folge stattgefunden haben.

»**Die Frau seiner Träume**«. Sternzeit 41294,5. Die *Enterprise* befindet sich auf dem Weg zum Landurlaub auf dem Planeten Haven im Beta Cassius System. Ihre Reise wird durch einen dringenden Notruf unterbrochen. Die Erste Electorine Valeda Innis von Haven erbittet die Intervention der Föderation, um die Landung eines tarellianischen Schiffes, das sich auf dem Kurs nach Haven befindet, zu verhindern. Sie erklärt, daß die Tarellianer den Plan haben, auf dem Planeten zu landen, um dort zu sterben und daß alle diplomatischen Versuche, sie davon abzuhalten, fehlgeschlagen sind. Innis fürchtet, daß die Tarellianer, die letzten acht Überlebenden einer schrecklichen biologischen Kriegsführung auf ihrem Planeten, Haven mit dem tödlichen Virus infizieren könnten.

Lwaxana und Deanna Troi

Schiffsberaterin Deanna Troi erhält die Nachricht, daß sie das Heiratsversprechen, das sie Wyatt Miller in ihrer Kindheit gab, einhalten muß. Die Hochzeit soll in Anwesenheit ihrer Mutter Lwaxana Troi und den Eltern von Wyatt auf der *Enterprise* stattfinden. Die Hochzeit wird abgesagt, als Wyatt, ein ehrgeiziger Arzt, beschließt, zu den Tarellianern zu gehen, um eine Heilung für ihre Seuche zu finden.

»**Der Reisende**«. Sternzeit 41263,1. Die *Enterprise* trifft sich mit dem Raumschiff *Fearless*, um Kosinski und seinen Assistenten, einen Bewohner des Planeten Tau Alpha C, aufzunehmen.

Das vierundzwanzigste Jahrhundert

Die *Enterprise* nimmt unter der Aufsicht Kosinskis, des Antriebsspezialisten der Sternenflotte, an einem Warpexperiment teil. Die Tests beinhalten eine Veränderung der Warpfelder des Schiffes, um eine höhere Effizienz der Maschinen zu erreichen. Die ersten Ergebnisse sind enorm vielversprechend, obwohl ein Test das Schiff versehentlich über mehrere Millionen Lichtjahre hinter die Galaxie M33 befördert. Man erfährt, daß die Effizienzsteigerung nichts mit Kosinskis Veränderungen zu tun hat, sondern von seinem Assistenten, der sich »der Reisende« nennt, ausgelöst werden.

Wesley Crushers Bemühungen, dem Reisenden dabei zu helfen, die *Enterprise* wieder zurückzubringen, werden von Captain Picard anerkannt. Er gewährt Crusher bei Sternzeit 41263,4 den Rang eines »Fähnrichs ehrenhalber«.

Das alte vulkanische Schiff *T'Pau* wird außer Dienst gestellt und auf den Schiffsfriedhof Zed-15 gebracht, der sich in einer Umlaufbahn um Qualor II befindet. Das Schiff wird später unbefugterweise von romulanischen Spionen auseinandergenommen und gestohlen. Dies ist ein Teil des Plans, mit dem Vulkan unter romulanische Herrschaft kommen soll.

»Wiedervereinigung?, Teil 1«. Dokachin bemerkt, daß die *T'Pau* bei Sternzeit 41344 eingetroffen wäre, was darauf schließen läßt, daß dies irgendwann zwischen »Der Reisende« und »Der Wächter« stattfand.

Agenten der Ferengi stehlen einen T-9 Energiekonverter aus einem unbemannten Überwachungsposten auf dem Planeten Gamma Tauri IV. Dieser Diebstahl löst Besorgnis aus, da die Föderation vorher so gut wie keinen Kontakt zu den Ferengi hatte und nur wenig über diese Rasse weiß.

Vor »Der Wächter«.

Der Reisende arbeitet mit Wesley Crusher.

Tor des Tkon-Imperiums.

Delegation der Selay für die Parliament-Konferenz.

»Der Wächter«. Sternzeit 41386,4. Die *Enterprise* verfolgt ein Ferengi-Schiff, um den T-9 Energiekonverter zurückzubekommen. Beim Eintritt in das Delphi Ardu Sonnensystem, werden beide Schiffe durch einen starken Energiestrahl festgesetzt, der anscheinend von einem Außenposten des lange untergegangenen Tkon-Empires stammt. Durch diplomatische Bemühungen gelingt es schließlich, beide Schiffe zu befreien, wobei sich der Ferengi-DaiMon Taar bereit erklärt, den gestohlenen Energiekonverter zurückzugeben.

Erster Kontakt mit der Ferengi-Allianz und dem Tkon Imperium.

»Die geheimnisvolle Kraft«. Sternzeit 41249,3. Die *Enterprise* befindet sich auf einer diplomatischen Mission, um Delegierte der Planeten Antica und Selay zu einer interstellaren Konferenz auf dem Planetoiden Parliament im Renner System zu bringen. Man hofft, dort die Konflikte zwischen den gegnerischen Planeten, die sich beide um die Mitgliedschaft in der Föderation beworben haben, lösen zu können.

Auf der Enterprise kommt es zu einer Reihe von Fehlfunktionen, als eine auf Energie basierende Lebensform in das Computersystem eindringt, zuerst von einigen Besatzungsmitgliedern und schließlich von der *Enterprise* selbst Besitz ergreift. Das Wesen, eine im All lebende Energiewolke, hat ähnliche Ziele wie Picard und seine Besatzung, denn sie erforscht auf diese Weise das Unbekannte.

Die *Enterprise* bringt die Delegierten von Antica und Selay zur Konferenz nach Parliament, wo man über ihre Anträge, Mitglieder der Föderation zu werden, verhandeln wird.

Direkt nach »Die geheimnisvolle Kraft«.

Die *Enterprise* bringt eine Gruppe irdischer Kolonisten zum Strnad-Sonnensystem. Kurz danach entdeckt die Besatzung des Schiffes einen weiteren Planeten der Klasse-M im benachbarten Rubicun System. Dieser zweite Planet wird von einer friedlichen humanoiden Rasse bewohnt, die sich Edo nennen. Der Planet scheint für einen Landurlaub geeignet zu sein.

Das vierundzwanzigste Jahrhundert

Direkt vor »Das Gesetz der Edo«.

Anmerkung der Herausgeber: Das Strnad-Sonnensystem wurde nach der ehemaligen Star Trek-Produktionsmitarbeiterin Janet Strnad benannt.

»Das Gesetz der Edo«. Sternzeit 41255,6. Einige Besatzungsmitglieder der *Enterprise*, die sich auf Landurlaub auf dem Planeten Rubicun III befinden, verletzen versehentlich einige örtliche Gesetze. Wesley Crusher begeht eine scheinbar geringe Übertretung, aber die örtlichen Autoritäten beschließen in Übereinstimmung mit ihren Gesetzen die Todesstrafe. Alle Versuche, Wesleys Freilassung zu bewirken, scheitern durch die Anwesenheit eines mächtigen, im All lebenden, nichtstofflichen Wesens, das von den Edo als Gott verehrt wird. Captain Picard verstößt gegen die Erste Direktive der Nichteinmischung, indem er die örtlichen Gesetze bricht, um Wesley Crusher zu befreien.

Bewohner des Planeten Rubicon III.

Ein Ferengischiff kontaktiert die *Enterprise* und bittet um ein Treffen im Xendi Sabu Sonnensystem. Die *Enterprise* wartet drei Tage lang an diesem Treffpunkt, während die Ferengi nur ein Signal aussenden, daß sie sich bereit halten sollen. Scheinbar unabhängig davon leidet Captain Picard an ungewöhnlich starken Kopfschmerzen.

Drei Tage vor »Die Schlacht von Maxia«.

»Die Schlacht von Maxia«. Sternzeit 41723,9. Der Ferengi-DaiMon Bok, der sich auf einem Ferengischiff am Treffpunkt im Xendi Sabu System befindet, bietet Captain Picard ein Geschenk an: den Rumpf von Picards ehemaligem Schiff, der *Stargazer*. Bei einer Untersuchung der Aufzeichnungen an Bord der *Stargazer* findet man belastendes Material, aus dem hervorgeht, daß Picard neun Jahre zuvor in der sogenannten »Schlacht von Maxia«, in der die *Stargazer* angeblich zerstört wurde, ein Ferengischiff angegriffen hatte. Das Geschenk stellt sich als Teil eines ausgeklügelten Plans von Bok heraus, der sich an Picard für dessen Beteiligung in der Schlacht, in der Boks Sohn getötet wurde, rächen will. Bok veränderte ebenfalls die Aufzeichnungen der *Stargazer* und versucht Picard durch den Einsatz eines Gedankenkontrollgerätes zu verletzen.

U.S.S. *Stargazer*

Die *Enterprise* schleppt den Rumpf der *Stargazer* zur Xendi-Sternenbasis 9.

Unmittelbar nach »Die Schlacht von Maxia«.

Schiffsberaterin Deanna Troi verläßt die *Enterprise* in einem Shuttle, um ihren Heimatplaneten Betazed zu besuchen.

Vor »Rikers Versuchung«.

Bei einer Explosion in der Bergbaukolonie der Föderation auf dem Planeten Sigma III werden 504 Personen verletzt. Ein dringender medizinischer Notruf erreicht die *Enterprise*.

Vor »Rikers Versuchung«.

DaiMon Bok benutzt das Gedankenkontrollgerät der Ferengi.

»Rikers Versuchung«. Sternzeit 41590,5. Die *Enterprise* befindet sich auf dem Weg zu einer Rettungsoperation in der Bergbaukolonie auf dem Planeten Sigma III, als sie durch das erneute Auftauchen eines Wesens, das sich »Q« nennt, aufgehalten wird. Die Rettungsoperation ist größtenteils erfolgreich, obwohl zumindest eine Person in der Kolonie stirbt.

Das Sternenflottenkommando erhält eine Nachricht von Karnas, dem Herrscher des Planeten Mordan IV, aus der hervorgeht, daß Terroristen Geiseln genommen haben, unter denen sich auch der Föderationsbotschafter Hawkins befindet. Karnas erbittet dringend die Hilfe des Sternenflotten-Admirals Mark Jameson, da die Terroristen gedroht haben, die Geiseln zu töten, wenn sich Jameson nicht innerhalb von sechs Tagen mit ihnen in Verbindung setzt.

Zwei Tage vor »Die Entscheidung des Admirals«.

Rettungsmission auf der Minenkolonie Sigma III.

Das vierundzwanzigste Jahrhundert

Karnas von Mordan IV

»**Die Entscheidung des Admirals**«. Sternzeit 41309,5. Die *Enterprise* befindet sich in der Nähe des Planeten Persephone, um Admiral Mark Jameson und seine Frau Anne aufzunehmen. Sie sollen dann zum Planeten Mordan IV gebracht werden, um die Freilassung der Föderationsgeiseln zu erreichen. Jameson gibt zu, daß seine berühmten Verhandlungen (die zur Freilassung anderer Föderationsgeiseln, die Karnas vor 45 Jahren genommen hatte, führten) in Wahrheit aus einem Abkommen bestanden, bei dem die Geiseln gegen Waffen eingetauscht wurden, was zu einem blutigen Bürgerkrieg führte. Dieser Konflikt endete erst vor fünf Jahren. Es stellt sich heraus, daß Karnas die Geiselnahme inszeniert hat, um sich an Jameson zu rächen, dessen Einmischung zur Eskalation des Konfliktes führte. Jameson, der unter den Nebenwirkungen einer Verjüngungsdroge leidet, die er auf dem Planeten Cerebus III erwarb, stirbt auf Mordan IV, nachdem er Karnas dazu gebracht hat, die Geiseln freizulassen.

Die *Enterprise* fliegt zum Planeten Isis III.

Direkt nach »Die Entscheidung des Admirals«.

»**Der große Abschied**«. Sternzeit 4199,7. Die *Enterprise* erhält den Auftrag, diplomatische Beziehungen zu den Jarada, einer zurückgezogen lebenden Rasse aufzunehmen. Die Mission verzögert sich etwas, als Captain Picard und andere Besatzungsmitglieder durch eine Fehlfunktion in einem Simulationsprogramm des Holodecks gefangen werden. Die Kontaktaufnahme ist schließlich erfolgreich, was zu einem Großteil Captain Picards exakter Aussprache einer formellen jaradanischen Begrüßung zu verdanken ist.

Die *Enterprise* beendet ihre Mission im Omicron Theta Sonnensystem.

Direkt vor »Das Duplikat«.

Picard und Data nehmen an dem Dixon Hill-Simulationsprogramm im Holodeck teil.

Data untersucht den funktionsuntüchtigen Kopf seines Bruders Lore.

»**Das Duplikat**«. Sternzeit 41242,4. Die *Enterprise* befindet sich im Omicron Theta System und macht einen kurzen Ausflug zu dem Planeten, wo Data gefunden wurde. Bei den Untersuchungen findet man die Überreste einer Föderationskolonie, die scheinbar von dem mächtigen, im All lebenden Kristallwesen, dessen Ursprung unbekannt ist, vernichtet wurde, wobei alle Einwohner getötet wurden.

Man findet auch das verlassene, aber gut erhaltene Labor des berühmten Kybernetikers Dr. Noonian Soong. Dr. Soong, der seit langem für tot gehalten wird, gilt als der Konstrukteur des Androiden Data. Unter den Ausrüstungsgegenständen des Labors entdeckt man genügend Bauteile, um einen zweiten, fast identischen Androiden zu konstruieren. Nach der Rückkehr zur *Enterprise* werden die Teile zusammengebaut und aktiviert. Dieser zweite Android, der sich Lore nennt, hat zwar die gleiche Struktur wie Data, aber eine völlig andere Persönlichkeitsprogrammierung. Der Android zeigt ein gestörtes Verhalten, bedroht die Besatzung der *Enterprise* und wird schließlich in den freien Raum gebeamt.

Zu diesem Zeitpunkt weiß man noch nicht, daß Lore zwei Jahre lang im All treiben und schließlich von einem vorbeifliegenden Pakled-Schiff gerettet werden wird.

»Die ungleichen Brüder«. Lore erzählt Data und Dr. Soong seine Abenteuer.

Zwölf Studenten von der *Enterprise* nehmen an dem wissenschaftlichen Ausflug nach Quazulu teil und bringen versehentlich einen Virus, der die Atemwege angreift, zurück auf die *Enterprise*.

Vor »Angel One«.

Die *Enterprise* untersucht das Verschwinden des Föderationsfrachters *Odin,* der seit sieben Jahren vermißt wird. Sie entdecken das Wrack des Schiffs, auf dem drei Überlebenskapseln fehlen, was darauf hinweist, daß es Überlebende gibt.

Vor »Angel One«.

Das vierundzwanzigste Jahrhundert

»Angel One«. Sternzeit 41636,9. Untersuchungen der möglichen Flugbahn der Überlebenskapseln der *Odin* führen die *Enterprise* zum Planeten Angel I. Überlebende von der *Odin* werden auf dem Planeten gefunden. Sie haben sich in die Gesellschaft eingegliedert. Die örtlichen Machthaber verlangen, daß die Überlebenden vom Planeten entfernt werden, da sie sich in die planetare Gesetzgebung einmischen, aber Captain Picard entscheidet, daß die Überlebenden ein legitimer Teil der Gesellschaft geworden sind und daher der Ersten Direktive nicht verpflichtet sind.

Romulanische Raumschiffe werden in der Nähe eines Grenzpostens der Föderation entdeckt. Die U.S.S. *Berlin* wird mit der Untersuchung des Vorfalls beauftragt. Nach Beendigung der *Odin*-Mission macht sich die *Enterprise* auf den Weg zur romulanischen neutralen Zone. Zu diesem Zeitpunkt kommt es zu keinem direkten Kontakt mit den Romulanern.

Die *Enterprise* macht sich auf den Weg zur romulanischen neutralen Zone.

Unmittelbar nach »Angel One«.

Die *Enterprise* wird bei Omicron Pascal aufgehalten und trifft mit einer Woche Verspätung zu geplanten Systemüberholungen auf Sternenbasis 74 ein.

Vor »11001001«.

Hauptstadt des Planeten Angel I

»11001001«. Sternzeit 41365,9. Die *Enterprise* befindet sich zu Systemüberholungen auf Sternenbasis 74 im Orbit um Tarsas III. Die Verbesserungen werden von einem Spezialteam vom Planeten Bynaus durchgeführt. Während die *Enterprise* im Dock liegt, wird eine Fehlfunktion gemeldet, die zu einem potentiell katastrophalen Ausfall der Antimaterie-Eindämmungsfelder führen könnte. Aus diesem Grund wird das gesamte Personal des Schiffes evakuiert und das Schiff selbst von der Sternenbasis entfernt. Später wird klar, daß der Zwischenfall von den Binären inszeniert wurde, die das Schiff umrüsten wollten, um es zum Neustart des Computersystems auf ihrem Heimatplaneten im Beta Magellan System zu benutzen. Der planetare Computer der Binären war beschädigt worden, als Beta Magellan zur Supernova wurde.

Anmerkung der Herausgeber: Ursprünglich sollte »11001001« vor der Folge »Der große Abschied« produziert werden. Wären die Episoden in der Reihenfolge gedreht und gesendet worden, hätte man die Veränderungen der Binären benutzen können, um zu erklären, was Captain Picard passierte, als seine Lieblingssimulation, das Dixon Hill-Programm eine Fehlfunktion aufwies. In dieser Folge wird außerdem zum ersten Mal das Spiel »Parrises Squares« erwähnt. Tasha, Worf und zwei andere Besatzungsmitglieder der **Enterprise** *fordern ein Team der Sternenbasis zu diesem Spiel heraus.*

Die *Enterprise* hat einen Auftrag bei dem Planeten Pelleus V.

Zwei Tage nach »11001001«.

Die *Enterprise* beginnt mit der Kartographierung der Pleiaden-Sternengruppe.

Vor »Ein Planet wehrt sich«.

Binäre

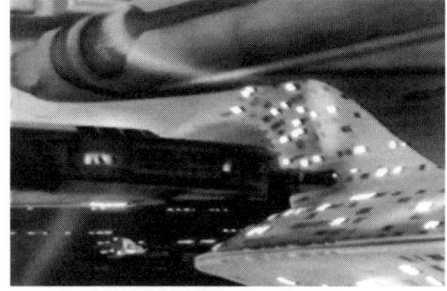
U.S.S. *Enterprise* auf Sternenbasis 74.

»Ein Planet wehrt sich«. Sternzeit 41463,9. Der Kartographierungsauftrag der *Enterprise* in der Pleiaden-Sternengruppe wird unterbrochen, als die Föderation darum bittet, den Grund für das Abbrechen des Kontakts mit dem Terraforming-Team der Föderation auf Velara III festzustellen. Ein Außenteam der *Enterprise* entdeckt, daß die Terraforming-Aktivitäten ungewollt eine Lebensform gefährdet hatten, die es nur auf diesem Planeten gibt. Diese anorganische Lebensform lebt in der schmalen, elektrisch leitfähigen Zone über dem Grundwasserspiegel und wurde durch den Terraforming-Prozeß gefährdet. Die Intelligenz dieses Wesens wird deutlich, als es die Kontrolle über die Computer der *Enterprise* übernimmt. Die Besatzung glaubt, daß Projektleiter Mandi sich der Intelligenz dieses Wesens bewußt war und trotzdem eine Fortführung des Terraforming anordnete.

Kurt Mandi, Leiter des Terraforming-Teams.

Das vierundzwanzigste Jahrhundert

Die *Enterprise* evakuiert das Terraforming-Personal von Velara III und bringt es zurück zur Sternenbasis.

Nach »Ein Planet wehrt sich«.

Benzan vom Planeten Straleb und Yanar vom Planeten Atlec verlieben sich ineinander. Benzan überreicht Yanar als Hochzeitsgeschenk das Juwel von Thesia, einen stralebischen Nationalschatz, obwohl die Eltern der beiden nichts von der Beziehung wissen.

»Der unmögliche Captain Okona«. Okona sagte, daß die beiden sich ungefähr sechs Monate vor dieser Folge verliebt hätten. Das exakte Datum ist eine Vermutung.

»Die Sorge der Aldeaner«. Sternzeit 41509,1. Die *Enterprise* entdeckt den legendären Planeten Aldea, der sich im Epsilon Mynos System von jeglicher Sichtbarkeit abgeschirmt, befindet. Die Bewohner des Planeten, eine technologisch fortschrittliche Gesellschaft von Künstlern, benutzen ihr hochentwickelte Transportertechnologie, um mehrere Kinder von der *Enterprise* zu entführen. Es stellt sich heraus, daß dies ein Versuch der Aldeaner ist, ihre Rasse neu zu beleben, nachdem sie durch eine Strahlenkrankheit, die durch die Beschädigung der Ozonschicht entstand, unfruchtbar geworden sind.

Alle diplomatischen Versuche, die Kinder freizubekommen, scheitern zunächst. Schließlich stimmen die Aldeaner aber doch einer Freilassung zu. Besatzungsmitglieder der *Enterprise* helfen dabei, den Schutzschild zu deaktivieren und beginnen mit einer Stärkung der Ozonschicht. Man geht davon aus, daß dies die Sterilität der Aldeaner schließlich beheben wird.

Sternenflotten-Admiral Gregory Quinn und Dexter Remmick vom Büro für innere Angelegenheiten.

»Prüfungen«. Sternzeit 41416,2. Lieutenant Commander Dexter Remmick vom Büro für innere Angelegenheiten der Sternenflotte führt eine gründliche Untersuchung auf der *Enterprise* durch, als das Schiff in der Sternenflotten-Einrichtung bei Relva VII ist. Remmicks Auftrag, nicht näher spezifizierte Probleme auf der *Enterprise* zu klären, stellt sich später als eine Überprüfung Captain Picards heraus, die Admiral Gregory Quinn angeordnet hat. Nach bestandener Überprüfung bietet Quinn Picard den Posten des Kommandanten der Sternenflotten-Akademie an. Quinns Angebot an Picard ist mit einer Bitte verbunden, auf die sich Quinns Verdacht gründet, daß es Probleme in der Hierachie der Sternenflotte gibt. Picard lehnt das Angebot mit der Begründung ab, daß er die Interessen der Föderation besser als Captain der *Enterprise* vertreten könne.

Wesley Crusher nimmt auf Relva VII an der Aufnahmeprüfung für die Sternenflotten-Akademie teil. Crusher wird zwar nicht in die Akademie aufgenommen, aber sein Ergebnis ist gut genug, um ihm eine zweite Chance im nächsten Jahr zu gewähren.

Die *Enterprise* fliegt nach Algeron IV.

Unmittelbar nach »Prüfungen«.

Talarianischer Frachter *Batris*

»Worfs Brüder«. Sternzeit 41503,7. Die *Enterprise* reagiert auf einen Notruf der *Batris*, einem beschädigten talarianischen Frachter. Drei Überlebende, klingonische Krieger, werden von der *Batris* gerettet, bevor sie explodiert. Einer der Krieger stirbt allerdings kurze Zeit später. Eine Untersuchung ergibt, daß die beiden anderen Überlebenden, Korris und Konmel, militante Gegner der klingonischen Regierung sind. Ihr Versuch, die Kontrolle über die *Enterprise* zu erlangen, schlägt fehl.

Rebellische Klingonen

»Die Waffenhändler«. Sternzeit 41798,2. Die *Enterprise* befindet sich am Lorenzo-Sternenhaufen, um das Verschwinden der *Drake* bei dem Planeten Minos zu klären. Der Planet war zwar früher einmal bewohnt, aber kürzlich entsandte Sonden konnten kein intelligentes Leben feststellen. Trotzdem trifft die

Das vierundzwanzigste Jahrhundert

Besatzung der *Enterprise* auf technisch hochentwickelte Waffensysteme, die sowohl das Außenteam auf dem Planeten wie auch die *Enterprise* selbst gefährden. Weitere Untersuchungen lassen darauf schließen, daß diese immer noch aktiven Waffensysteme für die Zerstörung der *Drake* und die Auslöschung der gesamten minosischen Kultur verantwortlich sind.

*Anmerkung der Herausgeber: Riker erwähnt gegenüber Tasha und Picard, daß man ihm das Kommando über die Drake angeboten hatte. Dies liegt anscheinend kurz vor dem Zeitpunkt, an dem Riker seinen Dienst als erster Offizier auf der **Enterprise** antrat.*

»**Die Seuche**«. (Sternzeit bleibt ungenannt). Die *Enterprise* untersucht gerade die Sonneneruptionen im Delos-System, als sie einen Notruf erhält, der von der *Sanction* stammt, einem beschädigten, interplanetaren ornaranischen Frachter. Zwar gelingt es der Besatzung der *Enterprise* nicht, den Frachter zu bergen, aber ein Teil der Fracht und einige Besatzungsmitglieder können gerettet werden. Man findet heraus, daß die *Sanction* ein Medikament namens Felicium von Brekka nach Ornara liefern sollte, um eine 200 Jahre alte Seuche unter Kontrolle zu halten.

Omaranischer Frachter *Sanction*

Untersuchungen der *Enterprise*-Besatzung ergeben, daß das Medikament in Wirklichkeit eine narkotische Substanz ist, die nicht mehr medizinisch eingesetzt wird. Abgesandte von Brekka erbitten die Hilfe der Föderation, um die Lieferung dieses Medikaments sicherzustellen, aber Picard entscheidet, daß die Erste Direktive eine solche Einmischung nicht gestattet. Diese Erste Direktive verbietet Picard allerdings auch, den Bewohnern des Planeten Ornara mitzuteilen, daß Brekka sie mit der Lieferung des süchtig machenden Stoffes ausbeutet. Picard geht davon aus, daß die Ornaraner dies selbst feststellen werden.

Tasha Yar

Anmerkung der Herausgeber: »Die Seuche« wurde nach »Die schwarze Seele« gefilmt, wird allerdings zuerst genannt, weil Tasha Yar, die in »Die schwarze Seele« stirbt, hier noch lebt.

Schiffsberaterin Deanna Troi nimmt an einer Psychologie-Konferenz im Zed Lapis Sektor teil.

Unmittelbar vor »Die schwarze Seele«.

»**Die schwarze Seele**«. Sternzeit 41601,3. Shuttle 13, in dem sich Deanna Troi und der Pilot Ben Prieto auf dem Rückflug zur *Enterprise* befinden, wird gezwungen, auf dem Planeten Vagra II notzulanden. Nachforschungen eines Außenteams der *Enterprise* ergeben, daß die Notlandung von einem Wesen verursacht wurde, das sich selbst Armus nennt. Bei den Nachforschungen wird Tasha Yar, Sicherheitschefin der *Enterprise* von Armus getötet.

Armus

Troi und andere Besatzungsmitglieder der *Enterprise* können später erfolgreich gerettet werden. Captain Picard ernennt Worf zum vorläufigen Sicherheitschef.

»**Begegnung mit der Vergangenheit**« Sternzeit 41697,9. Die *Enterprise* befindet sich auf dem Weg zum Planeten Sarona VII, als sie in eine kurze temporale Verzerrung gerät. Im Ilecom-Sonnensystem und auf dem Frachter *Lalo* bemerkt man das Phänomen ebenfalls. Kurz danach reagiert die *Enterprise* auf einen Notruf aus dem wissenschaftlichen Laboratorium auf dem Planetoiden Vandor IV. Nachforschungen ergeben, daß die Zeitverzerrungen von Dr. Paul Manheim verursacht wurden, der den Zusammenhang zwischen Zeit und Schwerkraft untersucht. Manheim leidet durch die Zeitverzerrung unter einer neurochemischen Verletzung, bis es Data gelingt, die zeitliche Anomalie zu beheben.

Durch die Zeitverzerrung existiert Data gleichzeitig auf verschiedenen Ebenen.

Die *Enterprise* begibt sich für einen Landurlaub zum Planeten Sarona VII.

Direkt nach »Begegnung mit der Vergangenheit«.

Das vierundzwanzigste Jahrhundert

Admiral Satie

Admiral Norah Satie entdeckt Beweise dafür, daß Außerirdische das Sternenflottenkommando auf breiter Basis infiltriert haben. Zu den Beweisen zählen eine Reihe ungewöhnlicher Vorfälle, scheinbar sinnlose Befehle, die von hochrangigen Offizieren durchgesetzt werden, die zweitägige Evakuierung der Sternenbasis 12 und die scheinbaren Unfalltode von McKinney, Ryan Sipe und Onna Karapleedeez. Satie bittet einige wichtige Offiziere der Flotte um ihre Hilfe gegen die Verschwörung. Zu ihnen gehören Captain Walker Keel, Captain Tryla Scott und Captain Rixx.

Vor »Die Verschwörung«. Saties Rolle in der Aufdeckung der Verschwörung wird in »Das Standgericht« beschrieben.

Die *Enterprise* begibt sich zu einer wissenschaftlichen Untersuchung zum Planeten Pacifica.

Vor »Die Verschwörung«.

Walker Keel

»Die Verschwörung«. Sternzeit 41775,5. Der Flug nach Pacifica wird unterbrochen, als Captain Picard von Walker Keel, dem Captain der *Horatio* um ein geheimes Treffen auf dem Planetoiden Dytallix B gebeten wird. Bei diesem Treffen sind außerdem Captain Tryla Scott von der U.S.S. *Renegade* und Captain Rixx von der U.S.S. *Thomas Paine* anwesend. Auf dem Planetoiden weiht Keel Picard in seine Vermutung ein, daß unbekannte äußere Kräfte die Sternenflotte infiltriert haben und für die ungewöhnlichen Aktivitäten der letzten Zeit verantwortlich sind. Kurz danach wird die *Horatio* zerstört. Captain Keel und seine gesamte Besatzung werden dabei getötet.

Picard geht Keels Verdacht nach, indem er mit der *Enterprise* zur Erde fliegt und um ein Treffen im Sternenflottenkommando bittet. Dort stellt sich heraus, daß Keel Recht hatte. Zahlreiche hochrangige Offiziere der Flotte werden von einer außergalaktischen Intelligenz kontrolliert. Es gelingt Picard und Riker, diese Wesen zu stoppen und ihre Kontrolle zu neutralisieren, aber Ursprung und Ziel dieser Wesen bleiben ein Geheimnis.

Captain Rixx

Der Kontakt zur Föderations-Sternenbasis in Sektor 3-0, in der Nähe der romulanischen neutralen Zone bricht ab. Berichte treffen ein, daß zwei Außenposten in dem Gebiet zerstört wurden.

Vor »Die neutrale Zone«; der Kontakt bricht bei Sternzeit 41903,2 ab.

Captain Picard nimmt an einer Sondersitzung auf Sternenbasis 718 teil, auf der die Möglichkeit einer neuen romulanischen Bedrohung nach der Zerstörung der Außenposten in der Nähe der neutralen Zone besprochen wird.

Unmittelbar vor »Die neutrale Zone«.

Tiefschlafsatellit

»Die neutrale Zone«. Sternzeit 41986,0. Während man auf Picards Rückkehr von einer Konferenz der Sternenflotte wartet, entdeckt Lieutenant Commander Data ein scheinbar verlassenes Raumschiff. Nachforschungen ergeben, daß das Raumschiff die in künstlichem Schlaf liegenden Körper mehrerer Menschen enthält, die gegen Ende des 20. Jahrhunderts starben. Drei dieser Menschen können wiederbelebt werden, da die Medizin in der Zwischenzeit solche Fortschritte gemacht hat, daß ihre Krankheiten geheilt werden können. Drei Personen mit Namen Clair Raymond (die vor ihrem Tod als Hausfrau arbeitete), Sonny Clemons (ein Entertainer) und Ralph Offenhouse (ein Geschäftsmann) werden später auf der *Charleston* zur Erde gebracht.

Es stellt sich heraus, daß die Föderations-Außenposten auf Delta Zero Five und Tarod IX in der Nähe der romulanischen neutralen Zone nicht von den Romulanern sondern von einer unbekannten Macht vernichtet wurden, die die Außenposten förmlich von der Planetenoberfläche fegte. Später wird man annehmen, daß es sich dabei um die Borg handelt, was bedeutet, daß sie sich schon wesentlich früher als 2367 in der Nähe der Föderation befanden.

Das vierundzwanzigste Jahrhundert

Bei der Untersuchung dieser Vorfälle stößt die *Enterprise* auf ein romulanisches Schiff, das ähnliche Vorfälle auf der anderen Seite der neutralen Zone untersucht. Dies ist der erste Kontakt zwischen der Föderation und den Romulanern seit dem Tomed-Zwischenfall von 2311.

Anmerkung der Herausgeber: Data nennt 2364 als das Jahr, in dem »Die neutrale Zone« stattfindet. Von dieser Information leiten wir die meisten Daten von **Raumschiff Enterprise: Das nächste Jahrhundert** *ab. Die Anspielung auf Aktivitäten der Borg in der Nähe der Föderation und der Romulaner passen nicht zu Qs Angaben in »Zeitsprung mit Q«, aus denen hervorgeht, daß die Borg noch einige Jahre von der Föderation entfernt sind. Natürlich ist es auch möglich, daß Q nicht alles über die Borg wußte.*

Claire Raymonds Ur-Ur-Ur-Ur-Enkel, Thomas, über den sie sagte, daß er ihrem verstorbenen Ehemann Donald ähnlich sehen würde, sieht zufällig auch Peter Lauritson, dem Co-Produzenten von **Raumschiff Enterprise: Das nächste Jahrhundert** *sehr ähnlich. Raymonds Familienstammbaum, den man auf Trois Computer sehen kann, enthält auch die (hoffentlich unleserlichen) Namen verschiedener Charaktere aus der* **Muppet Show** *und* **Gilligan's Island***.*

Auf Computer-Aufzeichnungen der *Enterprise* sieht man den Ur-Ur-Ur-Ur-Enkel von Claire Raymond.

Das unbemannte Raumschiff, auf dem die Schläfer aus dem 20. Jahrhundert waren, wurde von Rick Sternbach und Mike Okuda entworfen. In sehr, sehr kleinen Buchstaben schrieben sie den Namen U.S.S. **Birdseye** *auf das Schiff. Das Reaktormodul des Satelliten trägt die Nummer 4077, eine Anspielung auf* **M A S H***, eine von Mikes Lieblingsserien. Auf allen nicht mehr funktionierenden Tiefschlaf-Modulen im Inneren des Schiffs (in denen die furchtbar verwesten Körper sind) befinden sich Schilder, auf denen die Namen verschiedener Mitarbeiter der künstlerischen Abteilung und der Name des Regisseurs dieser Folge, James Conway, stehen (»Die neutrale Zone« war die letzte Folge unserer mörderischen ersten Staffel. Die ungewöhnlich große Anzahl von Gags ist vermutlich eine Spiegelung der wahnsinnigen Erschöpfung, unter der die gesamten Produktionsmitarbeiter litten).*

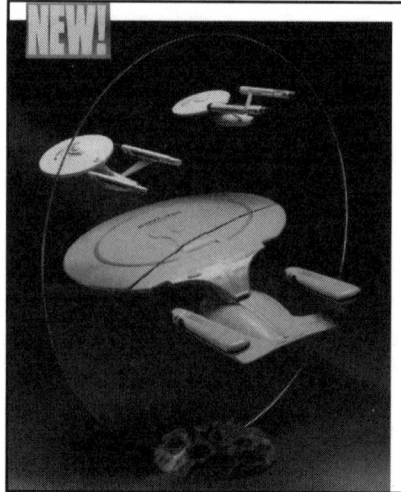

**Bücher,
Bildbände,
Modelle,
Comics,...**

**Star Trek,
Star Wars,
Aliens,...**

Fordern Sie noch heute Ihren Gratiskatalog an:
Fax: 06172/95 50 80

Transgalaxis
Postfach 1127
61362 Friedrichsdorf

6.2 Raumschiff Enterprise: Das nächste Jahrhundert – Jahr 2

In einem wichtigen rechtlichen Präzedenzfall wird entschieden, daß Data eine vernunftbegabte Lebensform ist und damit Anspruch auf alle Rechte eines Föderationsbürgers hat.

2365

Geordi La Forge wird zum Lieutenant befördert und übernimmt die Position des Chefingeneurs der *Enterprise*. Lieutenant Worf wird zum ständigen Sicherheitschef befördert und ersetzt damit die verstorbene Tasha Yar. Der Fähnrich Ehrenhalber Wesley Crusher übernimmt einen regelmäßigen Dienst auf der Brücke als Steueroffizier (conn).

Diese Beförderungen wurden nicht gezeigt, fanden aber zwischen dem Ende der ersten Staffel und dem Anfang der zweiten statt.

Captain Picard gewinnt Guinan, eine alte Freundin als Barkeeperin der Zehn Vorne Bar. Sie kommt bei Nestoriel III an Bord der *Enterprise*.

Guinan taucht zum ersten Mal in »Das Kind« auf. In »Die alte Enterprise« und »Kampf um das klingonische Reich, Teil 1« wird klar, daß Guinan erst nach Tashas Tod an Bord kommt. Data erwähnt Nestoriel III in »Gefahr aus dem 19. Jahrhundert«.

Dr. Katherine Pulaski

»Das Kind«. Sternzeit 42073,1. Dr. Beverly Crusher übernimmt den Posten der Leiterin der medizinischen Abteilung der Sternenflotte und verläßt die *Enterprise*. Als Ersatz trifft Dr. Katherine Pulaski von der *Repulse* per Shuttle ein.

Die *Enterprise* erhält den Auftrag, medizinische Proben einer Plasmaseuche vom Planeten 'audet IX zur Forschungsstation Sierra Tango zu bringen. Man hofft, daß man dort ein Heilmittel gegen die Seuche, die auf dem Planeten Rachelis ausgebrochen ist, finden wird. Das Projekt wird von der Verwalterin des medizinischen Sammlungszentrums der Föderation, Lieutenant Commander Hester Delt geleitet.

Deanna Troi und ihr Sohn Ian Andrew.

Schiffsberaterin Deanna Troi wird von einer unbekannten außerirdischen Lebensform geschwängert. Das Kind, daß ungewöhnlich schnell heranwächst, ist das Produkt dieser unbekannten Lebensform, die so mehr über das menschliche Leben erfahren will. Es stellt sich heraus, daß diese Lebensform Eichner-Strahlung aussendet, durch die die sichere Lagerung von Proben einer tödlichen Plasmaseuche gefährdet wird. Um der Besatzung der *Enterprise* keinen Schaden zuzufügen, verläßt die Lebensform das Schiff.

Das vierundzwanzigste Jahrhundert

*Anmerkung der Herausgeber: Diese Folge wurde ursprünglich für Captain Kirk und seine Besatzung geschrieben und sollte in der letztendlich nie produizierten **Star Trek II**-Serie verwendet werden.*

Die *Enterprise* fliegt zum Morgana-Quadranten.

Nach »Das Kind«.

»Illusion oder Wirklichkeit?«. Sternzeit 42193,6. Die *Enterprise* überarbeitet Sternenkarten auf dem Weg zum Margana-Quadranten. Ihre Reise wird aufgehalten, als das Schiff in einem Teil des Weltraums gefangen wird, in dem es keinen Stern und kein anderes Objekt außer der *Enterprise* zu geben scheint. Schließlich taucht ein zweites Schiff auf, das man zuerst als das *Galaxy*-Schiff U.S.S. *Yamato* identifiziert, schließlich aber als Fälschung erkennt. Es stellt sich heraus, daß es sich bei dieser Situation um den Erstkontakt mit einer nicht stofflichen intelligenten Lebensform namens Nagilum handelt, die versucht, menschliche Lebensformen zu verstehen.

Nagilum

Die *Enterprise* setzt ihre Reise zum Morgana-Quadranten fort.

Direkt nach »Illusion oder Wirklichkeit«.

Die Besatzung des Raumschiffs *Lantree* wird zum Dienstbeginn einer Routine-Untersuchung unterzogen. Alle sind bei bester Gesundheit.

»Die jungen Greise«. Pulaski weist darauf hin, daß die Untersuchungen acht Wochen vor der Folge stattfanden.

Geordi La Forge baut ein Modell des alten englischen Segelschiffs H.M.S. *Victory,* um es Zimbata, dem Captain des Raumschiffs *Victory,* zu schenken. La Forge diente unter ihm bevor er auf die *Enterprise* versetzt wurde.

Vor »Sherlock Data Holmes«.

*Anmerkung der Herausgeber: In Wirklichkeit verziert Geordis wunderschönes Modell der **Victory** immer noch das Arbeitszimmer im Haus des verstorbenen Gene Roddenberry.*

Raumschiff *Victory*, NCC-9754.

»Sherlock Data Holmes«. Sternzeit 42286,3. Die *Enterprise* trifft drei Tage zu früh zu einem Treffen mit der *Victory* ein. Während man auf die Ankunft der *Victory* wartet, wird durch den Fehler eines Holodeckspielers eine auf Computer-Software basierende künstliche Lebensform innerhalb eines Simulationsprogramms geschaffen. Um die Vernichtung dieser scheinbar vernunftbegabten Lebensform zu verhindern, läßt Picard das Programm abspeichern, bis sich ein Weg finden läßt, der künstlichen Intelligenz eine stoffliche Form zu geben.

Moriarty, eine computergenerierte Lebensform.

Die *Victory* trifft zu einem Treffen mit der *Enterprise* ein. Captain Zimbata erhält Geordis Modell.

Direkt nach »Sherlock Data Holmes«.

»Der unmögliche Captain Okona«. Sternzeit 42402,7. Die *Enterprise,* die sich auf dem Weg durch das Omega-System befindet, bietet dem interplanetarischen Raumschiff *Erstwhile* ihre Hilfe bei der Reperatur der Leitsysteme an.

Während des Aufenthalts im Omega Sagitta System vermittelt Captain Picard in einem Streit zwischen den Planeten Atlec und Straleb. Die herrschenden Familien beider Planeten erheben Beschuldigungen gegen Thadium Okona, den Captain der *Erstwhile*. Der Streit wird beigelegt, als Benzan, Sohn des Sekretärs Kushell (Gesandter der Einheit vom Planeten Straleb) und Yanar, Tochter von Debin (Captain eines stralebischen Raumschiffs) einer Heirat zustimmen.

Das vierundzwanzigste Jahrhundert

Die *Enterprise* reagiert auf einen Notruf von Kareen Brianon, der Assistentin des bekannten Molekular-Kybernetikers Dr. Ira Graves, der auf dem Planeten Gravesworld lebt. Dr. Graves war ein Lehrer des zurückgezogen lebenden Robotikers Noonian Soong.

Ungefähr acht Stunden vor »Das fremde Gedächtnis«.

Dr. Selar

»**Das fremde Gedächtnis«.** Sternzeit 42437,5. Als sich die *Enterprise* auf dem Weg nach Gravesworld befindet, empfängt sie einen Notruf von der U.S.S. *Constantinople*. Ein Außenteam bleibt auf Gravesworld zurück, während die *Enterprise* zur *Constantinople* weiterfliegt, wo sie ihre Rettungsmission erfolgreich durchführt. Auf Gravesworld entdeckt Dr. Selar, Stabsärztin der *Enterprise*, daß Dr. Ira Graves unheilbar krank ist. Vor seinem Tod gelingt es Graves, die Summe seines persönlichen Wissens in den Computerbänken der *Enterprise* zu speichern.

Anmerkung der Herausgeber: Dies ist zwar das einzige Mal, daß die Vulkanierin Selar auftaucht, aber in »Die alte Enterprise« kann man hören, wie sie auf der **Enterprise***-D der anderen Zeitebene über das Intercom ausgerufen wird. Außerdem wird Selar von Dr. Crusher in »Das Experiment« erwähnt.*

Vermittler Riva

»**Der stumme Vermittler«.** Sternzeit 42477,2. Die *Enterprise* wird unerwartet aus dem Ramatis-Sonnensystem abgezogen, um den berühmten Vermittler Riva zum Planeten Solais V zu bringen, wo er in einem bitteren planetaren Konflikt vermitteln soll. Erste Versuche, einen Waffenstillstand zwischen den beiden Parteien zu erreichen, scheitern, aber Riva bleibt auf dem Planeten zurück, um Frieden zwischen den Gegnern zu schaffen.

Der erste Offizier des Raumschiffs *Lantree* wird behandelt, weil er die thelusianische Grippe hat, einen exotischen aber harmlosen Virus.

Fünf Tage vor »Die jungen Greise«.

Die *Lantree*, die unter dem Kommando von Captain Iso Telaka steht, besucht die genetische Forschungsstation Darwin auf dem Planeten Gagarin IV. Zu diesem Zeitpunkt ist ihnen nicht bewußt, daß der Kontakt zu den genetisch veränderten Kindern der Wissenschaftler auf der Darwin-Station einen stark beschleunigten Alterungsprozeß bei der gesamten Besatzung der *Lantree* auslösen wird.

Laut Telakas Logbucheintrag findet dies drei Tage vor »Die jungen Greise« statt.

Zwanzig Besatzungsmitglieder der *Lantree* kommen aus ungeklärten Gründen ums Leben. Nur sechs Besatzungsmitglieder überleben. Captain Telaka befiehlt einen Kurs zum nächsten Föderations-Außenposten einzuschlagen.

Direkt vor »Die jungen Greise«, Sternzeit 42293,1.

»**Die jungen Greise«.** Sternzeit 42494,8. Die Reise der *Enterprise* zur Raumstation India wird durch einen Notruf von der *Lantree* unterbrochen. Bei der Untersuchung des Notrufs stellt man fest, daß die gesamte Besatzung der *Lantree* durch eine unbekannte Krankheit getötet wurde, deren Symptome an Altersschwäche erinnern.

Man entdeckt, daß sich der Auslöser dieser Krankheit auf der genetischen Forschungsstation Darwin auf dem Planeten Gagarin IV befindet. Weitere Nachforschungen ergeben, daß die Alterskrankheit von den genetisch veränderten Kindern der Station verursacht wird. Diese Kinder besitzen ein ungewöhnlich starkes Immunsystem, das mögliche Infektionsherde, wie zum Beispiel andere Menschen angreift. Die Überreste der *Lantree* werden vernichtet, um das Risiko einer weiteren Verseuchung auszuschließen.

Die *Enterprise* nimmt ihre Reise zum Treffen mit einem Sternenflotten-Kurier auf der Raumstation India wieder auf.

Genetische Forschungsstation Darwin

Direkt nach »Die jungen Greise«.

121

Das vierundzwanzigste Jahrhundert

»**Der Austauschoffizier**«. Sternzeit 42506,5. Die *Enterprise*, die sich bei Sternenbasis 179 befindet, soll an einem neuen Offiziers-Austauschprogramm teilnehmen. Für kurze Zeit soll Fähnrich Mendon, ein Sternenflotten-Offizier vom Planeten Benzar, auf der *Enterprise* dienen. William Riker, der erste Offizier der *Enterprise* soll seinen Dienst auf dem klingonischen Schiff *Pagh* aufnehmen. Er ist damit der erste Sternenflotten-Offizier, der auf einem klingonischen Schiff dient.

Mendon entdeckt auf der Außenhülle der *Enterprise* und der *Pagh* eine bisher unbekannte submikronische Lebensform. Es gelingt ihm, die Parasiten durch einen gesteuerten Neutrinostrahl von beiden Schiffen zu entfernen.

Mendon, benzitischer Austauschoffizier

»**Wem gehört Data**«. Sternzeit 42523,7. Die *Enterprise* befindet sich an der neu eingerichteten Sternenbasis 173, um Besatzungsmitglieder zu wechseln und Labormodule abzuladen. Lieutenant Commander Data erhält den Auftrag, seinen Dienst bei Commander Bruce Maddox aufzunehmen, der Datas positronische Neuralsysteme erforschen will, um so weitere Androiden für die Sternenflotte entwickeln zu können. Data lehnt die Versetzung ab. Die Sternenflotten-Rechtsoffizierin Phillipa Louvois legt schließlich fest, daß Data tatsächlich eine Lebensform mit vollen Bürgerrechten ist und daher auch das Recht hat, seine eigenen Entscheidungen zu treffen.

Rechtsoffizierin Phillipa Louvois

Anmerkung der Herausgeber: In dieser Folge sehen wir zum ersten Mal das wöchentliche Pokerspiel, das zu einem festen Bestandteil im Leben unserer Helden geworden ist.

Fähnrich Sonya Gomez ist unter den neuen Besatzungsmitgliedern, die auf Sternenbasis 173 an Bord kommen.

Ihre Ankunft wird in »Zeitsprung mit Q« erwähnt.

»**Die Thronfolgerin**«. Sternzeit 42568,8. Die *Enterprise* erhält den diplomatischen Auftrag, Salia, eine junge planetarische Herrscherin vom Planeten Klavdia III, zu ihrem Heimatplaneten Daled IV zu bringen. Salia, ein Allasomorph, kehrt zurück, um ihren Platz als Herrscherin einzunehmen. Sie wird versuchen, die kriegführenden Fraktionen auf ihrem Planeten zu vereinen.

Die U.S.S. *Yamato* befindet sich bei dem Planeten Denius III, wo Captain Donald Varley an einer archäologischen Studie teilnimmt. Dabei entschlüsselt er ein uraltes iconisches Artefakt, aus dem sich die Position der iconischen Heimatwelt ableiten läßt, die sich irgendwo in der romulanischen neutralen Zone befinden muß. Varley, der katastrophale Konsequenzen befürchtet, sollten die Romulaner Zugang zur iconischen Waffentechnologie bekommen, befiehlt, mit der *Yamato* nach Iconia zu fliegen. In der Nähe von Iconia wird die *Yamato* von einer iconischen Raumsonde abgetastet.

Anya, ein Allasomorph

Laut Varleys Logbucheintrag kurz vor »Die Iconia-Sonden«.

»**Die Iconia-Sonden**«. Sternzeit 42609,1. Die *Enterprise* antwortet auf einen Notruf des Raumschiffs *Yamato* in der romulanischen neutralen Zone. Allerdings können sie weder Schiff noch Besatzung vor der Zerstörung durch ausgedehnte Computerfehlfunktionen retten. Nachforschungen ergeben, daß die *Yamato* einer Computer-Softwarewaffe zum Opfer fiel, die immer noch auf dem lange verlassenen Planeten Iconia aktiv ist. Man nimmt an, daß die Waffe durch die Sensorenabtastung der iconischen Sonde übermittelt wurde. Während der Nachforschungen wird der romulanische Warbird *Haakona* ebenfalls von der Softwarewaffe betroffen. Durch die Hilfe der *Enterprise* wird die Zerstörung des romulanischen Schiffs und ein interstellarer Zwischenfall abgewendet.

Ein vorbeifliegender klingonischer Kreuzer berichtet die Entdeckung von Teilen eines unbekannten Raumschiffs in der oberen Atmosphäre des achten Planeten des Systems Theta 116. Die *Enterprise* verläßt ihren Kurs, um Nachforschungen aufzunehmen.

Die Oberfläche des Planeten Iconia in der Nähe der romulanischen neutralen Zone.

Direkt vor »Hotel Royal«.

Das vierundzwanzigste Jahrhundert

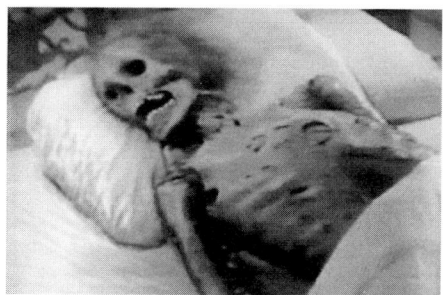

Die Überreste von Steven Richey, dem Kommandanten der *Charybdis* auf Theta 116.

Shuttle *El-Baz*

»**Hotel Royal**«. Sternzeit 42625,4. Die *Enterprise* überprüft die Entdeckung von Wrackteilen in der Umlaufbahn des achten Planeten des bisher noch nicht kartographierten Systems Theta 116. Man entdeckt auf der ansonsten unbewohnten Oberfläche des Planeten eine sorgfältige Nachstellung eines Ortes aus dem 20. Jahrhundert der Erde. Bei weiteren Nachforschungen stellt man fest, daß der Ort von einer unbekannten außerirdischen Lebensform eingerichtet wurde, um einen Lebensraum für Colonel Steven Richey, den Kommandanten des Raumschiffs *Charybdis*, zu schaffen. Das Raumschiff war 2037 nach dem dritten erfolglosen Versuch den Raum hinter dem Sonnensystem der Erde zu erforschen, als vermißt gemeldet worden.

Die *Enterprise* trifft zu Verbesserungsarbeiten auf Sternenbasis 73 ein.

Direkt vor »Die Zukunft schweigt«.

»**Die Zukunft schweigt**«. Sternzeit 42679,2. Die Reise zum Planeten Endicor wird unterbrochen, als man ein Duplikat des *Enterprise*-Shuttles 5 entdeckt, das im Raum treibt. An Bord des Shuttles befindet sich ein Doppelgänger von Captain Jean-Luc Picard. Das Shuttle und der Captain scheinen sechs Stunden in der Zeit zurück gereist zu sein, wobei in dieser Zeit die *Enterprise* zerstört wurde und die gesamte Besatzung außer dem Captain getötet wurde. Diese Zeitschleife wurde durch eine Verzerrung der Zeit ausgelöst. Diese Verzerrung – und die sich anbahnende Zerstörung der *Enterprise* – wird unterbrochen, als Captain Picard die *Enterprise* in das Zentrum des Phänomens fliegen läßt.

Anmerkung der Herausgeber: Das Shuttle aus dieser Folge, **El-Baz**, *ist nach dem ehemaligen planetaren Geologen Farouk El-Baz benannt, der momentan an der Brown University lehrt. Vor einigen Jahren arbeitete El-Baz zusammen mit Rick Berman, dem ausführenden Produzenten von* **Raumschiff Enterprise: Das nächste Jahrhundert,** *an einem Dokumentarfilm.*

Die *Enterprise* nimmt ihre Reise zum Endicor-System wieder auf.

Kurz nach »Die Zukunft schweigt«.

Lieutenant Commander Data nimmt einige Veränderungen an den Sensoren des Schiffs vor, als er das Funksignal einer bisher unbekannten Lebensform entdeckt. Data antwortet auf das Signal. Diese Handlung wird später als Verletzung der Ersten Direktive interpretiert.

»*Brieffreunde*«. Das genaue Datum ist eine Vermutung, aber Data erzählt Picard, daß er die Signale ungefähr acht Wochen vor der Beendigung der geologischen Vermessungen auffing. Diese Vermessungen wurden in der sechsten Woche der Folge abgeschlossen, woraus hervorgeht, daß die Signale ungefähr zwei Wochen vorher empfangen wurden.

Die *Enterprise* befindet sich bei dem Planeten Nasreldine. Ein Besatzungsmitglied steckt sich dort mit einem grippeartigen Virus an. Anschließend wird die *Enterprise* durch kleinere Anomalien in den Anzeigen zu einer Kursänderung gezwungen. Sie begibt sich zu einer mechanischen Überprüfung zur Sternenbasis Montgomery.

Vor »Rikers Vater«.

Kyle Riker

»**Rikers Vater**«. Sternzeit 42686,4. Die *Enterprise* befindet sich wegen einer mechanischen Überprüfung auf der Sternenbasis Montgomery. Kyle Riker, ein Zivilberater der Sternenflotte und Vater von William Riker kommt als Gast auf das Schiff.

Commander William Riker wird das Kommando des Raumschiffs *Aries*, einem kleinen Erkundungsschiff in den äußeren Grenzgebieten angeboten. Er lehnt die Beförderung ab, um weiter auf der *Enterprise* bleiben zu können. Dies ist das zweite Mal, daß Riker das Kommando über ein Raumschiff ablehnt.

Die *Enterprise* fliegt nach Beta Kupsic.

Direkt nach »Rikers Vater«.

Das vierundzwanzigste Jahrhundert

»**Brieffreunde**«. Sternzeit 42695,3. Die *Enterprise* führt die Vermessung der Sonnensysteme im Selcundi Drema Sektor durch. Dem Fähnrich Ehrenhalber Wesley Crusher wird die Leitung der planetaren geophysikalischen Vermessungen übertragen.

Lieutenant Commander Data berichtet von der Entdeckung des Funksignals einer Lebensform auf dem Planeten Drema IV. Data gibt auch zu, auf das Signal geantwortet zu haben, obwohl dies eine Verletzung der Ersten Direktive darstellt. Bei dem Signal handelt es sich um einen Notruf, der ausgesandt wurde, weil der Planet durch massive geologische Instabilitäten gefährdet wird. Picard beschließt zu helfen, obwohl ein solcher Eingriff noch stärker gegen die Erste Direktive verstößt. Picard befiehlt, Schritte einzuleiten, um die kulturellen Konsequenzen dieser Handlung möglichst stark einzugrenzen.

Die Sternenflotte erhält eine verstümmelte Nachricht aus dem Ficus-Sektor. Später findet man heraus, daß es sich bei der Nachricht um einen Notruf der Kolonie im Bringloid System handelt.

Ungefähr einen Monat vor »Planet der Klone«.

Sarjenka, eine Bewohnerin von Drema IV.

»**Zeitsprung mit Q**«. Sternzeit 42761,3. Die *Enterprise* begegnet Q an der Grenze des Föderationsgebiets. Q möchte ein Mitglied der Sternenflotte werden. Als Picard dies ablehnt, schleudert Q die *Enterprise* 7000 Lichtjahre weit durch die Galaxis. Im bisher nicht kartographierten System J-25 entdeckt man einen Planeten der Klasse-M, der massive Zerstörungen der Oberfläche aufweist. Das gleiche Phänomen fand man auch auf den Außenposten Delta Zero Five und Tarod IX in der Nähe der romulanischen neutralen Zone bei Sternzeit 41986.

Im System J-25 begegnet die *Enterprise* kurze Zeit später zum ersten Mal einem Raumschiff der Borg. Bei den Borg handelt es sich um eine humanoide Rasse, die kybernetische Implantate benutzten. Ihr Raumschiff ist extrem mächtig, aber auch stark dezentralisiert und beinhaltet ein bienenstockartiges Kollektivbewußtsein. Beim Erstkontakt dringen die Borg in die *Enterprise* ein, beschädigen das Schiff, zerstören Shuttle 06 und verursachen den Tod von achtzehn Besatzungsmitgliedern.

Borg-Raumschiff in der Nähe des Systems J-25.

Q, der scheinbar mit der Demonstration der feindlichen und mächtigen Natur der Borg zufrieden ist, bringt die *Enterprise* zurück in das Gebiet der Föderation.

Die *Enterprise* reist zur Sternenbasis 83.

Nach »Zeitsprung mit Q«.

»**Das Herz eines Captains**«. Sternzeit 42779,1. Captain Jean-Luc Picard und Fähnrich Wesley Crusher nehmen Urlaub auf Sternenbasis 515. Crusher will am Eingangstest für die Sternenflotten-Akademie teinehmen. Picard geht in das Krankenhaus der Sternenbasis, um sein bionisches Herz austauschen zu lassen.

Die *Enterprise* befindet sich auf dem Weg zum Planeten Epsilon IX, um eine astronomische Vermessung der Epsilon Pulsar Sternengruppe vorzunehmen, als sie durch einen Notruf aus dem Rhomboid Dronegar Sektor abgelenkt werden. Der Notruf stammt von der *Mondor,* einem Schiff der Pakled. Weitere Nachforschungen ergeben, daß der Notruf ein Trick war. Die Pakled wollten den Chefingeneur der *Enterprise,* Geordi La Forge, entführen, um so Zugang zur Waffentechnologie der Föderation zu bekommen. Der Versuch schlägt fehl.

Pakled

Die *Enterprise* befindet sich an Sternenbasis 73. Picard trifft sich mit Admiral Moore, um über den Notruf aus dem Ficus-Sektor zu sprechen.

Direkt vor »Planet der Klone«.

»**Planet der Klone**«. Sternzeit 42823,2. Nach ihrem Abflug von Sternenbasis 73, begibt sich die *Enterprise* zum Planeten Bringloid im Ficus-Sektor. Eine Kolonie auf diesem Planeten hatte den Notruf wegen extremer

Das vierundzwanzigste Jahrhundert

Sonneneruptionen in diesem System ausgesandt. Auf Bringloid V evakuiert das Personal der *Enterprise* alle Kolonisten. Dabei finden sie Hinweise auf eine zweite, bisher unbekannte Kolonie in einem benachbarten System. Man entdeckt die Kolonie schließlich auf einem Planeten namens Mariposa. Es stellt sich heraus, daß die Mariposa-Kolonie nach einer katastrophalen Notlandung ihres Schiffs mit nur fünf Personen begann, die Cloning einsetzten, um ihre Kolonie zu bevölkern. Die Bewohner berichten allerdings, daß der Fortbestand ihrer Kolonie durch das replikative Verschwinden der DNA gefährdet ist. Die Kolonisten von Bringloid und von Mariposa lassen sich daraufhin gemeinsam nieder, um beide Gruppen lebensfähig zu machen.

Das Kommando der Sternenflotte beginnt mit der Planung einer Verteidigungsstrategie gegen einen möglichen Angriff der Borg, die sich anscheinend dem Gebiet der Föderation nähern. Das Projekt erhält zwar höchste Priorität, erzielt aber wegen der ungeheuren Macht der Borg kaum Ergebnisse.

»In den Händen der Borg«. Admiral Henson sagt, daß man ungefähr ein Jahr vor der Folge mit den Planungen begonnen hätte.

Lwaxana Troi und ihr Diener, Mr. Homm.

»Andere Sterne, andere Sitten«. Sternzeit 42859,2. Die *Enterprise* befindet sich auf einer diplomatischen Mission, um antedianische und betazoidische Delegierte zu einer Konferenz auf dem Planeten Pacifica zu bringen, wo über die Aufnahme des Planeten Antede III in die Föderation entschieden werden soll. Durch die telephatische Hilfe der betazoidischen Botschafterin Lwaxana Troi werden zwei antedianische Delegierte als Attentäter entlarnt, die die Konferenz verhindern wollten.

Auf dem Planeten Pacifica wird eine Konferenz der Föderation einberufen, die über die Aufnahme des Planeten Antede III in die Vereinigte Föderation der Planeten beraten soll.

Direkt nach »Andere Sterne, andere Sitten«.

Antedeanische Attentäter

Die Sternenbasis 336 empfängt eine automatische Übertragung des klingonischen Schläferschiffs *T'Ong*, das 2290 startete und jetzt wieder in das klingonische Gebiet zurückkehrt.

»Klingonenbegegnung«. Zwei Tage vor dieser Folge.

»Klingonenbegegnung«. Sternzeit 42901,3. K'Ehleyr, Sonderbotschafterin der Föderation, wird auf die *Enterprise* versetzt, um das klingonische Schläferschiff *T'Ong* in der Nähe des Boradis-Systems abzufangen, bevor die Besatzung automatisch wiederbelebt wird. Die Mission der *Enterprise* gründet sich auf der Furcht, daß die Besatzung der *T'Ong,* die vor der Friedenskonferenz von Khitomer im Jahr 2293 gestartet war, immer noch glaubt, daß zwischen der Vereinigten Föderation der Planeten und dem klingonischen Imperium der Kriegszustand herrscht.

Botschafterin K'Ehleyr

K'Ehleyr hat die Erlaubnis, Schiff und Besatzung zu vernichten, sollte es notwendig sein, aber Picard lehnt dieses Vorgehen ab. Statt dessen entwickeln er und Lieutenant Worf eine andere Strategie, bei der sich Worf so lange als Captain der *Enterprise* ausgibt, bis die Besatzung der *T'Ong* die Befehle K'Ehleyrs akzeptiert.

Während der *T'Ong*-Krise erneuern Botschafterin K'Ehleyr und Sicherheitschef Worf ihre Beziehung, obwohl K'Ehleyr es ablehnt, den klingonischen Heiratsschwur einzugehen. Worf weiß zu diesem Zeitpunkt nicht, daß aus ihrer Beziehung ein Kind entstehen wird.

»Galavorstellung«. Sternzeit 42923,4. Die *Enterprise* nimmt an einer strategischen Simulationsübung in der Nähe des Braslota Sonnensystems teil, die von der Sternenflotte als Vorbereitung auf einen möglichen Angriff der Borg angeordnet wurde. An dieser Übung nimmt auch die U.S.S. *Hathaway* teil, ein älteres Schiff, das kurzzeitig von William Riker kommandiert wird. Die ganze Operation wird von dem zakdornischen Taktiker Sima Kolrami überwacht. Die Übung wird kurz durch das Ferengi-Raumschiff *Kreechta* unterbrochen, deren Kommandant die taktische Wichtigkeit der veralteten *Hathaway* überschätzt.

Die *Enterprise* kehrt zur nächsten Sternenbasis zurück.

Direkt nach »Galavorstellung«.

Sirna Kolrami

Alexana Devos übernimmt den Posten des Sicherheitsleiters der Regierung des östlichen Kontinents auf dem Planeten Rutia IV. Zwei Tage später wird ein Shuttlebus durch eine Bombe der Terroristen zerstört, wobei sechs Schulkinder sterben. Die Ansata-Seperatistenbewegung wird für den Zwischenfall verantwortlich gemacht.

»Terror auf Rutia-Vier«. Das exakte Datum ist eine Vermutung. Alexana sagt, daß sie den Posten sechs Monate vor dieser Folge übernahm. Sie sagt auch, daß die Explosion des Shuttlebusses zwei Tage nach ihrem Amtsantritt stattfand.

»Kraft der Träume«. Sternzeit 42976,1. Die *Enterprise* befindet sich bei einem Vermessungsauftrag auf dem Planeten Surata IV, als Commander Riker durch den unabsichtlichen Kontakt mit einer einheimischen Pflanzenart verletzt wird.

U.S.S. *Hathaway*, NCC-2593.

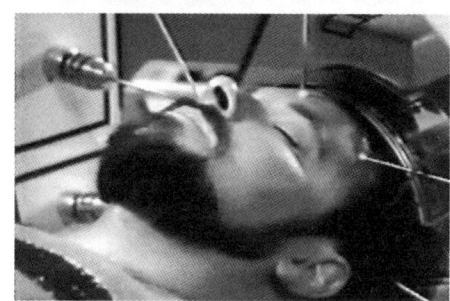

William Riker wird nach einer Verletzung auf dem Planeten Surata IV behandelt.

6.3 Raumschiff Enterprise: Das nächste Jahrhundert — Jahr 3

Worf, Sohn von Mogh, verteidigt seine Familienehre vor dem klingonischen Hohen Rat.

2366

Dr. Katherine Pulaski beendet ihre Dienstzeit auf der *Enterprise* und wird durch Dr. Beverly Crusher ersetzt, die nach einem Jahr in der medizinischen Abteilung der Sternenflotte zurückkehrt. Geordi La Forge wird zum Lieutenant Commander befördert, Worf zum Lieutenant (senior grade).

Diese Veränderungen finden direkt nach dem Ende der zweiten Staffel, aber noch vor der ersten Episode der dritten Staffel statt.

Dr. Katherine Pulaski

»**Die Macht der Naniten**«. Sternzeit 43125,8. Die *Enterprise* befindet sich im Kavis Alpha Sektor auf einer astrophysikalischen Forschungsmission für Dr. Paul Stubbs. Die Mission, eine automatische Sonde zum Neutronenstern Kavis Alpha zu bringen, wird trotz einiger Systemausfälle auf der *Enterprise*, für die die neu entstandene Lebensform der Naniten verantwortlich ist, erfolgreich abgeschlossen. Die Naniten, die zufällig aus nanotechnologischen Robotern entstanden, die eigentlich für medizinische Anwendungen gedacht waren, werden als intelligente Lebensform anerkannt und erhalten das Recht zur Kolonisierung des Planeten Kavis Alpha IV.

Dr. Paul Stubbs

Anmerkung der Herausgeber: Diese Folge wurde nach »Die Macht der Paragraphen« gefilmt, aber zuerst ausgestrahlt, da sich »Die Macht der Naniten« auch mit Beverly Crushers Rückkehr nach ihrer Abwesenheit in der zweiten Staffel beschäftigt.

Der romulanische Admiral Alidar Jarok wird vom romulanischen Hohen Kommando zurechtgewiesen, weil er behauptet hatte, ein Krieg mit der Föderation würde das romulanische Imperium vernichten. Jarok wird in einen entlegenen Sektor des Imperiums versetzt. Später stellt sich heraus, daß diese Versetzung Teil eines Plans war, bei dem der idealistische Jarok mit gefälschten strategischen Informationen versorgt wurde, um seine Loyalität zu testen.

»Der Überläufer«. Das exakte Datum ist eine Vermutung; Jarok sagt, daß er vier Monate vor der Folge versetzt wurde.

Das vierundzwanzigste Jahrhundert

»**Die Macht der Paragraphen**«. (In der Folge wird keine Sternzeit genannt). Die *Enterprise* empfängt eine Nachricht der Sheliak, die die sofortige Entfernung aller Föderationskolonisten auf dem Planeten Tau Cygna V verlangen. Die Sheliak behaupten, daß die Siedlung gegen den Vertrag von Armens verstößt, in dem die Föderation diesen Planeten den Sheliak überließ. Captain Picard verhandelt mit den Sheliak, um genügend Zeit für eine Evakuierung der Kolonisten zu gewinnen.

Lieutenant Commander Data reist mit einem Shuttle nach Tau Cygna V, um mit den Kolonisten über eine Evakuierung ihrer Kolonie bis zum Ultimatum der Sheliak zu verhandeln.

Anmerkung der Herausgeber: Das Shuttle in dieser Folge trägt den Namen **Onizuka** *und wurde nach der* **Challenger***-Astronautin Ellison Onizuka benannt. 1992 wurde das Shuttle bei der Tournament of Roses Parade in Pasadena als Teil eines* **Raumschiff Enterprise: Das nächste Jahrhundert***-Festwagens aus Blumen nachgestellt. Auf dem Wagen befanden sich außerdem ein riesiges Blumenmodell der* **Enterprise** *und ein weiteres Shuttle, das nach Gene Roddenberry, dem* **Star Trek***-Erfinder benannt war.*

Shuttle *Onizuka*

Die *Enterprise* erhält einen Notruf von der Föderationskolonie auf dem Planeten Delta Rana IV. In der Nachricht heißt es, die Kolonie würde von einem unidentifizierten Raumschiff angegriffen.

Drei Tage vor »Die Überlebenden auf Rana-Vier«.

»**Die Überlebenden auf Rana-Vier**«. Sternzeit 43152,4. In Beantwortung eines Notrufs und in Erwartung einer möglichen feindlichen Auseinandersetzung erreicht die *Enterprise* den Planeten Delta Rana IV. Nachforschungen ergeben, daß die gesamte Kolonie zerstört wurde — nur das Haus von Kevin und Rishon Uxbridge blieb verschont. Die Untersuchungen werden durch den Angriff eines Raumschiffs, das scheinbar von den Husnock kommt, unterbrochen. Schließlich stellt sich heraus, daß dieser Angriff wie auch Rishon Uxbridge Illusionen sind, die Kevin geschaffen hat, der in Wirklichkeit ein mächtiges Wesen aus der Rasse der Douwd ist. Kevin berichtet, daß die Kolonie vor einigen Jahren bei einem Angriff der Husnock zerstört wurde, er daraufhin aus Wut seine Kräfte benutzte, um die gesamte Rasse der Husnock zu vernichten und jetzt mit dieser Schuld leben muß.

Kevin und Rishon Uxbridge

Die *Enterprise* macht sich auf den Weg zur Sternenbasis 133.

Direkt nach »Die Überlebenden auf Rana-Vier«.

»**Der Gott der Mintakaner**«. Sternzeit 43173,5. Die *Enterprise* soll den anthropologischen Beobachtungsposten der Föderation auf dem Planeten Mintaka III mit Nachschub versorgen. Die proto-vulkanischen, humanoiden Bewohner befinden sich noch im Bronze-Zeitalter und unterstehen damit dem Schutz der Ersten Direktive.

Dieser Auftrag wird kompliziert, als die holographische Tarnvorrichtung des Beobachtungsteams kurzzeitig ausfällt und mintakanische Eingeborene die Föderationseinrichtung entdecken. Die kulturelle Beeinflussung wird noch verschlimmert, als einer der Mintakaner medizinische Hilfe von Besatzungsmitgliedern der *Enterprise* erhält und diese Erfahrung für die Erfüllung einer religiösen Prophezeiung hält, bei der Captain Picard zum Gott wird. Picard ist gezwungen, Sternenflottenpersonal und -technik einzusetzen, um die Konsequenzen dieser Beeinflussung einzugrenzen und die mintakanische Herrscherin davon zu überzeugen, daß er kein Gott ist.

Mintakanische Herrscherin Nuria

Anmerkung der Herausgeber: Der mintakanische Wandteppich, den Picard am Ende der Folge bekommt, taucht in einigen späteren Folgen als Dekoration hinter Picards Stuhl in seinem Wohnbereich auf.

Das vierundzwanzigste Jahrhundert

Jeremy Aster und das künstliche Abbild seiner Mutter Marla.

»Mutterliebe«. Sternzeit 43198,7. Ein Außenteam der *Enterprise* führt eine archäologische Untersuchung durch. Die Archäologin Marla Aster wird getötet, als eine Bombe aus einem längst vergessenen Krieg detoniert. Sie hinterläßt einen zwölfjährigen Sohn namens Jeremy. Die Kolnosianer, eine Rasse nicht stofflicher Wesen von diesem Planeten, bieten an, die Verantwortung für die Erziehung des Waisenjungen zu übernehmen, aber ihr Angebot wird abgelehnt. Worf, der Sicherheitsoffizier der *Enterprise,* unter dessen Kommando Lieutenant Aster stand, als sie getötet wurde, macht Jeremy durch die klingonische *Ruustai* (Bindungs)-Zeremonie zu einem Teil seiner Familie.

Anmerkung der Herausgeber: Der Produzent und Autor Ronald D. Moore benannte die Kolnosianer nach seiner Studentenverbindung an der Cornell University.

Jeremy Aster wird zur Erde gebracht, um dort von seinen einzigen lebenden biologischen Verwandten, einem Onkel und einer Tante aufgezogen zu werden.

Nach »Mutterliebe«.

»Die Energiefalle«. Sternzeit 43205,6. Die *Enterprise* befindet sich in einem Asteroidenfeld des Orelius-Systems, um die historische Schlacht einzuzeichnen, die dort zur Ausrottung der Mentharer und der Promelianer führte. Man findet ein verlassenes promelianisches Schiff, das vermutlich während der Schlacht beschädigt wurde. Es stellt sich heraus, daß das Energiedämpfungsfeld, das die Energie von dem promelianischen Schiff abzog, immer noch aktiv ist und die *Enterprise* bedroht. Der Besatzung gelingt es schließlich, das Schiff durch den Einsatz minimaler Steuerenergie aus dem Feld zu befreien.

»Auf schmalem Grat«. Sternzeit 43349,2. Die *Enterprise* reagiert auf einen nicht identifizierbaren Notruf, der vom Planeten Galorndon Core ausgeht. Nachforschungen ergeben, daß das Signal von den Trümmern eines kleinen romulanischen Schiffes abgegeben wird. Der Zwischenfall hat eine gewisse taktische Bedeutung, da sich der Planet Galorndon Core mehr als ein halbes Lichtjahr innerhalb des Föderationsgebietes befindet.

Romulanischer Warbird

Ein Überlebender des abgestürzten romulanischen Schiffs wird gefunden und zur medizinischen Behandlung auf die *Enterprise* gebracht. Der Patient stirbt später, weil dringend benötigte für Romulaner verträgliche Ribosome nicht zu bekommen sind. Ein zweiter Überlebender, Centurion Bochra, wird von Geordi La Forge gefunden. Ein romulanischer Warbird trifft ein, um an der Rettungsmission teilzunehmen und nimmt Centurion Bochra auf. Tomalak, der Kommandant des Warbirds, behauptet, das Eindringen von Bochras Schiff sei nicht etwa eine Vertragsverletzung, sondern das Ergebnis eines einfachen Navigationsfehlers gewesen.

Die seperatistischen Ansata auf dem Planeten Rutia IV setzen zum ersten Mal einen interdimensionalen Transporter bei ihren terroristischen Angriffen ein. Obwohl das Gerät unwiderrufbare Zellschäden beim Benutzer verursacht, setzen die Ansata-Terroristen es auch weiterhin ein, da es nicht zurückverfolgt werden kann und ein Beamen durch Kraftfelder ermöglicht.

»Terror auf Rutia-Vier«. Das genaue Datum ist eine Vermutung, aber Alexana sagt, daß die Terroristen den neuen Transporter erstmals zwei Monate vor dieser Folge einsetzten.

Die Regierung des Planeten Barzan, unter der Führung von Premier Bhavani, will die Rechte an einem Wurmloch in der Nähe ihres Planeten versteigern. Wegen seiner ungewöhnlichen Stabilität hält Bhavani dieses Wurmloch für eine wichtige natürliche Ressource, die das wirtschaftliche Wohlergehen ihres Volkes entscheidend beeinflussen könnte.

Vor »Der Bazanhandel«.

Das vierundzwanzigste Jahrhundert

»Der Bazanhandel«. Sternzeit 43385,6. Auf der *Enterprise* finden die Verhandlungen über die Benutzung des barzanischen Wurmlochs statt. Der Verhandlungsführer Devinoni Ral, der für die Chrysalianer bietet, geht eine strategische Allianz mit den Ferengi ein, um andere Mitbieter abzuschrecken. Während der Verhandlungen schicken die *Enterprise* und das Schiff der Ferengi je ein Shuttle zum Wurmloch, das sich als teilweise instabil herausstellt. Das Shuttle der Ferengi geht durch diese Instabilität verloren.

Devinoni Ral

»Yuta, die Letzte ihres Clans«. Sternzeit 43421,9. Die *Enterprise* entdeckt, daß der wissenschaftliche Außenposten der Föderation in der Nähe des acamarianischen Systems ausgeraubt wurde. Alle Stationsmitarbeiter wurden durch Phaserschüsse betäubt. Nachforschungen ergeben, daß eine gesetzlose acamarianische Gruppe, die sich die Sammler nennt, vermutlich für den Angriff verantwortlich ist. Den Sammlern waren in den letzten Monaten schon einige solcher Attacken vorgeworfen worden.

Die *Enterprise* fliegt zum Planeten Acamar III, um die dortige Regierung um ihre Mithilfe gegen die Überfälle der Sammler zu bitten. Mit Hilfe der acamarianischen Herrscherin Marouk plant man eine Konferenz auf dem Planeten Gamma Hromi II, zu der auch Abgesandte der Sammler eingeladen sind. Diese Konferenz wird unterbrochen, als Marouks persönliche Dienerin, Yuta, versucht Chorgan, den Delegierten der Sammler und Mitglied des Lornak-Clans, zu töten. Es stellt sich heraus, daß Yuta ein Mitglied des fast ausgerotteten Tralesta-Clans ist, die seit 80 Jahren versucht, für das Massaker an ihren Leuten Rache am Lornack-Clan zu nehmen. Die Sammler sind schließlich einverstanden, zu ihrem ursprünglichen Heimatplaneten Acamar III zurückzukehren.

Herrscherin Marouk

Das geplante Treffen mit dem Raumschiff U.S.S. *Goddard* wird wegen neuer Befehle der Sternenflotte verschoben.

Die *Enterprise* fliegt zur Sternenbasis 343, um medizinische Versorgungsgüter für das Alpha Leonis System aufzunehmen. Captain Picard erlaubt der Besatzung der *Enterprise* einen kurzen Landurlaub. Das Treffen mit der *Goddard* wird auf einen Zeitpunkt nach dem Sternenbasis-Aufenthalt verschoben.

Yuta, vom Clan Tralesta.

Direkt nach »Yuta, die Letzte ihres Clans«.

»Der Überläufer«. Sternzeit 43462,5. Die *Enterprise*, die sich in der Nähe der romulanischen neutralen Zone befindet, entdeckt in der Zone ein kleines romulanisches Erkundungsschiff, das sich unerlaubterweise dort befindet. Dann stellt man fest, das dieses Schiff von einem romulanischen Warbird verfolgt wird.

Der Pilot des Erkundungsschiffes bittet um Asyl und wird auf die *Enterprise* gebracht. Bei dem Piloten handelt es sich um den romulanischen Admiral Alidar Jarok, der behauptet übergelaufen zu sein, um die Föderation vor einem neuen romulanischen Außenposten zu warnen, der sich auf dem Planeten Nelvana III innerhalb der neutralen Zone befinden soll. Wegen der Schwere der Anschuldigungen befiehlt Picard den Flug in die neutrale Zone, um Nachforschungen vorzunehmen, obwohl er selbst Jaroks Informationen für falsch hält. Die Besatzung findet schließlich heraus, daß Jarok das Opfer eines lange vorbereiteten Plans ist, mit dem die romulanische Regierung seine Loyalität testen und einen interstellaren Zwischenfall provozieren wollte. Die *Enterprise* kehrt mit Hilfe der Klingonen zurück. Jarok bringt sich mit Gift um.

Romulanischer Admiral Alidar Jarok

Die Regierung des Planeten Angosia III bewirbt sich um die Mitgliedschaft in der Vereinigten Föderation der Planeten.

Vor »Die Verfemten«.

»Die Verfemten«. Sternzeit 43489,2. Die *Enterprise* befindet sich auf einer diplomatischen Mission bei dem Planeten Angosia III, der sich um eine Mitgliedschaft in der Föderation beworben hat. Die Mission wird unterbrochen, als sich Captain Picard bereit erklärt, den örtlichen Behörden bei der Gefangennahme eines Strafgefangenen zu helfen, der aus dem Hochsicherheits-Strafkolonie aus-

Das vierundzwanzigste Jahrhundert

Roga Danar

gebrochen ist. Der Gefangene, ein ehemaliger angosianischer Soldat namens Roga Danar, wird gefangengenommen und an die Behörden ausgeliefert.

Die Besatzung der *Enterprise* stellt fest, daß Danar das Ergebnis starker biochemischer und psycholgischer Manipulationen ist, die während eines angosianischen Krieges, der vor kurzem stattfand, vorgenommen wurden. Nach Beendigung des Krieges ließ die angosianische Regierung die Soldaten einsperren, weil sie Angst davor hatten, sie auf die Gesellschaft loszulassen. Danars Flucht ist nur ein Teil eines Gefangenenaufstandes, bei dem die Veteranen ihre Rehabilitation fordern. Captain Picard weist auf die Erste Direktive hin und lehnt eine Einmischung der Sternenflotte bei dem Aufstand ab. Des weiteren macht Picard eine mögliche Mitgliedschaft der Angosianer in der Föderation vom Ausgang des Aufstandes abhängig.

Die *Enterprise* macht sich auf den Weg zur Sternenbasis auf Lya III.

Direkt nach »Die Verfemten«.

Die Regierung des Planeten Rutia IV erbittet nach terroristischen Angriffen auf ihrem Planeten die medizinische Unterstützung der Föderation.

Vor »Terror auf Rutia-Vier«.

Ansata-Anführer Finn

»Terror auf Rutia-Vier«. Sternzeit 43510,7. Die *Enterprise* befindet sich bei dem Planeten Rutia IV, um nach Berichten von örtlichen Aufständen medizinische Versorgungsgüter abzuliefern. Die leitende medizinische Offizierin der *Enterprise*, Beverly Crusher, wird bei der Überwachung der Lieferung von Mitgliedern der seperatistischen Ansata-Bewegung entführt. Alle Versuche, eine Freilassung von Beverly Crusher zu erreichen, scheitern, und die Ansata-Terroristen führen auch Angriffe gegen die *Enterprise* durch. Der erste Angriff kann zwar abgewendet werden, beim zweiten wird allerdings Captain Jean-Luc Picard entführt.

Die rutianische Sicherheitschefin Alexana unterstützt die Besatzung der *Enterprise* bei der Durchführung einer Rettungsmission, bei der Picard und Crusher befreit werden.

Die Vereinigte Föderation der Planeten unterschreibt einen Friedensvertrag mit dem Planeten Cardassia und beendet so einen langen und blutigen Konflikt.

»Der Rachefeldzug«. Das genaue Datum ist eine Vermutung, aber laut Picards Logbucheintrag wurde der Vertrag »fast ein Jahr« vor dieser Folge (2367) unterzeichnet.

Ein großer Himmelskörper, vermutlich ein schwarzes Loch, bewegt sich durch das Sonnensystem der Bre'el und verändert die Umlaufbahn des Mondes um den Planeten Bre'el IV. Der Mond bewegt sich auf den Planeten zu und bedroht damit dessen Bewohner.

Direkt vor »Noch einmal Q«.

Q

»Noch einmal Q«. Sternzeit 43539,1. Die *Enterprise* reagiert auf einen Notruf vom Planeten Bre'el IV und versucht durch den Einsatz des Transporterstrahls die Umlaufbahn des absinkenden Monds zu verändern. Der Versuch schlägt fehl, weil der Strahl nicht genügend Kraft besitzt. Beim zweiten Versuch wird eine unorthodoxe Technik eingesetzt: Man benutzt ein niedriges Warpfeld, um die Schwerkraftkonstante des Monds zu verringern. Auch dieser Versuch schlägt fehl.

Q taucht erneut auf der *Enterprise* auf und behauptet, daß man ihn seiner Kräfte beraubt hätte. Er bittet um Asyl und erhält den Auftrag, nach einer Lösung der Bre'el-Krise zu suchen. Q trifft sich mit einem weiteren Mitglied des Kontinuums und gibt anschließend bekannt, daß er seine Kräfte zurückbekommen hat. Q setzt seine Kräfte ein, um den Mond wieder in eine sichere Umlaufbahn zu bringen.

Das vierundzwanzigste Jahrhundert

Die *Enterprise* begibt sich zur Station Nigala IV.

Direkt nach »Noch einmal Q«.

Lieutenant Commander Shelby von der taktischen Abteilung der Sternenflotte wird von Admiral J. P. Hanson mit der taktischen Analyse der Borg beauftragt. Sie soll eine Verteidigungsstrategie gegen eine zu erwartende Borg-Offensive entwickeln.

»In den Händen der Borg«. Admiral Hanson erzählt Picard, daß Shelby das Projekt sechs Monate vor dieser Folge übernommen hätte.

Sternzeit 43587. Mannschaftsmitglied Simon Tarses wird in die medizinische Abteilung der U.S.S. *Enterprise* versetzt.

»Das Standgericht«. Die von Tarses genannte Sternzeit liegt zwischen »Noch einmal Q« und »Riker unter Verdacht«.

Shelby

Die *Enterprise* befindet sich auf einer Mission, um eine Proto-Sternenwolke zu untersuchen, als sie von der Forschungsstation Tanaga IV um eine Dicosilium-Lieferung gebeten wird.

Direkt vor »Riker unter Verdacht«.

»Riker unter Verdacht«. Sternzeit 43610,4. Die *Enterprise* liefert Dicosilium an die Forschungsstation Tanaga IV. Commander Riker bleibt für 24 Stunden auf der Station, während die *Enterprise* ihre eigentliche Mission, die Untersuchung einer Proto-Sternenwolke, fortführt. Riker sammelt Daten, um die Fortschritte des Wissenschaftlers Dr. Nel Apgar einschätzen zu können, der anscheinend kurz davor steht, eine Technik zu entwickeln, um Krieger-Strahlen zur Energiegewinnung einzusetzen. Als die *Enterprise* zurückkehrt, um Riker aufzunehmen, explodiert die Raumstation unter mysteriösen Umständen. Dr. Apgar wird dabei getötet.

Dr. Nel Apgar und seine Frau

Die örtlichen Behörden beschuldigen Riker des Mordes, aber Captain Picard gelingt es, die Auslieferung seines Offiziers von einer Anhörung abhängig zu machen. Die Nachforschungen, bei denen die Ereignisse, die zur Explosion führten, im Holodeck nachgestellt werden, sorgen für Rikers Freilassung.

Die *Enterprise* macht sich auf den Weg nach Emila II.

Direkt nach »Riker unter Verdacht«.

»Die alte Enterprise«. Sternzeit 43625,2. Besatzungsmitglieder der *Enterprise* entdecken eine ungewöhnliche Strahlungsanomalie im All. Nachforschungen ergeben, daß es sich bei der Anomalie um einen zeitlichen Riß, eventuell sogar um eine Kerr-Schleife aus Superstring-Material handelt. Bei ersten Analysen scheint es so, als wäre ein Raumschiff innerhalb dieses Risses gewesen, aber das stellt sich später als falsch heraus. Eine Sensorensonde der Klasse-1 wird gestartet, um das Phänomen zu untersuchen.

U.S.S. *Enterprise*, NCC-1701-C.

Einige Jahre später häufen sich die Beweise, daß damals tatsächlich ein Raumschiff in der Anomalie war. Bei dem anderen Raumschiff könnte es sich um das Raumschiff der *Ambassador*-Klasse *Enterprise*, NCC-1701-C, gehandelt haben. Ihr Auftauchen aus der 22 Jahre entfernten Vergangenheit könnte das Zeitkontinuum stark beschädigt haben. Es existieren Beweise, daß die Föderation sich in einer anderen Zeitebene auf einen langen Krieg mit dem klingonischen Imperium einließ, aber die Rückkehr der *Enterprise*-C in ihre eigene Zeit schien das Kontinuum wieder auf den ursprünglichen Weg zurückgebogen zu haben. Später stellt man fest, daß in dieser anderen Zeitebene Tasha Yar, die Sicherheitsoffizierin der *Enterprise*, nicht auf Vagra II starb, sondern mit der *Enterprise*-C ins Jahr 2344 zurückreiste. In dieser Vergangenheit wurde Yar von den Romulanern gefangengenommen und gebar schließlich eine Tochter namens Sela, die später für die Romulaner arbeitete.

Tasha Yar

Die *Enterprise* reist zum Planeten Archer IV.

Das vierundzwanzigste Jahrhundert

Data

Lal, Datas Androidenkind

Lieutenant Commander Data nimmt an einer Kybernetik-Konferenz teil und erfährt dort etwas über die neuesten Fortschritte in der Technologie des Submicron-Matrix-Transfers. Nach seiner Rückkehr zur *Enterprise* setzt Data diese Technologie ein, um seine neurale Netzprogrammierung in ein anderes positronisches Gehirn zu versetzen. Commander Riker verläßt die *Enterprise* für einen kurzen privaten Urlaub, während das Schiff eine routinemäßige Kartographierung des Sektors 396 vornimmt. Kurz nach Sternzeit 43657,0 kehrt er zur *Enterprise* zurück.

Vor »Datas Nachkomme«.

»Datas Nachkomme«. Sternzeit 43657,0. Lieutenant Commander Data sagt, daß seine Versuche, ein positronisches Gehirn zu programmieren das Resultat seines Wunsches sind, ein Kind zu erschaffen. Er gibt weiterhin bekannt, daß er einen Androidenkörper für das Kind geschaffen hat, es aktiviert und ihm den Namen Lal gegeben hat, ein Wort, das aus dem Hindi stammt und »Geliebtes« bedeutet.

Als die Forschungsstation der Sternenflotte, Teil des Daystrom-Institutes auf Galor IV, davon erfährt, erbitten sie zu Studienzwecken Lals Versetzung auf diese Station. Data lehnt mit der Begründung ab, daß er das Sorgerecht für das Kind nicht aufgeben möchte. Sternenflotten-Admiral Anthony Haftel weist auf die katastrophalen Tests des Computers M-5 im Jahr 2268 hin und ordnet an, daß Data das Sorgerecht aufzugeben hätte. Picard befiehlt Data allerdings, diesem Befehl aus Gründen der eigenen persönlichen Freiheit nicht nachzukommen. Die Frage wird unsinnig, als sich eine Fehlfunktion in Lals neuraler Matrix zu einem Fehler im ganzen System ausweitet und sie stirbt.

Kova Tholl, ein Bewohner des Planeten Mizar II, wird von unbekannten Außerirdischen als Teil einer Verhaltensstudie entführt. Tholl ist ein Beamter, Assistent des Regenten von Pozaron, der drittgrößten Stadt auf Mizar II. Tholl wird durch einen fast perfekten Doppelgänger ersetzt.

»Versuchskaninchen«. Tholl sagt, daß er ungefähr zwölf Tage vor dieser Folge entführt wurde.

»Die Sünden des Vaters«. Sternzeit 43685,2. Die *Enterprise* führt eine Untersuchung von Kometwolken und Asteroiden durch. Der klingonische Commander Kurn dient als Teil eines Austauschprogramms auf der *Enterprise*. Kurn informiert Worf darüber, daß sie Brüder sind, die kurz vor dem Khitomer-Massaker im Jahr 2346 getrennt wurden. Weiterhin erzählt er ihm, daß ihr Vater Mogh vom klingonischen Hohen Rat wegen seiner angeblichen Rolle im Khitomer-Massaker vor 20 Jahren als Verräter verurteilt worden ist.

Worf vor seinen Anklägern.

K'mpec, Herrscher des Hohen Rats.

Captain Picard befiehlt den Flug zur klingonischen Heimatwelt, damit Worf die Beschuldigungen gegen seinen Vater anfechten kann. Anfangs scheint die Beweislage sehr klar zu sein, aber ein Vergleich mit Sensorenaufzeichnungen von der U.S.S. *Intrepid* läßt darauf schließen, daß die Aufzeichnungen gefälscht sind. Später kommt heraus, daß Worf Informationen bekommen hat, die Ja'rod, den Vater des Ratsmitgliedes Duras, des Verrats kurz vor dem Khitomer-Massaker beschuldigen. Kurn wird bei einem Angriff verletzt, der vermutlich von Helfern der Duras-Familie durchgeführt wurde, die Worf davon abhalten wollen, seine Informationen weiterzugeben. Picard ist allerdings bereit, die zeremonielle Rolle des *cha'DIch* zu übernehmen, damit die Untersuchungen fortgeführt werden können. Ratsführer K'mpec weigert sich, die neuen Beweise zuzulassen, weil er die politischen Konsequenzen einer öffentlichen Entblößung der mächtigen Duras-Familie fürchtet. Man findet schließlich einen Kompromiß, bei dem Worf vom Rat für die angeblichen Taten seines Vaters verstoßen und anschließend freigelassen wird.

Die *Enterprise* hilft bei der Bekämpfung der Phyrox-Seuche auf dem Planeten Cor Caroli V. Die Sternenflotte stuft den Einsatz als geheim ein.

Direkt vor »Versuchskaninchen«.

Das vierundzwanzigste Jahrhundert

»**Versuchskaninchen**«. Sternzeit 43714,1. Die *Enterprise* ist auf dem Weg zu einem Treffen mit der U.S.S. *Hood,* bei dem es um ein Terraforming-Projekt auf dem Planeten Browder IV geht.

Captain Picard wird von unbekannten außerirdischen Wissenschaftlern entführt, die ihn als Teil einer Verhaltensstudie über Autorität benötigen. Kova Tholl vom Planeten Mizar II und Esoqq vom Planeten Chalna werden ebenfalls entführt. Alle drei werden durch fast perfekte Doppelgänger ersetzt, die weitere Untersuchungen in der natürlichen Umgebung ihrer Studienobjekte vornehmen sollen. Die Studie wird abgebrochen, als sich Captain Picard und seine Mitgefangenen weigern zu kooperieren.

Esoqq vom Planeten Chalna

Anmerkung der Herausgeber: Die eingeschleuste Teilnehmerin an der Studie, Kadett Haro wird als »Bolianer« vom Planeten Bolarus IX beschrieben. Diese außerirdische Rasse, zu der auch Captain Rixx in »Die Verschwörung« gehört, wurde nach dem Regisseur Cliff Bole benannt, der in dieser Folge Regie führte.

Die Enterprise kehrt auf ihren Kurs zum Treffen mit der Hood zurück.

Direkt nach »Versuchskaninchen«.

Die *Enterprise* befindet sich bei dem Planeten Gemaris V, wo Captain Picard in einem Handelsstreit zwischen den Gemarianern und ihren nächsten Nachbarn, den Dachlyds, vermitteln soll.

U.S.S. *Hood*, NCC-42296

Mindestens zwei Wochen vor »Picard macht Urlaub«. Riker bemerkt, daß die Konferenz zwei Wochen gedauert hat.

»**Picard macht Urlaub**«. Sternzeit 43745,2. Auf Rat von Beverly Crusher, der leitenden medizinischen Offizierin, macht Picard Urlaub auf dem Vergnügungsplaneten Risa, während die *Enterprise* für eine Woche zu einer Routineüberprüfung auf Sternenbasis 12 fliegt. Während seines Urlaubs arbeitet Picard mit der Archäologin Vash zusammen, um Dr. Samuel Estragons Suche nach dem Tox Uthat, einem Artefakt aus dem 27. Jahrhundert, das in der Vergangenheit versteckt wurde, fortzusetzen. Das Gerät soll angeblich ein unglaublich starkes potentielles Waffensystem sein. Obwohl die Suche nach dem Uthat erfolgreich ist, wird es schließlich doch vernichtet, damit es nicht in die Hände zweier vorgonischer Krimineller (möglicherweiser Dichter) aus dem 27. Jahrhundert fällt, die ebenfalls in der Zeit zurückgereist sind.

Vorgonische Kriminelle aus dem 27. Jahrhundert.

Die *Enterprise* unterzieht sich einer Routineuntersuchung auf Sternenbasis 12.

*Anmerkung der Herausgeber: In »Picard macht Urlaub« bittet Riker Picard darum, ihm ein Souvenir, eine **Hor'gon**-Statue, mitzubringen. Picard tut dies, und die Statue kann später des öfteren in Rikers Quartier gesehen werden.*

Die unbemannte *Vega IX*-Sonde bringt wissenschaftliche Daten von Beta Stromgren zurück, einem Stern außerhalb des Föderationsgebietes, der anscheinend kurz vor der Explosion zur Supernova steht. Unter den Daten sind Hinweise auf ein kleines Objekt, bei dem es sich vermutlich um eine im Raum lebende organische Lebensform handelt. Das Objekt, dem große strategische Bedeutung zugemessen wird, erhält den Codenamen Tin Man.

Anmerkung der Übersetzer: Dieser Codename wird im Deutschen nicht genannt.

Vor »Der Telepath«.

»**Der Telepath**«. Sternzeit 43779,3. Die *Enterprise* soll detaillierte exosphärische Kartographierungen der Planeten im Hayashi-System vornehmen. Diese Mission wird wegen eines dringenden Treffens mit der U.S.S. *Hood* unterbrochen, bei dem der Geheimbefehl gegeben wird, eine neu entdeckte Lebensform zu untersuchen. An Bord der *Hood* befindet sich außerdem Tam Elbrun, ein Föderationsspezialist für die Kommunikation mit unbekannten Lebensformen.

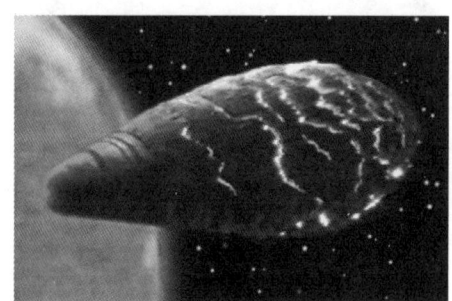

Gomtuu

Das vierundzwanzigste Jahrhundert

Tam Elbrun

Elbrun, ein Vollbetazoide, war früher Deanna Trois Patient an der Universität von Betazed.

Trotz der Einmischung einer romulanischen Expedition, die das Wesen für ihre eigenen Zwecke einsetzen wollen, kann der Missionsspezialist Elbrun eine symbiotische Verbindung mit der vorher unbekannten Lebensform eingehen. Elbrun entscheidet sich bei dem Wesen (das sich selbst Gomtuu nennt) zu bleiben. Es gelingt ihm, die Enterprise und den romulanischen Warbird der D'Deridex-Klasse rechtzeitig vor der Explosion des Sterns in Sicherheit bringen.

Anmerkung der Herausgeber: Der Ingenieur Russell, der mit Geordi an der Umleitung der Schiffsenergie und der Reparatur der Sensoren arbeitet, wurde nach Russell Barney, dem Sohn von Dennis Bailey, dem Co-Autor von »Der Telepath« benannt.

Die Enterprise fliegt zur Sternenbasis 152, wo eine Inspektion und Reparaturen der Schäden, die das Schiff bei der Gomtuu-Begegnung davongetragen hat, vorgenommen werden.

Direkt nach »Der Telepath«.

Lieutenant Reginald Barclay III, ein Systemdiagnostiker wird von der U.S.S. Zhukov auf die Enterprise versetzt. Barclay wird von Gleason, dem Captain der Zhukov sehr empfohlen, obwohl Barclay zu einem sehr zurückgezogenen Verhalten neigt.

Vor »Der schüchterne Reginald«.

Lt. Reginald Barclay

»Der schüchterne Reginald«. Sternzeit 43807,4. Die U.S.S. Enterprise übernimmt eine Ladung spezieller Gewebeproben, die von den Mikulakern gespendet wurden und zum Planeten Nahmi IV gebracht werden sollen. Man hofft, daß sich aus den Proben ein Wirkstoff gegen das Correllium-Fieber entwickeln läßt, das auf dem Planeten ausgebrochen ist. Eine Reihe schwerer Fehlfunktionen innerhalb der Systeme können später auf eine Verseuchung durch Invidium zurückgeführt werden, das bei den mikulakischen Probencontainern verwendet wurde. Diese Verseuchung wird aufgehoben, als man das Iridium extrem tiefen Temperaturen aussetzt.

Lieutenant Barclay wird bei seiner Arbeit im Maschinenraum der Enterprise als nicht zufriedenstellend eingestuft. Barclays Einstufung wird noch stärker gefährdet, als sich herausstellt, daß er im Geheimen Holodecksimulationen seiner Kollegen entworfen hat, was das Protokoll verbietet. Schiffsberaterin Troi weist darauf hin, daß dieses Verhalten das Ergebnis von Barclays sozialer Unsicherheit ist. Als er von seinen Vorgesetzten gefördert wird, verbessern sich seine Leistungen. Barclay wird die Feststellung und Lösung der Fehlfunktionen, die aus der Invidium-Verseuchung entstanden zugeschrieben.

Die Enterprise fliegt zur Sternenbasis 121, wo eine komplette System- und Bio-Dekontamination vorgenommen wird.

Direkt nach »Der schüchterne Reginald«. Wir gehen davon aus, daß sie auch zum Planeten Nahmi IV flogen.

Eine schwere Tricyanat-Verseuchung bedroht das Grundwasser der Föderationskolonie auf dem Planeten Beta Agni II. Die Enterprise soll bei der Lösung des Problems helfen.

Vor »Der Sammler«.

Varria, Fajos Begleiterin

»Der Sammler«. Sternzeit 43872,2. Die Enterprise erwirbt 108 Kilogramm einer Hytritium-Verbindung von dem zibalianischen Händler Kivas Fajo. Das Hytritium wird benötigt, um die Tricyanat-Verseuchung auf dem Planeten Beta Agni II zu behandeln. Wegen des großen Risikos, das beim Beamen einer so

Das vierundzwanzigste Jahrhundert

instabilen Substanz bestehen würde, wird das Hytritium mit einem Shuttle befördert, das von Commander Data geflogen wird. Durch eine scheinbare Fehlfunktion in der Eindämmung des Hytritiums, werden Pilot und Shuttle bei ihrer Rückkehr zur *Enterprise* vernichtet.

Das restliche Hytritium reicht zur Neutralisierung der Grundwasserverseuchung aus und wird ohne Zwischenfall eingesetzt. Bei einer Analyse nach der Mission stellt sich heraus, daß die Tricyanat-Vergiftung Sabotage sein könnte. Weitere Nachforschungen deuten auf Kivas Fajo als Verdächtigen. Später stellt sich heraus, daß Kivas Fajo tatsächlich für die Verseuchung verantwortlich ist und den ganzen Zwischenfall nur inszeniert hat, um Data zu entführen, der bei dem Shuttle-Unfall nicht, wie ursprünglich angenommen, getötet wurde. Die *Enterprise* hält Fajos Schiff, die *Jovis* auf und befreit Data mit Varrias Hilfe. Fajo wird wegen Entführung und Diebstahl verhaftet.

Anmerkung der Herausgeber: Das Shuttle, das Data in dieser Folge fliegt, trägt den Namen **Pike** *und wurde nach dem ehemaligen Captain der* **Enterprise** *benannt, der in »Talos IV-Tabu« zu sehen ist. Fajo wurde nach Lolita Fatjo, einer Produktionsmitarbeiterin bei* **Star Trek,** *benannt.*

»**Botschafter Sarek**«. Sternzeit 43917,4. Auf der U.S.S. *Enterprise* soll eine Konferenz zwischen Botschafter Sarek und einer Delegation von Legara IV stattfinden. Die Vorbereitungen für die Konferenz werden unterbrochen, als es zu unerklärlichen Gewaltausbrüchen unter Besatzungsmitgliedern der *Enterprise* kommt. Nachforschungen weisen darufhin, daß Botschafter Sarek unter dem Bendii-Syndrom leiden könnte, und daß es sich bei den gewalttätigen Zwischenfällen um einen Nebeneffekt dieser Krankheit handelt.

Sarek von Vulkan

Weitere Nachforschungen ergeben, daß Sarek tatsächlich an dieser Krankheit leidet, die eine langsame und unwiderrufbare Degenerierung des intellektuellen Begriffsvermögens und der emotionalen Kontrolle auslöst. Die Krankheit ist bei Sarek schon so weit fortgeschritten, daß seine Leitung der Konferenz fraglich erscheint. Auf einen Vorschlag von Sareks Frau, Perrin, erklärt sich Picard mit einer Gedankenverschmelzung mit Sarek einverstanden. Man hofft, daß dies Sareks emotionale Kontrolle für eine kurze Zeit verstärken wird. Die Gedankenverschmelzung ist für Picard zwar schmerzhaft, aber erfolgreich. Die Legaraner stimmen diplomatischen Beziehungen mit der Föderation zu. Diese Vereinbarung wird als letzter großer Triumph in Sareks herausragender Karriere gewürdigt.

Parrin, Sareks Frau

Anmerkung der Herausgeber: In »Botschafter Sarek« taucht, abgesehen von einem Kurzauftritt DeForest Kelleys als Admiral McCoy in »Der Mächtige«, zum ersten Mal ein Charakter der alten **Star Trek***-Serie in einer größeren Rolle auf.*

Sarek, Perrin und die vulkanische Delegation kehren an Bord des Raumschiffs *Merrimac* nach Vulkan zurück.

Nach »*Botschafter Sarek*«.

»**Die Damen Troi**«. Sternzeit 43930,7. Die *Enterprise* nimmt an der aller zwei Jahre stattfindenen Handelsabkommenskonferenz auf Betazed teil. An dem Schlußbankett, das an Bord des Schiffes abgehalten wird, nimmt die betazoidische Delegierte Lwaxana Troi und eine Ferengi-Delegation, die von DaiMon Tog geleitet wird, teil.

Die *Enterprise* verläßt Betazed, um eine stellare Kartographierungsmission im Gamma Erandi Nebel vorzunehmen. Während dieser Zeit wollen Schiffsberaterin Troi und Commander Riker einen Urlaub auf Betazed verbringen. Riker, Troi und Lwaxana Troi werden auf der Planetenoberfläche von DaiMon Tag entführt und auf das Ferengi-Schiff *Krayton* gebracht. Tog bietet Lwaxana eine Partner-

DaiMon Tog

Das vierundzwanzigste Jahrhundert

schaft an, bei der sie ihre telepathischen Fähigkeiten bei Handelsabkommen einsetzen soll. Lwaxana lehnt den Vorschlag ab.

Als die *Enterprise* von ihrer Mission zurückkehrt, wird Picard von den betazoidischen Behörden über die Entführung informiert, worauf die *Enterprise* die *Krayton* verfolgt. Lwaxana Troi kann die Freilassung ihrer Tochter und Will Rikers erwirken, und Picard sorgt für Lwaxanas Freilassung.

Fähnrich
Ehrenhalber
Wesley Crusher

Wesley Crusher erhält die Ergebnisse seiner Aufnahmeprüfung an der Sternenflotten-Akademie. Er wird angenommen, kann aber wegen seiner Mithilfe bei der Suche nach dem Ferengi-Schiff nicht von der U.S.S. *Bradbury* zur Akademie gebracht werden. Admiral Hahn von der Akademie bietet Crusher zwar an, sich im nächsten Jahr noch einmal zu bewerben, aber Picard belohnt Crushers Opfer direkt, indem er ihn zum Fähnrich befördert.

*Der Autor Ray Bradbury, nach dem die nie gesehene **Bradbury** benannt ist, war mit dem **Star Trek**-Erfinder Gene Roddenberry befreundet und war einer der Redner bei der Gedenkfeier nach Genes Tod im Jahr 1991. Diese Folge wurde von Genes langjähriger Assistentin Susan Sackett und Fred Bronson geschrieben.*

Die *Enterprise* fliegt zum Xanthras-System, um sich mit dem Raumschiff *Zapata* zu treffen.

Direkt nach »Die Damen Troi«.

»John Doe«
vor seiner
Transformation

»**Wer ist John**«. Sternzeit 43957,2. Die *Enterprise* kartographiert ein unbekanntes Sonnensystem in der Zeta Gelis Gruppe. Dort werden auf einem Planeten Wrackteile eines kleinen Raumschiffs gefunden. Ein Überlebender wird in kritischem Zustand gefunden. Dr. Crusher kann seinen Zustand stabilisieren, indem sie Geordi La Forges neurales Netz benutzt, um das des Patienten zu regulieren.

Der Überlebende, der »John Doe« genannt wird, besitzt starke Selbstheilungskräfte und erholt sich in sehr kurzer Zeit. Dr. Crusher ist besorgt darüber, daß Does Zellen scheinbar ständig mutieren, er unter einem Gedächtnisverlust leidet und sich daher auch nicht erinnern kann, was vor dem Absturz passiert ist und wo er herkommt.

Eine Analyse der Wrackteile von Does Schiff ergibt einen möglichen Herkunftsort. Auf dem Weg zu diesem Punkt begegnet die *Enterprise* einem außerirdischen Schiff, das sich als zalkonisch identifiziert. Sunad, der Captain des zalkonischen Schiffs, verlangt Does Auslieferung. Er soll sich wegen Verbrechen gegen sein Volk verantworten. Doe, dessen Zellenmutation sich beschleunigt, macht eine Metamorphose zu einem Energiewesen durch, und Sunads Mission ist es, diese Evolution zu verhindern, indem er alle davon betroffenen Personen tötet. Als Does Metamorphose beendet ist, verläßt er die *Enterprise*, um im freien Raum zu leben, wo Sunad ihm nichts mehr anhaben kann.

Anmerkung der Herausgeber: Sunad (rückwärts gesprochen) wurde nach Richard Danus, dem ehemaligen Story-Redakteur der Serie benannt.

Commander
William Riker

Das Sternenflottenkommando bietet William Riker eine Beförderung zum Captain der *Melbourne* an. Das ist das dritte Mal, daß Riker ein Kommando ablehnt, das ihm angeboten wird.

Vor »In den Händen der Borg«.

Die Kolonie New Providence auf dem Planeten Jouret IV sendet einen Notruf. Die *Enterprise* reagiert darauf und fliegt nach Jouret IV.

Ungefähr zwölf Stunden vor »In den Händen der Borg«.

Das vierundzwanzigste Jahrhundert

»**In den Händen der Borg**«. Sternzeit 43989,1. Die *Enterprise* erreicht die völlig zerstörte Kolonie New Providence auf dem Planeten Jouret IV. Die 900 Bewohner der Kolonie sind verschwunden. Die Oberflächenbedingungen sind fast identisch mit denen, die bei Sternzeit 42761,3 im System J-25 gefunden wurden, was darauf hinweist, daß die Kolonie New Providence von den Borg zerstört wurde. Admiral J. P. Hanson von der Sternenbasis 324 versetzt Commander Shelby auf die *Enterprise,* um bei den taktischen Vorbereitungen zu helfen.

Hanson berichtet, daß die Sternenbasis 057 einen Notruf des Raumschiffs *Lalo* aufgefangen hat, das sich in der Nähe von Zeta Alpha II befindet und möglicherweise die Borg gesichtet hat. Der Kontakt zur *Lalo* bricht schließlich ab, und man glaubt, daß das Schiff von den Borg zerstört wurde. Weitere Hinweise lassen darauf schließen, daß das Borgschiff sich mit hoher Warpgeschwindigkeit auf dem Weg zum Sektor 001 befindet. Admiral Hanson befiehlt jedes verfügbare Sternenflotten-Schiff nach Wolf 359, wo die Verteidigung beginnen soll. Das klingonische Hohe Kommando wird ebenfalls gebeten, Schiffe zur Verfügung zu stellen.

Die *Enterprise* wird abgezogen, um die Borg noch vor der Flotte abzufangen. Besatzungsmitglieder der *Enterprise* versuchen in der Zwischenzeit, Verbesserungen bestehender Verteidigungsstrategien und Waffen zu erfinden, um sich auf den zu erwartenden Angriff vorzubereiten. Diese Vorbereitungen können allerdings nicht verhindern, daß Captain Picard von den Borg entführt wird. Picard wird extremen chirurgischen Veränderungen unterzogen, um ihn zum Teil des kollektiven Bewußtseins der Borg zu machen.

Überreste der Kolonie New Providence auf dem Planeten Jouret IV.

Admiral Hanson

Das vierundzwanzigste Jahrhundert

6.4 Raumschiff Enterprise: Das nächste Jahrhundert - Jahr 4

Locutus von Borg

Borg-Raumschiff

U.S.S. *Enterprise* an der McKinley-Station

2367

»**Angriffsziel Erde**«. Sternzeit 44001,4. Einer mächtigen, auf Deflektoren basierenden Waffe, die von Besatzungsmitgliedern der *Enterprise* entwickelt wurde, gelingt es nicht, das Borgschiff zu beschädigen, das sich weiterhin mit großer Geschwindigkeit in Richtung Erde bewegt. Der Einsatz der improvisierten Deflektorwaffe verhindert allerdings kurzzeitig den Weiterflug der *Enterprise*.

Eine Armada von 40 Föderationsschiffen und klingonischen Schiffen wird bei Wolf 359 von den Borg fast völlig vernichtet. Elftausend Besatzungsmitglieder (unter ihnen auch Admiral J. P. Hanson) und 39 Raumschiffe werden verloren. Man glaubt, daß die unfreiwillige Zusammenarbeit von Captain Jean-Luc Picard, der zu diesem Zeitpunkt Locutus von Borg genannt wird, maßgeblich zu der katastrophalen Niederlage beigetragen hat. Das Borgschiff fliegt weiterhin zur Erde und wird von der *Enterprise* aufgehalten, deren Antriebssysteme wieder funktionieren. Captain Picard kann befreit werden. Bei einer Untersuchung der Borgbestandteile erfährt man genug, um den Selbstzerstörungsmechanismus des Borgschiffes auslösen zu können.

Anmerkung der Herausgeber: Die Verlustzahlen aus der Schlacht bei Wolf 359 stammen aus »Das Standgericht«.

Die *Enterprise* trifft bei der Erdstation McKinley ein, wo sechswöchige Reparaturen vorgenommen werden sollen. Captain Picard unterzieht sich aufgrund der chirurgischen Borgeingriffe und Implantate einer intensiven medizinischen und psychologischen Behandlung. Man weiß zu diesem Zeitpunkt nicht, daß eine defekte Verriegelung an der Diliziumkammer im Warpantriebssystem der *Enterprise* angebracht wird. Nicht wahrnehmbare Submicronrisse in der Ummantelung lösen einige Monate später, kurz vor Sternzeit 44765,2, beinahe eine Katastrophe aus.

Nach »Angriffsziel Erde«. Die defekte Verriegelung der Diliziumkammer wird in »Das Standgericht« beschrieben.

Das vierundzwanzigste Jahrhundert

»**Familienbegegnung**«. Sternzeit 44012,3. Die Reparaturen an der *Enterprise* werden eine Woche früher als geplant abgeschlossen. Währenddessen nimmt Captain Picard Landurlaub, um seinen Bruder Robert und dessen Frau Marie in Labarre, Frankreich, zu besuchen. Dort lehnt Picard das Angebot ab, den Posten des Direktors des Atlantis-Projekts zu übernehmen, sondern entschließt sich statt dessen, bei der Sternenflotte zu bleiben. Sergey und Helena Rozhenko besuchen ihren Adoptivsohn Worf auf der *Enterprise*. Wesley Crusher sieht sich eine holographische Nachricht seines verstorbenen Vaters an, die dieser aufnahm, als Wesley zehn Wochen alt war.

Anmerkung der Herausgeber: Transporterchef Miles Edward O'Brien bekommt in dieser Folge zwei Vornamen, als er sich Worfs Eltern vorstellt. O'Brien war seit »Der Mächtige« (er war Steueroffizier der Kampfbrücke, wurde aber nicht mit Namen erwähnt) immer wieder aufgetaucht, hatte aber bis zu diesem Punkt noch keinen Vornamen bekommen.

Captain Jean-Luc Picard trifft seine Familie in Labarre, Frankreich.

»Familienbegegnung« war eigentlich die vierte Folge, die in dieser Staffel gefilmt wurde. Sie taucht hier aber als zweite auf, weil sie logisch an die Ereignisse in »Angriffsziel Erde« anschließt und auch als zweite Folge ausgestrahlt wurde.

Die *Enterprise* befindet sich bei dem Planeten Ogus II, wo die Besatzung Landurlaub erhält. Der zweitägige Aufenthalt wird abgebrochen, als der Streich eines Kindes das Leben seines Bruders Willie Potts gefährdet und der Junge wegen einer Notoperation zur Sternenbasis 416 gebracht werden muß.

Der Chefingeneur der *Enterprise* Geordi La Forge führt eine Kalibrierung der Diliziumvektoren im Warpantriebssystem durch. Zwar kann das System während dieser Kalibrierung weiter betrieben werden, die maximale Warpgeschwindigkeit muß allerdings reduziert werden.

Dr. Beverly Crusher kümmert sich im den jungen Willie Potts in der medizinischen Isolierstation.

Direkt vor »Die ungleichen Brüder«.

»**Die ungleichen Brüder**«. Sternzeit 44085,7. Die *Enterprise* befindet sich auf dem Weg zur Sternenbasis 416, wo Willie Potts einer Notoperation unterzogen werden soll. Lieutenant Commander Data zeigt ein sehr ungewöhnliches Verhalten und steuert die *Enterprise* zu einem weit entfernten Planeten. Als er sich auf den Planeten beamt, stellt Data fest, daß er von seinem Erfinder, Dr. Noonian Soong, der für tot gehalten wurde, gerufen wurde. Lore, Datas Androidenbruder, von dem man glaubte, er sei im Jahr 2364 in der Nähe von Omicron Theta zerstört worden, trifft ebenfalls ein. Soong erzählt den beiden Androiden, daß er sterben wird und versucht vergeblich einen neuen Chip in Data einzubauen, durch den er menschliche Emotionen fühlen sollte. Ein Außenteam der *Enterprise* untersucht Soongs Labor und meldet, daß Soong tot ist und Lore den Planeten verlassen hat. Data, der den Befehl seines Erfinders ausgeführt hat, kehrt zu seinem normalen Verhalten zurück.

Dr. Noonian Soong und sein von ihm entworfener Android Lore.

Die *Enterprise* fliegt zur Sternenbasis 416, wo Willie Potts erfolgreich behandelt wird.

»**Endars Sohn**«. Sternzeit 44143,7. Die *Enterprise* befindet sich im Sektor 21947, wo sie auf den Notruf eines talariansichen Beobachtungsschiffes antwortet. Unter den Überlebenden ist ein junger Mensch namens Jeremiah Rossa, der sich als Enkel der Sternenflotten-Admiralin Connaught Rossa herausstellt. Nachforschungen ergeben, daß Jeremiah von dem talarianischen Captain Endar aufgezogen wurde, der sich an die talarianische Tradition hielt, nach der ein Krieger den Sohn eines erschlagenen Feindes annehmen kann. Admiral Rossa bittet darum, ihren Enkel ihrer Fürsorge anzuvertrauen, aber Captain Picard entscheidet, daß den Interessen des Kindes besser gedient wird, wenn er zu seiner Adoptivfamilie zurückkehren kann, denn in der Zwischenzeit sieht Jeremiah Endar als seinen Vater an.

Der talarianische Captain Endar und sein Sohn Jono, der auch als Jeremiah Rossa bekannt ist.

Das vierundzwanzigste Jahrhundert

Der Reisende

»**Das Experiment**«. Sternzeit 44161,2. Die *Enterprise* befindet sich an Sternenbasis 133, wo ein Teil der Besatzung ausgetauscht werden soll. Dr. Dalen Quaice, ein Lehrer von Dr. Beverly Crusher, ist ebenfalls an Bord und soll zum Planeten Kenda II gebracht werden. Auf dem Weg zum Planeten Durenia IV kommt es während eines Warpfeld-Experiments zu einem Unfall, bei dem Dr. Crusher für einige Stunden innerhalb einer Warpblase gefangen wird. Sie kann durch die Bemühungen ihres Sohns Wesley und eines Wesens, das sich der Reisende nennt und vom Planeten Tau Alpha C stammt, unverletzt gerettet werden. Der Reisende hatte 2364 schon einmal an einem Warpantriebsexperiment auf der *Enterprise* teilgenommen.

Anmerkung der Herausgeber: Picard gibt am Ende der Folge die Größe der Schiffsbesatzung mit 1014 Personen an.

Ishara Yar

»**Die Rettungsoperation**«. Sternzeit 44215,2. Die *Enterprise* verschiebt eine anstehende archäologische Untersuchung des Planeten Camus II, um auf den Notruf des Föderationsfrachters *Arcos* zu antworten, der sich im Orbit um den Planeten Turkana IV befindet. Bei ihrer Ankunft stellen sie fest, daß zwei Überlebende auf der Planetenoberfläche gelandet sind. Die beiden sind von einer der beiden rivalisierenden Banden, von denen die Kolonie jetzt kontrolliert wird, gefangengenommen worden. Eine dieser Banden schickt Ishara Yar, die Schwester der verstorbenen Sicherheitsoffizierin der *Enterprise*, Tasha Yar, um zu helfen. Die Rettung gelingt. Allerdings stellt sich im Verlauf heraus, daß Yar die Operation dazu benutzt hat, die gegnerische Bande zu übervorteilen.

*Anmerkung der Herausgeber: Die übergangene archäologische Untersuchung des Planeten Camus II, auf die sich Picard in seinem Logbucheintrag bezieht, ist ein interner Witz, eine Verbeugung vor der alten Serie. Die neunundsiebzigste und letzte Folge der Serie, »Gefährlicher Tausch« beeinhaltete eine archäologische Expedition auf dem Planeten Camus II. »Die Rettungsoperation« ist die achtzigste Folge von **Raumschiff Enterprise: Das nächste Jahrhundert**. Der Witz stammte vom Produzenten Rick Berman, dem Schauspieler Jonathan Frakes und dem Drehbuch-Koordinator Eric Stillwell. Die Erwähnung des Raumschiffs **Potemkin** (siehe 2361), das ebenfalls in der letzten Folge der alten Serie erwähnt wird, ist ein weiterer interner Witz.*

K'Ehleyr

»**Tödliche Nachfolge**«. Sternzeit 44246,3. Die *Enterprise* untersucht Strahlungsanomalien im Gamma Arigulon System, die vom Raumschiff *LaSalle* gemeldet worden sind. Die Untersuchung wird abgebrochen, als die *Enterprise* auf einen klingonischen Kreuzer der *Vor'cha*-Klasse trifft, auf dem sich der Herrscher des klingonischen Hohen Rats, K'mpec, befindet, der um ein Treffen mit Picard bittet. Ebenfalls an Bord ist die klingonische Botschafterin K'Ehleyr, die mit einem Kind namens Alexander auf die *Enterprise* kommt. K'Ehleyr sagt Worf, daß Alexander sein Kind ist und bei ihrer letzten Begegnung auf der *Enterprise* entstanden ist.

K'mpec enthüllt, daß er von politischen Gegnern vergiftet wurde und sterben wird. Picard soll den Nachfolgeritus leiten. K'mpec erklärt diese sehr ungewöhnliche Wahl damit, daß er befürchtet, bestimmte Parteien innerhalb des klingonischen Hohen Rates könnten versuchen, das Reich in einen Bürgerkrieg zu stürzen. Picard akzeptiert, und K'mpec stirbt kurz darauf.

Als Teil des *ja'chuq*- (Nachfolge-) Prozesses, hört Picard die Begründungen des Ratsmitgliedes Duras und des politischen Neulings Gowron. Botschafterin K'Ehleyr deckt Beweise auf, nach denen der Vater von Duras das klingonische Volk beim Khitomer-Massaker von 2346 verraten hat. Duras ermordet K'Ehleyr, um zu verhindern, daß sie von ihrer Entdeckung berichtet; Worf nimmt später allerdings das Recht auf Rache in Anspruch und tötet Duras. Gowron bleibt als einziger Bewerber um die Herrschaft des klingonischen Hohen Rates übrig und wird dementsprechend ernannt. Worf wird von Captain Picard für seine Beteiligung an Duras' Tod offiziell zurechtgewiesen.

Worf und sein Sohn Alexander

Das vierundzwanzigste Jahrhundert

Die *Enterprise* befindet sich an Sternnenbasis 73. Lieutenant Worf trifft sich mit seinen Adoptiveltern Sergey und Helena Rozhenko, die mit Alexander zur Erde zurückkehren, um ihn dort aufzuziehen.

»**Gedächtnisverlust**«. Sternzeit 44286,5. Die *Enterprise* führt eine Sicherheitsüberprüfung des Onias-Sektors in der Nähe der romulanischen neutralen Zone durch. Ein Außenteam soll auf dem Planeten Alpha Onias III, einer öden und ungastlichen Klasse-M Welt, Hinweisen auf Aktivitäten nachgehen. Commander Riker wird während des Heraufbeamens entführt und von einem Außerirdischen namens Barash festgehalten. Der Außerirdische ist schließlich damit einverstanden, Riker freizulassen und als Gast auf die *Enterprise* zu kommen.
Riker feiert seinen 32. Geburtstag.

Commander Riker und der Außerirdische Barash

Captain Picard wird gebeten, in einem Streit zwischen den Salenit-Minenarbeitern auf dem Planeten Pentarus V zu vermitteln.

Vor »Die letzte Mission«.

»**Die letzte Mission**«. Sternzeit 44307,3. Die *Enterprise* erhält einen Notruf vom Planeten Gamelan V. Songi, die Vorsitzende von Gamelan berichtet, daß ein unidentifiziertes Raumschiff in den Orbit ihres Planeten eingetreten ist und die Strahlungsmenge erheblich verstärkt hat. Commander Riker leitet die *Enterprise* nach Gamelan V um, wo man feststellt, daß es sich bei dem Raumschiff um einen alten Frachter handelt, der instabile radioaktive Abfälle geladen hat. Besatzungsmitgliedern der *Enterprise* gelingt es, den Frachter durch den meltasionischen Asteroidengürtel direkt in die Sonne zu schicken. Dabei werden einige Besatzungsmitglieder allerdings gefährlicher Strahlung ausgesetzt.

Dirgo und Picard verteidigen die Besatzung des Shuttle nach dem Absturz auf Nenebek.

Captain Picard reist in dem pentaranischen Minenshuttle *Nenebek* nach Pentarus V. Ebenfalls an Bord sind der Pilot Dirgo und Fähnrich Wesley Crusher. Eine Fehlfunktion in den Antriebssystemen des Shuttle zwingt sie zu einer Notlandung auf Lambda Paz, einem Mond von Pentarus III. Alle überleben die Notlandung, aber Dirgo stirbt später bei dem Versuch, Wasser zu besorgen. Die beiden Überlebenden werden schließlich von der *Enterprise* gerettet.

Wesley Crusher verläßt die *Enterprise*, um der Sternenflotten-Akademie beizutreten.

Nach »Die letzte Mission«.

Emblem der Sternenflotten-Akademie

»**Das kosmische Band**«. Sternzeit 44356,9. Die *Enterprise*, die sich auf dem Weg zu dem Planeten T'lli Beta befindet, stoppt, um eine merkwürdige Sensorenanzeige zu überprüfen. Während das Gebiet untersucht wird, stellt man eine Fehlfunktion des Warpantriebs fest, die scheinbar von einer Gruppe zweidimensionaler Wesen ausgelöst wird, die sich in der Nähe befinden. Alle Versuche, diese Fehlfunktion zu beheben, scheitern, bis man feststellt, daß die Lebensformen versuchen, zu einem kosmischen Band zurückzukehren. Man setzt den Hauptdeflektor der *Enterprise* ein, um die natürlichen Schwingungen des Bandes zu simulieren. Damit gelingt es, die Lebensformen zu dem Band zurückzuleiten, das anscheinend ihre natürliche Heimat darstellt.

Eine Nebenwirkung der Gegenwart dieser zweidimensionalen Wesen ist der Verlust von Trois empathischen Fähigkeiten.

Anmerkung der Herausgeber: Der Planet T'lli Beta wurde von der Autorin dieser Folge nach ihrer Großmutter Tillie Bader benannt.

Die *Enterprise* erreicht die Koordinaten, wo sie sich mit der U.S.S. *Zhukov* treffen soll.

Direkt vor »Datas Tag«.

142

Das vierundzwanzigste Jahrhundert

Botschafterin T'Pel und Subcommander Selok

Miles und Keiko O'Brien

Data und seine Hauskatze Spot

Raumschiff *Enterprise*

»**Datas Tag**«. Sternzeit 44390,1. Die *Enterprise* trifft sich mit der *Zhukov*, um die vulkanische Botschafterin T'Pel zu Verhandlungen zur neutralen Zone zu bringen. T'Pel wird scheinbar bei einem Transporterunfall getötet, als sie zum romulanischen Schiff *Devoras* gebeamt werden soll. Nachforschungen ergeben, daß der Zwischenfall von den Romulanern inszeniert wurde. T'Pel ist in Wirklichkeit Subcommander Selok und war als Spionin im Föderationsgebiet. Der Zwischenfall war inszeniert worden, um ihre Rückkehr in romulanisches Gebiet zu ermöglichen.

Francisca Juarez, ein Besatzungsmitglied der *Enterprise*, gebärt einen Jungen. Der Vater des Kindes, Alfredo Juarez, ist ebenfalls ein Mitglied der Besatzung. Chief Miles O'Brien heiratet die Botanikerin Keiko Ishikawa in einer Zeremonie, die in Zehn Vorne abgehalten wird. Captain Jean-Luc Picard leitet die Zeremonie, und Data dient als Vater der Braut.

Die Langstreckensenoren zeichnen weiterhin Daten des Murasaki-Quasars auf.

Lieutenant Commander Data nimmt ein persönliches Logbuch auf, das an Commander Bruce Maddox von der Kybernetik-Abteilung des Daystrom-Instituts geschickt werden soll. Die Aufnahme soll Aufschluß über Datas Programmierung geben.

*Anmerkung der Herausgeber: In dieser Folge taucht Datas Hauskatze, die später den Namen Spot bekommt, zum ersten Mal auf. Picards Einleitung bei O'Driens Hochzeit ist eine Verbeugung des Autors Ron Morre vor einer ähnlichen Rede, die Captain Kirk in »Spock unter Verdacht« hielt. In »Datas Tag« sehen wir außerdem zum ersten Mal den Friseurladen der **Enterprise**. Der Murasaki-Quasar ist eine Anspielung auf die Folge »Notlandung auf Galileo 7« aus der ersten Serie.*

*Data bemerkt in dieser Folge, daß dies der 1550. Tag seit Inbetriebnahme der **Enterprise** ist. Wir versuchten, das zurückzuverfolgen, um herauszufinden, wann die **Enterprise** in Dienst gestellt wurde. Unsere Theorie war folgende: Bei den Sternzeiten bei **Raumschiff Enterprise: Das nächste Jahrhundert** kann man normalerweise recht gut einschätzen, in welchem Teil eines gegebenen Jahres die Folge spielen soll. Dazu muß man die letzten drei Nummern als Tausendstel eines Jahres nehmen (das bedeutet, das eine Sternzeit, deren letzte drei Nummern 500 lauten, ungefähr in der Hälfte eines gegebenen Jahres liegt). Das daraus resultierende Datum kann natürlich nur eine grobe Schätzung sein, wenn man bedenkt, daß das alles nicht immer funktioniert (siehe Anhang C, wo mehr zu Sternzeiten steht). Wir haben es trotzdem versucht.*

*Nimmt man die Sternzeit 44390 für diese Folge, so ergibt das ein Datum, das im späten Mai des Jahres 2367 liegt. Zieht man davon 1550 Tage ab, so ergibt sich der späte Februar 2363 als Datum des Dienstbeginns. Das stimmt nicht ganz mit der Folge »Die geheimnisvolle Kraft« überein, in der davon ausgegangen wird, das das Schiff gegen Ende des Jahres 2363 gestartet wurde (Picard sagt, die **Enterprise** sei **noch nicht ganz** ein Jahr alt in dieser Folge). Wir begründen das damit, daß das Schiff im Februar in Dienst genommen wurde, aber offiziell erst einige Monate später gestartet wurde.*

Wie dem auch sei, auf der Plakette auf der Brücke ist die Sternzeit des Starts mit 40759,5 angegeben, was ungefähr der 4. Oktober 2363 wäre. Es ist kein Zufall, daß der Start von Sputnik 1, den viele für den Beginn des Raumzeitalters halten, am 4. Oktober 1957 stattfand.

Die *Enterprise* reist zum Planeten Adelphous IV.

Direkt nach »Datas Tag«.

Das vierundzwanzigste Jahrhundert

Eine cardessianische Wissenschaftsstation im Cuellar-System wird von der U.S.S. *Phoenix* unter dem Kommando von Captain Benjamin Maxwell zerstört. Diese Handlung ist ein Bruch des Friedensvertrags zwischen den Cardessianern und der Föderation, obwohl Captain Maxwell behauptet, Beweise zu haben, daß die Wissenschaftsstation in Wirklichkeit eine militärische Transporteinrichtung war.

Zwei Tage vor »Der Rachefeldzug«.

»Der Rachefeldzug«. Sternzeit 44429,6. Als sich die *Enterprise* auf einer Kartographierungsmission in der Nähe des cardessianischen Raums befindet, wird sie von der *Trager,* einem Kriegsschiff der *Gator*-Klasse angegriffen. Der Kommandant des angreifenden Schiffes informiert Captain Picard darüber, daß der Angriff die Antwort auf die Zerstörung der cardessinaischen Station im Cuellarsystem vor zwei Tagen ist. Captain Picard erhält von Sternenflotten-Admiral Haden den Auftrag, Maxwells Angriff zu untersuchen.

Captain Ben Maxwell

Picard findet heraus, daß Maxwell seinen Angriff gegen die Cardessianer mit der Theorie begründet, die Cardessianer planten eine großangelegte militärische Offensive gegen die Föderation. Picard, der unter einem direkten Befehl der Sternenflotte steht, hindert Maxwell daran, weitere Angriffe gegen die Cardessianer durchzuführen. Maxwell wird in Gewahrsam genommen, und Picard weist den cardessianischen Offizier Gul Macet an, seiner Regierung mitzuteilen, daß die Sternenflotte wüßte, daß sich Maxwells Behauptungen über geheime militärische Vorbereitungen auf Fakten gründen.

Cardessianer Gul Macet

Anmerkung der Herausgeber: In dieser Folge tauchen die Cardessianer zum ersten Mal auf. Diese gegnerische Macht sollte noch in einigen Folgen von **Raumschiff Enterprise: Das nächste Jahrhundert** *und* **Star Trek: Deep Space Nine** *auftauchen (die Hintergrundgeschichte, die in »Der Rachefeldzug« aufgebaut wird, läßt allerdings darauf schließen, daß die Feindseligkeiten zwischen der Föderation und den Cardessianern schon seit einiger Zeit bestehen. Picard sagt, er sei vor den Cardessianern geflohen, als er das Kommando über die* **Stargazer** *hatte, was bedeutet, daß es schon vor 2355, dem Jahr, in dem die* **Stargazer** *zerstört wurde, Schwierigkeiten gab).*

In »Der Rachefeldzug« sieht man auch zum ersten Mal ein Raumschiff der **Nebula**-*Klasse, obwohl man ein früheres »Studienmodell« dieses Designs auch in den Trümmern des »Schiffsfriedhofs« aus »Angriffsziel Erde« und in der Schrottplatz-Szene in »Wiedervereinigung?« sehen kann. Ein zweites Studienmodell dieses Schiffs verzierte Captain Picards Schreibtisch in seinem imaginären Bereitschaftsraum in »Gedächtnisverlust«.*

U.S.S. *Phoenix,* NCC-65420.

Das Raumschiff *Phoenix* kehrt zur Sternenbasis 211 zurück.

Direkt nach »Der Rachefeldzug«.

Die Bewohner des Planeten Ventax II reagieren mit Panik auf Visionen der mythischen Figur Ardra. Die Legende besagt, daß Ardra tausend Jahre nach ihrem letzten Besuch, der jetzt tausend Jahre zurückliegt, auf den Planeten zurückkehren soll. Die Visionen von Ardra werden von geologischen Beben in den Städten von Ventax begleitet.

Einige Tage vor »Der Pakt mit dem Teufel«.

»Der Pakt mit dem Teufel«. Sternzeit 44474,5. Die *Enterprise* reagiert auf einen Notruf der Föderations-Wissenschaftsstation auf dem Planeten Ventax II. Der Stationsleiter Howard Clark berichtet, daß wegen der bevorstehenden Ankunft eines übernatürlichen Wesens namens Ardra die Bevölkerung in Panik gerät. Eine Humanoide, die sich Ardra nennt, taucht auch tatsächlich auf Ventax II auf, aber Picard gelingt es, die örtlichen Behörden davon zu überzeu-

»Ardra«

Das vierundzwanzigste Jahrhundert

gen, daß sie nicht das legendäre übernatürliche Wesen ist und sie daher nicht an ihren uralten Vertrag mit Ardra gebunden sind.

Anmerkung der Herausgeber: Diese Folge wurde ursprünglich 1978 für Kirk und seine Leute in der nie produzierten **Star Trek II**-*Fernsehserie geschrieben. Dies ist das zweite Drehbuch dieser Serie, das für* **Raumschiff Enterprise: Das nächste Jahrhundert** *wiederbelebt wurde (das erste war »Das Kind«).*

Die *Enterprise* beendet eine Mission auf dem Planeten Harrakis V früher als geplant, was Picard Gelegenheit gibt, vielen seiner Besatzungsmitglieder etwas Freizeit zu gewähren.

Direkt vor »Beweise«.

Instabiles Wurmloch, das in der Nähe des Ngame-Nebels entdeckt wird.

»**Beweise**«. Sternzeit 44502,7. Auf dem Weg zu einem diplomatischen Auftrag im Evadne-System durchquert die *Enterprise* den Ngame-Nebel. Dort entdeckt man eine Sonne der Klasse T-tauri, die von einem einzigen Planeten der Klasse-M umkreist wird. Bei Untersuchungen dieses ungewöhnlichen Planeten, fliegt die *Enterprise* zufällig durch ein instabiles Wurmloch, durch das das Schiff ungefähr 0,54 Parsecs von seiner ursprünglichen Position abweicht. Captain Picard gibt wegen des Wurmlochs eine Warnung an die Sternenflotte weiter. Das Schiff nimmt wieder Kurs auf Evadne IV.

Anmerkung der Herausgeber: Die wesentliche Handlung von »Beweise«, die Begegnung der Enterprise *mit den zurückgezogen lebenden Paxanern und die Versuche, diesen Zwischenfall aus den Computerbänken der* **Enterprise** *und den Erinnerungen der Besatzungsmitglieder zu löschen, wurde hier nicht erwähnt, weil wir davon ausgehen, daß der zweite Versuch die Erinnerungen zu löschen erfolgreich war. Ein Bericht, der sich auf die Aufzeichnungen der* **Enterprise** *bezieht, könnte daher diesen Zwischenfall nicht erwähnen (Data erinnert sich zwar an die Begegnung, erhielt aber von Picard den Befehl, diese Informationen niemals weiterzugeben, noch nicht einmal an Picard oder die Autoren dieses Buchs).*

Die *Enterprise* fliegt zum Planeten Evadne IV.

Nach »Beweise«.

Das unbemannte Argus-Subraumteleskop, das sich am Rand der Föderation befindet, beendet unerklärlicherweise seine Datenübertragungen. Später stellt sich heraus, daß eine Sonde der Cytherianer dafür verantwortlich ist.

»Die Reise ins Ungewisse«. Picard bemerkt in seinem Logbuch, daß das Teleskop ungefähr zwei Monate vor der Folge seine Übertragungen abbrach.

Subraumteleskop Argus

Die U.S.S. *Brattain* sendet einen Notruf. Das ist das letzte Signal dieses Schiffs. Später erfährt man, daß das Raumschiff der *Miranda*-Klasse in einen Tyken-Spalt geriet.

»Augen in der Dunkelheit«. Der Notruf wurde 29 Tage vor dieser Folge gesendet.

Commander Riker, der wegen einer verdeckten Überwachung auf dem Planeten Malcor III getarnt ist.

Keiko O'Brien, Botanikerin auf der *Enterprise* und ihr Mann Miles zeugen ein Kind.

»Katastrophe auf der Enterprise«. Das Datum ist zwar eine Vermutung, liegt aber ungefähr acht Monate vor dieser Folge. Wir gehen davon aus, daß Molly eine Frühgeburt war.

Die *Enterprise* befindet sich bei dem Planeten Malcor III, um eine verdeckte soziologische Überwachung als Einleitung zu einem möglichen Erstkontakt

Das vierundzwanzigste Jahrhundert

durchzuführen. Malcor III steht momentan noch unter dem Schutz der Ersten Direktive. Man glaubt allerdings, daß die Bewohner kurz vor der Entdeckung eines interstellaren Antriebs stehen und daher bald für einen Erstkontakt geeignet sein könnten. Commander William Riker wird als Teil eines Beobachtungsteams auf den Planeten geschickt.

Vor »Erster Kontakt«.

»Erster Kontakt«. (Keine Sternzeit in dieser Folge). Commander Riker wird bei einer verdeckten soziologischen Überwachung auf dem Planeten Malcor III verletzt. Er wird in einer örtlichen medizinischen Einrichtung versorgt, wo einheimische Ärzte bei Untersuchungen Beweise dafür finden, daß er ein Außerirdischer ist. Dadurch wird die Sicherheit der Beobachtungsoperation gefährdet. Die örtlichen Behörden reagieren verängstigt auf die Präsenz der Föderation und bitten Captain Picard darum, keinen ersten Kontakt durchzuführen, weil dies in der augenblicklichen sozialen Entwicklung des Planeten einen zu großen Schock darstellen würde. Picard stimmt zu und verschiebt den Erstkontakt auf unbestimmte Zeit.

Barclay als Cyrano

Die malcorianische Wissenschaftsministerin Mirasta Yale entscheidet sich, auf der *Enterprise* zu bleiben.

Anmerkung der Herausgeber: Die Flasche Chateau Picard, die der Captain zusammen mit Kanzler Durken trinkt, wurde Picard von seinem Bruder Robert in »Familienbegegnung« geschenkt.

Lieutenant Reginald Barclay tritt Dr. Beverly Crushers Schauspiel-Workshop auf der *Enterprise* bei. Ihr erstes Projekt ist eine Aufführung von *Cyrano de Bergerac*.

»Die Reise ins Ungewisse«. Geordi sagt, daß Barclay seit sechs Wochen Unterricht nimmt.

»Die Begegnung im Weltraum«. Sternzeit 44614,6. Die *Enterprise* befindet sich bei Sternenbasis 313, um wissenschaftliche Ausrüstung für einen Föderations-Außenposten im Guernica-System und eine Besucherin, Dr. Leah Brahms zu einer Inspektionstour aufzunehmen. Brahms hatte vorher zu einem der Design-Teams gehört, die auf Utopia Planitia die Antriebssysteme der *Enterprise* entwarfen. In der Zwischenzeit ist sie zur leitenden Design-Ingenieurin der theoretischen Antriebsgruppe befördert worden.

Dr. Leah Brahms

Zur Untersuchung ungewöhnlicher Energie-Anzeigen im nicht erforschten Alpha Omicron System, macht die *Enterprise* einen Umweg in dieses System. Man findet ein Objekt, das den Planeten Alpha Omicron VII umkreist und sich als im Raum lebende Lebensform herausstellt. Während der Untersuchungen setzt man einen niedrig eingestellten Phaserstrahl ein, um ein möglicherweise gefährliches Strahlungsfeld von dem Wesen fernzuhalten. Der Versuch geht für die Lebensform tödlich aus. Bei Untersuchungen der Überreste findet man ein ungeborenes Kind, das mit der Hilfe von Besatzungsmitgliedern der *Enterprise* zur Welt kommt. Das Kind hält die *Enterprise* für eine Nahrungsquelle und zieht Energie aus den Maschinen des Schiffs ab, bis man eine Möglichkeit findet, das Kind zu einer Gruppe seiner eigenen Spezies zu bringen.

Neugeborenes, im Raum lebendes Wesen, dessen Mutter versehentlich von Besatzungsmitgliedern der *Enterprise* getötet wurde.

Die *Enterprise* setzt ihre Reise zum Guernica-System fort.

Direkt nach »Die Begegnung im Weltraum«.

Das vierundzwanzigste Jahrhundert

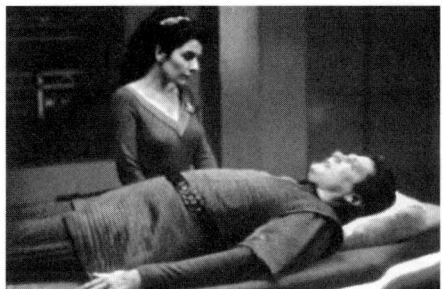

Beraterin Troi kümmert sich um den einzigen Überlebenden der *Brattain*.

»Augen in der Dunkelheit«. Sternzeit 44631,2. Die *Enterprise* fliegt durch ein nicht kartographiertes Doppelsternsystem und entdeckt dort die treibende U.S.S. *Brattain*, die vor 29 Tagen als vermißt gemeldet wurde. Nur ein Überlebender der Besatzung wird gefunden; die anderen 34 starben unter gewalttätigen, aber unerklärlichen Umständen. Während der Untersuchungen gerät die *Enterprise* in einen Tyken-Spalt, wodurch die Energiesysteme des Schiffs ausfallen. Durch die Zusammenarbeit mit einer unbekannten Intelligenz auf der anderen Seite des Risses gelingt der *Enterprise* und der unbekannten Intelligenz die Flucht. Die Nähe zu dieser fremden Lebensform ist verantwortlich für den extremen Traumentzug, unter dem die gesamte Besatzung der *Enterprise* leidet. Dies ist eine Nebenwirkung des erfolgreichen Kommunikationsversuchs mit den Außerirdischen. Man nimmt an, daß dieser Traumentzug für den Wahnsinn verantwortlich war, der das Leben der meisten Besatzungsmitglieder der *Brattain* forderte.

Die *Enterprise* fliegt zur Sternenbasis 220.

Direkt nach »Augen in der Dunkelheit«.

Emilita Mendez, ein Besatzungsmitglied des Raumschiffs *Aries*, stiehlt das Shuttle *Cousteau* und begibt sich zum Planeten Tarchannan III. Ihre Kollegen berichten später, daß sie eine Stunde vor ihrem Verschwinden zuletzt gesehen wurde und da einen völlig normalen Eindruck machte.

Vor »Der unbekannte Schatten«.

Lieutenant Paul Hickman, der zusammen mit einem gestohlenen Shuttle vermißt wird, wird von einem Versorgungsschiff der Föderation auf dem Weg zum Planeten Tarchannan III gesehen.

Einen Tag vor »Der fremde Schatten«.

Susanna Leijten

Lieutenant Commander Susanna Leijten, die früher auf der *Victory* diente, wird kurzzeitig auf die *Enterprise* versetzt, um das merkwürdige Verhalten von ehemaligen Besatzungsmitgliedern der *Victory* aufzuklären, die im Jahr 2362 an einer Außenmission auf dem Planeten Tarchannan III beteiligt waren. Unter diesen ehemaligen Besatzungsmitgliedern befinden sich Emilita Mendez, Paul Hickman, Fähnrich Brevelle und Geordi La Forge.

Vor »Der fremde Schatten«, nachdem Hickman in der Nähe von Tarchannan III gesehen wurde.

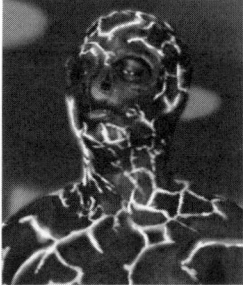

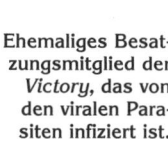

Ehemaliges Besatzungsmitglied der *Victory*, das von den viralen Parasiten infiziert ist.

»Der fremde Schatten«. Sternzeit 44664,5. Die *Enterprise* befindet sich bei dem Planeten Tarchannan III, um das merkwürdige Verhalten ehemaliger Besatzungsmitglieder der *Victory* zu untersuchen. Man versucht, das gestohlene Shuttle, das von Paul Hickman gesteuert wird, abzufangen, aber das Shuttle verglüht beim Eintritt in die Atmosphäre, bevor die *Enterprise* es mit Traktorstrahl oder Transporter erreichen kann.

Bei Untersuchungen alter *Victory*-Aufzeichnungen und Nachforschungen in der verlassenen Kolonie auf Tarchannan III, entdeckt man eine einheimische Lebensform, die sich durch einen viralen Parasiten fortpflanzt. Man findet heraus, daß diese Lebensform 2362 die Mitglieder des *Victory*-Außenteams infizierte, was sie dazu zwang, nach Tarchannan III zurückzukehren, wo ihre DNA so verändert wird, daß sie der des Parasiten gleicht. Bei den meisten ehemaligen Besatzungsmitgliedern der *Victory* kann man diesen Prozess nicht mehr umkehren. Allerdings kann der Parasit bei Leijten und La Forge erfolgreich entfernt werden.

Warnbojen werden im Orbit um den Planeten Tarchannan III und auf der Oberfläche des Planeten plaziert.

Direkt nach »Der fremde Schatten«.

Das vierundzwanzigste Jahrhundert

»**Die Reise ins Ungewisse**«. Sternzeit 44704,2. Die *Enterprise* befindet sich am Rande der Föderation, um den scheinbaren Ausfall des Argus-Subraumteleskops zu untersuchen. Eine außerirdische Sonde wird in der Nähe des Teleskops entdeckt. Erste Untersuchungen der Sonde führen zu keinem Ergebnis, obwohl man herausfindet, daß die Sonde Strahlung abgibt, durch die die Computersysteme des Shuttles, das man für die Untersuchung abgestellt hatte, stark beschädigt werden.

Bei Lieutenant Reginald Barclay, Teil der Besatzung des Shuttles, zeigen sich ungewöhnliche Nebenwirkungen dieser Strahlung. Seine intellektuellen Fähigkeiten sind um mindestens zwei Größenordnungen gesteigert worden. Durch seine erhöhte Intelligenz kann das Argus-Teleskop vor einer Reihe kritischer Fehlfunktionen geschützt werden und der Warpantrieb der *Enterprise* extrem verbessert werden. Gegen den direkten Befehl von Captain Picard steuert Barclay die *Enterprise* zum 30 000 Lichtjahre entfernten Zentrum der Galaxis. Verantwortlich für all das ist eine noch unbekannte Rasse namens Cytherianer, die solche Techniken einsetzen, um Besucher zu einem kulturellen Austausch zu ihrer Welt zu bringen. Picard stimmt einem solchen Austausch zu, und die *Enterprise* wird zurück ins Föderationsgebiet gebracht.

Lieutenant Reginald Barclay

»**Gefangen in der Vergangenheit**«. Sternzeit 44741,9. Die *Enterprise* befindet sich bei dem Planeten Tagus III, um als Tagungsort für das jährliche Symposium des archäologischen Konzils der Föderation zu dienen. Captain Picard hält seine Eröffnungsrede über die uralten Ruinen auf Tagus.

Das Wesen, das sich Q nennt, kehrt zurück und versetzt Captain Picard, seinen Stab und Konzilmitglied Vash in eine erfundene Umgebung. Bei ihrer Rückkehr einigt sich Vash auf eine Partnerschaft mit Q.

Der klingonische Exobiologe J'Ddan, der als Teil eines Austauschprogramms auf der *Enterprise* ist, ruft eingeschränkt verfügbare Informationen über das Design der Diliziumkammer des Schiffs auf. Der Zwischenfall wird routinemäßig von den Computersystemen aufgezeichnet.

Worf, der von Q als Will Scarlett besetzt wird.

»*Das Standgericht*«. *Eine Woche, bevor die Romulaner die technischen Daten erhielten.*

Sternzeit 44765,2. Die *Enterprise* wird bei einer Explosion in der Diliziumkammer beschädigt. Niemand wird getötet, aber zwei Mitglieder des Ingenieursstabs müssen mit Strahlungsverbrennungen eingeliefert werden. Man findet keinen Grund für die Explosion und vermutet Sabotage.

Vier Tage vor »Das Standgericht«.

Das Sternenflottenkommando erhält Geheimdienstberichte, nach denen das Design der Diliziumkammern der *Galaxy*-Raumschiffe in die Hände der Romulaner gefallen ist. Der klingonische Austauschtechniker J'Ddan wird beschuldigt, die Informationen weitergegeben zu haben.

»*Das Standgericht*«. *Ungefähr zur gleichen Zeit wie die Explosion in der Diliziumkammer der* **Enterprise**.

»**Das Standgericht**«. Sternzeit 44769,2. Admiral Norah Satie kommt auf die *Enterprise*, um eine mögliche Sabotage bei der Explosion in der Diliziumkammer des Schiffes zu untersuchen. Man findet heraus, daß der klingonische Austausch-Exobiologe J'Ddan technische Aufzeichnungen an die Romulaner weitergegeben hat, aber nicht an einer Sabotage beteiligt war. J'Ddan wird wegen Spionage verhaftet und an die klingonischen Behörden überstellt. Ebenfalls beschuldigt wird das Mannschaftsmitglied Simon Tarses. Zwar hat er seine Bewerbungsunterlagen für die Sternenflotte gefälscht, um zu verheimlichen, daß sein Großvater Romulaner war, ist aber ansonsten unschuldig.

Admiral Norah Satie

Das vierundzwanzigste Jahrhundert

Admiral Satie glaubt weiterhin an ihre Theorie, daß eine Verschwörung für die Explosion in der Diliziumkammer der *Enterprise* verantwortlich war, obwohl immer mehr Beweise auf einen Unfall deuten. Admiral Thomas Hardy entscheidet, daß Saties Untersuchungen aufgrund fehlender Beweise der Verfassung widersprechen und befiehlt den Abbruch der Anhörungen.

Jenna D'Sora, Sicherheitsoffizierin auf der *Enterprise* beendet ihre Beziehung zum Besatzungsmitglied Jeff Arton.

»Datas erste Liebe«. Ungefähr sechs Wochen vor dieser Folge.

Der Wissenschaftler Timicin

»Die Auflösung«. Sternzeit 44805,3. Die *Enterprise* befindet sich bei dem Planeten Kaelon II, um bei einem Experiment zu assistieren, das beweisen soll, daß man durch einen Helium-Zündungsprozeß das Leben dieser Sonne verlängern kann. Die ersten Tests im Praxillus-System, die von dem kaelonischen Wissenschaftler Timicin geleitet werden, schlagen fehl, weil eine nicht erwartete Neutronenwanderung den Stern zur Explosion bringt. Während einer Analyse des Experiments werden weitere Forschungsmöglichkeiten entdeckt. Timicin entscheidet sich, seine geplante Heimreise zu verschieben, um mit diesen Entwicklungen zu experimentieren. Da er trotz der kaelonischen Tradition der »Auflösung« (freiwilliger Selbstmord im Alter von 60 Jahren) nicht zurückkehrt, droht ein diplomatischer Zwischenfall, der erst abgewendet wird, als Timicin seine Entscheidung widerruft. Lwaxana Troi begleitet Timicin in seine Heimat, um den Feierlichkeiten zu seiner Auflösung beizuwohnen.

Anmerkung der Herausgeber: Timicins Tochter wurde von Michelle Forbes gespielt, die später als Fähnrich Ro wieder auftauchen sollte.

Botschafter Odan, der in einem Trill-Gastkörper lebt.

Föderationsbotschafter Odan wird auf die *Enterprise* versetzt, wo er einen Streit zwischen den beiden Monden des Peliar Zel Systems schlichten soll.

Ungefähr zehn Tage vor »Odan, der Sonderbotschafter«.

Wesley Crusher schickt von der Sternenflotten-Akademie einen Brief an seine Mutter Beverly Crusher, die sich auf der *Enterprise* befindet. Der junge Crusher berichtet, daß er sehr gut in Exobiologie ist, aber immer noch Schwierigkeiten in alter Philosophie hat.

Direkt vor »Odan, der Sonderbotschafter«.

»Odan, der Sonderbotschafter«. Sternzeit 44821,3. Die *Enterprise* befindet sich auf dem Weg zum Planeten Peliar Zel. An Bord befindet sich auch Botschafter Odan, der dort einen diplomatischen Auftrag durchführen soll. Dr. Beverly Crusher arbeitet mit Odan zusammen, um die Auswirkungen einer kontroversen Abzugsanlage für magnetische Energie zu studieren, die von den Bewohnern von Peliar Zel Alpha, einem der beiden Monde dieses Systems, eingesetzt wird. Auf dem Weg zur Konferenz wird Odans Shuttle von unbekannten Gegnern angegriffen. Odan wird scheinbar tödlich verletzt, aber man stellt fest, daß er zu einer symbiotischen Rasse namens Trill gehört und daß der symbiotische Parasit in Odans Körper die eigentliche Person Odan ist.

Botschafter Odan im Körper von Commander William Riker.

Commander William Riker meldet sich freiwillig, um als kurzzeitiger Gastkörper Odans zu dienen, bis ein neuer permanenter Trill-Gastkörper eintrifft. Der chirurgische Vorgang wird von Dr. Beverly Crusher durchgeführt, eine Aufgabe, die dadurch erschwert wird, daß sie sich in Odan verliebt hat. Der Botschafter, der sich in der Zwischenzeit in seinem neuen Gastkörper befindet, kann in den Gesprächen zwischen Peliar Zel Alpha und Beta vermitteln.

Kriosianische Rebellen, die eine Unabhängigkeit vom klingonischen Imperium erreichen wollen, greifen mindestens zwei neutrale Frachter (einen der Ferengi und einen der Cardessianer) an. Die Angriffe finden in der Nähe des

Das vierundzwanzigste Jahrhundert

ikalianischen Asteroidengürtels statt, wo man ein Versteck der Rebellen vermutet.

Einige Zeit vor »Verräterische Signale«.

Gouverneur Vagh von den klingonischen kriosianischen Kolonien beschuldigt die Föderation, die Rebellen zu unterstützen. Vagh behauptet, daß die Föderationsphaser, die von den Rebellen eingesetzt würden, ein Beweis für diese Einmischung wären. Der klingonische Sonderbotschafter Kell wird vom Hohen Rat mit der Aufklärung dieser Behauptungen beauftragt. Kell bittet darum, von der *Enterprise* in das kriosianische System gebracht zu werden. Außerdem erbittet er die Mithilfe von Captain Picard bei seinen Untersuchungen.

Direkt vor »Verräterische Signale«.

»Verräterische Signale«. Sternzeit 44885,5. Geordi La Forge, Chefingenieur der *Enterprise*, fliegt per Shuttle zum Planeten Risa, um an einem Seminar über künstliche Intelligenz teilzunehmen. Die Besatzung der *Enterprise* ahnt nicht, daß er auf dem Weg von Romulanern, die unter Selas Befehl stehen, entführt wird und einer ausgefeilten mentalen Programmierung unterzogen wird, durch die sich Befehle in La Forges Gehirn einpflanzen lassen.

Geordi wird einer romulanischen Gehirn-Neuprogrammierung unterzogen.

Kell, der klingonische Sonderbotschafter, der sich an Bord der *Enterprise* befindet, trifft sich mit dem kriosianischen Gouverneur Vagh zu einem Gespräch über dessen Beschuldigungen, die Föderation würde sich in kriosianische Belange einmischen. Eine genaue Untersuchung der angeblichen Phasergewehre aus Föderationsbeständen ergibt, daß sie tatsächlich von Romulanern hergestellt wurden, was darauf hinweist, daß die kriosianischen Rebellenangriffe ein Resultat romulanischer Einmischung sind. Diese Theorie wird belegt, als Commander La Forge, der unter dem Einfluß einer romulanischen Programmierung steht, bei dem Versuch, den kriosianischen Gouverneur Vagh zu töten, aufgehalten wird. Bei weiteren Nachforschungen stellt man fest, daß Botschafter Kell ein romulanischer Kollaborateur ist, der La Forges implantierte Programmierung ausgelöst hat.

Anmerkung der Herausgeber: Die mysteriöse romulanische Frau, die während La Forges Gehirnwäsche im Schatten steht, ist natürlich Sela, die halbromulanische Tochter von Tasha Yar, der ehemaligen Sicherheitschefin der **Enterprise**. *Ihre Identität wird erst zwei Folgen später in »Kampf um das klingonische Reich, Teil 1« enthüllt. Die Schauspielerin, die Sela in »Verräterische Signale« darstellt, ist nicht Denise Crosby; allerdings wurde Denise Crosbys Stimme in der Nachbearbeitung eingefügt.*

Schiffsberaterin Troi arbeitet mit Geordi La Forge an der Wiedergewinnung seiner Erinnerungen, die bei der romulanischen Reprogrammierung verändert wurden.

Nach »Verräterische Signale«.

»Datas erste Liebe«. Sternzeit 44932,3. Die *Enterprise* fliegt während einer wissenschaftlichen Forschungsmission in den Mar Oscura Nebel. Durch die ungewöhnliche Dichte dunkler Materie kommt es zu kleinen, aber gefährlichen Anomalien im Subraum. Diese Anomalien bedrohen die Struktur der *Enterprise* und den Betrieb ihrer Systeme. Ein Shuttle, das von Captain Picard gesteuert wird, fliegt als Erkundungsschiff vor der *Enterprise* her, um sie sicher aus dieser Region zu führen.

Lieutenant Commander Data, der weiterhin versucht, menschliche Gefühle zu erleben, geht eine Beziehung mit der Sicherheitsoffizierin Jenna D'Sora ein.

Die Enterprise fliegt zur Sternenbasis 260.

Direkt nach »Datas erster Liebe«.

Lieutenant Commander Data und die Sicherheitsoffizierin Jenna D'Sora.

Das vierundzwanzigste Jahrhundert

»**Kampf um das klingonische Reich, Teil 1**«. Sternzeit 44995,3. Die *Enterprise* befindet sich auf dem Weg zur klingonischen Heimatwelt, wo Gowron als Leiter des Hohen Rates eingesetzt werden soll. Noch bevor sie auf der Heimatwelt eintrifft, wird die *Enterprise* von Gowron, der sich an Bord des klingonischen Kriegsschiffs *Bortas* befindet, aufgehalten. Gowron erbittet die Hilfe der Sternenflotte, da er befürchtet, daß die Familie des verstorbenen Duras versuchen wird, seine Einsetzung zu verhindern. Picard lehnt ab, weil eine solche Handlung über seine Funktion als Vermittler der Nachfolge hinausgehen würde. Außerdem gibt Picard seinem Sicherheitsoffizier Worf später den Befehl, seine Position als Sternenflotten-Offizier nicht zu einer Einmischung in klingonische politische Belange zu nutzen.

Die Große Halle auf dem klingonischen Heimatplaneten

Tural, Sohn von Duras ficht Gowrons Recht auf den Ratsvorsitz an. Man nimmt an, daß andere Mitglieder der Duras-Familie im geheimen mit den Romulanern zusammengearbeitet haben, um Torals Anspruch durchzusetzen. Dies stellt sich später als wahr heraus. Captain Picard, der als Vermittler dient, entscheidet, daß Torals Anspruch nach klingonischem Recht nicht zulässig ist.

Gowron, Sohn von M'Rel übernimmt den Vorsitz des klingonischen Hohen Rates. Als Dank für die Unterstützung, die Worf und sein Bruder Kurn ihm gaben, gibt er der Familie Mogh die Ehre zurück. Worf, der einen Interessenkonflikt vermeiden möchte, verläßt die Sternenflotte und nimmt den Dienst als Waffenoffizier an Bord des klingonischen Angriffskreuzers *Bortas* auf.

Klingonischer Angriffskreuzer *Bortas*

6.5 Raumschiff Enterprise: Das nächste Jahrhundert — Jahr 5

Die romulanische Mitarbeiterin Sela

Gowron, Herrscher des klingonischen Hohen Rats.

Der tamarianische Captain Dathon

2368

Gowrons Kräften gelingt es, die Versorgungsbasen von Duras im Mempa Sektor zu zerstören.

Ungefähr drei Wochen vor »Kampf um das klingonische Reich, Teil 2«.

Gowron erleidet bei drei großen Zusammenstößen zwischen seinen Kräften und denen der Duras-Familie große Verluste. Die Sternenflotte lehnt eine Einmischung weiterhin ab, da es sich in erster Linie um eine interne klingonische Angelegenheit handelt.

Innerhalb der zwei Wochen vor »Kampf um das klingonische Reich, Teil 2«.

Ein tamarianisches Raumschiff trifft an dem Planeten El-Adrel IV ein. Das Raumschiff sendet ein Subraumsignal in Richtung der Föderation. Das Signal enthält eine übliche mathematische Reihe, was die Sternenflotte als Kommunikationsversuch mit der Föderation wertet.

»Darmok«. Picard sagt, daß das Schiff ungefähr drei Wochen vor der Folge angekommen sei.

»Kampf um das klingonische Reich, Teil 2«. Sternzeit 45020,4. Die *Enterprise* befindet sich bei Sternenbasis 234, wo Flottenadmiral Shanti Picard den Auftrag gibt, zusammen mit einer Armada von 23 Schiffen einen romulanischen Konvoy zu blockieren, von dem vermutet wird, daß er den Kräften der Duras-Familie Nachschub liefern soll. Man glaubt, daß eine solche romulanische Einmischung die Stabilität von Gowrons Regierung bedrohen wird.

Unter den Schiffen, die an der Blockade teilnehmen sollen, sind die *Enterprise*, die *Excalibur* und die *Sutherland*. Da nur wenig Personal zur Verfügung steht, erhält William Riker kurzzeitig das Kommando über die *Excalibur* und Data das über die *Sutherland*. Berichte treffen ein, nach denen sich Gowrons Kräfte aus dem Mempa Sektor zurückziehen, obwohl sie dort erst vor drei Wochen die Nachschubbasen der Duras-Familie zerstört hatten.

Das vierundzwanzigste Jahrhundert

Durch den Einsatz einer von Geordi La Forge entwickelten Tachyon-Netztechnik gelingt es, einen getarnten romulanischen Warbird aufzuspüren, dessen Kommandantin um ein Treffen mit Captain Picard bittet. Diese Kommandantin behauptet Sela zu sein, die Tochter von Tasha Yar, der ehemaligen Sicherheitschefin der *Enterprise*. Sie behauptet, daß Yar in die Vergangenheit geschickt wurde und nach der Zerstörung der *Enterprise*-C vor ungefähr 24 Jahren gefangen wurde. Sela behauptet weiter, daß sie das Produkt einer Beziehung zwischen Yar und einem romulanischen General ist, der das Leben der überlebenden Besatzungsmitglieder verschone, als Tasha Yar zustimmte seine Geliebte zu werden. Durch La Forges Tachyon-Netz kann man später weitere getarnte romulanische Schiffe aufspüren, die versuchen, die Blockade zu durchbrechen. Die Schiffe kehren nach ihrer Entdeckung um, und die Föderationschiffe kehren ebenfalls in ihr Heimatterritorium zurück.

Raumschiff der *Ambassador*-Klasse *Excalibur*, NCC-26517.

Wegen der fehlenden romulanischen Unterstützung scheitert der Versuch der Duras-Familie, die Kontrolle über den Hohen Rat zu erlangen, und der klingonische Bürgerkrieg endet. Obwohl Toral, der Sohn von Duras, des Verrats überführt wird, lehnt Worf es ab, dessen Leben als Wiedergutmachung für den Ehrverlust seiner Familie zu fordern. Captain Picard akzeptiert Worfs Bitte um Wiederaufnahme in die Sternenflotte.

*Anmerkung der Herausgeber: Weitere Schiffe in Picards Armada waren die U.S.S. **Tian-An** (eine Erinnerung an die, die für die Freiheit der Chinesen starben, so wie die U.S. Navy eine **Lexington** hat, mit der der ersten Schlacht in der amerikanischen Revolution gedacht wird), die **Endeavor** (benannt nach dem neuen Space Shuttle der NASA), die **Akagi** und die **Hornet** (zwei Schiffe, die in der Schlacht von Midway gegeneinander kämpften und nun Seite an Seite fliegen) und die **Sutherland** (nach dem Schiff, das C.S. Foresters fiktionaler Charakter Horatio Hornblower kommandierte. Hornblower war eins von Gene Roddenberrys Vorbildern für die Figur des Captain Kirk). Diese Namen wurden alle vom Autoren und Produzenten Ron Moore ausgesucht.*

Worf

»Darmok«. Sternzeit 45047,2. Die *Enterprise* befindet sich auf dem Weg zum unbewohnten Sonnensystem El-Adrel in der Nähe des Territoriums einer rätselhaften Rasse, die sich Kinder von Tama nennen. Alle vorangegangenen Versuche, mit den Tamarianern zu kommunizieren, sind fehlgeschlagen und auch die Versuche der *Enterprise* scheitern trotz Universaltranslator.

Picard wird von dem Tamarianern entführt und zusammen mit dem tamarianischen Captain Dathon auf die Oberfläche des Planeten El-Adrel IV gebracht. Diese Entführung, die man zuerst für einen feindlichen Akt hält, stellt sich später als Kommunikationsversuch von Captain Dathon heraus. Der Tamarianer gibt bei diesem Versuch sein Leben. Durch Dathons Handlungen stellt sich schließlich heraus, daß die Sprache der Tamarianer auf Metaphern aus ihren Legenden beruht. Damit gelingt zum ersten Mal die Kommunikation zwischen diesen beiden sehr unterschiedlichen Kulturen.

Captain Dathon versucht durch Metaphern aus der tamarianischen Mythologie zu kommunizieren.

Ein terroristischer Angriff zerstört die Föderationssiedlung auf dem Planeten Solarion IV. Man beschuldigt bajoranische Terroristen, die versuchen, die Föderation in ihre Auseinandersetzung mit dem cardessianischen Imperium hineinzuziehen.

Vor »Fähnrich Ro«.

Ein cardessianischer Verbindungsoffizier trifft sich mit dem Sternenflotten-Admiral Kennelly, um die Hilfe der Sternenflotte in der Aufspürung der bajoranischen Terroristen zu erbitten, die der Cardessianer als ihre »gemeinsamen Feinde« bezeichnet.

Ungefähr eine Woche vor »Fähnrich Ro«, aber nach dem Angriff auf Solarion IV. Kennelly sagt, er habe sich »letztes Wochenende« mit dem cardessianischen Verbindungsoffizier getroffen.

Cardessianer

Das vierundzwanzigste Jahrhundert

Admiral Kennelly

Admiral Kennelly besucht Fähnrich Ro, die sich nach der *Wellington*-Katastrophe bei Garon II im Gefängnis auf Jaros II befindet. Er bietet ihr eine Begnadigung an, wenn sie sich bereit erklärt, eine spezielle Mission auf der *Enterprise* zu übernehmen, wo sie bei der Aufklärung der bajoranischen Terroraktivitäten helfen soll. Später stellt sich heraus, daß Kennelly sie auch autorisiert hat, den Bajoranern illegale Waffen für den Kampf gegen die Cardessianer anzubieten.

Vor »Fähnrich Ro«; nachdem sich Kennelly mit dem cardessianischen Verbindungsoffizier getroffen hat.

Fähnrich Ro Laren

»Fähnrich Ro«. Sternzeit 45076,3. Die *Enterprise* befindet sich an der Lya Station Alpha mit Überlebenden des Planeten Solarion IV. Admiral Kennelly beauftragt die *Enterprise*, die Anführer der bajoranischen Terrorbewegung aufzuspüren und von weiteren Gewalttaten abzuhalten. Fähnrich Ro Laren wird dem Schiff wegen ihres Wissens über die bajoranische Kultur als Missionsspezialistin zugeteilt.

Im Valo-Sonnensystem hilft Ro bei der Aufspürung des bajoranischen Anführers Orta, der sich auf dem dritten Mond des Planeten Valo I befindet. Orta trifft sich mit Picard und liefert ihm überzeugende Beweise dafür, daß der Angriff auf Solarion IV nicht von Bajoranern durchgeführt wurde. Später stellt sich heraus, daß dieser Angriff von den Cardessianern inszeniert wurde, um die Unterstützung der Föderation bei der Suche nach bajoranischen Anführern zu gewinnen. Es wird außerdem deutlich, daß sich Admiral Kennelly unkorrekt verhielt, als er den Cardessianern gestattete, den bajoranischen Unterlichtkreuzer der *Antares*-Klasse zu zerstören, auf dem sich Orta angeblich befinden sollte.

Fähnrich Ro entscheidet sich, auf Picards Einladung, als Besatzungsmitglied auf der *Enterprise* zu bleiben. Ihr wird die Position einer Steueroffizierin (conn) zugeteilt.

*Anmerkung der Herausgeber: In dieser Folge sieht man Fähnrich Ro zum ersten Mal. Die Klassenzugehörigkeit des bajoranischen Kreuzers, **Antares**, wurde von dem Autor Naren Shankar als Verbeugung vor dem alten Frachter des gleichen Namens gewählt, der in »Der Fall Charlie« zerstört wurde.*

Die *Enterprise* führt Vermessungsarbeiten im Sektor 21305 durch.

Direkt nach »Fähnrich Ro«.

*Anmerkung der Herausgeber: Am Ende von »Fähnrich Ro« wird angedeutet, daß die **Enterprise** »in einigen Wochen«, sobald die Vermessungen in Sektor 21305 beendet sind, zur Lya Station Alpha zurückkehren wird. Es ist nicht klar, ob das vor oder nach der Folge passiert. Möglicherweise flog die **Enterprise** dorthin, während daß Außenteam in »Das Recht auf Leben« auf Melona IV half.*

Die *Enterprise* setzt einige Besatzungsmitglieder auf dem Planeten Melona IV ab, wo sie bei einem Kolonisierungsprojekt helfen sollen. Dann verläßt sie das Gebiet.

Ungefähr einen Tag vor »Das Recht auf Leben«.

Die Kolonistin Carmen Davila, die von dem Kristallwesen getötet wird.

»Das Recht auf Leben«. Sternzeit 45122,3. Auf dem Planeten Melona IV hilft ein Außenteam der *Enterprise*, das von Commander Riker geleitet wird, bei Vermessungsvorbereitungen für den Aufbau einer Kolonie. Die Planetenoberfläche wird bei einem nicht provozierten Angriff eines mächtigen, im All lebenden Kristallwesens verwüstet. Man nimmt an, daß dies das gleiche Wesen ist, das die Kolonie auf Omicron Theta im Jahr 2336 zerstörte. Zwei Kolonisten, von denen eine Carmen Davila ist, werden bei dem Angriff getötet, bevor man einen sicheren Platz finden kann.

Das vierundzwanzigste Jahrhundert

Als die Anwesenheit des Kristallwesens entdeckt wird, läßt Captain Picard die *Enterprise* sofort wieder nach Melona IV zurückkehren, um die Überlebenden aufzunehmen. Das Sternenflottenkommando, das von dem Zwischenfall unterrichtet wird, gibt der Xenobiologin Dr. Kila Marr den Auftrag, bei der Untersuchung des Wesens zu helfen. Der Auftrag sieht vor, das Wesen zu suchen und eine Kommunikation zu versuchen, aber Marr, die ihren Sohn bei dem Angriff auf Omicron Theta verlor, schlägt eine Zerstörung des Wesens als Alternative vor. Marr zitiert Berichte, nach denen das Wesen seit 2338 für mindestens elf Angriffe verantwortlich ist.

Während der Nachforschungen stellt man fest, daß das Transportschiff *Kallisko* von dem Kristallwesen, das in der Zwischenzeit Melona IV verlassen hat, verfolgt und zerstört wurde. Die *Enterprise* begegnet dem Kristallwesen in der Nähe der brechtianischen Sternengruppe. Besatzungsmitglieder versuchen mittels eines modulierten Graviton-Strahls mit dem Wesen zu kommunizieren. Der Versuch wird unterbrochen, als Dr. Marr das Strahlkontrollprogramm unberechtigterweise verändert. Durch diese Tat, die anscheinend durch den Wunsch nach Rache für den Tod ihres Sohns motiviert wurde, entsteht ein beständiger Graviton-Strahl, der das Kristallwesen vernichtet.

Dr. Kila Marr

Die *Enterprise* beendet ihre Mission zum Planeten Mudor V früher als erwartet, was der Besatzung eine Atempause vor ihrem nächsten Auftrag verschafft.

Direkt vor »Katastrophe auf der Enterprise«.

»Katastrophe auf der Enterprise«. Sternzeit 45156,1. Die Kollision mit einem Quantenfaden führt zu einem schweren Systemschaden auf der *Enterprise*. Der Hauptcomputer, Warpantrieb, Antimaterieeindämmung und weitere wichtige Systeme sind betroffen. Schiffsberaterin Deanna Troi, die zu diesem Zeitpunkt das Kommando über das Schiff hat, ordnet die Notvorgehensweise Alpha 2 an, bei der die Computerkontrolle übergangen wird und alle wichtigen Systeme per Hand bedient werden. Es gibt Hinweise auf einen möglichen Riß in den Antimaterie-Eindämmungsfeldern, aber Chief O'Brien und Fähnrich Ro Laren gelingt es zusammen mit dem Personal des Maschinenraums trotz des Energieausfalls in der Maschinensektion eine Explosion zu verhindern.

Gewinner des Wissenschaftswettbewerbs auf der *Enterprise*.

Keiko O'Brien, Botanikerin auf der *Enterprise* gebärt ein Mädchen. Der Sicherheitschef Worf hilft bei der Geburt. Das Kind bekommt den Namen Molly.

*Anmerkung der Herausgeber: Der Name des Kinds der O'Briens wird erst in »Gefährliche Spielsucht« genannt, als Wesley fragt, wie es Molly geht. Molly wurde nach der ehemaligen **Star Trek**-Produktionsmitarbeiterin Molly Rennie benannt.*

Captain Picard macht mit den drei Gewinnern des *Enterprise*-Wissenschaftswettbewerbs einen Rundgang durch das Schiff. Unter anderem besuchen sie die Kampfbrücke und die Torpedorampe. Die *Enterprise* fliegt zur Sternenbasis 67, wo größere Systemreparaturen durchgeführt werden.

Keiko O'Brien und ihre neugeborene Tochter

Nach »Katastrophe auf der Enterprise«.

Botschafter Spock verschwindet auf geheimnisvolle Weise aus seinem Haus auf Vulkan. Er hat seine Angelegenheiten sorgfältig geregelt, aber kaum Hinweise auf seine Pläne hinterlassen.

»Wiedervereinigung?, Teil 1«. Admiral Brackett sagt, daß Spock drei Wochen vor dieser Folge verschwunden sei. Perrin deutet an, daß Spock auf Vulkan lebt.

Die *Enterprise* befindet sich auf einer wissenschaftlichen Mission, um die bisher noch nicht kartographierte Phoenix-Gruppe zu untersuchen. Verschiedene wissenschaftliche Teams werden von dem Raumschiff *Zhukov* auf die *Enterprise*

Das vierundzwanzigste Jahrhundert

gebracht, um bei dem Projekt zu helfen. Ursprünglich sollte die Erforschung fünf Wochen dauern, aber wegen eines diplomatischen Auftrags auf Oceanus IV stehen nur zwei Wochen zur Verfügung.

Direkt vor »Gefährliche Spielsucht«.

Anmerkung der Herausgeber: Bei Sensorenabtastungen der leuchtenden Asteroiden in der Phoenix-Gruppe wurde der Aufenthaltsort von Lieutenant Talby offenbar nicht entdeckt.

Etana und Riker auf Risa

»Gefährliche Spielsucht«. Sternzeit 45208,2. Commander William Riker nimmt Landurlaub auf dem Planeten Risa. Er trifft eine Frau namens Etana, die sich später als militärische Beauftragte der Ktaraner herausstellt. Riker kehrt mit einem kleinen Vergnügungsgerät auf die *Enterprise* zurück, daß er im Replikator vervielfältigen läßt, um es unter der Besatzung zu verteilen. Man erfährt später, daß diese Geräte mit einer besonderen, neuro-optischen Konditionierungstechnik ausgestattet sind, durch die das Verhalten der *Enterprise*-Besatzung kontrolliert werden kann. Diese Geräte sind Teil eines Plans der Ktaraner, die die Kontrolle über die Sternenflotte anstreben. Lieutenant Commander Data und Kadett Wesley Crusher, der von der Akademie beurlaubt ist, gelingt es, eine optische Deprogrammierungstechnik zu entwickeln, durch die eine Umkehrung der Auswirkungen des ktaranischen Geräts ermöglicht wird. Missionsspezialist Robin Lefler hilft dabei, die Bedrohung zu erkennen, die die Ktaraner darstellen.

Die *Enterprise* trifft sich mit der U.S.S. *Merrimac,* von der Wesley Crusher zurück zur Akademie gebracht wird. Die *Enterprise* fliegt anschließend weiter zu einer diplomatischen Mission auf Oceanus IV.

Nach »Gefährliche Spielsucht«.

Kadett
Wesley Crusher

Ein Frachtshuttle der Ferengi stürzt im Hanolin-Asteroidengürtel in der Nähe des Vulkan ab. Die Wrackteile sind in einem Umkreis von über 100 Quadratkilometern verteilt. Teile eines alten vulkanischen Raumschiffs, die in Kisten mit der Aufschrift »Medizinische Fracht« versteckt sind, werden in den Wrackteilen gefunden. Die Teile werden zur Identifizierung nach Vulkan geschickt. Besatzungsmitglieder der *Enterprise* werden später in der Angelegenheit um Hilfe gebeten.

Einige Zeit vor »Wiedervereinigung?, Teil 1«.

Die Terraforming-Mission der *Enterprise* wird abgesagt, und das Schiff wird von Flottenadmiral Brackett zur Sternenbasis 234 zurückbeordert.

Direkt vor »Wiedervereinigung?, Teil 1«.

Botschafter
Spock

»Wiedervereinigung?, Teil 1«. Sternzeit 45233,1. Die *Enterprise* erhält von Flottenadmiral Brackett den Auftrag, Nachforschungen über Spocks Verschwinden anzustellen. Auf einen Vorschlag von Botschafter Sarek reisen Captain Picard und Lieutenant Commander Data nach Romulus, um den romulanischen Senator Pardek aufzusuchen. Die klingonischen Behörden sträuben sich zwar anfänglich, aber Ratsführer Gowron leiht ihnen schließlich einen Bird-of-Prey für die verdeckte Reise nach Romulus. Picard erfährt später, daß die widerwillige Hilfe der Klingonen darauf beruht, daß Gowron die Geschichtsbücher umschreiben ließ, um die Hilfe der Föderation im klingonischen Bürgerkrieg herunterzuspielen.

Auf dem Weg nach Romulus erfährt man, daß Botschafter Sarek am Bendii-Syndrom, einer degenerativen Gehirnkrankheit, in seinem Haus auf Vulkan gestorben ist. Er hinterläßt seine Frau Perrin und seinen Sohn Spock. Sarek war 203.

Botschafter
Sarek

Das vierundzwanzigste Jahrhundert

Besatzungsmitglieder der *Enterprise,* die den vulkanischen Behörden bei der Überprüfung der Überreste des abgestürzten Ferengi-Shuttles helfen, entdecken Hinweise darauf, daß unbekannte Personen, eventuell die Ferengi, versucht haben, Teile eines vulkanischen Raumschiffs zu einem unbekannten Ziel zu schmuggeln. Die Teile werden zu dem außer Dienst gestellten vulkanischen Schiff *T'Pau* zurückverfolgt, das vor vier Jahren auf den »Schiffsfriedhof« bei Qualor II gebracht wurde. Bei Nachforschungen in dem Depot stellt man fest, daß die *T'Pau* unter mysteriösen Umständen weggebracht wurde. Man vermutet, daß das unbekannte Raumschiff, das man bei Qualor II entdeckte und das sich selbst zerstörte, um genaueren Untersuchungen zu entgehen, damit in Verbindung steht.

Picard und Data, die getarnt auf Romulus arbeiten, gelingt es in der Nähe des Krocton-Segments Kontakt mit dem romulanischen Senator Pardek und dem Föderationsbotschafter Spock aufzunehmen.

Captain Picard in romulanischer Maske in der Nähe des Krocton-Segments.

Anmerkung der Herausgeber: Der Tod Sareks ist ein Meilenstein in der Geschichte von **Star Trek***, denn dies ist das erste Mal, daß ein durchgängiger Hauptcharakter getötet und nicht wiederbelebt wurde (es ist natürlich möglich, daß ein jüngerer Sarek in einem der Filme oder in einem anderen Projekt auftreten wird).*

Auf dem »Schiffsfriedhof« bei Qualor II sieht man viele zerstörte Schiffe, die ursprünglich für die Friedhofsszene in »Angriffsziel Erde« gebaut wurden. Weitere Schiffe sind nur von Leuten mit sehr guten Augen, gutem Videorecorder oder Laserdisk zu sehen. Dazu gehören verschiedene Studienmodelle, die ursprünglich von Nilo Rodis, Bill George und ihren Kollegen bei Industrial Light and Magic als mögliche Modelle der **Excelsior** *in* **Star Trek III: Auf der Suche nach Mr. Spock** *entworfen wurden, ein Nachbau eines klingonischen Kampfschiffes, der ursprünglich für* **Star Trek: Der Film** *gebaut wurde und interessanterweise zwei Studienmodelle einer neu entworfenen* **Enterprise** *von Ralph McQuarry. Diese beiden Modelle wurden in den siebziger Jahren für einen* **Star Trek***-Film gebaut, der nie gedreht wurde.*

»Wiedervereinigung?, Teil 2«. Sternzeit 45245,8. Spock informiert Picard über den Grund seiner Reise nach Romulus: Er will die Wiedervereinigung zwischen dem vulkanischen und dem romulanischen Volk vorantreiben. Picard erzählt Spock, daß die Föderation gegen seine Anwesenheit auf Romulus ist, aber Spock weist ihn daraufhin, daß die Unterstützung von Senator Pardek ein Zeichen dafür ist, daß eine solche Wiedervereinigung erfolgreich sein könnte.

Die *Enterprise,* die sich immer noch bei Qualor II befindet, untersucht weiterhin den Diebstahl eines vulkanischen Schiffs. Commander Riker erfährt, daß die *T'Pau* von einem barolianischen Frachter bei Galorndon Core, in der Nähe der romulanischen neutralen Zone abgeliefert worden ist.

Hauptstadt von Romulus

Der romulanische Proconsul Neral versichert Spock bei einem Treffen, daß er die Wiedervereinigungsbewegung unterstützen wird. Später erfahren Spock und Picard, daß diese Unterstützung ebenso wie die des Senators Pardek nur Teil eines romulanischen Plans sind, durch den Vulkan erobert werden soll. Bei diesem Plan, der von der Romulanerin Sela geleitet wird, soll die Wiedervereinigung als Vorwand genutzt werden, um verdeckte romulanische Invasionstruppen nach Vulkan zu bringen. Drei vulkanische Schiffe, zu denen auch die *T'Pau* gehört, sollen die Truppen befördern. Als dies entdeckt wird, zerstören romulanische Kräfte die vulkanischen Schiffe, um eine Gefangennahme zu verhindern.

Der romulanische Senator Pardek

Obwohl die romulanische Regierung das Projekt nicht offiziell unterstützt, entscheidet sich Spock, auf Romulus zu bleiben, um für die romulanisch-vulkanische Wiedervereinigung zu arbeiten.

Das vierundzwanzigste Jahrhundert

Jev

Jev, ein ullianischer, telepathischer Wissenschaftler, der sich bei einem Forschungsprojekt auf zwei Planeten des Nel Systems befindet, begeht eine zweifache telepathische Vergewaltigung. Bei den Opfern wird allerdings fälschlicherweise das Iresine-Syndrom diagnostiziert.

»Geistige Gewalt«. Geordis Nachforschungen weisen daraufhin, daß sich Jev zwischen Sternzeit 45321 und 45323 im Nel System aufhielt, also zwischen »Wiedervereinigung?, Teil 2« und »Der zeitreisende Historiker«.

Ein Asteroid der C-Klasse schlägt auf dem Planeten Penthara IV auf. Obwohl der Asteroid auf unbewohntem Gebiet einschlägt, befürchten die Wissenschaftler auf dem Planeten, daß die entstehenden Staubwolken zu einer katastrophalen globalen Abkühlung führen könnten.

Direkt vor »Der zeitreisende Historiker«.

Professor Berlinghoff Rasmussen

»Der zeitreisende Historiker«. Sternzeit 45349,1. Die Enterprise befindet sich auf dem Weg zum Planeten Penthara IV, als ihr eine Raum/Zeitverschiebung begegnet, auf die das Auftauchen einer Person folgt, die sich als Professor Berlinghoff Rasmussen, Wissenschaftler aus dem 26. Jahrhundert, vorstellt.

Bei Penthara IV angekommen, versuchen Besatzungsmitglieder der Enterprise, die globale Abkühlung durch den Einsatz von Schiffsphasern zu stoppen, die riesige unterirdische Taschen vulkanischem Kohlendioxyd öffnen sollen. Man hofft, daß das zusätzliche Kohlendioxyd die Sonnenwärme, die sich noch in der Atmosphäre befindet, steigern wird. Die ersten Ergebnisse dieses Einsatzes sind zwar vielversprechend, aber die seismische Aktivität ist dann doch viel größer als angenommen, wobei große Mengen vulkanischen Staubs in die Atmosphäre gelangen, was das ursprüngliche Problem noch verschlimmert. Bei einem zweiten Versuch wird die Enterprise erfolgreich eingesetzt, um eine starke elektrostatische Entladung zu produzieren, wodurch die Staubpartikel aufgelöst werden. Der daraus resultierende Energieausstoß wird in den Weltraum geleitet.

Lieutenant Commander Data untersucht das Verschwinden zahlreicher kleiner Gegenstände auf der Enterprise und durchsucht dabei auch Rasmussens Zeitreisekapsel. Es wird klar, daß Rasmussen der Täter ist. Bei einer Befragung gibt Rasmussen zu, daß er nicht aus der Zukunft sondern aus der Vergangenheit kommt. Rasmussen, der eigentlich mit Gegenständen aus dem 24. Jahrhundert in das 22. Jahrhundert zurückkehren wollte, wird in Gwahrsam genommen.

Die Enterprise fliegt zur Sternenbasis 214, um Rasmussen den Behörden zu übergeben.

Nach »Der zeitreisende Historiker«.

Helena Rozhenko, die gehört hat, daß sich die Enterprise in diesem Sektor befindet, bucht für sich und Worfs Sohn eine Passage auf dem Transportschiff Milan. Die Milan wird der Enterprise begegnen.

Vor »Die Soliton-Welle«.

Alexander Rozhenko, Sohn von Worf.

»Die Soliton-Welle«. Sternzeit 45376,3. Die Enterprise trifft sich mit dem Transportschiff Milan, von dem aus zwei Passagiere, Helena Rozhenko und Alexander Rozhenko auf die Enterprise gebracht werden. Helena sagt ihrem Adoptivsohn Worf, daß Alexander Schwierigkeiten hat, sich an das Leben auf der Erde anzupassen. Worf erklärt sich bereit, seinen Sohn auf der Enterprise aufzuziehen.

Die Enterprise befindet sich bei dem Planeten Bilana III, um an Maschinentests des Entwicklungsprojekts der Soliton-Welle teilzunehmen. Bei Tests gelingt es zuerst, eine Testfracht auf Warp 2,35 zu beschleunigen. Dann wird die Fracht allerdings durch Instabilitäten im Subraum zerstört. Der Enterprise gelingt es, die Welle zu überholen und mit Photonentorpedos zu zerstören.

Das vierundzwanzigste Jahrhundert

Anmerkung der Herausgeber: Soliton gibt es wirklich. Das sind nicht-streuende Wellen, die in der fiberoptischen Kommunikation eingesetzt werden. Der Autor der Folge (und Physiker) Naren Shankar beobachtete Dr. C. R. Pollocks Studie der elektromagnetischen (aber nicht im Subraum befindlichen) Soliton-Wellenpaketen, als er ein Student an der Cornell University war.

Die Sternenbasis 514 verliert den Kontakt mit dem Forschungsschiff S.S. *Vico*, das das Innere einer schwarzen Sternengruppe untersuchen sollte. Die *Enterprise* soll dieses Verschwinden untersuchen.

Zwei Tage vor »Der einzige Überlebende«.

Forschungsschiff *Vico*, NAR-18834.

»Der einzige Überlebende«. Sternzeit 45397,3. Die *Enterprise* entdeckt die *Vico* innerhalb der schwarzen Sternengruppe. Das Schiff ist stark beschädigt, und ein Außenteam kann nur einen Überlebenden, einen kleinen Jungen namens Timothy, bergen, der durch die Tragödie ein starkes Trauma durchmacht. Schiffsberaterin Troi und Lieutenant Commander Data helfen ihm.

Direkt nach dieser Rettungsmission gerät die *Enterprise* in eine Schwerkraftverzerrung innerhalb der schwarzen Sternengruppe. Es stellt sich heraus, daß die *Vico* durch das gleiche Phänomen zerstört wurde. Timothys Erinnerungen an die letzten Momente des Schiffs sorgen dafür, daß ein Weg gefunden wird, die *Enterprise* vor dem gleichen Schicksal zu bewahren.

Data kümmert sich um den jungen Timothy.

»Geistige Gewalt«. Sternzeit 45429,3. Die *Enterprise* erhält während einer Vermessungsmission den Auftrag eine Delegation Ullianer zum Planeten Kaldra IV zu bringen. Die Ullianer führen ein Forschungsprojekt durch, bei dem telepathisch wiederentdeckte Erinnerungen einzelner Personen katalogisiert werden. Man glaubt, daß eine Verbindung zwischen den Ullianern und einer Reihe unerklärlicher Geisteskrankheiten besteht, die bei Besatzungsmitgliedern der *Enterprise* auftreten und ähnliche Auswirkungen wie das Iresine-Syndrom haben. Weitere Nachforschungen ergeben, daß der Ullianer Jev für die Krankheiten verantwortlich ist. Er beging eine Art gedanklicher Vergewaltigung, indem er in die Erinnerungen anderer eindrang. Er wird zur Strafverfolgung und Rehabilitation an die ullianischen Behörden ausgeliefert.

Die *Enterprise* liefert die ullianische Delegation auf Sternenbasis 440 ab.

Nach »Geistige Gewalt«.

Ein stellares Kernfragment, das vermutlich von einem sich zersetzenden Neutronenstern stammt, wird im Moab-Sektor entdeckt. Die *Enterprise* wird dorthin abgezogen, um die Auswirkungen auf die Planetensysteme in diesem Sektor zu überwachen.

Direkt vor »Das künstliche Paradies«.

»Das künstliche Paradies«. Sternzeit 45470,1. Bei der Verfolgung eines stellaren Kernfragments entdeckt die *Enterprise* eine bisher noch unbekannte menschliche Kolonie auf Moab IV, einem Planeten, der in der Nähe des Kurses des Sternenfragments liegt. Analysen weisen daraufhin, daß die Kolonie den daraus entstehenden seismischen Störungen nicht widerstehen kann. Die Behörden der Kolonie lehnen allerdings jede Hilfe ab und berufen sich dabei auf ihre Abneigung gegen jede äußere kulturelle Einmischung. Später trifft man ein Abkommen, bei dem es einigen Besatzungsmitgliedern erlaubt wird, das Innere der Kolonie zu betreten, um bei den strukturellen Verstärkungen zu helfen. Parallel dazu setzt die *Enterprise* ihren Traktorstrahl ein, um das Kernfragment leicht vom Kurs abzubringen und so die seismischen Störungen auf Moab IV zu mildern.

Die Kolonie auf Moab IV, eine genetisch erzeugte Gesellschaft.

Wissenschaftlerin Hannah Bates

Dieser Versuch ist größtenteils erfolgreich, allerdings gefällt es den Behörden der Kolonie nicht, daß sich 23 Kolonisten, zu denen auch die Wissenschaftlerin Hannah Bates gehört, entscheiden, die Kolonie zu verlassen und sich von der

Das vierundzwanzigste Jahrhundert

Enterprise mitnehmen zu lassen. Die Behörden erklären, daß ihre Gesellschaft als abgeschlossene, eigenständige Biosphäre geplant ist. Sie befürchten, daß ihrer Gesellschaft durch die Hilfe der *Enterprise* irreparabler Schaden zugefügt worden ist.

»**Mission ohne Gedächtnis**«. Sternzeit 45494,2. Bei den Untersuchungen einer Reihe von Subraumsignalen, die auf mögliche intelligente Lebensformen im Epsilon Silar System hinweisen, wird die *Enterprise* von etwas angegriffen, das sich später als satarranisches Schiff herausstellt. Das Schiff setzt eine Energiewaffe ein, durch die die Kommunikationssysteme der *Enterprise* zerstört werden, die Computeraufzeichnungen teilweise verändert oder beschädigt werden und die Identitäten und das Kurzzeitgedächtnis aller Besatzungsmitglieder gelöscht werden. Man nimmt an, daß sich das satarranische Schiff direkt nach dem Angriff selbst zerstört hat.

Captain Picard und der Satarraner Keiran Mac-Duff.

Den Besatzungsmitgliedern der *Enterprise* gelingt es, Informationen über ihre Identität und ihre Mission aus den Computerbänken abzurufen. Sie wissen zu dem Zeitpunkt nicht, daß Teile dieser Informationen absichtlich von den Satarranern gefälscht wurden. Laut dieser Aufzeichnungen ist Keiran MacDuff, der in Wirklichkeit ein Satarraner ist, erster Offizier der *Enterprise*. In diesen Aufzeichnungen steht auch, daß die Föderation sich momentan im Krieg mit der lysianischen Allianz befindet und daß die *Enterprise* den Auftrag hat, das militärische Kommandozentrum der Lysianer zu zerstören.

Die Besatzung der *Enterprise* hält sich an die gefälschten Anordnungen der Sternenflotte und zerstört mit Leichtigkeit ein lysianisches Raumschiff, wobei 53 Lysianer sterben. Bei einer taktischen Analyse der übrigen lysianischen Kräfte zeigt sich, daß deren Waffenpotential deutlich unter dem der *Enterprise* liegt.

Picard, den die stark selektive Beschädigung der Computeraufzeichnungen irritiert, weigert sich, das Kommandozentrum zu zerstören. Die Besatzung der *Enterprise* findet heraus, daß der Befehl, die Lysianer anzugreifen, von den Satarranern eingegeben wurde, die so Föderationswaffen gegen ihre Feinde einsetzen wollten.

Fähnrich Ro Laren

Während die *Enterprise* zur Sternenbasis 301 fliegt, stellt Dr. Beverly Crusher mit einer von ihr entwickelten Technik, bei der die Aktivität der mittleren temporalen Region des Gehirns künstlich verstärkt wird, die Erinnerungen der Mannschaft wieder her.

Anmerkung der Herausgeber: In dieser Folge werden auf den Computeranzeigen des Besatzungsmanifests viele wichtige biographische Daten der ranghöheren Offiziere gezeigt. Bei einer sorgfältigen Ansicht erkennt man verschiedene persönliche Daten wie Geburtsdatum und Akademiejahrgang, die auch an anderer Stelle in dieser Chronologie genannt werden.

Diese Episode ist ungewöhnlich, weil sie eine der wenigen Liebesszenen zwischen regelmäßig auftretenden Charakteren enthält; Fähnrich Ro gelingt es, Commander Riker zu verführen.

Kadett Wesley Crusher und Kadett Joshua Albert nehmen an einem Skiausflug nach Calgary teil. Joshua vergißt seinen Pullover, deshalb leiht Wesley ihm seinen.

Kadett Wesley Crusher

»*Ein mißglücktes Manöver*«. Wesley erinnert sich, daß er und Josh zwei Monate vor dieser Folge an diesem Skiausflug teilnahmen.

»**Ungebetene Gäste**«. Sternzeit 45571,2. Die *Enterprise* antwortet auf einen Notruf, der von dem unerforschten Klasse-M Mond des Planeten Mab-Bu VI kommt. Wegen elektromagnetischer Störungen in der Atmosphäre des Mondes, kann der Transporter nicht eingesetzt werden. Statt dessen fliegt Commander Riker zusammen mit Lieutenant Commander Data und Schiffsberaterin Troi in einem Shuttle zu dem Mond, um Nachforschungen durchzuführen. Unerwartet heftige Stürme zwingen Riker dazu, auf der Oberfläche zu landen. Chief O'Brien leitet sofort eine Rettungsmission ein und kann die Besatzung des Shuttles

Das vierundzwanzigste Jahrhundert

zurückholen. Auf der *Enterprise* zeigen O'Brien, Data und Troi ein sehr ungewöhnliches Verhalten, verbarrikadieren sich in Zehn Vorne und nehmen andere Besatzungsmitglieder als Geiseln. Die Besatzung findet heraus, daß dieses Verhalten das Resultat einer geistigen Kontrolle ist, die von außerirdischen Lebensformen ausgeübt wird. Bei diesen Außerirdischen handelt es sich um verurteilte Kriminelle, die vor 500 Jahren aus dem Ux-Mal System nsch Mab-Bu VI verbannt wurden.

Captain Picard gelingt es, mit den Terroristen ein Abkommen zu treffen. Sie geben die Besatzungsmitglieder des Schiffes frei und kehren zurück auf die Mondoberfläche.

»**Die Operation**«. Sternzeit 45587,3. Die *Enterprise* ist auf dem Weg zu einer Vermessungsmission im Sektor 37628, wird allerdings abgezogen, als ein Notruf des Transportschiffes *Denver* eintrifft. Das Schiff ist auf eine gravitische Mine getroffen, die aus dem cardessianischen Krieg übriggeblieben ist. Die *Denver* ist stark beschädigt; es gibt zahlreiche Verletzte. Mit hoher Warpgeschwindigkeit fliegend, erreicht die *Enterprise* die Unfallstelle in weniger als sieben Stunden. Die drei Shuttlerampen der *Enterprise* werden in Notbehandlungs- und Evakuierungszentren umgewandelt, um eine Behandlung der Kolonisten und Besatzungsmitglieder von der *Denver* zu ermöglichen.

Dr. Toby Russell

Lieutenant Worf wird bei einem Unfall in den Frachträumen schwer verletzt. Sein Rückgrat und sieben Wirbel werden zerquetscht. Eine dauerhafte Lähmung ist zwar zu erwarten, aber Dr. Crusher konsultiert trotzdem die Neurogenetikerin Dr. Toby Russell. Russell schlägt eine experimentelle genetische Replikationstechnik vor, durch die Worfs Rückgrat ausgetauscht werden kann und fast alle Muskelfunktionen wiederhergestellt werden. Crusher bemängelt allerdings Russells Einsatz dieser experimentellen Techniken, da dadurch, wie sie sagt, der Patient unnötigen und ethisch nicht verantwortbaren Risiken ausgesetzt wird.

Lieutenant Worf

Die *Enterprise* setzt die Überlebenden des *Denver*-Unfalls ab und fliegt weiter zu ihrer Vermessungsmission in Sektor 37628.

Nach »Die Operation«.

»**Verbotene Liebe**«. Sternzeit 45614,6. Die *Enterprise* befindet sich bei dem Planeten der J'naii, um bei der Suche nach einem vermißten Raumschiff der J'naii zu helfen. Bei einer Untersuchung, die von Commander William Riker und dem/der Pilot/in Soren durchgeführt wird, entdeckt man Null-Raumtaschen im System der J'naii. Kurz danach gelingt es, die Besatzung des J'naii-Shuttles zu retten.

Die Regierung der J'naii bedankt sich für die Hilfe der *Enterprise*, beschuldigt aber später Soren des abartigen Verhaltens. Dies bezieht sich auf ihre/seine scheinbar unakzeptable sexuelle Beziehung mit Commander Riker. Captain Picard weist auf die Erste Direktive hin und mischt sich nicht in die Rechtsprechung der Regierung in der Soren-Angelegenheit ein. Soren wird wegen verbotenen Verhaltens schuldig gesprochen und rehabilitiert. Dabei wird er/sie den sozialen Normen und den örtlichen Gesetzen angepaßt.

Pilot/in Soren

Die *Enterprise* fliegt zum Phelan-System, um ein Handelsabkommen zu verhandeln.

Direkt nach »Verbotene Liebe«.

»**Déjà Vu**«. Sternzeit 45652,1. Die U.S.S. *Bozeman*, ein Föderationsschiff der *Soyuz*-Klasse unter dem Kommando von Captain Morgan Bateson, das 2278 in der Nähe der Typhon-Ausdehnung vermißt gemeldet wurde, taucht unerwartet aus einem Riß im Raum/Zeit-Kontinuum auf und kollidiert beinahe mit der *Enterprise*.

Es gibt Beweise dafür, daß diese Kollision zwischen den beiden Schiffen tatsächlich stattfand. Dabei traf die *Bozeman* auf die Warpgondel auf der Steuer-

U.S.S. *Bozeman*, NCC-1941.

Das vierundzwanzigste Jahrhundert

Captain Morgan Bateson von der *Bozeman*

bordseite der *Enterprise,* wobei die *Enterprise* zerstört und die gesamte Besatzung getötet wurde.

Durch die Stärke der Explosion wurde die *Enterprise* allerdings anscheinend in eine sich wiederholende Kausalitätsschleife geschleudert, in der die Ereignisse, die zu der Explosion führten, von der Besatzung immer wieder durchlebt werden mußten. Bei einer Abstimmung mit den Zeitbojen der Föderation stellt sich heraus, daß im Universum 17,4 Tage vergingen, während die *Enterprise* in der Kausalitätsschleife gefangen war. Die *Bozeman* war anscheinend achtzig Jahre lang in einer solchen Schleife.

Die hypothetische Katastrophe wurde im letzten Kreislauf durch eine Nachricht aufgehalten, die im vorletzten Kreislauf von Besatungsmitgliedern durch ein Dekyon-Feld an Lieutenant Commander Data übermittelt wurde. Während des letzten Kreislaufs berichteten viele Besatzungsmitgliedern von Phänomenen, bei denen es sich anscheinend um Echos vorangegangener Kreisläufe handelte.

Fähnrich Wesley Crusher und vier weitere Kadetten sind an einem schweren Unfall beteiligt, bei dem es zur Kollision verschiedener Trainingsschiffe im Akademiebereich in der Nähe des Saturns kommt. Kadett Joshua Albert wird bei dem Zusammenstoß getötet, und alle fünf Schiffe werden zerstört. Die anderen Kadetten, die alle der Nova-Staffel angehören, können sich auf die Notstation auf Mimas retten. Die Ursache des Unfalls ist zunächst unklar.

Direkt vor »Ein mißglücktes Manöver«.

Die Kadetten Wesley Crusher und Nick Locarno

Die Admiräle Brand und Setlek leiten die Anhörung über den Nova-Zwischenfall.

»Ein mißglücktes Manöver«. Sternzeit 45703,9 Die *Enterprise* befindet sich auf dem Weg zur Erde, wo Captain Picard die Eröffnungsrede an der Sternenflotten-Akademie halten soll. Kurz vor ihrer Ankunft, wird Picard von Wesley Crushers Unfall informiert.

In der Akademie wird von Superintendent Brand eine Untersuchung durchgeführt, um die Ursache des Unfalls zu klären, der Joshua Alberts das Leben kostete. Die Aussagen der Mitglieder der Nova-Staffel weisen auf einen Pilotenfehler hin. Später stellt sich heraus, daß diese Aussagen nicht mit den Bildaufzeichnungen übereinstimmen. Durch Wesley Crushers Aussage wird die wahre Ursache des Unfalls enthüllt: Die Kadetten hatten unerlaubterweise versucht, die Kolvoord-Sternexplosion durchzuführen, ein Manöver, das wegen dem extrem hohen Risiko verboten ist. Der Akademierat verweist den Staffelführer Nick Locarno wegen seiner Rolle in dem Unfall und wegen seines Versuchs, die wahre Ursache vor dem Rat geheimzuhalten, der Akademie. Die übrigen drei Mitglieder der Nova-Staffel erhalten eine formelle Zurechtweisung und ihre akademischen Leistungen in diesem Jahr werden aufgehoben.

»Hochzeit mit Hindernissen«. Sternzeit 45733,6. Die *Enterprise* zerstört einen Asteroiden, um dessen katastrophalen Einschlag auf dem Planeten Tessen III zu verhindern. Die Besatzung weiß nicht, daß der Asteroid große Vorkommen metallischen Nitriums enthielt, und daß dieses Nitrium die Nahrungsquelle für eine parasitäre, nicht intelligente Lebensform darstellte, die auf dem Asteroiden lebte. Die Besatzung entdeckt später, daß sich diese Parasiten nach der Zerstörung des Asteroiden auf der Außenhülle der *Enterprise* niedergelassen haben und großen Schaden in den Systemen und an der Struktur des Schiffs anrichten.

Auf der *Enterprise* soll die Hochzeit zwischen Minister Campio vom Planeten Kostolain und Botschafterin Lwaxana Troi vom Planeten Betazed stattfinden. Direkt vor der geplanten Zeremonie rät Campios Protokollberater Erko zu einer Absage der Hochzeit. Als Grund gibt er die unüberbrückbaren Unterschiede zwischen kostolainischen und betazoidischen Gebräuchen an.

Die *Enterprise* nimmt eine Gruppe von Minenarbeitern auf, die auf dem Planeten Harod IV gestrandet sind. Dadurch verschiebt sich die Ankunft der *Enterprise* auf dem Planeten Krios.

Vor »Eine hoffnungsvolle Romanze.«

Das vierundzwanzigste Jahrhundert

»**Eine hoffnungsvolle Romanze**«. Sternzeit 45761,3. Die *Enterprise* trifft bei dem Planeten Krios ein, um eine kriosianische Delegation aufzunehmen, die zu einer wichtigen Versöhnungszeremonie zwischen den Planeten Krios und Valt Minor gebracht werden muß, wo ein seit Jahrhunderten tobender Krieg beendet werden soll. Auf dem Weg zum Zeremonieort fängt die *Enterprise* den Notruf eines Ferengi-Shuttle auf und rettet die zweiköpfige Besatzung, bevor das Shuttle explodiert.

Kamala

Die Vorbereitungen für die Versöhnungszeremonie werden unterbrochen, als ein kriosianisches Geschenk an Kanzler Alrik von Valt versehentlich aus der Stasis geweckt wird. Bei dem »Geschenk« handelt es sich um eine humanoide Frau namens Kamala, eine kriosianische, sexuelle »Metamorph«, die als Alricks Frau vorgesehen ist. Die Vorbereitungen werden noch stärker beeinträchtigt, als der kriosianische Botschafter Briam bei einer Auseinandersetzung mit den Ferengi verletzt wird. Captain Picard gelingt es, die Vorbereitungen für die Zeremonie erfolgreich abzuschließen, während Briam sich erholt. Die Zeremonie kann ohne Zwischenfälle abgeschlossen werden. Botschafter Briam drückt jedoch später seine Überraschung darüber aus, daß Picard so eng mit Kamala zusammenarbeiten konnte, ohne ihrer sexuellen Anziehungskraft zu erliegen.

»**Die imaginäre Freundin**«. Sternzeit 45852,1. Während einer wissenschaftlichen Vermessung im Nebel FGC-47 begegnet die *Enterprise* einer noch unbekannten Lebensform. Das Wesen materialisiert sich auf dem Schiff in Form eines menschlichen Kindes. Später stellt sich heraus, daß das Auftauchen dieses Wesens mit einem unerwartet hohen Widerstands-Koeffizienten zusammenhängt, der beim Durchfliegen des Nebels auftrat. Schließlich entdeckt man, daß dieses Wesen im Nebel beheimatet ist und herausfinden will, ob die *Enterprise* als mögliche Energiequelle infrage kommt. Das im Raum lebende Wesen, das sich mit der jungen Clara Sutter angefreundet hat, verläßt das Schiff, als man ihm klarmacht, welchen negativen Einfluß es auf das Kind hat.

Clara Sutters imaginäre Freundin.

Ein Erkundungsschiff der Borg stürzt auf einem Mond in der Argolis-Sternengruppe ab. Vier der fünf Besatzungsmitglieder werden bei dem Absturz getötet.

Kurz vor »Ich bin Hugh«.

»**Ich bin Hugh**«. Sternzeit 45854,2. Die *Enterprise* vermißt sechs Sonnensysteme in der Argolis-Sternengruppe, die für eine Kolonisierung infrage kommen. Man fängt ein Notsignal von einem Erkundungsschiff der Borg auf, das auf einem kleinen Mond abgestürzt ist. Ein jugendlicher Borg ist der einzige Überlebende, der aus dem Wrack geborgen werden kann.

Dritter von Fünf, alias Hugh.

Captain Picard ordnet eine Analyse der Biochip-Implantate des Borg an. Dabei erfährt man einiges über die Kommandostruktur des kollektiven Bewußtseins der Borg und über ihre Interface-Vorgehensweisen. Diese Informationen werden benutzt, um eine aggressive Programmsequenz zu entwickeln, die, wenn sie in das System eingeführt würde, die gesamte Rasse der Borg vernichten könnte.

Während der Entwicklung dieser Programmsequenz beobachten Besatzungsmitglieder den Borg, der jetzt, wo er nicht mehr auf das Kollektivbewußtsein zugreifen kann, die Verhaltensmuster eines Individuums zeigt. Picard hält es für ethisch nicht vertretbar, ein vernunftbegabtes Individuum als Waffe zur Massenvernichtung einzusetzen. Der Borg, den man jetzt Hugh nennt, wird zur Absturzstelle zurückgebracht, wo er von einem zweiten Erkundungsschiff der Borg gerettet wird. Geordi La Forge, der Hughs Rettung beobachtet hat, glaubt, daß Hugh seine Individualität trotz der Reassimilierung in das Borgkollektiv behalten hat.

Bei einem romulanischen Erkundungsschiff kommt es zu schwerwiegenden Fehlfunktionen der Antriebssysteme. Ein Notruf wird abgesetzt, auf den die *Enterprise* antwortet.

Direkt vor »So nah und doch so fern«.

Das vierundzwanzigste Jahrhundert

Ro Laren

»So nah und doch so fern«. Sternzeit 45892,4. Die *Enterprise* hilft einem beschädigten romulanischen Schiff bei der sicheren Absprengung des fehlerhaften Maschinenkerns. Kurzzeitige Ersatzteile werden eingesetzt, damit die Lebenserhaltung und der Antrieb erhalten bleiben.

Während der Rettungsoperation führt eine angebliche Fehlfunktion des Transporters zum scheinbaren Tod von Geordi La Forge und Ro Laren. Später stellt sich heraus, daß die beiden nicht tot sind, sondern sich in einer Art Interphase befinden, wodurch sie praktisch unsichtbar werden. Dieses Interphasen-Phänomen wurde durch eine experimentelle romulanische Tarnvorrichtung ausgelöst. Ein anionischer Strahl wird eingesetzt, durch den La Forge und Ro wieder in den normalen Raum gelangen.

Die *Enterprise* fliegt auf einer dringenden diplomatischen Mission zum Planeten Garadius IV.

Direkt nach »So nah und doch so fern«.

Die *Enterprise* führt eine Studie der magnetischen Wellen des Parvenium-Sektors durch und fliegt dann zur Sternenbasis 218, wo man sich mit dem Flottenadmiral Gustafson treffen soll.

Vor »Das zweite Leben«.

»Das zweite Leben«. Sternzeit 45944,1. Auf dem Weg zur Sternenbasis 218 trifft die *Enterprise* auf eine Raumsonde unbekannter Herkunft. Ein niedrig eingestellter nukleonischer Partikelstrahl durchdringt die Schilde der *Enterprise*, trifft Picard und läßt ihn in ein Koma fallen. Als er das Bewußtsein wiedererlangt, berichtet Picard, daß er die Lebenserinnerungen eines Bewohners des Planeten Kataan durchlebt hat. Die Besatzung findet heraus, daß es der Auftrag der Sonde ist, die Erinnerungen dieser lange ausgestorbenen Rasse weiterzugeben, damit ein Teil der kataanischen Kultur bewahrt werden kann.

Arbeiter, die auf der Erde unter der Stadt San Francisco Ausgrabungen vornehmen, finden Artefakte, die auf eine außerirdische Präsenz im späten 19. Jahrhundert hinweisen. Unter diesen Artefakten wird der Kopf von Lieutenant Commander Data entdeckt, der dort vor rund 500 Jahren vergraben wurde.

Direkt vor »Gefahr aus dem 19. Jahrhundert, Teil 1«.

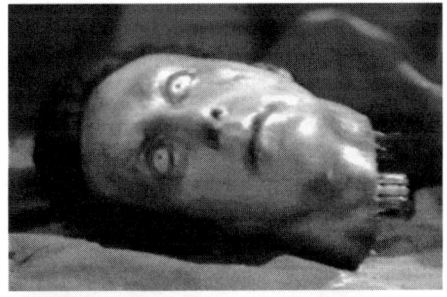

Datas Kopf, der vergraben unter San Francisco entdeckt wird.

»Gefahr aus dem 19. Jahrhundert, Teil 1«. Sternzeit 45959,1. Die *Enterprise* wird zur Erde zurückbeordert, um Nachforschungen über die Entdeckung von Datas Überresten in San Francisco anzustellen. Eine Analyse der an der Ausgrabungsstelle gefundenen Artefakte läßt darauf schließen, daß sie von dem Planeten Devidia II im Marrab-Sektor stammen.

Auf Devidia II entdecken Besatzungsmitglieder der *Enterprise* humanoide Lebensformen, die auf einer asynchronen Zeitebene existieren, wodurch sie fast nicht zu entdecken sind. Man findet Hinweise, daß diese Lebensformen die Erde des 19. Jahrhunderts bedroht haben könnten. Bei Untersuchungen dieser Lebensformen gerät Commander Data unabsichtlich in ein Zeitloch, das ihn auf die Erde des 19. Jahrhunderts bringt. Ein Außenteam, das aus Picard, Riker, Troi und Crusher besteht, öffnet das Zeitloch erneut und folgt Data in die Vergangenheit, um die Lebensformen von Devidia II an der Bedrohung der Erde zu hindern und Datas Tod zu vermeiden.

Data bittet einen Einwohner aus dem San Francisco des 19. Jahrhunderts um Informationen.

7.0 Die ferne Zukunft

Die Andromeda-Galaxie, Heimat des kelvanischen Imperiums.

26. Jahrhundert

Ein Wissenschaftler dieses Jahrhunderts reist in das 22. Jahrhundert nach New Jersey auf der Erde. Dort wird seine Zeitkapsel von dem skrupellosen Berlinghoff Rasmussen gestohlen, der diese Kapsel benutzt, um in das 24. Jahrhundert zu reisen.

»Der zeitreisende Historiker.« Rasmussen gesteht Data seine Vergangenheit.

Berlinghoff Rasmussen

27. Jahrhundert

Der Wissenschaftler Kal Dano erfindet das *Tox Uthat,* einen Quantenphaser-Hemmer, der enormes Waffenpotential besitzt, da er alle nuklearen Reaktionen innerhalb eines Sterns stoppen kann. Zwei vorgonische Kriminelle versuchen, das *Tox Uthat* zu stehlen. Aus diesem Grund reist Dano in das 22. Jahrhundert zurück und versteckt das Gerät auf dem Planeten Risa. Das Gerät bleibt dort versteckt, bis es 2366 von der Archäologin Vash gefunden und von Captain Picard zerstört wird.

»Picard macht Urlaub«. Die Vorgonen erzählen diese Geschichte.

Vorgonische Kriminelle, die das *Tox Uthat* stehlen wollen.

33. Jahrhundert

Wissenschaftler des kelvanischen Imperiums behaupten, daß die Strahlung in der Andromeda-Galaxie innerhalb der nächsten 10 000 Jahre auf nicht mehr tolerierbare Werte ansteigen wird. Agenten des kelvanischen Imperiums werden auf einem Multigenerationsschiff zur möglichen Kolonisierung durch die Milchstraße geschickt.

»Stein und Staub«. Rojan erzählt Kirk von der vorhergesagten Strahlung.

Anhang A: Nicht datierbare Ereignisse und andere Unsicherheiten

Es gibt eine ganze Reihe von Ereignissen in *Star Trek*, für die es keine verläßliche Zeitangabe gibt. In bestimmten Fällen gab es genug Hinweise, so daß wir den Zeitrahmen eingrenzen und Daten vorschlagen konnten, die dann auch im Haupttext des Buchs auftauchen. In anderen Fällen allerdings, war der Zeitrahmen so weitgesteckt oder die Hinweise so gering, daß wir noch nicht einmal raten konnten. In dieser Sektion führen wir einige dieser nicht datierbaren Ereignisse auf und geben auch die Informationen an, die uns zur Datierung zur Verfügung standen.

Wir glauben, daß diese Notizen von Interesse für *Star Trek*-Fans sind und vielleicht sogar zukünftigen Autoren anderer *Star Trek*-Projekte als Sprungbrett dienen können. Beachten Sie bitte, daß *Raumschiff Enterprise: Das nächste Jahrhundert* noch gedreht wurde, als dieses Buch geschrieben wurde und Paramount eventuell sogar einen weiteren Film mit der ursprünglichen Besatzung plant. Das bedeutet, daß einige dieser Ereignisse vielleicht noch angesprochen werden. Die neue *Deep Space Nine*-Serie könnte uns auch mit Antworten und bestimmt auch mit neuen Fragen versorgen.

Hauptcharaktere

In den meisten Fällen wissen wir nicht, was aus den Hauptcharakteren der ersten Serie geworden ist. Das wird vermutlich absichtlich vage gehalten, um weitere Projekte mit diesen Charakteren zu ermöglichen. Allerdings sind uns einige Punkte auch bekannt.

James T. Kirk. Wir glauben, daß Kirk 2233 geboren wurde und die Sternenflottenakademie zwischen 2250 und 2254 besuchte. Kirks Sternenflottenakte des Jahres 2267 enthielt folgende Orden: Palmenblatt des Friedensrates von Axanar, Ehrennadel für taktische Verdienste Erster Klasse von Grankite, Preantares Ehrenband Erster und Zweiter Klasse. Zu seinen Tapferkeitsmedaillen gehören: Verdienstmedaille, Silberpalme mit Mondkristallen, Tapferkeitsstern Erster Klasse der Raumflotte der Vereinigten Planeten, Kragite Ehrenorden. Für diese Orden werden keine Daten angegeben, aber sie müssen Kirk nach seinem Eintritt in die Akademie 2250 und vor den Ereignissen in »Kirk unter Anklage« (2267) verliehen worden sein. In »Wen die Götter zerstören« wird gesagt, daß Kirk Axanar als »frisch gebackener Kadett« besuchte, was bedeutet, daß ihm der Ordem Palm Leaf of Axanar zu Beginn seiner Karriere verliehen wurde.

Einige Zeit vor »Spitze des Eisbergs« waren Kirk und Gary Mitchell auf dem Planeten Dimorus, wo ihnen rattenartige Lebensformen begegneten, die vergiftete Pfeile warfen. Gary wurde von einem Pfeil verletzt, der eigentlich für Kirk gedacht war und starb fast daran. Das muß nach Kirks Akademieeintritt (2250) und vor »Spitze des Eisbergs« (2265) passiert sein.

Kirk erkrankte einmal schwer an veganischer Choriomeningitis, einer seltenen Krankheit, die ohne Behandlung innerhalb von 24 Stunden zum Tod führt. Kirk überlebte zwar, aber sein Blut enthält immer noch die Träger dieser Krankheit. Damit wollte der Rat von Gideon das Überbevölkerungsproblem auf ihrer Welt lösen (»Fast unsterblich«).

Kirks Beziehungen zu Ruth, Janet, Areel, Janice und Carol: James Kirk hatte einige Romanzen, bevor er das Kommando über die *Enterprise* erhielt. Ruth (kein Nachname wird genannt; taucht in »Landeurlaub« auf) stand Kirk während seiner Akademiezeit sehr nah. Dr. Janet Wallace (die in »Wie schnell die Zeit vergeht« zu sehen ist) heiratete Theodore Wallace, weil weder sie noch Kirk flexibel genug in ihren Karrieren waren. Areel Shaw war Kirks Anklägerin, als er in »Kirk unter Anklage« beschuldigt wurde, Ben Finneys Tod verursacht zu haben. Janice Lester und Kirk waren offenbar ein Jahr lang zusammen, während Kirk auf der Akademie war (»Gefährlicher Tausch«). Schließlich hatten Carol Marcus und James Kirk ein Kind namens David Marcus, das 2261 geboren wurde (in *Star Trek II* war David 24 Jahre alt; der Film spielt im Jahr 2285). Es gibt Vermutungen, daß Carol Marcus die »blonde Labortechnikerin« war, die Kirk auf Garys Ratschlag hin fast geheiratet hätte, als sie auf der Akademie waren (ungefähr 2250, »Spitze des Eisbergs«). Natürlich könnte diese Labortechnikerin auch Janet Wallace sein, oder eine andere Frau, die wir nie gesehen haben.

Kirk besuchte vor 2269 (»Die Wolkenstadt«) einmal die Wolkenstadt auf Stratos, sagte allerdings, daß es nur ein kurzer Besuch war und er keine Zeit hatte sich umzusehen.

Wir wissen nichts über das Schicksal von Captain James Kirk, obwohl Gene Roddenberry einmal sagte, zum Zeitpunkt von *Raumschiff Enterprise: Das nächste Jahrhundert* (2364) sei Kirk vermutlich tot.

Spock. Computeraufzeichnungen in »Kirk unter Anklage« (2267) belegen, daß Spock die Wissenschaftliche Ehrenmedaille von Vulkan verliehen wurde und er zweimal von der Sternenflotte ausgezeichnet wurde. Wir nehmen an, daß Spock 2230 geboren wurde und die Sternenflottenakademie im Jahr 2253 abschloß.

Spock hat anscheinend auch einen Vornamen. Wir erfahren diesen Namen nicht, obwohl Spock zu Leila Kalomi sagte, daß sie ihn nicht aussprechen könne (»Falsche Paradiese«). Amanda erzählte Kirk, daß sie nach vielen Jahren der Übung gelernt hätte, Sareks Familiennamen auszusprechen (»Reise nach Babel«).

ANHANG A

Spocks Hochzeit: In der Folge »Botschafter Sarek« sagt Picard, daß er bei der Hochzeit von Sareks Sohn anwesend war. Er sagt kein Datum, erwähnt allerdings, daß er zu diesem Zeitpunkt ein »junger Lieutenant« war. Das weißt darauf hin, daß die Hochzeit irgendwann zwischen 2327 (als Picard die Akademie abschloß) und 2333 (als Picard das Kommando der *Stargazer* übernahm und daher anscheinend bereits Captain war) stattfand. Obwohl in der Folge nicht klar gesagt wird, daß es sich bei diesem Sohn um Spock handelt, ging zumindestens Gene Roddenberry davon aus. Diese Ansicht wird durch »Wiedervereinigung?, Teil 1« unterstützt, wo Picard sagt, daß er Spock einmal vor der Folge getroffen hat. Es ist nicht klar, ob Spock zum Zeitpunkt von »Wiedervereinigung?, Teil 1« noch verheiratet ist.

Spock wurde zuletzt als Föderationsbotschafter gesehen, der verdeckt für die vulkanisch-romulanische Wiedervereinigung auf Romulanus arbeitete (»Wiedervereinigung?, Teil 2«; 2368). Über sein weiteres Schicksal wissen wir nichts.

Leonard H. McCoy. Da McCoys Alter in »Der Mächtige« mit 137 angegeben wird, gehen wir davon aus, daß er 2227 geboren wurde. Wir wissen nur wenig über McCoys Zeit, bevor er auf die erste *Enterprise* kam. Wir nehmen an, daß er 2245 (ausgehend von seinem 18. Lebensjahr) seine Studienzeit am College oder an einer medizinischen Schule begann und das Studium 2253 abschloß (wir gehen von einem achtjährigen Studium aus). Wir wissen allerdings nicht, ob er an der Sternenflotten-Akademie oder an einer anderen Schule studierte.

Die meisten Fragen betreffen die Hintergrundgeschichte, die sich Dorothy Fontana und Gene Roddenberry ausdachten. Darin war McCoy verheiratet, aber diese Ehe endete in einer bitteren Scheidung. McCoys emotionale Probleme nach dieser Scheidung brachten ihn dazu, seine Praxis aufzugeben und zur Sternenflotte zu gehen. Diese Hintergrundgeschichte sollte in einer von Dorothy Fontana geschriebenen Folge namens »Joanna« erzählt werden, in der McCoys erwachsene Tochter auf die *Enterprise* kommt (diese Folge wurde nicht gefilmt, sondern extrem umgeschrieben. Daraus wurde schließlich »Die Reise nach Eden«). Da dieses Material in keiner ausgestrahlten Folge erwähnt wird, haben wir es auch nicht im Haupttext erwähnt. Wir erwähnen es allerdings hier, weil es einige interessante Einblicke in McCoys Charakter gewährt und keiner ausgestrahlten Folge widerspricht.

Es ist allerdings möglich, daß einige dieser Angaben korrigiert werden müssen, sollte das Filmprojekt *Star Trek: The Academy Years* jemals realisiert werden. Dieses Drehbuch, das von David Loughery geschrieben und von Harve Bennett produziert werden soll, zeigt die frühen Jahre unserer Helden und würde der Angabe, daß McCoy die Akademie erst nach seiner Collegezeit besuchte, widersprechen. Größtenteils wird diese Geschichte sich allerdings an die gegebenen Informationen halten. Betrachtet man die Folgen und Filme, ist es schwer zu sagen, welche von McCoys Hintergrundgeschichten »korrekter« klingt.

McCoys Vater: In *Star Trek V: Am Rande des Universums* erfahren wir, daß irgendwann nachdem McCoy sein Studium abgeschlossen hatte, sein Vater David (der Name wird in *Star Trek III: Auf der Suche nach Mr. Spock* genannt) an einer tödlichen Krankheit litt, die mit starken Schmerzen verbunden war. Aus Mitleid stellte Leonard die Maschinen ab und war entsetzt, als kurze Zeit später ein Heilmittel entdeckt wurde.

Als Teil seines Dienstes in der Sternenflotte war McCoy vor seiner Zeit auf der *Enterprise* (2265) kurzzeitig auf dem Planeten Capella IV stationiert. McCoy erinnerte sich später, daß die Capellaner kein Interesse an medizinischer Hilfe oder an Krankenhäusern hatten, weil ihre Kultur davon ausging, daß nur die Starken überleben sollten (»Im Namen des jungen Tiru«). Irgendwann vor »Kirk unter Anklage« (2267) wurde McCoy das Aeskulap-Kreuz der Raumflotte verliehen, und er wurde von Chirurgen der Sternenflotte ausgezeichnet.

Dr. McCoy lebt zumindest noch zu Beginn der ersten Staffel von *Raumschiff Enterprise: Das nächste Jahrhundert* (2364). In der ersten Folge (»Der Mächtige«) führt er im Alter von 137 Jahren eine Inspektionstour der *Enterprise*-D durch.

Montgomery Scott. Wir glauben, daß Scotty 2222 geboren wurde. Damit wäre er in der ersten Staffel von *Raumschiff Enterprise* (2266) 44 Jahre alt und hätte damit das gleiche Alter wie sein Schauspieler James Doohan. Scotty diente bei einer Reihe von Frachttransporten zu den Minenarbeitern im Asteroidengürtel des Denevan-Systems als mechanischer Berater (»Spock außer Kontrolle«). Das fand anscheinend vor seiner Zeit auf der *Enterprise* statt. In einer Folge der sechsten Staffel von *Raumschiff Enterprise: Das nächste Jahrhundert* (»Besuch von der alten Enterprise«), die momentan in der Planung ist, wird sich herausstellen, daß Scotty 2294 verschwand und im Jahr 2369 wieder auftauchte.

Uhura. Man weiß nur wenig über Uhuras Vergangenheit (sie hat noch nicht einmal einen Vornamen), obwohl wir glauben, daß sie 2239 geboren wurde, weil dies dem Alter der Schauspielerin entspricht, die diese Rolle spielte. Damit wäre sie zum Zeitpunkt der ersten Staffel der Originalserie 27 gewesen.

Sulu. Fast genauso wenig weiß man über Sulu, der allerdings in *Star Trek VI* zumindest einen Vornamen bekommt (Hikaru) und dessen Geburtsort in *Star Trek IV* erwähnt wird (San Francisco). Wir glauben, daß er 2237 geboren wurde und somit während der ersten Staffel der Originalserie 29 war.

Pavel Chekov. Vor seiner Dienstzeit auf der *Enterprise* hatte er eine Romanze mit einer Frau namens Irina Galliunin. Zu dieser Zeit waren beide scheinbar in der Sternenflotte, obwohl Irina später austrat, weil sie sich von der Organisation zu eingeengt fühlte (»Die Reise nach Eden«). Chekov gab sein Alter in »Der Tempel des Apoll« mit 27 an, was das Jahr 2245 als Geburtsdatum nahelegt.

Sarek. In »Reise nach Babel« (2267) wird gesagt, daß Sarek 102 Jahre alt ist. Daher müßte er 2165 geboren sein. Zu Sareks zahlreichen Leistungen gehören: der coridanische Beitritt in die Föderation (»Reise nach Babel«; 2268), die klingonische Allianz (*Star Trek VI: Das unentdeckte Land*), die

Anhang A

legaranische Konferenz (»Botschafter Sarek«; 2367) und der Vertrag von Alpha Cygnus IX. Über diesen letzten Eintrag ist nichts weiteres bekannt. In der Folge »Botschafter Sarek« erfahren wir, daß Sareks Frau Amanda vor einiger Zeit gestorben ist. Das Datum wird nicht genannt. Wir wissen auch nicht, wann Sarek Perrin geheiratet hat.

In Star Trek V erfahren wir (obwohl das vielleicht eher apokryph ist), daß Sarek vor seiner Ehe mit Amanda (die wir einfach mal ins Jahr 2230 setzen) mit einer vulkanischen Prinzessin verheiratet war und einen Sohn namens Sybok hatte. Spock bemerkte, daß Syboks Mutter kurz nach seiner Geburt gestorben wäre. Das könnte 2224, sieben Jahre vor Spocks Geburt, passiert sein (wir wissen übrigens auch nicht, ob Sarek zwischen Amanda und Perrin noch andere Ehefrauen hatte. Allerdings sagt Picard in seinem Logbucheintrag in »Botschafter Sarek«, daß »Perrin, wie Sareks erste Frau von der Erde stammt«. Das widerspricht der Hintergrundgeschichte über die vulkanische Prinzessin).

Sarek traf Picard vor »Botschafter Sarek« einmal als jungen Lieutenant bei der Hochzeit seines Sohns. Diese Hochzeit fand vermutlich zwischen 2327 und 2333 statt (siehe den Eintrag über Spock in diesem Kapitel).

Sarek starb im Alter von 203 Jahren in »Wiedervereinigung?, Teil 1« (2368). Damit ist er der erste Hauptcharakter der alten Serie, dessen Schicksal bekannt ist.

Jean-Luc Picard. Wir gehen davon aus, daß Picard 2305 geboren wurde, was zum Akademieabschluß im Jahr 2327 (»Ein mißglücktes Manöver«) paßt, wenn man annimmt, daß er sich mit 17 einmal erfolglos beworben hatte (»Prüfungen«).

In »Der Reisende« spricht Picard in der Vergangenheitsform über seine Mutter, was darauf hinweist, daß sie bereits tot ist. Diese Annahme wird in »Familienbegegnung« unterstützt, wo Picard das Haus seiner Familie in Frankreich aufsucht und man dort seine Eltern nicht sieht. In »Augen in der Dunkelheit« erinnert sich Picard, wie er als junger Mann seinen »Großvater verfallen sah... von einem kraftvollen, robusten Mann zu einem zerbrechlichen Schatten seiner selbst, der sich noch nicht einmal an den Weg nach Hause erinnern konnte«. Picards Tante Adele benutzte sehr heißen Ingwertee mit Honig bei Erkältungen. Picard erinnert sich daran und bietet ihn seinen Gästen auf der Enterprise an, die auch unter einer Erkältung leiden (»Fähnrich Ro«; Tante Adele wurde nach der Regieassistentin Adele Simmons benannt). Picard erinnert sich (in »Die Verschwörung«), daß seine »ältesten und besten Freunde Jack Crusher – möge er in Frieden ruhen – und Walker Keel« waren. Keel wurde in dieser Folge getötet, als die Außerirdischen das Raumschiff Horatio in die Luft jagten.

Picards Herztransplantation: Wir wissen, daß Captain Jean-Luc Picard vor einigen Jahren in der Bonestell-Vergnügungseinrichtung auf der Farspace-Station Earhart in einen Kampf geriet. Er kämpfte anscheinend gegen drei Nausicaaner und starb fast, als er von einer Stichwaffe ins Herz getroffen wurde (beschrieben in »Das Herz eines Captains«). Picard überlebte mit Hilfe eines künstlichen Herzens. Diesem Zwischenfall wird kein Datum zugeordnet, obwohl Picard zumindest sagt, er wäre damals ein junger Offizier gewesen. Wenn Picard zum Zeitpunkt des Kampfes noch auf der Akademie war, könnte dies der böse Zwischenfall sein, auf den Boothby in »Ein mißglücktes Manöver« anspielt.

William T. Riker. In »Rikers Vater« (2365) erfahren wir, daß Riker seinen Vater seit 15 Jahren nicht gesehen hat und daß er 15 war, als sein Vater ihn verließ. Danach müßte er 2335 geboren sein.

Riker diente vor seiner Zeit auf der Enterprise unter Captain Jonathan DeSoto auf der Hood. Rikers Dienst auf der Hood muß nach seinem Akademieabschluß (vermutlich 2357) und vor seinem Dienstbeginn auf der Enterprise (2364) liegen. Vor seiner Zeit auf der Hood, diente Riker als Lieutenant auf der Potemkin (»Galavorstellung«). Dazu gibt es allerdings keine Datierung. Vor seiner Dienstzeit auf der Enterprise war Riker außerdem auch auf dem Planeten Betazed stationiert (»Die Damen Troi«).

Zu irgendeinem Zeitpunkt während Rikers Zeit als erster Offizier auf der Hood weigerte er sich, Captain DeSoto auf den Planeten Altair III beamen zu lassen, da er dies für zu gefährlich hielt. DeSoto war zwar anscheinend anderer Meinung, hatte aber keinen Einfluß, da Riker sich auf seine Pflicht bezog, den Captain vor unnötigen Gefahrensituationen zu schützen (»Der Mächtige«).

Die Beziehung zwischen Will Riker und Deanna Troi: Einige Jahre vor der ersten Staffel von Raumschiff Enterprise: Das nächste Jahrhundert war Riker auf Trois Heimatplaneten Betazed stationiert. Sie begannen eine Romanze, und Troi nennt ihn heute noch manchmal Imzadi, das betazoidische Wort für »Geliebter«. Uns sind keine Daten oder Einzelheiten über diese Beziehung bekannt. In »Die Damen Troi« wird nur erwähnt, daß Riker auf Betazed den Rang eines Lieutenants (junior grade) hatte und Troi zu dem Zeitpunkt Psychologie studierte.

Data. Die Besatzung der Tripoli aktivierte Data 26 Jahre vor »Das Duplikat« (2364), was bedeutet, daß die Aktivierung 2338 stattfand. Die Computeraufzeichnungen in »Wem gehört Data?« zeigen, daß Data mit dem Großen Orbitalorden für außergewöhnliche Tapferkeit, der Ehrenmedaille in Gold und der Ehrenmedaille in Titanium ausgezeichnet wurde. Es gibt keine Daten zu diesen Orden, aber man kann davon ausgehen, daß sie vor der Folge (2365) verliehen wurden.

Data war einmal auf dem Raumschiff Trieste, wo er in ein instabiles Wurmloch geriet. Dieses Ereignis, das in »Beweise« erwähnt wird, geschah vermutlich vor 2367, allerdings haben wir keine weiteren Informationen über das Ereignis oder über Datas Zeit auf der Trieste.

Deanna Troi. Der Computerschirm in »Mission ohne Gedächtnis« zeigt, daß Deanna Troi 2336 geboren wurde. Wir wissen, daß Deannas Vater, Ian Andrew Troi, ein menschlicher Offizier der Sternenflotte war, der Deannas betazoidische Mutter, Lwaxana Troi heiratete. Trois Vater ist verstorben (»Die Auflösung« und andere), aber Zeit oder Umstände des Todes sind nicht bekannt. Zu der Zeit, als Deanna Psychologie an der Universität von Betazed studierte, war Tam Elbrun, der später Spezialist der Sternenflotte für außerirdische Kontaktaufnahme werden sollte, ihr Patient (siehe »Der Telepath«).

Als Deanna ein Kind war, wurde sie genetisch mit Wyatt Miller verbunden, einem Menschen, der der Sohn von Steven Miller, einem engen Freund von Deannas Vater war. Das genaue Alter von Deanna und Wyatt ist nicht bekannt. Wir wissen nur, daß solche Kindheitsverbindungen immer noch auf Betazed üblich sind und normalerweise im Erwachsenenalter zu einer Heirat führen. Diese Heirat fand allerdings nicht statt (»Die Frau seiner Träume«).

Beverly C. Crusher. In der Folge »Die Verschwörung« wird gesagt, daß Walker Keel, Captain der *Horatio*, einer von Picards engsten Freunden war und Beverly und Jack Crusher miteinander bekannt machte. Wir wissen nicht, wann genau das passierte; man kann allerdings davon ausgehen, daß dieses Ereignis vor Wesley Crushers Geburt (2349) stattfand.

Auf dem Computerschirm in »Mission ohne Gedächtnis« kann man sehen, daß Beverlys Mädchenname Howard ist. Im Dialog ist das bis jetzt noch nicht gesagt worden.

Geordi La Forge. In »Die imaginäre Freundin« wird gesagt, daß Geordis Vater ein Exozoologe und seine Mutter Offizierin war. Beide dienten in der Sternenflotte. Geordi erinnert sich, daß seine Eltern immer unterwegs waren, teilweise zusammen und teilweise getrennt lebten. Als Kind verbrachte Geordi einige Zeit mit seinem Vater, der wirbellose Tiere im Modean-System studierte. Er lebte auch mit seiner Mutter auf einem Außenposten in der Nähe der romulanischen neutralen Zone. In Geordis Computerakte in »Déjà Vu« steht, daß seine Eltern Edward M. und und Alvera K. La Forge sind (oder waren) und er 2335 geboren wurde.

In »So nah und doch so fern« erwähnt Picard, daß er Geordi kennenlernte, als dieser ein junger Offizier war, der Picard auf einer Inspektionstour als Pilot begleitete. Picard erinnert sich, daß er nebenbei eine Bemerkung über die Maschinen machte und Geordi daraufhin die ganze Nacht arbeitete, um die Fusionszünder neu einzustellen. Picard war davon so beeindruckt, daß er Geordi in jedem Fall bei seinem nächsten Kommando dabei haben wollte. Vermutlich spielte sich das vor Picards Übernahme der *Enterprise* (2364) ab.

Worf. Der erste Klingone in der Sternenflotte war zum Zeitpunkt des Khitomer-Massakers (2346) sechs Jahre alt und wurde daher 2340 geboren. Wir wissen einiges über Worfs Kindheit, aber so gut wie nichts über die seines menschlichen Adoptivbruders. Dieser Bruder, der Sohn von Helena und Sergey Rozhenko, wurde zwar in »Worfs Brüder« erwähnt, aber außer der Tatsache, daß er existiert und daß er und Worf auf der Farmerwelt Gault aufwuchsen, bevor sie zur Erde kamen, wissen wir nichts. Dies ist übrigens nicht Kurn, Worfs natürlicher Bruder, der in »Die Sünden des Vaters« auftaucht.

Natasha Yar. Tasha sagt, daß sie 15 war, als sie aus der fehlgeschlagenen Kolonie auf Turkana IV floh (»Gedankengift«). »Die Rettungsoperation« (2367) spielt 15 Jahre nach dieser Flucht, was darauf schließen läßt, daß sie 2337 geboren wurde.

Wesley Crusher. Wesley war 17 in »Die Macht der Naniten« (2366), daher müßte er 2349 geboren worden sein.

Miles Edward O'Brien. Vor seiner Dienstzeit auf der *Enterprise*, diente O'Brien als taktischer Offizier auf der *U.S.S. Rutledge* unter dem Kommando von Captain Ben Maxwell. Zu dieser Zeit standen sich die Föderation und die Cardassianer feindlich gegenüber, und Maxwell wie auch O'Brien kamen kurz nach einem Angriff der Cardassianer auf die Föderationssiedlung auf Setlik (»Der Rachefeldzug«). Die Daten dieser Dienstzeit (oder des Angriffs) sind nicht bekannt, allerdings müßte dies vor dem Jahr 2364 gewesen sein, da man O'Brien in »Der Mächtige« auf der Kampfbrücke der *Enterprise* sieht (die *Enterprise* wurde vermutlich gegen Ende des Jahres 2363 gestartet). O'Brien und Maxwell trafen sich wieder, während Maxwell das Kommando der *Phoenix* hatte (»The Wounded«).

Fähnrich Ro Laren. Fähnrich Ro diente vor ihrer Zeit auf der *Enterprise* auf der *Wellington*. Sie kam vor ein Kriegsgericht nach einer Mission auf Garon II, wo sie einen Befehl nicht ausführte und deshalb acht Besatzungsmitglieder eines Außenteams der *Wellington* getötet wurden. Ro wurde aus dem Gefängnis auf Jaron II entlassen, nachdem sie sich bereit erklärt hatte, auf der *Enterprise* während einer wichtigen diplomatischen Mission zu dienen, bei der es um bajoranische Terroristen ging (»Fähnrich Ro«; 2368). Es gibt keine Zeitangaben für ihre Dienstzeit auf der *Wellington* oder das Gerichtsverfahren. Diese Ereignisse finden natürlich wo »Fähnrich Ro« statt, aber auch nach 2364, da sie laut ihrer Computerakte aus »Mission ohne Gedächtnis« in diesem Jahr die Sternenflotten-Akademie abschloß.

Guinan. Die mysteriöse Barkeeperin von Zehn Vorne ist auch weiterhin die große Unbekannte, obwohl wir in der Zwischenzeit zumindest wissen, daß sie mindestens 500 Jahre alt ist, da wir ihr jüngeres Ich im 19. Jahrhundert sehen (»Gefahr aus dem 19. Jahrhundert«). Guinan sagt, daß sie einmal in ernsthaften Schwierigkeiten gewesen wäre und nur einen Ausweg fand, weil sie Captain Picard vertraute. Das war vermutlich vor ihrer Zeit auf der *Enterprise*, eventuell sogar vor ihren Reisen mit Picard auf der *Stargazer*. Guinan erwähnt einmal, daß sie einige Kinder und einen Onkel namens Terkim hatte, der ein Bruder ihrer Mutter war (»Der schüchterne Reginald«).

Katherine Pulaski. Die ehemalige leitende medizinische Offizierin der *Enterprise* war vor ihrer Dienstzeit auf diesem Schiff dreimal verheiratet (»Rikers Vater«; 2365). Sie bemerkte, daß sie mit ihren drei Exmännern immer noch befreundet ist. Pulaski hat auch eine herausragende wissenschaftliche Studie mit dem Titel »Lineare Modelle der viralen Vermehrung« (»Die jungen Greise«) verfaßt.

Keiko Ishikawa O'Brien. Die Botanikerin der *Enterprise* erinnerte sich einmal unter hypnotischem Einfluß daran, daß ihre Großmutter die Kunst der japanischen Kalligraphie hervorragend beherrschte. Die junge Keiko hatte die Aufgabe, eine Tasse mit Wasser zu füllen und sie zu dem Tisch zu bringen, wo ihre Großmutter künstlerisch tätig war (»Geistige Gewalt«). Der Name von Keikos Vater ist (oder war) Hiro (»Katastrophe auf der Enterprise«).

Die U.S.S. *Enterprise* und die Sternenflotte:

Das Raumschiff *Enterprise*. In *Star Trek: Der Film* zeigt Decker Ilia im Freizeitraum ein Bild der verschiedenen Schiffe, die den Namen *Enterprise* trugen. Neben der hölzernen Fregatte, dem Flugzeugträger, dem Space Shuttle und der Fernseh-*Enterprise* sieht man ein weiteres Schiff, das offenbar der Vorgänger von diesem war. Man kann vermutlich davon ausgehen, daß dieses Raumschiff nicht eingesetzt wurde, da die *Enterprise*-D als fünftes Schiff dieses Namens bezeichnet wird und die vorangegangenen vier alle bekannt sind. Es gibt auch sonst keine offiziellen Angaben zu diesem Schiff. Soweit wir wissen, wurde das Schiff für eine Fernsehserie von Gene Roddenberry entworfen, die dann nicht gedreht wurde.

Die erste *Enterprise*. Das Schiff wurde vermutlich 2245 in Dienst gestellt. Um zu dieser Jahreszahl zu kommen, haben wir vom Datum der ersten Staffel der Originalserie (2266) zurückgerechnet und dabei auch solche Dinge wie Spocks Dienstzeit unter Pike (»Talos IV — Tabu«) und die angenommene Fünf-Jahresmission unter Captain Robert April bedacht.

Die *Enterprise*-A. Das zweite Raumschiff dieses Namens (das erste war natürlich die *Enterprise* aus der Originalserie und den ersten drei Filmen). Dieses zweite Schiff wurde 2286 unter dem Kommando von Captain Kirk gestartet (*Star Trek IV: Zurück in die Gegenwart*). Zwar ging Kirk anscheinend 2293 in den Ruhestand, und das Schiff sollte in diesem Jahr aus dem Dienst genommen werden (*Star Trek VI: Das unentdeckte Land*), aber es ist trotzdem nicht ganz klar, ob dies auch tatsächlich passierte. Die Leute bei Paramount (diese schlauen Teufel!) haben das absichtlich vage gehalten, damit ein weiterer Film oder ein anderes Projekt mit der Originalbesatzung möglich bleibt.

Die *Enterprise*-B. Das dritte Raumschiff, das diesen Namen trägt, gehört zur *Excelsior*-Klasse und ist relativ unbekannt. Das Schiff gab es 2293 (das Jahr, in dem *Star Trek VI* spielt) vermutlich noch nicht. Es muß vor 2344 (als die *Enterprise*-C in »Die alte Enterprise« zerstört wurde) entweder aus dem Dienst genommen oder zerstört worden sein. Wir wissen nichts über den Captain des Schiffs, seine Besatzung oder seine Mission.

Die *Enterprise*-C. Das vierte Raumschiff dieses Namens gehört zur *Ambassador*-Klasse und wurde 2344 bei der Verteidigung eines klingonischen Außenpostens auf Narendra III zerstört (»Die alte Enterprise«). Es wurde vermutlich nach der Außerdienststellung oder Zerstörung der *Enterprise*-B gestartet; allerdings gibt es keine weiteren Jahresangaben dazu. Kurz vor seiner Zerstörung wurde das Schiff von Captain Rachel Garrett kommandiert.

Captain Christopher Pike. Wir wissen nicht viel über Kirks Vorgänger, außer daß er in Mojave auf der Erde geboren wurde und schließlich sein Leben bei den Talosianern auf Talos IV verbrachte (»Der Käfig«). Pike leitete anscheinend zwei komplette jeweils fünf Jahre dauernde Erkundungsmissionen auf der *Enterprise* und diente später als Fleet-Captain. Bei einer Explosion auf einem Trainingsschiff wurde er im Jahr 2266 schwer verletzt.

Captain Garth von Izar. In der Folge »Wen die Götter zerstören« erfahren wir, daß der Fleet-Captain Garth eine wichtige Figur in der Geschichte der Sternenflotte war. Garth verschaffte der Föderation einen wichtigen Sieg auf Axanar und setzte in einer anderen Schlacht das sogenannte Cochrane-Bremsmanöver ein, um ein romulanisches Schiff bei Tau Ceti zu zerstören. Wir wissen nicht, wann sich dies abspielte, aber Kirk, für den Garth ein Vorbild war, sagt, er habe in der Akademie alles über ihn gelesen. Das weißt daraufhin, daß Garth vor Kirks Eintritt in die Akademie (2250) aktiv war. Garths Begegnung mit den Romulanern müßte eigentlich nach 2266 (in »Spock unter Verdacht« wird gesagt, daß die neutrale Zone seit einem Jahrhundert nicht durchquert worden ist,) aber vor 2269 (zum Zeitpunkt von »Wen die Götter zerstören«) gewesen sein. Einer von Kirks ersten Aufträgen als Kadett war eine Friedensmission nach Axanar, für die Kirk das Palmenblatt des Friedensrates von Axanar verliehen wurde (wie in »Kirk unter Anklage« erwähnt wird). Garth wurde später bei einem nicht näher beschriebenen Unfall schwer verletzt und von den Bewohnern des Planeten Antos IV gepflegt, die ihn die Technik der zellularen Metamorphose lehrten (bevor Michael Jackson und Arnold Schwarzenegger überhaupt wußten, was Morphing ist). Leider verlor Garth entweder durch den Unfall oder die Behandlung den Verstand und versuchte die Bewohner von Antos zu vernichten. Die Besatzung von Garths Raumschiff weigerte sich, seinen Befehlen zu gehorchen. Garth wurde schließlich in die Strafkolonie auf Elba II gebracht, wo er psychiatrisch behandelt wurde.

Boothby. Der weise alte Gärtner der Sternenflotten-Akademie, der in »Die letzte Mission« und »Gefährliche Spielsucht« erwähnt wurde, traf Picard in »Ein mißglücktes Manöver« wieder. Boothby spielte auf einen Zwischenfall aus Picards Akademietagen an, in dem Picard an einem Kampf beteiligt war und anschließend beinahe die Sternenflotte verlassen hätte. Es ist nicht klar, ob sich Boothby auf den Kampf bezieht, der in »Das Herz eines Captains« erwähnt wird. Bei diesem Kampf, der auf der Farspace-Station Earhart stattfand, wurde Picard so schwer verletzt, daß ihm ein künstliches Herz eingepflanzt werden mußte. Boothby sagt, daß er damals ungefähr so alt war, wie Picard in »Ein mißglücktes Manöver« ist, was bedeuten würde, daß Boothy zu diesem Zeitpunkt ungefähr 105 Jahre alt war (2368).

ANHANG A

Meilensteine der Wissenschaft und Forschung:

Erster Kontakt zwischen Menschen und Außerirdischen. In keinem Film und in keiner Folge von *Star Trek* wurde bis jetzt die Geschichte dieser ersten Begegnung erzählt, obwohl dieses Ereignis ein wichtiges Fundament im *Star Trek*-Universum darstellt. Der erste Kontakt muß mindestens ein Jahrhundert vor der ersten Staffel der Originalserie (die im Jahr 2266 spielt) stattgefunden haben, weil in diesen Folgen mehrfach auf Missionen zu anderen Planeten angespielt wird, die rund 100 Jahre zurückliegen. Durch die romulanischen Kriege wird diese Jahrhundertgrenze sogar ganz klar um einige Jahre zurückversetzt. Man kann daher vermutlich annehmen, daß der Erstkontakt irgendwann nach unserer Gegenwart, aber deutlich vor dem Jahr 2160 stattfand.

Erster Kontakt mit Vulkan. Gene Roddenberry sagte, daß zum Zeitpunkt der ersten Staffel der Originalserie Spock der einzige Vulkanier in der Sternenflotte ist (in einer Folge der zweiten Staffel namens »Das Loch im Weltraum« gibt es bereits ein Schiff der Sternenflotte mit einer rein vulkanischen Mannschaft). Davon ausgehend könnte man annehmen, daß der Erstkontakt mit Vulkan vor relativ kurzer Zeit stattfand, vielleicht sogar noch in der gleichen Generation, in der Spock geboren wurde.

Erste Raumsonde, die von der Erde zum Saturn fliegt. Colonel Shaun Geoffrey Christopher, Sohn des Captains der U.S.Airforce John Christopher, kommandierte laut Spocks Computernachforschungen diese historische Mission. Es gibt keine Zeitangabe für diesen Flug; allerdings war der jüngere Christopher 1969 anscheinend noch nicht geboren (»Morgen ist gestern«).

Die Erfindung des Transporters. In »Das künstliche Paradies« behauptet Geordi, daß der Transporter »über hundert Jahren« vor dieser Folge (2368) erfunden wurde. Auf der anderen Seite muß der Transporter in jedem Fall vor »Der Käfig« (2254) erfunden worden sein, weil Pike und seine Leute ihn in dieser Folge benutzen, um auf den Planeten Talos IV zu beamen. Man könnte allerdings auch davon ausgehen, daß der Transporter zum Zeitpunkt des ersten Starts der *Enterprise* bereits erfunden war – also in jedem Fall vor 2245 erfunden wurde. Eine Folge der sechsten Staffel (»Todesangst beim Beamen«) wird zu diesem Zeitpunkt geplant, in der sich vermutlich herausstellen wird, daß der Transporter ursprünglich um 2158 herum erfunden wurde, aber die Systeme erst 2219 so sicher waren, daß man Menschen routinemäßig damit befördern konnte. In dieser Folge werden vermutlich die Anfangsschwierigkeiten beschrieben werden, die der Einsatz des Transporters bei der Beförderung von Menschen um 2209 mit sich brachte. Es ist nicht ganz klar, wann die auf dem Transporter beruhende Replikatortechnik eingeführt wurde. Das Gerät ist zum Zeitpunkt von *Raumschiff Enterprise: Das nächste Jahrhundert* offensichtlich weit verbreitet, aber wir wissen nicht, ob es zum Zeitpunkt der ersten Serie bereits erfunden war.

Erfindung des Subraumfunks. Obwohl der überlichtschnelle Warpantrieb anscheinend bereits 2061 von Zefram Cochrane entwickelt wurde, war der Subraumfunk noch 2168 unbekannt. In diesem Jahr kontaktierte das Raumschiff *Horizon* den Planeten Sigma Iotia II. Die Nachricht des Schiffes erreichte die Sternenflotte erst ein Jahrhundert später.

Entwicklung von Hyronalyn. Dr. McCoy sagt in »Wie schnell die Zeit vergeht«, daß auf Adrenalin basierende Behandlungsmethoden bereits im frühen Atomzeitalter gegen Strahlungskrankheiten eingesetzt wurden. Zwar waren die ersten Forschungsergebnisse sehr vielversprechend, aber die Methode wurde trotzdem kurz nach der Erfindung von Hyronalyn aufgegeben. Hyronalyn wurde im Jahr 2267 häufig eingesetzt und wird von der Sternenflotte auch noch im 24. Jahrhundert benutzt, wie Dr. Crushers Behandlung von Besatzungsmitgliedern der *Enterprise* in »Die letzte Mission« beweist.

Wichtige kulturelle und politische Entwicklungen:

Die vulkanische Reformation. Vor sehr langer Zeit war das vulkanische Volk so emotional und gewalttätig, daß seine Leidenschaftlichkeit es zu vernichten drohte. Surak (»Seit es Menschen gibt«) führte das vulkanische Volk zu einer Philosophie der Logik und des Friedens. Wir nehmen an, daß die Reformation vor ungefähr 2000 Jahren stattfand (basierend auf dem Alter des Zeremonieplatzes von Spocks Familie in »Weltraumfieber«), obwohl Gene Roddenberry einmal meinte, die Reformation könne auch ungefähr 700 Jahre vor der ersten Serie stattgefunden haben. Man kann davon ausgehen, daß dieses Ereignis auch zum Bruch zwischen den Vulkaniern und den Romulanern führte. Die vulkanischen Vorfahren der Romulaner verließen daraufhin ihren Heimatplaneten und schufen schließlich das romulanische Imperium (siehe »Wiedervereinigung?, Teil 1 und 2«).

Einführung der Ersten Direktive. Eins der wichtigsten Prinzipien der Sternenflotte ist das Verbot jeglicher Einmischung in die normale Entwicklung einer Gesellschaft. Diese Regelung, die auch als Allgemeiner Sternenflottenbefehl Nummer Eins bekannt ist, wurde eingeführt, noch bevor Kirk 2264 das Kommando über die *Enterprise* übernahm. Wir wissen allerdings nicht, wann sie eingeführt wurde, oder welche Ereignisse dazu führten. In »Epigonen« sehen wir, daß die Erste Direktive 2168, als die *Horizon* Kontakt mit dem Planeten Iotia aufnahm, noch nicht eingeführt worden war.

Fundamentale Deklaration der Marskolonien. Samuel T. Cogley zählt dieses Dokument zusammen mit der Bibel, dem Codex Hammurabi und der Verfassung der Vereinigten Staaten zu den Meilensteinen in der Entwicklung einer Rechtsprechung, durch die die Rechte des Einzelnen geschützt werden sollen. Ebenfalls erwähnt wurden die Tribune von Alpha 37. Für diese Dokumente existieren keine Datierungen (»Kirk unter Anklage«).

Anhang A

Romulanische Allianz mit rebellischen Klingonen. In »Die unsichtbare Falle« wird gezeigt, daß es 2268, während der dritten Staffel der ersten Serie, eine gewisse Zusammenarbeit zwischen den beiden Imperien gibt. Zu diesem Zeitpunkt verbündeten sich die beiden Mächte gegen eine mögliche Bedrohung durch die Vereinigte Föderation der Planeten. Im Jahr 2292 (zur Zeit von *Star Trek VI*) sind die Beziehungen zwischen den Romulanern und den Klingonen allerdings bereits erheblich abgekühlt (Geordi sagt in »Tödliche Nachfolge«, daß die beiden Mächte seit ungefähr 75 Jahren »Todfeinde« sind). Die Romulaner griffen 2344 den klingonischen Außenposten bei Narendra III an (»Die alte Enterprise«); 2346 griffen sie außerdem den Khitomer-Außenposten in der Nähe der romulanischen Grenze an, wobei Tausende Klingonen ums Leben kamen. In »Die Sünden des Vaters« und »Kampf um das klingonische Reich, Teil 2« wird allerdings deutlich, daß die Romulaner noch mit einigen Gruppierungen innerhalb der klingonischen Regierung zusammenarbeiten, um K'mpecs Regierung zu stürzen. Die Daten und Umstände der romulanischen Allianz mit den rebellischen Klingonen sind nicht bekannt.

Weltregierung auf der Erde. In »Planet der Klone« bemerkt Data, daß die Einführung der sogenannten Europäischen Hegemonie ein Schritt zum Aufbau einer irdischen Weltregierung im 22. Jahrhundert war.

Kahless, der Unvergeßliche. Der legendäre Herrscher, der die klingonische Heimatwelt zu irgendeinem Zeitpunkt in der Geschichte dieses Planeten einte. Man glaubt, daß Kahless auch für die aggressive Geschichte seiner Welt verantwortlich ist (»Seit es Menschen gibt«). In der klingonischen Legende wird Kahless als so ehrenhaft beschrieben, daß er zwölf Tage und zwölf Nächte lang gegen seinen Bruder Morath kämpfte, der sein Wort gebrochen und dadurch Schande über die Familie gebracht hatte (»Die Soliton-Welle«).

Kriege und andere Katastrophen:

Nukleare Katastrophe auf der Erde. Es gibt verschiedene Anspielungen auf einen dritten Weltkrieg, der irgendwann zwischen unserer Gegenwart und der Zeit, in der *Star Trek* spielt, stattgefunden haben muß. Zu diesen Anspielungen zählt unter anderem Spocks Bemerkung in »Brot und Spiele«, daß 37 Millionen Menschen im 3. Weltkrieg starben. Q beschreibt in »Der Mächtige« eine barbarische Zeit, die die Erde während des »postatomaren Horrors« vor dem Jahr 2079 durchmachte und in der alle Anwälte getötet wurden und man »mit dem ganzen Unsinn einer vereinigten Erde aufräumte«. Desweiteren wird in einem Dialog in »Der zeitreisende Historiker« auf einen »nuklearen Winter« während des 21. Jahrhunderts hingewiesen. Wir können leider keinen genaueren Zeitpunkt für diesen Krieg angeben, wissen allerdings, daß er nicht identisch mit den Eugenischen Kriegen ist, die 1996 beendet waren (»Der schlafende Tiger«). In dieser Folge spricht Spock auch davon, daß der dritte Weltkrieg Mitte der neunziger Jahre stattfand. Er gibt allerdings zu, daß die Aufzeichnungen aus dieser Zeit sehr »fragmentarisch« sind). Über Colonel Green, der in »Seit es Menschen gibt« auftaucht, wird gesagt, daß er einen Völkermord auf der Erde des 21. Jahrhunderts anführte.

Cardessianische Kriege. In »Der Rachefeldzug« erfahren wir, daß 2367 ein Friedensvertrag von den Cardessianern und der Föderation unterschrieben wurde, nachdem es einige Jahre lang zu offenen Feindseligkeiten gekommen war. In »Der Rachefeldzug« wird ebenfalls gesagt, daß Chief Miles O'Brien vor einer nicht näher erwähnten Anzahl von Jahren unter Captain Ben Maxwell auf der *Rutledge* diente und es zu dieser Zeit zu einer brutale Auseinandersetzung zwischen den beiden Gegnern auf Setlik II kam, wobei Maxwells gesamte Familie getötet wurde. Die *Rutledge* traf einen Tag später auf Setlik II ein (der Cardessianer Glinn Daro sagte in »Der Rachefeldzug«, das Setlik-Massaker wäre ein furchtbarer Fehler der Cardessianer gewesen, die annahmen, der Außenposten würde als Basis für einen massiven Angriff der Föderation genutzt). In »Wiedervereinigung?, Teil 1« wird deutlich, daß Botschafter Sarek an den Verhandlungen mit den Cardessianern beteiligt war und sein Sohn Spock sich öffentlich gegen die Position seines Vaters stellte. Die Auseinandersetzungen mit den Cardessianern gehen mindestens bis 2355 zurück (das Jahr, in dem die *Stargazer* zerstört wurde), denn Picard bemerkt in »Der Rachefeldzug«, daß er das letzte Mal, als er in der Nähe des cardessianischen Raums gewesen wäre, mit Warpgeschwindigkeit vor einem cardessianischen Schiff geflüchtet sei. Picard fügte hinzu, daß er geschickt worden sei, um erste Verhandlungen über einen möglichen Friedensvertrag zu führen.

Tholianische Kriege. Die Beziehungen zwischen der Föderation und der Tholian-Föderation waren auch nicht sehr friedvoll, wie man in der Folge »Das Spinnennetz«, die 2268 spielt, sieht. In »Galavorstellung« wird gesagt, daß Riker während einer Akademiesimulation den toten Winkel der Sensoren eines tholianischen Schiffs berechnete, was darauf hinweist, daß die Beziehungen zwischen der Föderation und den Tholianern sich bis zu Rikers Akademiezeit noch nicht wesentlich verbessert hatten. Kyle, Rikers Vater, wurde 2353 (das Jahr, in dem Riker in die Akademie eintrat) bei einem Angriff der Tholianer auf eine Sternenbasis verletzt (»Rikers Vater«). Scheinbar gab es also zu diesem Zeitpunkt offene Feindseligkeiten zwischen den beiden Mächten. In »Tödliche Nachfolge« (2367) sagt K'Ehleyr, sie befürchte, daß die internen klingonischen Konflikte so weit eskalieren könnten, daß auch andere Mächte — unter ihnen die Tholianer — mit hineingezogen werden könnten.

Romulanische Kriege. Wir nehmen zwar an, daß die romulanischen Kriege gegen 2160 endeten, wissen aber nicht, wann oder wie der Konflikt begann und wie der erste Kontakt mit den Romulanern aussah (»Spock unter Verdacht«). Wir wissen, daß der Vertrag über die neutrale Zone zwischen dem Ende der romulanischen Kriege (2160) und der Folge »Spock unter Verdacht« (2266) nicht gebrochen wurde. Außerdem wissen wir, daß es zwischen dem Tomed-Zwischenfall (2311) und den Ereignissen in »Die neutrale Zone« (2364) keinen Kontakt zwischen der Föderation und den Romulanern gab.

Alterianischer Konflikt. Admiral Komack erklärt in seiner Nachricht an die *Enterprise*, daß sich das Altair-System langsam von einem langen interplanetarischen Konflikt erholt. Man nahm an, daß der Amtsantritt eines neuen Präsidenten direkt nach dieser Folge dem ganzen System Stabilität verleihen würde und eine solche Zurschaustellung von Freundschaft und Stärke Auswirkungen bishin zum klingonischen Imperium haben würde (»Weltraumfieber«).

Tarellianischer Krieg. Tarellia, ein Planet der Klasse-M mit intelligenten humanoiden Lebensformen, machte eine furchtbare Krise durch, als die Feindseligkeiten zwischen den Bewohnern zweier Kontinente so weit eskalierten, daß es zum Einsatz einer biologischen Waffe kam. Diese Waffe führte zur Ausrottung der gesamten Kultur, deren technisches Wissen auf dem Stand der Erde des ausgehenden 20. Jahrhunderts war. Einige Tarellianer entkamen zwar, waren aber Träger der tödlichen Krankheit und brachten den Tod auf die Planeten, zu denen sie flohen. Schließlich wurden fast alle Tarellianer gefaßt und getötet. Das letzte bekannte tarellianische Schiff wurde 2364 in der Nähe des Planeten Haven entdeckt (»Die Frau seiner Träume«).

Station Salem Eins. Wir kennen weder Datum, Gegner oder Umstände dieses Zwischenfalls, der in »Auf schmalem Grat« erwähnt wird. Picard sagt nur, daß die Station Salem Eins — ähnlich wie Pearl Harbour — Opfer eines Überraschungsangriffs wurde, der einen blutigen Krieg einleitete.

Ersalropische Kriege. Nicht näher beschriebener Konflikt, bei dem die inzwischen ausgestorbenen Bewohner von Minos ihren schlechten Ruf als interstellare Waffenhändler begründeten. Die Minosianer wurden anscheinend alle von einem ihrer Waffensysteme getötet, daß etwas zu perfekt entwickelt worden war (»Die Waffenhändler«).

Neue Daten: Die Zeitschiene des *Star Trek*-Universums wächst und entwickelt sich mit jeder neuen Folge und jedem neuen Film. In den Monaten, in den wir dieses Buch vorbereiteten, bemerkten wir, daß wir zahlreiche Ereignisse, die wir als nicht datierbar eingestuft hatten, von unserer Liste streichen konnten, weil sie in der Zwischenzeit geklärt worden waren. Die meisten dieser gestrichenen Einträge tauchen im Haupttext auf. Unter ihnen befanden sich das Gründungsdatum der Föderation (in »Verbotene Liebe« erfahren wir, daß die Föderation 2161 gegründet wurde) und die Geburtsdaten und Akademiejahrgänge verschiedener Besatzungsmitglieder der *Enterprise*-D (werden in »Ein mißglücktes Manöver«, »Mission ohne Gedächtnis« und anderen erwähnt).

Anhang B: Andere Zeitebenen

Zeitreisen tauchen in verschiedenen *Star Trek*-Folgen und Filmen auf. Meist reisen unsere Helden in die Vergangenheit, um die Schäden zu beheben, durch die andere (und vermutlich inkorrekte) Zeitebenen entstanden waren, so daß die Geschichte wieder »normal« ablaufen konnte. Da viele dieser Zeitebenen nicht »wirklich« waren, konnten wir ihre Geschichten nicht in den Haupttext der Chronologie aufnehmen.

»Morgen ist gestern«. In dieser Folge wurde die *Enterprise* unter dem Kommando von Captain Kirk versehentlich in die Vergangenheit geschleudert und zwar zur Erde des Jahres 1969. Bei dem Versuch, der Entdeckung durch die U.S. Air Force zu entgehen, zerstörte die *Enterprise* versehentlich einen Abfangjäger. Die Besatzung sah sich gezwungen, den Piloten, Captain John Christopher, auf das Raumschiff zu holen. Durch diese Ereignisse entstand eine neue Zeitebene, in der die Air Force 1969 eine bestätigte UFO-Sichtung aufzeichnete. Durch seine Gefangennahme würde Captain Christopher auch nicht Vater eines Kindes werden. Laut der historischen Aufzeichnungen war dieses Kind, Shaun Geoffrey Christopher, der Kommandant der ersten Sonde, die zum Saturn flog.

Die Geschichte der Weltraumerforschung hätte wahrscheinlich eine ganz andere Richtung eingeschlagen als die in dieser Chronologie beschriebene. Die neue Zeitebene wurde aufgelöst, als die *Enterprise* ins 23. Jahrhundert zurückkehrte und Captain Christopher sowie ein Sicherheitsmann der Air Force auf die Koordinaten zurückversetzt wurden, auf denen sie sich befanden, bevor sie zur *Enterprise* gebeamt wurden. Es ist nicht klar, ob sich Christopher oder der Wachmann in der »reparierten« Zeitebene noch an ihren Aufenthalt auf der *Enterprise* erinnern konnten.

»Griff in die Geschichte«. Durch den Wächter der Ewigkeit reiste McCoy zurück in das Jahr 1930 und verhinderte dort den tödlichen Verkehrsunfall der Sozialarbeiterin Edith Keeler. Dadurch wurde eine neue Zeitebene aktiv, in der Keeler ein bedeutender Faktor der amerikanischen Politik wurde und Amerikas Eintritt in den 2. Weltkrieg so lange verhinderte, bis Hitlers Wissenschaftler die Atombombe entwickelt hatten. In dieser Zeitebene gewann Nazi-Deutschland den 2. Weltkrieg und wurde zum mächtigsten Land des 20. Jahrhunderts. Diese Zeitebene wurde ausgelöscht, als Kirk und Spock McCoy in die Vergangenheit folgten und ihn daran hinderten, Keeler bei diesem Verkehrsunfall zu retten.

»Ein Planet, genannt Erde.« In dieser Folge gibt es eigentlich keine neue Zeitebene. Kirk und Spock befanden sich allerdings auf der Erde des Jahres 1968, um eine von ihnen vermutete Einmischung von Außerirdischen aus der Zukunft zu verhindern. Tatsächlich handelte es sich bei dieser außerirdischen »Einmischung« um Gary Seven, jemanden, der zu den »normalen« Ereignissen dieser Zeit gehörte. Daher scheint es in dieser Folge keine neue Zeitebene zu geben.

»Star Trek IV: Zurück in die Gegenwart.« 1986 entstand anscheinend eine neue Zeitebene, als Kirk und seine Leute San Francisco besuchten, um zwei Buckelwale zu finden. In dieser Zeitebene verschwanden zwei Buckelwale in der Nähe von San Francisco, ein merkwürdiger Fremder, der später verschwand, wurde auf dem Flugzeugträger U.S.S. *Enterprise* gefangengenommen, Dr. Nichols von der Firma Plexicorp erfand transparentes Aluminium und Dr. Gillian Taylor verschwand und tauchte nie wieder auf. Diese Zeitebene wurde nicht »korrigiert«, daher gehen wir davon aus, daß sich von diesem Zeitpunkt an die gesamte *Star Trek*-Geschichte in diesem Kontinuum abspielt. Es ist möglich, daß die »ursprüngliche« Zeitebene in einem Paralleluniversum weitergeführt wurde, in dem weder die Buckelwale noch Dr. Taylor verschwanden.

Interessanterweise wird in einer früheren Fassung des Drehbuchs zu *Star Trek IV* bei Spocks Gedächtnistraining gesagt, daß Dr. Nichols das transparente Aluminium im Jahr 1986 erfand. Da dies »vor« der Zeitreise unserer Helden liegt, kann man davon ausgehen, daß keine neue Zeitebene erschaffen wurde, sondern daß Kirk und seine Leute Teil der »richtigen« Vergangenheit waren.

»Die Zukunft schweigt«. Eine Entscheidung Captain Picards führte anscheinend zur Zerstörung der *Enterprise*. Bevor das Schiff zerstört wurde, gelang Picard die Flucht mit einem Shuttle. Die Macht der Schiffsexplosion schleuderte das Shuttle um einige Stunden in der Zeit zurück. Das hatte zum Ergebnis, daß eine neue Zeitebene geschaffen wurde, in der die *Enterprise* nicht zerstört wurde. Alle nachfolgenden Episoden spielen sich anscheinend in dieser Zeitebene ab.

»Die alte Enterprise«. Dies ist eine der merkwürdigsten und kompliziertesten Zeitreisen in der Geschichte *Star Treks*. Ausgelöst wurde sie durch ein Photonentorpedo, das die *Enterprise*-C im Jahr 2344 abfeuerte und dadurch einen Zeitriß öffnete, durch den das Schiff in die Zukunft geschleudert wurde. In dem Moment, als die *Enterprise*-C aus ihrer »normalen« Zeit verschwand, entstand eine neue Zeitebene, in der die *Enterprise*-C nicht bei der Verteidigung des klingonischen Außenpostens auf Narendra III half. Später eskalierten die Spannungen zwischen den Klingonen und der Föderation. Dies führte zu einem langen Krieg. Die *Enterprise*-C gelangte durch den Zeitriß in das Jahr 2366. Zu diesem Zeitpunkt befindet sich die Föderation kurz vor der Niederlage. Die Besatzung der *Enterprise*-C kehrt zurück in das Jahr 2344, als sie begreifen, was ihr Verschwinden ausgelöst hat. Dort werden sie bei der Verteidigung des klingonischen Außenpostens auf Narendra III fast zerstört. Durch diese Tat wurde zwar die ursprüngliche Zeitebene (fast) wiederhergestellt, allerdings entschied sich Tasha Yar, die Sicherheitschefin der *Enterprise*-D — die in der neuen Zeitebene nicht auf Vagra II gestorben war — der Besatzung der *Enterprise*-C beizutreten und mit ihr in die Vergangenheit zu reisen.

ANHANG B

»Picard macht Urlaub«. Und noch eine komplizierte Geschichte. Vorgonische Kriminelle reisen aus dem 27. Jahrhundert zurück in Picards Zeit, um einen wertvollen Gegenstand namens *Tox Uthat* zu suchen. Die Vorgonen wissen aus historischen Aufzeichnungen, daß Picard ebenfalls an der Suche beteiligt sein wird und das *Uthat* schließlich zerstören wird. Die Kriminellen aus der Zukunft versuchen daher, das *Uthat* zu stehlen, bevor Picard es zerstören kann. Das gelingt ihnen zwar nicht, aber sie reisen am Ende zurück in ihre Zeit, um es noch einmal zu versuchen.

Möglicherweise entstanden in dieser Folge keine wesentlichen neuen Zeitebenen, obwohl immerhin die Möglichkeit besteht, daß die Vorgonen unendlich oft versuchen, das *Uthat* zu stehlen und schließlich erfolgreich sind. Sollte dies der Fall sein, so könnte jeder neue Versuch eine neue Zeitebene auslösen (das ursprüngliche Drehbuch endete auch tatsächlich mit einer Wiederholung der ersten Szene! Wäre die Folge so ausgestrahlt worden, hätten aufmerksame Zuschauer die Schlußfolgerung ziehen können, daß den Vorgonen eines Tages der Diebstahl gelingen wird).

»Kampf um das klingonische Reich, Teil 1 und 2« In diesen Folgen erfahren wir, daß die Tasha Yar aus der anderen Zeitebene nicht in der Schlacht um Narendra III starb, sondern daß sie und der Rest der Besatzung von den Romulanern gefangengenommen wurden. Tasha konnte das Leben der anderen retten, als sie sich bereit erklärte, die Geliebte eines romulanischen Beamten zu werden. Ein Jahr später gebar Tasha eine Tochter namens Sela, die später zu einer mächtigen Figur im romulanischen Imperium wurde. Sela behauptet, daß Tasha bei einem Fluchtversuch getötet wurde, als ihre Tochter vier Jahre alt war.

Obwohl diese Tasha aus einer anderen Zeitebene stammte, kehrte sie mit der *Enterprise*-C in die Vergangenheit zurück und existierte weiter, obwohl ihre Zeitebene ausgelöscht wurde. Das wirft die interessante Frage auf, ob die Tasha aus der Vergangenheit vor der Erschaffung der neuen Zeitebene existierte. Anders gesagt: wenn die *Enterprise*-D aus der Zeit vor »Die alte Enterprise« in die Vergangenheit reisen würde und Romulus besuchte, würden sie dort Tasha und Sela vorfinden? Wenn nicht, kann man mit ziemlicher Sicherheit davon ausgehen, daß sich die gesamte *Star Trek*-Geschichte seit »Die alte Enterprise« in einer anderen (oder zumindest veränderten) Zeitebene abspielt.

»Der zeitreisende Historiker«. Ein Forscher aus dem 26. Jahrhundert reist in das 22. Jahrhundert zurück, wo er oder sie das Pech hat, Professor Berlinghoff Rasmussen zu begegnen. Der gewissenlose Professor stiehlt die Zeitmaschine des Forschers und versucht sie zu seinem Vorteil einzusetzen. Eine neue Zeitebene wurde hier anscheinend in dem Moment geschaffen, als der Forscher auf Rasmussen traf.

Andere Folgen: Zeitreiseelemente tauchen auch in »Implosion in der Spirale« und »Déjà Vu« auf. In den meisten Fällen handelte es sich entweder um eine Reise in die Zukunft (ohne Rückkehr) oder um eine Zeitschleife, bei der anscheinend keine neue Zeitebene geschaffen wurde.

Über die Zeit: Die Frage, ob das Zeitkontinuum im *Star Trek*-Universum eine Konstante ist oder verändert werden kann, ist noch nicht mit Sicherheit beantwortet worden. Jedes Mal, wenn es zu einer schrecklichen Veränderung kam, gelang es unseren Leuten die »normale« Abfolge der Geschichte — mehr oder weniger — wieder herzustellen. Dies setzt voraus, daß die Veränderung wie auch die Wiederherstellung »normal« waren. Jedes Mal, wenn eine solche Veränderung nicht korrigiert wurde, gibt es immer noch die Möglichkeit, daß diese Veränderung ohnehin passieren »sollte«.

Wenn man von diesen Angaben ausgeht, muß man zu der Schlußfolgerung kommen, daß nur wenige der hier beschriebenen Ereignisse wirklich neue Zeitebenen darstellen. Sollte die Zeit allerdings doch veränderbar sein, könnte jedes dieser Ereignisse ein völlig neues, eigenständiges Paralleluniversum ausgelöst haben.

Geht man allerdings davon aus, daß die Zeit zwar veränderbar, aber eine Existenz paralleler Zeitebenen ausgeschlossen ist, kommt man zu dem Ergebnis, daß dieses Kontinuum möglicherweise unendlich oft verändert wurde und wir keine Möglichkeit haben herauszufinden, wie die »ursprüngliche« Zeitebene aussah.

Die Autoren glauben, daß Zeitreisegeschichten bei genauer Untersuchung fast immer logische Ungereimtheiten aufweisen. Die hier gestellten Fragen führen zu Fragen über das Wesen und die Technik von Zeitreisen und werden schließlich zu Fragen über die Gesetzmäßigkeiten von Zeitreisen im *Star Trek*-Universum. Man kann davon ausgehen, daß die spezielle Methode der Zeitreisen von den einzelnen Handlungssträngen abhängt (»Schleudereffekt«, temporaler Riß, Wächter der Ewigkeit, und so weiter).

Falls Sie sich für die Techniken und Auswirkungen von Zeitreisen interessieren, könnte Ihnen der Roman *The Man Who Folded Himself* von David Gerrold gefallen. Außerdem können wir Ihnen aus den gleichen Gründen Robert Heinleins klassische Kurzgeschichte »All You Zombies« wärmstens empfehlen.

Anhang C: Über Sternzeiten

Gene Roddenberry sagte, daß er die Sternzeiten hauptsächlich erfunden hätte, um uns daran zu erinnern, daß die Serie in der Zukunft spielt. Wir dachten anfangs darüber nach, eine Formel zu entwickeln, um die Sternzeiten in unseren heutigen gregorianischen Kalender umzuwandeln, fanden aber schnell heraus, daß in der Geschichte der Serie anscheinend verschiedene Methoden zur Errechnung dieser Zeiten benutzt wurden. Uns wurde klar, daß man die Sternzeiten nicht zu genau untersuchen sollte, weil sich im Laufe der Jahre zu viele Fehler eingeschlichen haben (natürlich *haben* wir sie zu genau untersucht, aber jetzt sind Sie zumindest gewarnt).

In der ersten *Star Trek*-Serie schreitet die Sternzeit häufig um etwa 57 Einheiten pro Folge voran, von »Pokerspiele«, Sternzeit 1512 bis zu »Gefährlicher Tausch«, Sternzeit 5928. Innerhalb einer beliebigen Folge scheint das Ansteigen um eine Einheit (z.B. von 1312 zu 1313) das Verstreichen von 24 Stunden anzuzeigen. Außerdem gibt es einige Folgen, die von der Sternzeit her vor der Folge aus der Vorwoche liegen. Der Grund dafür ist, daß der Produktionsstab der Serie nicht immer wußte, in welcher Reihenfolge der Sender die Folgen ausstrahlen würde. Dorothy Fontana sagt außerdem, daß einige Folgen nicht in der geplanten Reihenfolge gedreht werden konnten, weil die Autoren ihre Drehbücher zu spät abgaben (sie war zu taktvoll, um Namen zu nennen).

Allerdings haben so viele Leute nach der Bedeutung der Sternzeiten gefragt, daß Gene Roddenberry in *The Making of Star Trek* von Stephen Whitfield eine Erklärung lieferte, laut der die Sternzeiten »sich den Verschiebungen in der relativen Zeit anpassen, die durch die Warpgeschwindigkeiten des Schiffs auftreten«. Roddenberry fügte hinzu, daß man »die Sternzeit im Logbucheintrag im Zusammenhang mit der Geschwindigkeit des Schiffes, seiner augenblicklichen Position innerhalb unserer Galaxie und der Raumkrümmung berechnen muß, um eine vernünftige Anzeige zu erhalten« (Gene gab zu, daß er nicht so genau gewußt hätte, was diese Erklärung bedeutete, aber froh war, daß so viele Leute sie für sinnvoll hielten).

In den *Star Trek*-Filmen versucht man sich auch eine langsame Steigerung der Sternzeiten von Film zu Film zu halten. Die einzelnen Zahlen werden scheinbar geraten, denn die Zeitspanne zwischen den einzelnen Einheiten ist von Film zu Film völlig unterschiedlich. Bei *Star Trek VI* ist es sogar noch merkwürdiger. Der Film spielt ungefähr vier Jahre nach *Star Trek V* (Sternzeit 8454). Wir wissen aus der Originalserie, daß es eine Zeitspanne von drei Jahren eine Steigerung um 4416 Einheiten bedeutet, wonach *Star Trek VI* im fünfstelligen Bereich hätte sein müssen. Allerdings hielt man eine fünfstellige Zahl bei einem *Star Trek*-Film für unangebracht, da man die fünfstelligen Zahlen bis jetzt nur bei *Raumschiff Enterprise: Das nächste Jahrhundert* verwendet hatte. Aus diesem Grund setzte man die Sternzeit für *Star Trek VI* einfach bei 9523 an, nahe der oberen Grenze der vierstelligen Zahlen (wir wissen über diesen Vorgang recht gut Bescheid, da Denny Martin Flinn, der Co-Autor von *Star Trek VI*, Michael Okuda, den Co-Autor dieses Buchs, wegen dieses Problems angesprochen hatte).

Eine ganz andere Methode wird bei *Raumschiff Enterprise: Das nächste Jahrhundert* eingesetzt. Gene Roddenberry gab hier die Sternzeiten mit fünfstelligen Zahlen an, vermutlich um den Zeitunterschied zwischen den beiden Serien zu verdeutlichen. Er suchte sich 4 als erste Zahl aus (vermutlich, weil die Serie im 24. Jahrhundert spielt) und benutzte momentan aktuelle Staffel der Serie als zweite Zahl. Die letzten drei Zahlen steigen unregelmäßig von 000 zu Beginn der Staffel bishin zu 999 am Ende einer Staffel an. Eine Sternzeit von 43999 bezeichnet somit den letzten Tag der dritten Staffel von *Raumschiff Enterprise: Das nächste Jahrhundert* (bei einem solchen Ausgangspunkt enthalten die letzten 4 Stellen einer Sternzeit natürlich nicht genug Informationen, um ein ganzes Jahrhundert auszudrücken). Wie bei der ersten Serie entspricht auch hier der Anstieg um eine Stelle dem Verstreichen von 24 Stunden, obwohl das nicht zu einem Jahr mit 365 Tagen paßt (wir gehen davon aus, daß relativistische Zeitausdehnungen die Unterschiede wieder ausgleichen). Eric Stillwell, Drehbuchkoordinator für *Raumschiff Enterprise: Das nächste Jahrhundert,* überwachte die Sternzeiten der ersten fünf Staffeln der Serie. Eric gab jedes Jahr eine Liste der möglichen Sternzeiten für die nächsten Folgen heraus. Diese Liste half unseren Autoren, eine vernünftige Abfolge der Sternzeiten beizubehalten. Wie wir allerdings eben schon bemerkten, sollte man die Sternzeiten wirklich nicht zu genau untersuchen.

Star Trek-Fans haben verschiedene Methoden entwickelt, um Sternzeiten auf einen normalen Kalendar zu übertragen. Bei einem der populärsten Systeme werden Jahres-, Tages-, und Monatsangaben einfach umgestellt. Aus dem 20.Juli 1969 wird damit die Sternzeit 6907,20. Das paßt zwar nicht zu den Sternzeiten in den Serien, wird aber von den Fans trotzdem gerne benutzt.

Einige Fans haben die Theorie entwickelt, daß sich die Sternzeiten nur auf die Länge der Reise eines Schiffes beziehen. Die Sternzeit 1312 zum Beispiel (aus »Spitze des Eisbergs«) würde aussagen, daß der Logbucheintrag dreizehn Monate und zwölf Tage nach dem Start des Schiffes stattfand. Zufällig oder absichtlich entspricht nach diesem System die Sternzeit 5928 aus »Gefährlicher Tausch«, der letzten Folge der ersten Serie, genau dem sechzigsten Monat oder dem Ende des fünften Jahres der Reise der *Enterprise*.

Anhang D: Zeittabelle

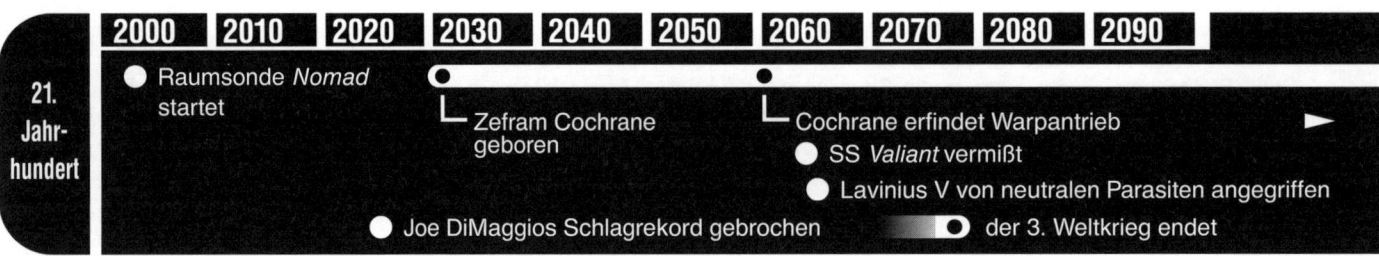

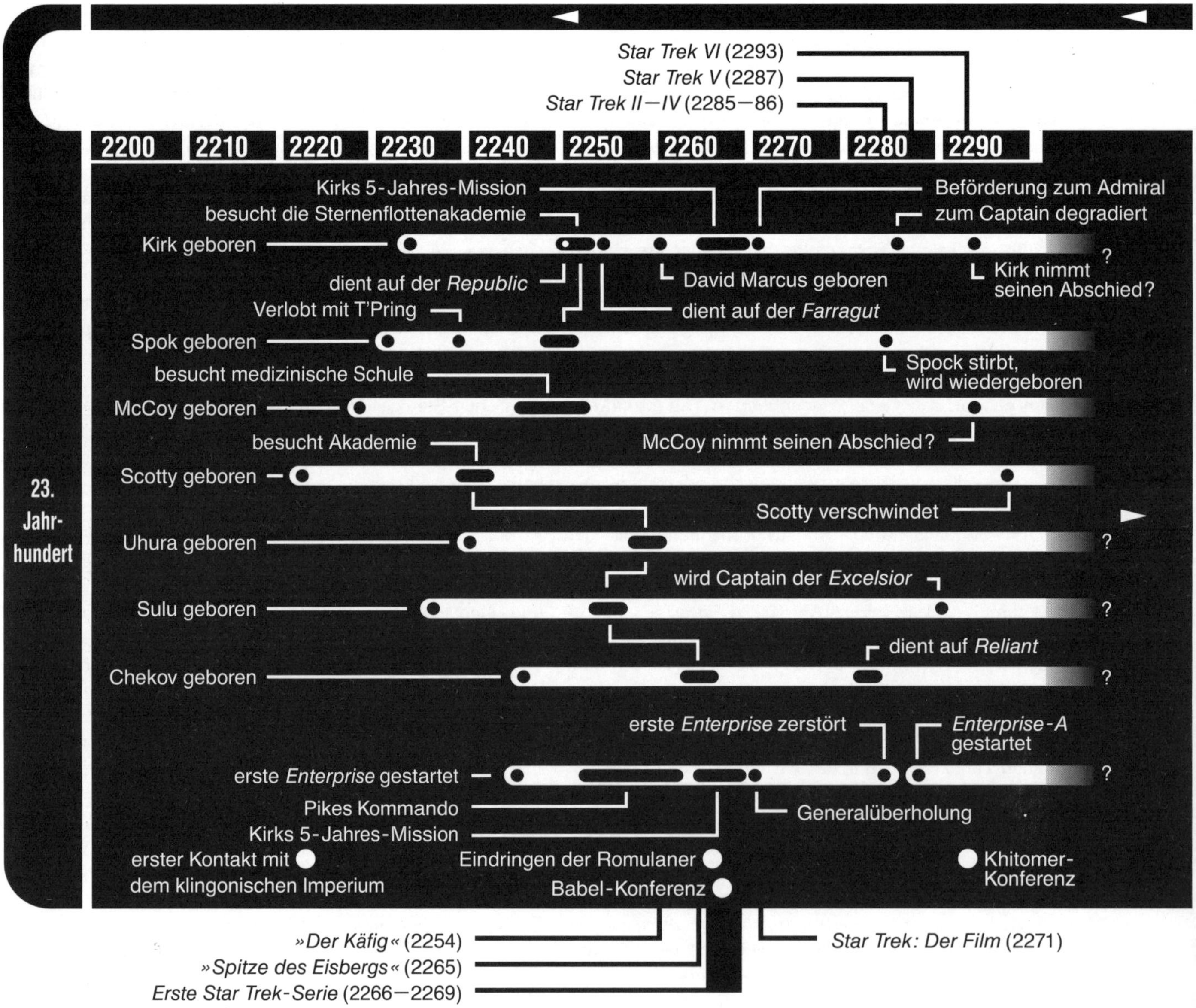

2100 2110 2120 2130 2140 2150 2160 2170 2180 2190
22. Jahrhundert
Zefram Cochrane verschwindet
Sarek vom Vulkan geboren
USS *Archon* vermißt
USS *Horizon* besucht Iotia
USS *Essex* vermißt
Vertrag von Algeron
Schlacht von Cheron
Romulanischer Krieg
Vereinigte Föderation der Planeten gegründet
Star Trek: Deep Space Nine (2369)
2300 2310 2320 2330 2340 2350 2360
24. Jahrhundert
Picard auf dem *Stargazer*
Picard an der Akademie
J. Crusher getötet
Pikard vor dem Kriegsgericht
wird Captain der *Enterprise*
Picard geboren
Stargazer zerstört
Borg-Angriff, Schlacht bei Wolf 359
vom Vater verlassen
an der Akademie
Riker geboren
Data konstruiert
von der *Tripoli*-Besatzung gefunden
Lore entdeckt
Geordi geboren
Geordi dient auf USS *Victory*
Kithomer-Massaker
Worf geboren
Eheversprechen
Troi geboren
flieht von Turkana IV
Tasha geboren
Tasha stirbt
Beverly geboren
Wesley geboren
Fällt durch die Aufnahmeprüfung der Akademie
tritt in die Akademie ein
Sela geboren
Enterprise-B?
Enterprise-C zerstört
Enterprise-D gestartet
Tasha aus der anderen Zeitebene getötet
Scotty taucht wieder auf
Sarek vom Vulkan stirbt
Raumschiff Enterprise: Das nächste Jahrhundert (2364–?)

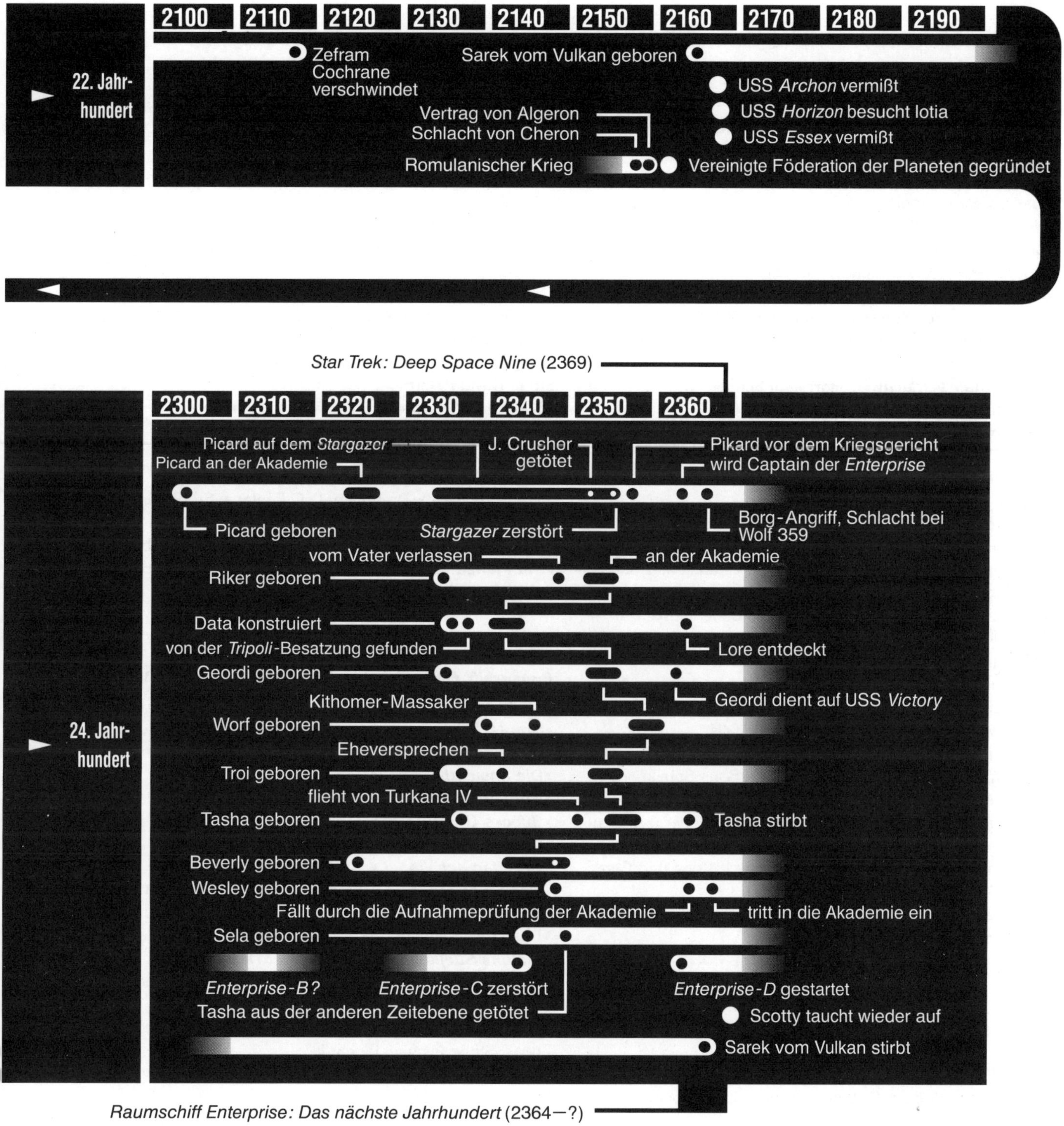

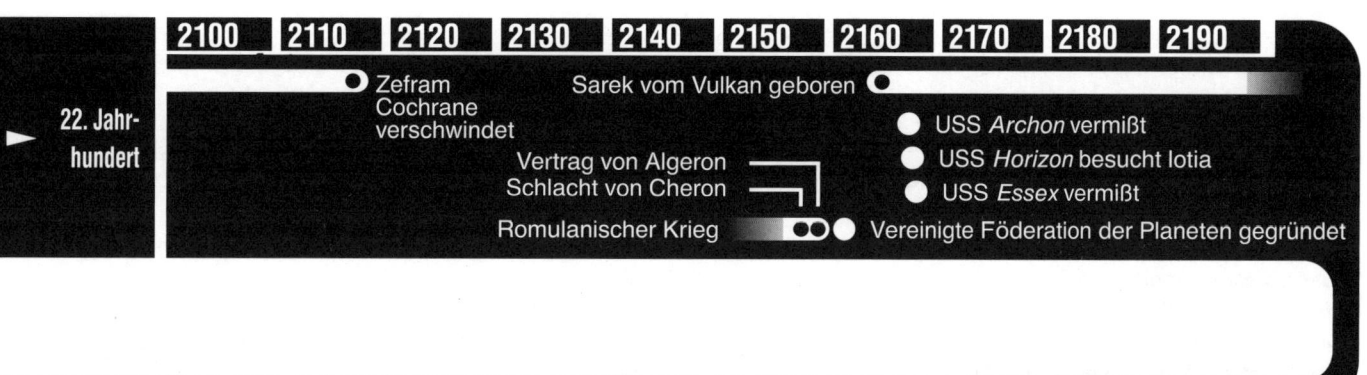

Anhang E: Die Autoren der Serie

Die Autoren dieses Buches möchten die Autoren der *Star Trek*-Fernsehfolgen und Spielfilme nennen, deren Werke die Grundlage dieses Buches bilden.

Raumschiff Enterprise — Jahr 1 (Erstausstrahlung 1966-67)

»*Der Käfig.*« Autor: Gene Roddenberry.
»*Spitze des Eisbergs.*« Autor: Samuel A. Peeples.
»*Pokerspiele.*« Autor: Jerry Sohl.
»*Die Frauen des Mr. Mudd.*« Drehbuch: Stephen Kandel. Story: Gene Roddenberry.
»*Kirk : 2 = ?*« Autor: Richard Matheson.
»*Das Letzte seiner Art.*« Autor: George Clayton Johnson.
»*Implosion in der Spirale.*« Autor: John D. F. Black.
»*Der Fall Charlie.*« Drehbuch: D. C. Fontana. Story: Gene Roddenberry.
»*Spock unter Verdacht.*« Autor: Paul Schneider.
»*Der alte Traum.*« Autor: Robert Bloch.
»*Der Zentral-Nervensystemmanipulator.*« Autor: S. Bar-David.
»*Miri, ein Kleinling.*« Autor: Adrian Spies.
»*Kodos, der Henker.*« Autor: Barry Trivers.
»*Notlandung auf Galileo 7.*« Drehbuch: Oliver Crawford und S. Bar-David. Story: Oliver Crawford.
»*Kirk unter Anklage.*« Drehbuch: Don M. Mankiewicz und Steven W. Carabatsos. Story: Don M. Mankiewicz.
»*Talos IV — Tabu, Teil 1.*« Autor: Gene Roddenberry.
»*Talos IV — Tabu, Teil 2.*« Autor: Gene Roddenberry.
»*Tödliche Spiele auf Gothos.*« Autor: Paul Schneider.
»*Ganz neue Dimensionen.*« Drehbuch: Gene L. Coon. Nach einer Kurzgeschichte von Frederic Brown.
»*Auf Messers Schneide.*« Autor: Don Ingalls.
»*Morgen ist gestern.*« Autor: D. C. Fontana.
»*Landru und die Ewigkeit.*« Drehbuch: Boris Sobelman. Story: Gene Roddenberry.
»*Krieg der Computer.*« Drehbuch: Robert Hamner und Gene L. Coon. Story: Robert Hamner.
»*Der schlafende Tiger.*« Drehbuch: Gene L. Coon und Carey Wilber. Story: Carey Wilber.
»*Falsche Paradiese.*« Drehbuch: D. C. Fontana. Story: Nathan Butler und D. C. Fontana.
»*Horta rettet ihre Kinder.*« Autor: Gene L. Coon.
»*Kampf um Organia.*« Autor: Gene L. Coon.
»*Griff in die Geschichte.*« Autor: Harlan Ellison.
»*Spock außer Kontrolle.*« Autor: Steven W. Carabatsos.

Raumschiff Enterprise — Jahr 2 (Erstausstrahlung 1967-68)

»*Das Spukschloß im Weltall.*« Autor: Robert Bloch.
»*Metamorphose.*« Autor: Gene L. Coon.
»*Im Namen des jungen Tiru.*« Autor: D. C. Fontana.
»*Der Tempel des Apoll.*« Autor: Gilbert Ralston.
»*Weltraumfieber.*« Autor: Theodore Sturgeon.
»*Planeten-Killer.*« Autor: Norman Spinrad.
»*Der Wolf im Schafspelz.*« Autor: Robert Bloch.
»*Ich heiße Nomad.*« Autor: John Meredyth Lucas.
»*Die Stunde der Erkenntnis.*« Autor: Max Ehrlich.
»*Ein Parallel-Universum.*« Autor: Jerome Bixby.
»*Wie schnell die Zeit vergeht.*« Autor: David P. Harmon.
»*Der dressierte Herrscher.*« Autor: Stephen Kandel.
»*Kennen Sie Tribbles?*« Autor: David Gerrold.
»*Brot und Spiele.*« Autoren: Gene Roddenberry und Gene L. Coon.
»*Reise nach Babel.*« Autor: D. C. Fontana.
»*Der erste Krieg.*« Drehbuch: Gene Roddenberry. Story: Jud Crucis.
»*Meister der Sklaven.*« Autor: Margaret Armen.
»*Tödliche Wolken.*« Autor: Art Wallace.
»*Das Loch im Weltraum.*« Autor: Robert Sabaroff.
»*Epigonen.*« Drehbuch: David P. Harmon und Gene L. Coon. Story: David P. Harmon.
»*Stein und Staub.*« Drehbuch: D. C. Fontana und Jerome Bixby. Story: Jerome Bixby.
»*Geist sucht Körper.*« Autor: John Kingsbridge.
»*Patterns of Force.*« Autor: John Meredyth Lucas.
»*Computer M5.*« Drehbuch: D. C. Fontana. Story: Laurence N. Wolfe.
»*Das Jahr des roten Vogels.*« Autor: Gene Roddenberry.
»*Ein Planet, genannt Erde.*« Drehbuch: Art Wallace. Story: Gene Roddenberry und Art Wallace.

Raumschiff Enterprise — Jahr 3 (Erstausstrahlung 1968-69)

»*Wildwest im Weltraum.*« Autor: Lee Cronin.
»*Brautschiff Enterprise.*« Autor: John Meredyth Lucas.
»*Der Obelisk.*« Autor: Margaret Armen.
»*Die unsichtbare Falle.*« Autor: D. C. Fontana.
»*Kurs auf Marcus 12.*« Autor: Edward J. Lasko.
»*Spocks Gehirn.*« Autor: Lee Cronin.
»*Die fremde Materie.*« Autor: Jean Lisette Aroeste.
»*Der Plan der Vianer.*« Autor: Joyce Musket.
»*Das Spinnennetz.*« Autoren: Judy Burns und Chet Richards.
»*Der verirrte Planet.*« Autor: Rik Vollaerts.
»*Das Gleichgewicht der Kräfte.*« Autor: Jerome Bixby.
»*Platons Stiefkinder.*« Autor: Meyer Dolinsky.
»*Was summt denn da?*« Drehbuch: Arthur Heinemann. Story: Lee Cronin.
»*Gefährliche Planetengirls.*« Drehbuch: John Meredyth Lucas. Story: Michael Richards.
»*Bele jagt Lokai.*« Drehbuch: Oliver Crawford. Story: Lee Cronin.
»*Wen die Götter zerstören.*« Drehbuch: Lee Erwin. Story: Lee Erwin und Jerry Sohl.
»*Fast unsterblich.*« Autoren: George F. Slavin und Stanley Adams.
»*Strahlen greifen an.*« Autoren: Jeremy Tarcher und Shari Lewis.

»*Die Wolkenstadt.*« Drehbuch: Margaret Armen. Story: David Gerrold und Oliver Crawford.
»*Die Reise nach Eden.*« Drehbuch: Arthur Heinemann. Story: Michael Richards und Arthur Heinemann.
»*Planet der Unsterblichen.*« Autor: Jerome Bixby.
»*Seit es Menschen gibt.*« Drehbuch: Gene Roddenberry und Arthur Heinemann. Story: Gene Roddenberry.
»*Portal in die Vergangenheit.*« Autor: Jean Lisette Aroeste.
»*Gefährlicher Tausch.*« Drehbuch: Arthur H. Singer. Story: Gene Roddenberry.

Star Trek-Filme (Uraufführung: 1979-1991)

Star Trek — Der Film. Drehbuch: Harold Livingston. Story: Alan Dean Foster.
Star Trek II — Der Zorn des Khan. Drehbuch: Jack B. Sowards. Story: Harve Bennett und Jack B. Sowards.
Star Trek III — Auf der Suche nach Mr. Spock. Autor: Harve Bennett.
Zurück in die Vergangenheit — Star Trek IV. Story: Leonard Nimoy und Harve Bennett. Drehbuch: Steve Meerson & Peter Krikes und Harve Bennett & Leonard Nimoy.
Star Trek V — Am Rande des Universums. Story: William Shatner & Harve Bennett & David Loughery. Drehbuch: David Loughery.
Star Trek VI — Das unentdeckte Land. Story: Leonard Nimoy und Lawrence Konner & Mark Rosenthal. Drehbuch: Nicholas Meyer & Denny Martin Flinn.

Raumschiff Enterprise: Das nächste Jahrhundert — Jahr 1 (Erstausstrahlung 1987-88)

»*Der Mächtige.*« (Zweiteilige Pilotfolge, deren zweiter Teil bei der deutschen Erstausstrahlung »Mission Farpoint« hieß.) Autoren: D. C. Fontana und Gene Roddenberry.
»*Gedankengift.*« Drehbuch: J. Michael Bingham. Story: John D. F. Black und J. Michael Bingham.
»*Der Ehrenkodex.*« Autoren: Katharyn Powers & Michael Baron.
»*Die Frau seiner Träume.*« Drehbuch: Tracy Tormé. Story: Tracy Tormé & Lan Okun.
»*Der Reisende.*« Autoren: Diane Duane & Michael Reaves.
»*Der Wächter.*« Drehbuch: Herbert Wright. Story: Richard Krzemien.
»*Die geheimnisvolle Kraft.*« Drehbuch: D. C. Fontana. Story: Michael Halperin.
»*Das Gesetz der Edo.*« Drehbuch: Worley Thorne. Story: Ralph Wills und Worley Thorne.
»*Die Schlacht von Maxia.*« Drehbuch: Herbert Wright. Story: Larry Forrester.
»*Rikers Versuchung.*« Drehbuch: C. J. Holland und Gene Roddenberry. Story: C. J. Holland.
»*Die Entscheidung des Admirals.*« Drehbuch: Michael Michaelian und D. C. Fontana. Story: Michael Michaelian.
»*Der große Abschied.*« Autor: Tracy Tormé.
»*Das Duplikat.*« Drehbuch: Robert Lewin und Gene Roddenberry. Story: Robert Lewin und Maurice Hurley.
»*Angel One.*« Autor: Patrick Barry.
»*11001001.*« Autoren: Maurice Hurley & Robert Lewin.
»*Ein Planet wehrt sich.*« Drehbuch: Robert Sabaroff. Story: Karl Guers & Ralph Sanchez und Robert Sabaroff.
»*Die Sorge der Aldeaner.*« Autor: Hannah Louise Shearer.
»*Prüfungen.*« Autor: Sandy Fries.
»*Worfs Brüder.*« Drehbuch: Maurice Hurley. Story: Maurice Hurley und Herbert Wright & D. C. Fontana.
»*Die Waffenhändler.*« Drehbuch: Richard Manning & Hans Beimler. Story: Maurice Hurley & Robert Lewin.
»*Die schwarze Seele.*« Drehbuch: Joseph Stefano und Hannah Louise Shearer. Story: Joseph Stefano.
»*Die Seuche.*« Drehbuch: Robert Lewin und Richard Manning und Hans Beimler. Story: Robert Lewin.
»*Begegnung mit der Vergangenheit.*« Autoren: Deborah Dean Davis und Hannah Louise Shearer.
»*Die Verschwörung.*« Drehbuch: Tracy Tormé. Story: Robert Sabaroff.
»*Die neutrale Zone.*« Drehbuch und Story: Maurice Hurley. Nach einer Geschichte von Deborah McIntyre & Mona Glee.

Raumschiff Enterprise: Das nächste Jahrhundert — Jahr 2 (Erstausstrahlung 1988-89)

»*Das Kind.*« Autoren: Jaron Summers & Jon Povill und Maurice Hurley.
»*Illusion oder Wirklichkeit.*« Autor: Jack B. Sowards.
»*Sherlock Data Holmes.*« Autor: Brian Alan Lane.
»*Der unmögliche Captain Okona.*« Drehbuch: Burton Armus. Story: Les Menchen & Lance Dickson und David Landsberg.
»*Das fremde Gedächtnis.*« Drehbuch: Tracy Tormé. Story: Richard Manning & Hans Beimler.
»*Der stumme Vermittler.*« Autor: Jacqueline Zambrano.
»*Die jungen Greise.*« Autoren: John Mason & Mike Gray.
»*Der Austauschoffizier.*« Drehbuch: Burton Armus. Story: Wanda M. Haight & Gregory Amos und Burton Armus.
»*Wem gehört Data?.*« Autor: Melinda M. Snodgrass.
»*Die Thronfolgerin.*« Autoren: Scott Rubenstein & Leonard Mlodinow.
»*Die Iconia-Sonden.*« Autoren: Steve Gerber & Beth Woods.
»*Hotel Royal.*« Autor: Keith Mills.
»*Die Zukunft schweigt.*« Drehbuch: Maurice Hurley. Story: Kurt Michael Bensmiller.
»*Rikers Vater.*« Drehbuch: David Assael und Robert L. McCullough. Story: David Assael.
»*Brieffreunde.*« Drehbuch: Melinda M. Snodgrass. Story: Hannah Louise Shearer.
»*Zeitsprung mit Q.*« Autor: Maurice Hurley.
»*Das Herz eines Captains.*« Autor: Robert L. McCullough.
»*Planet der Klone.*« Autor: Melinda M. Snodgrass.
»*Andere Sterne, andere Sitten.*« Autor: Terry Devereaux.
»*Klingonenbegegnung.*« Story und Drehbuch: Richard Manning & Hans Beimler. Nach einer unveröffentlichten Geschichte von Thomas H. Calder.
»*Galavorstellung.*« Autor: David Kemper.
»*Kraft der Träume.*« Drehbuch: Maurice Hurley und Richard Manning & Hans Beimler. Story: Maurice Hurley.

Raumschiff Enterprise: Das nächste Jahrhundert — Jahr 3 (Erstausstrahlung 1989-90)

»*Die Macht der Paragraphen.*« Autor: Melinda M. Snodgrass.
»*Die Macht der Naniten.*« Drehuch: Michael Piller. Story: Michael Piller und Michael Wagner.
»*Die Überlebenden auf Rana-Vier.*« Autor: Michael Wagner.
»*Der Gott der Mintakaner.*« Autoren: Richard Manning & Hans Beimler.
»*Mutterliebe.*« Autor: Ronald D. Moore
»*Die Energiefalle.*« Drehbuch: Ron Roman und Michael Piller & Richard Danus. Story: Michael Wagner & Ron Roman.
»*Auf schmalem Grat.*« Autoren: David Kemper und Micahel Piller.
»*Der Bazan-Handel.*« Autor: Hannah Louise Shearer.
»*Yuta, die Letzte ihres Clans.*« Autor: Sam Rolfe.
»*Der Überläufer.*« Autor: Ronald D. Moore.
»*Die Verfemten.*« Autor: Robin Bernheim.
»*Terror auf Rutia-Vier.*« Autor: Melinda M. Snodgrass.
»*Noch einmal Q.*« Autor: Richard Danus.
»*Riker unter Verdacht.*« Autor: Ed Zuckerman.
»*Die alte Enterprise.*« Drehbuch: Ira Steven Behr & Richard Manning & Hans Beimler & Ronald D. Moore. Nach einer Story von Trent Christopher Ganino & Eric A. Stillwell.
»*Datas Nachkomme.*« Autor: René Echevarria.
»*Die Sünden des Vaters.*« Drehbuch: Ronald D. Moore & W. Reed Moran. Nach einem Drehbuch von Drew Deighan.
»*Versuchskaninchen.*« Autoren: Richard Manning & Hans Beimler.
»*Picard macht Urlaub.*« Autor: Ira Steven Behr.
»*Der Telepath.*« Autoren: Dennis Putman Bailey & David Bischoff.
»*Der schüchterne Reginald.*« Autor: Sally Caves.
»*Der Sammler.*« Autor: Shari Goodhartz.
»*Botschafter Sarek.*« Story und Drehbuch: Peter S. Beagle. Nach einer unveröffentlichten Geschichte von Marc Cushman & Jake Jacobs.
»*Die Damen Troi.*« Autoren: Fred Bronson & Susan Sackett.
»*Wer ist John?.*« Autor: René Echevarria.
»*In den Händen der Borg.*« Autor: Michael Piller.

Raumschiff Enterprise: Das nächste Jahrhundert — Jahr 4 (Erstausstrahlung 1990-91)

»*Angriffsziel Erde.*« Autor: Michael Piller.
»*Endars Sohn.*« Drehbuch: John Whelpley & Jeri Taylor. Story: Ralph Phillips.
»*Die ungleichen Brüder.*« Autor: Rick Berman.
»*Familienbegegnung.*« Autor: Ronald D. Moore.
»*Das Experiment.*« Autor: Les Sheldon.
»*Die Rettungsoperation.*« Autor: Joe Menosky.
»*Tödliche Nachfolge.*« Drehbuch: Thomas Perry & Jo Perry und Ronald D. Moore & Brannon Braga. Story: Drew Deighan und Thomas Perry & Jo Perry.
»*Gedächtnisverlust.*« Autoren: J. Larry Carroll & David Bennett Carren.
»*Die letzte Mission.*« Drehbuch: Kasey Arnold-Ince und Jeri Taylor. Story: Kasey Arnold-Ince.
»*Das kosmische Band.*« Drehbuch: Hilary J. Bader und Alan J. Alder & Vanessa Greene. Story: Hilary J. Bader.
»*Datas Tag.*« Drehbuch: Harold Apter und Ronald D. Moore. Story: Harold Apter.
»*Der Rachefeldzug.*« Drehbuch: Jeri Taylor. Story: Stuart Charno & Sara Charno und Cy Chermax.
»*Der Pakt mit dem Teufel.*« Drehbuch: Philip Lazebnik. Story: Philip Lazebnik und William Douglas Lansford.
»*Beweise.*« Drehbuch: Bruce D. Arthurs und Joe Menosky. Story: Bruce D. Arthurs.
»*Erster Kontakt.*« Drehbuch: Dennis Russell Bailey & David Bischoff und Joe Menosky & Ronald D. Moore und Michael Piller. Story: Marc Scott Zicree.
»*Die Begegnung im Weltraum.*« Drebuch: Maurice Hurley. Story: Thomas Kartozlan.
»*Augen in der Dunkelheit.*« Drehbuch: Pamela Douglas und Jeri Taylor. Story: Sheri Goodhartz.
»*Der fremde Schatten.*« Drehbuch: Brannon Braga. Nach einer Story von Timothy DeHaas.
»*Die Reise ins Ungewisse.*« Autor: Joe Menosky.
»*Gefangen in der Vergangenheit.*« Drehbuch: Ira Steven Behr. Story: Randee Russell und Ira Steven Behr.
»*Das Standgericht.*« Autor: Jeri Taylor.
»*Die Auflösung.*« Drehbuch: Peter Allan Fields. Story: Ted Roberts und Peter Allan Fields.
»*Odan, der Sonderbotschafter.*« Autor: Michael Horvat.
»*Verräterische Signale.*« Drehbuch: René Echevarria. Story: Ken Schafer und René Echevarria.
»*Datas erste Liebe.*« Autoren: Joe Mensoky & Ronald D. Moore.
»*Kampf um das klingonische Reich, Teil 1.*« Autor: Ronald D. Moore.

Raumschiff Enterprise: Das nächste Jahrhundert — Jahr 5 (Erstausstrahlung 1991-92)

»*Kampf um das klingonische Reich, Teil 2.*« Autor: Ronald D. Moore.
»*Darmok.*« Drehbuch: Joe Menosky. Story: Philip Lazebnik und Joe Menosky.
»*Fähnrich Ro.*« Drehbuch: Michael Piller. Story: Rick Berman und Michael Piller.
»*Das Recht auf Leben.*« Drehbuch: Jeri Taylor. Nach einer Story von Lawrence V. Conley.
»*Katastrophe auf der Enterprise.*« Drehbuch: Ronald D. Moore. Story: Ron Jarvis und Philip A. Scorza.
»*Gefährliche Spielsucht.*« Drehbuch: Brannon Braga. Story: Susan Sackett & Fred Bronson und Brannon Braga.
»*Wiedervereinigung?, Teil 1.*« Drehbuch: Jeri Taylor. Story: Rick Berman und Michael Piller.
»*Wiedervereinigung?, Teil 2.*« Drehbuch: Michael Piller. Story: Rick Berman und Michael Piller.
»*Der zeitreisende Historiker.*« Autor: Rick Berman.
»*Die Soliton-Welle.*« Drebuch: Grant Rosenberg. Story: Sara Charno und Stuart Charno.
»*Der einzige Überlebende.*« Drehbuch: Joe Menosky. Story: Hilary J. Bader.
»*Geistige Gewalt.*« Drehbuch: Pamela Gray und Jeri Taylor. Story: Shari Goodhartz und T. Michael und Pamela Gray.
»*Das künstliche Paradies.*« Drehbuch: Adam Belanoff und Michael Piller. Story: James Kahn und Adam Belanoff.

Anhang E

»*Mission ohne Gedächtnis.*« Drehbuch: Barry Schkolnick. Story: Paul Schiffer.

»*Ungebetene Gäste.*« Drehbuch: Rene Balcer und Herbert J. Wright & Brannon Braga. Story: Paul Ruben und Maurice Hurley.

»*Die Operation.*« Drehbuch: Ronald D. Moore. Story: Sara Charno & Sturat Charno.

»*Verbotene Liebe.*« Autor: Jeri Taylor.

»*Déjà Vu.*« Autor: Brannon Braga.

»*Ein mißglücktes Manöver.*« Autoren: Ronald D. Moore & Naren Shankar.

»*Hochzeit mit Hindernissen.*« Autor: Peter Allan Fields.

»*Eine hoffnungsvolle Romanze.*« Drehbuch: Gary Perconte und Michael Piller. Story: René Echevarria und Gary Perconte.

»*Die imaginäre Freundin.*« Drehbuch: Edithe Swensen und Brannon Braga. Story: Jean Louise Matthias & Ronald Wilkerson und Richard Fliegel.

»*Ich bin Hugh.*« Autor: René Echevarria.

»*So nah und doch so fern.*« Autor: Ronald D. Moore.

»*Das zweite Leben.*« Drehbuch: Morgan Gendel und Peter Allan Fields. Story: Morgan Gendel.

»*Gefahr aus dem 19. Jahrhundert, Teil 1.*« Drehbuch: Joe Menosky und Michael Piller. Story: Joe Menosky.

Index

* Begriffe, die mit einem Stern markiert sind, wurden auch an anderer Stelle als Haupteintrag gelistet.
»Einzelne Folgen«, »Außerirdische«, »Schiffe und Planeten« sind alphabetisch unter diesen Hauptbegriffen sortiert.

Adams, Dr. Tristan; Direktor der Strafkolonie auf Tanalus V*, 50;
— Entwickler des Zentral-Nervensystemmanipulators*, 54
Akaar, Leonard James; neuer Führer der Capellaner, 63
Aldebaron-Kolonie; dort kommt Dehner an Bord, 48
Alexander; Hofnarr der Platonier*, 76
Alexander; Sohn von Worf und K'Ehleyr*. Siehe Rozhenko, Alexander
Allgemeine Regel Nummer Eins der Sternenflotte. *Siehe* Erste Direktive
Allgemeine Regel 7; *Enterprise* verletzt sie, 56
Alpha Centauri; Sternensystem, in dem Cochrane* lebte, 27, 30
Alpha Leonis-System, 130
Altairianischer Konflikt, 173
Amanda. *siehe* Grayson, Amanda
Amazing Detective Stories Magazine; veröffentlicht Dixon-Hill*-Geschichten, 12, 13
Anchillis-Fieber; bricht auf Stryris IV* aus, 110
Androiden. *Siehe* Data; Korby, Roger; Kapec, Rayna; Norman; Ruk; Lal; Lore.
Andromeda-Galaxie, 66, 70, 166
Angosianischer Krieg; in dem Danar* Soldat war, 131
Ansata-Separatisten, 27, 92, 126, 129, 131
— Apgar, Dr. Nel; Chef der Forschungsstation Tanaga IV*, 132
Apollo; Außerirdischer, der als dieser griechische Gott bekannt war, 14, 64
April, Capt. Robert; erster Kommandant der *Enterprise*, 39, 42, 171
Archonen, 33
Ardra; übernatürliches Wesen, das Ventax II besucht, 16;
— nicht besucht, 144
Armens, Vertrag von; zwischen der Föderation und der Sheliak-Corporation*, 44
Armstrong, Neil; erster Mensch, der den Mond der Erde betrat, 22
Armus; bösartiges Wesen auf Vagra II*, 116
Assignment Earth; nicht produzierte Fernsehserie, 22
Aster, Jeremy; 129;
— geboren, 104;
— Vater stirbt an Russhton-Infektion*, 107;
— kehrt zurück, um bei Verwandten zu leben 129
Aster, Maria; Mutter von Aster, Jeremy*, 104;
— verwitwet, 107;
— getötet, 129
Atavachron; Zeitportal auf Sarpeidon*, 14, 80
Atlantis-Projekt; Picard* lehnt Leitung ab, 140
Atomwaffensperrvertrag; wird auf der Erde angenommen, 21
Atoz, Mr.; holt Kirk und seine Gefährten aus der Vergangenheit von Sarpeidon* zurück, 80
Auflösung, die; Sitte des rituellen Selbstmords, die auf Kaelon II* eingeführt wird, 16;
— Timicin* weigert sich, stimmt schließlich zu, 148
Außenposten in der neutralen Zone;
— Delta Zero 5, 124;
— Tarod IX, 124;
— 2-4, werden durch einen romulanischen Angriff zerstört, 42, 53
Außenposten Seran-T-Eins; Dilizumkammer der *Enterprise*-D* dort entworfen, 106

Außerirdische. *Siehe auch* Betazoiden; Borg; Cardassianer; Ferengi; Klingonen; Romulaner; Vulkanier
Alcyoner; zerstören letztes Schiff der Tarellianer*, 105
Aldeaner; versuchen anonym zu bleiben, 15;
— entführen Kinder von der *Enterprise*-D*, 115
Allasomorph; Salia* ist ein, 122
Archonen, die; 33
Bajoraner; Ros* Volk, 11, 96, 154—155, 170
Bandi; bauen die Farpoint-Station, 109
Baroliner; Pardek* nimmt an Gesprächen mit ihnen teil, 110
Binäre; planen Diebstahl der *Enterprise*-D*, 114
Bolianer, 134
Capellaner; 63, 168
Chalnoth; Bewohner von Chalna*, 104
Chrysalianer; Ral* verhandelt für sie, 130
Dachlyder; Picard* vermittelt in Disput zwischen Gemarianern* und ihnen, 134
Douwd; beginnt Leben als Mensch, 94;
— Uxbridge, Rishon* weiß nicht, daß Kevin* ein Douwd ist, 106;
— Uxbridge, Kevin* stellt sich als Douwd heraus, 128
Edo, Volk im Rubicon-Sonnensystem, 111;
— beten im All lebenden Gott an, 126
Fabrini; fliehen vor der Explosion ihres Sterns, 13;
— begegnen der *Enterprise*, 75;
— verlassen *Yonada*, 81
Gemarianer; Picard* vermittelt in Disput zwischen Dachlydern* und ihnen, 134
Gomtuu; lebendes Raumschiff, 13, 135;
— wird in der Nähe von Beta Stromgren* entdeckt, 134
Gorn, ihr Raumschiff wird von den Metronen* im Raum festgehalten, 16;
— Erstkontakt zwischen der Föderation und ihnen, 57
Horta; Wesen, die den Zyklus der Wiedergeburt beginnen, 12;
— wird auf Janus VI* entdeckt, 60
Husnok; Begegnung mit ihnen, 128
— zerstören Kolonie Delta-Rana*, 106
— Uxbridge, Kevin* vernichtet alle, 106—107
Iconier; Wesen, die »Dämonen der Luft und der Dunkelheit« genannt werden, 12
— Picards Hobby*, 95
J'naii, die; zweigeschlechtige Spezies, 162
Jarada; Rasse, die von der *Enterprise*-D* kontaktiert werden, 113
— vor 2364 letzter Kontakt mit ihnen, 100
Kalandaner; konstruieren einen kleinen Planeten, 13
Kataaner; schicken eine Sonde mit den Gedächtnisaufzeichnungen über ihren Planeten los, 9
»Kinder von Tama, Die«. *siehe* Tamarianer
Koinonianer; Angebot der Verantwortung für Jeremy Aster* zu übernehmen, 129
Kristallwesen; zerstört Kolonie Omicron Theta*, 97, 113, 98
— greift Melona IV* an, 155—56
Melkot; die *Enterprise** nimmt Erstkontakt zu ihnen auf, 72
Mentharen; fechten mit den Promelianern* einen vernichtenden Krieg aus, 17;
— Schlacht der, 129
Metronen; einer wird geboren, 16;
— *Enterprise** nimmt Erstkontakt zu ihnen auf, 57
Mikulaker; benutzen Invidium*, 135
Nagilum; Zusammentreffen mit *Enterprise*-D*, 120
Naniten; mechanische Lebensform, 127
Nausicaaner; Picard* kämpft gegen sie, 169
Organier; verkünden Friedensvertrag, 60
Paxaner; Begegnung mit *Enterprise*-D*, 145
Platonier; Volk, das auf Platonius* lebt, 76
Promelianer; Kampf gegen Mentharen*, 17;
— Schlacht der, 129
Promellianer; Kampf gegen Mentharen
— Schlacht der, 129
proto-vulkanische Humanoide; leben auf Mintaka III*, 128
Retter, Die; antike Anthropologen, die die Erde* besuchen, 18
Sammler-Nomaden; greifen Föderations*-Außenposten an, 130
— Vogelfreie von Acamar III, 55
Satarraner; fälschen Befehle in Computern der *Enterprise*-D*, 161
Scalosianer; stark beschleunigte Lebewesen, 76
Sheliak-Corporation; letzter Kontakt zu ihr 2366, 44;
— erhebt vertragsgemäß Anspruch auf Tau Cygna V*, 85;
— Föderation* erhält Nachricht von ihnen, 128
Symbiotische Sporen, 60
Talarianer; Friedensvertrag mit ihnen, 106
— *Enterprise*-D* begegnet einem talarianischem Schiff, 115, 140
Talosianer; überleben unter der Planetenoberfläche, 11;
— *Enterprise** besucht sie, 43;
— Spock* handelt in ihrem Auftrag, 57;
— Pike* lebt unter ihnen, 171
Tamarianer; auch »Die Kinder von Tama« genannt, 77—78;
— haben keine formelle Beziehung zur Föderation*, 78;
— alle Kommunikationsversuche sind gescheitert, 154;
— ihr Raumschiff trifft im El-Adrel* im Jahr 153
— ihre Sprache basiert auf Metaphern, 154
Thasianer; Erstkontakt mit ihnen, 53;
— sorgen für Charles Evans*, 42
Trill; symbiotische Spezies, 13;
— *Odan* ist ein Trill, 149
Ulliianer; telepathische Forscher, 160
Vianer; testen Gem, 74
Vorfahren, Die; antike Zivilisation auf Exo III*, 11
Vorgonen; reisen in der Zeit, um *Tox Uthat* zu finden, 134, 166, 175
Zakdorn; Meisterstratege, 126

Ayelborne; ein Organier*, 10

BBB

Bailey, Lt.; wird auf die *Fesarius** versetzt, 51
Bajoraner; sind terroristisch tätig, 96, 154—55, 170
Balok; Kommandant der *Fesarius**, 51
Barclay, Reginald; wird von der *Zhukov** auf die *Enterprise*-D* versetzt, 121;
— hilft bei der Behebung von Fehlfunktionen, 135;
— hilft bei Kontaktaufnahme mit den Cytherianern*, 147
Bateson, Capt. Morgan; kommandiert die *Bozeman**, 86, 162—163
Bele; verfolgt Lokai* von Cheron*, 12;
— zwingt die *Enterprise*, nach Cheron* zu fliegen, 77
Benbeck; Leiter der Kolonie von Moab IV*, 34
Bendii-Syndrom; Sarek leidet daran, 136;
— Sarek stirbt daran, 158, 169
Benjasidrin; Medikament, das Sarek* nach seinem zweiten Herzanfall verschrieben bekommt, 56
Benton; Bergmann auf Rigel XII*, 46

Benzan; hat eine Beziehung mit Yanar*, 1115, 121
Bergwerk auf Delta Vega; *Enterprise** versucht, Mitchell* dort zu isolieren, 39
Bertholdstrahlung; gefährdet Sandoval-Expedition*, 47, 60
Beschleunigung, übermäßige; daran leiden die Scalosianer*, 76
Beta Aurigae; Sternensystem, in dem die *Enterprise** die *Ptoemkin** trifft, 68
Beta Cassius-System; Haven befindet sich dort, 110
Beta Geminorum-System; dort begegnet die *Enterprise** Apollo*, 64
Beta Magellan-System; dort liegt Bynaus*, 114
Beta Niobe; Stern des Planeten Sarpeidon*, droht zu explodieren, 80
Beta Portolan-System; wird von Massenwahnsinn befallen, 18, 62
Beta Renner-System; dort liegen Antica* und Selay*, 111
Beta Stromgren; *Vega IX-Sonde** untersucht diesen Stern, 134
Beta-Fünf-Computer; Gary Sevens* Computer, 14
Beta-Quadrant; die *Excelsior* führt dort eine Forschungsmission durch, 90
Betazoide; Picards* Superintendant ist einer, 95;
— *Enterprise*-D befördert Delegierte, 125
Bhavani, Premier; von Barzan*, 129
bionisches Herz; Picard* hat eins, 15
Bochra, Centurion; Romulaner, der von La Forge* gefunden wird, 129
Bok, DaiMon; Geschenk an Picard*, 112;
— sein Sohn greift die *Stargazer* an, 105
Bonestall Freizeiteinrichtung; der Farspace Station Earhart*, 169
Boothby; Gärtner der Sternenflotten-Akademie*, 169, 171
— spricht über Parrises Squares*, 95;
— spricht über Locarno*, 96;
— Picard* sagt, er hätte ihm bei seinem Abschluß geholfen, 96
Boradis-Sektor; 13 Föderationsniederlassungen befinden sich dort, 96
Boradis-System; in der Nähe fängt *Enterprise*-D* *T'Ong** ab, 125
Boratis (heißt im Original Kesla); mörderisches Lebewesen auf Rigel IV, 51
Borg; ihre Heimatwelt, 25;
— zerstören Guinans* Heimatplaneten, 48;
— Picard* begegnet ihnen, 102;
— haben scheinbar Außenposten in neutraler Zone zerstört, 117;
— Qs* Angaben über sie, 118;
— Vorbereitungen der Sternenflotte* auf sie, 126;
— Shelby* übernimmt taktische Analyse, 132;
— greifen Kolonie New Providence* an, 138;
— entführen Picard*, 138;
— verändern Picard*, 139
*Botany Bay** flieht vor ihnen, 59
Brack, Mr.; auch Flint* genannt, 15;
— kauft den Planeten Holberg 917-G*, 38
Brahms, Dr. Leah; beteiligt an Entwicklung des Warpantriebs der *Enterprise*-D*, 92
— besucht *Enterprise*-D*, 146
Braslota-Sonnensystem, 126
Bre'el-System; Himmelskörper passiert System, 131
Brianon, Kareen; sendet Notruf an *Enterprise*-D*, 121
Bringloid-System; im Ficus-Sektor*, 124
Brown, Dr.; Korbys* Assistent, 54
Buckelwale (*Megaptera novaeangliae*); werden von Kirk u.a. ins 23. Jahrhundert gebracht, 89, 174
Burke, John; kartographiert den Bereich des Raums, in dem Shermans Planet* liegt, 21

CCC

C-111 Sternensystem; Beta III* befindet sich dort, 33;
Cafe des Artistes; dort versetzt Picard* Jenice Manheim*, 98;
— als Hintergrund in *Star Trek VI* zu sehen, 99
Campio; soll Lwaxana Troi* heiraten, 163
Cardassianer, 170;
— zerstören die Kultur auf Bajor* nahezu vollständig, 11;
— verfolgen die *Stargazer**, 173;
— Bajoraner* sind terroristisch gegen sie aktiv, 96
Cardessianisches Imperium; annektieren Bajor*, 96;
— foltern und töten Ros* Vater, 101;
— Treffen mit Kennelly*, 154—55;
— Wissenschaftsstation wird zerstört, 143—44;
— Kriege, 173
Cartwright, Adm.; veratnwortlich für Gorkons* Ermordung, 91
cha'DIch; Klingonischer Begriff für Sekundanten, Piacrd* wird Worfs*, 133
Chapel, Christine; Verlobte von Korby*, 54;
— ihr erster Auftritt, 54
Chateau Picard; Wein, der von der Familie Picard angebaut wird, 101
Chekov, Pavel A.; wird geboren, 39, 168;
— hat eine Beziehung zu Irina Galliunin*, 168;

INDEX

– noch nicht Mitglied der Besatzung, 60;
– diskutiert über Shermans Planeten*, 29;
– wird vom Militär gefangen gehalten, 23;
– wird Erster Offizier der *Reliant*, 39–40
Cheron, Schlacht von; beendet die romulanische Kriege*, 31
Chicago Mobs of the Twenties; wird in New York auf der Erde veröffentlicht, 16;
– wird auf Sigma Iotia II* zurückgelassen, 33, 70
Childress, Ben; Bergmann auf Rigel XII*, 46
Chorgan; Angehöriger des Lornack-Clans*, Yuta* versucht ihn zu töten, 19
Christentum; beginnt auf der Erde, 15;
– entwickelt sich auf 892-IV*, 67
Christopher, Capt. John; von der U.S. Air Force, 171–172;
– wird von der *Enterprise** entführt, 22, 58, 174
Christopher, Capt. Shaun Geoffrey; Sohn von John Christopher*, 174
– befehligt die erste Erde-Saturn-Expedition*, 18, 48, 171–172
Circassianische Katze; Geordi La Forges* erstes Haustier, 99
Clark, Dr.; gibt Informationen zu Ventax II*, 92
Clemens, Samuel; begegnet Data* in der Vergangenheit der Erde, 19, 170
Clemonds, L. Q. »Sonny«; Entertainer des 20. Jahrhunderts, 28 117
Cochrane, Zefram; Erfinder des Warpantriebs, 26, 43–44, 172;
– wird geboren, 27;
– ist sechs Jahre alt beim Start der *Charybdis*,* 28;
– stellt erfolgreich den Lichtgeschwindigkeitsantrieb vor, 28;
– reist mit unbekanntem Ziel ab, 30;
– lebt auf einem Planetoiden im Gamma Canaris*-System, 30, 63;
– begegnet Kirk* und seinem Landetrupp, 63
Cogley, Samuel T., 172;
– verteidigt Kirk* vor dem Kriegsgericht, 56
Coleman, Dr.; übernimmt die Pflege von Lester*, 80
Companion, Der; Freund von Cochrane*, 30, 63
Computer-Softwarewaffe; auf Iconia* entdeckt, 122
Copernicus City, Luna; Geburtsort von Beverly Crusher*, 95
Cordrazin; McCoy* spritzt sich versehentlich eine Überdosis davon, 62
Corellium-Fieber; 135
Corey, Donald; Leiter der Strafkolonie auf Elba II, 77
Crater, Nancy; beendet ihr Verhältnis mit McCoy*, 44;
– kommt auf dem Planeten M-113* an, 45;
– wird vom Wesen von M-113* getötet, 45, 47;
– Wesen nimmt ihre Gestalt an, 53
Crater, Professor Robert; kommt auf dem Planeten M-113* an, 45;
– der letzte Formwandler lebt mit ihm zusammen, 47;
– das Wesen tötet ihn, 52
Crusher, Beverly; (Geburtsname: Howard, Beverly) 24, 95, 131, 140–41, 170, 172;
– geboren, 95, 170;
– beginnt Medizinstudium, 99
– schließt Sternenflotten-Akademie* ab, 102;
– dient unter Quaice*, 103, 107;
– sieht ihren toten Mann in Picards* Begleitung, 104;
– reist auf der *Hood** zur *Enterprise*-D*, 108;
– wird leitende medizinische Offizierin auf der *Enterprise*-D*, 109;
– verläßt *Enterprise*-D*, um Posten in medizinischer Abteilung der Sternenflotte* anzunehmen, 105;
– kehrt zur *Enterprise*-D* zurück, 127
Crusher, Lt. Jack; 101, 140, 169, 170
– heiratet Beverly Howard, 102;
– stirbt auf der *Stargazer**, 104
Crusher, Wesley; 170;
– geboren, 102, 170;
– Jack Crusher nimmt holographische Nachricht für ihn auf, 101;
– ist fünf Jahre alt, als Vater stirbt, 104;
– reist auf der *Hood** zur *Enterprise*-D*, 108;
– zieht mit seiner Mutter auf die *Enterprise*-D*, 99;
– Picard* gesteht ihm gegenüber, daß er von der Akademie abgewiesen wurde, 95;
– fällt durch Eingangstest der Sternenflotten-Akademie*, 101;
– zum Fähnrich Ehrenhalber ernannt, 115;
– übernimmt regelmäßigen Dienst auf der Brücke, 119;
– leitet geologische Untersuchung, 124;
– zum Fähnrich befördert, 137;
– nimmt Urlaub für Prüfungen der Sternenflotten-Akademie*, 124;
– wird von Sternenflotten-Akademie* angenommen, 137;
– sieht holographische Nachricht seines Vaters, 140;
– tritt in Sternenflotten-Akademie* ein, 142;
– wiederholt Jahr an der Sternenflotten-Akademie*, 163

DDD

Danar, Roga; Soldat von Angosia*, 130, 131
Dar, Caithlin; romulanische Botschafterin auf Nimbus III*, 68
Daro, Glinn; Cardessianer*, 173
Darwin, genetische Forschungsstation; Ursprung der Alterskrankheit, 121;
– Superkinder dort entwickelt, 103
Data, 169;
– von Soong* konstruiert, 97;
– aktiviert, 169;
– auf Omicron Theta* entdeckt, 97–98, 113
– wird in die Vergangenheit der Erde zurückgeschleudert, 19;
– spricht über das Fernsehen, 28;
– von Sternenflotte* als vernunftbegabt anerkannt, 98;
– tritt in Akademie ein, 98;
– schließt Sternenflotten-Akademie* ab, 100;
– von Fajo* entführt, 136;
– entdeckt Videoaufzeichnung von Pardek*, 110;
– repariert von Manheim* ausgelöste temporale Anomalie, 116;
– nennt Datum, auf dem *Raumschiff Enterprise: Das nächste Jahrhundert* basiert;
– Maddox* zugeteilt, 122;
– als vernunftbegabt anerkannt, 98, 122;
– entführt *Enterprise*-D*, 140;
– wird von Außerirdischem übernommen, 161–62;
– Auszeichnungen, 169
Davila, Carmen; von Kristallwesen* getötet, 155–56
Daystrom, Dr. Richard; wird geboren, 36;
– erfindet die duotronischen Computer, 39;
– entwickelt den Computer M-5*, 70;
– gewinnt Nobel*- und Zee-Magnees*-Preise, 39
Daystrom-Institut für Technologie; wird nach Daystrom* benannt, 39;
– Warpdesign der *Enterprise*-D* hier hergestellt, 106;
– Abteilung auf Galor IV, Sternenflotten-Forschung, interessiert sich für Datas* Arbeit, 119
De-Laure-Asteroidengürtel; dort liegt Tau Cygna V*, 85
Debin, Vater von Yanar*, 121
Decker, Commodore Matt; kommandiert die *Constellation*,* 64
Decker, Will; übernimmt das Kommando über die *Enterprise*,* 82;
– wird zum Ersten Offizier abkommandiert, 84;
– wird als im Einsatz vermißt gemeldet, 84;
– Figur sollte in der zweiten Fernsehserie erscheinen, 85
Deela; scalosianische* Königin, 76
Dehner, Dr. Elisabeth; schließt sich der Besatzung der *Enterprise** an, 47
Delos-System; *Enterprise*-D* untersucht dort solare Eruptionen, 116
Delphi Ardu-Sonnensystem; *Enterprise*-D* wird dort gefangen, 111
Delt, Hester; medizinische Verwalterin, 119
Deltastrahlung; Christopher Pike* wird schwer verwundet, weil er ihr ausgesetzt war, 44
DeSoto, Jonathan; Captain der *Hood**, als Riker* erster Offizier war, 109, 169
Devos, Alexana; berichtet von den Ansata-Separatisten*, 92;
– nimmt Posten der Sicherheitschefin auf Rutia IV* an, 126
– hilft bei Suche nach Crusher, Beverly* und Picard*, 131
Dicosilium, 132
Dilizium; Verwendung der -kristalle (anfangs Liziumkristalle*) auf der *Enterprise*,* 40;
– *Enterprise** erhält den Auftrag, -schürfrechte zu sichern, 54
– Klingonen wollen sich Zugang zu den -vorkommen sichern, 72;
– Kammer entworfen, 106;
– fehlerhafte Kammerverriegelung angebracht, 139;
– La Forge* nimmt Vektor-Kalibrierungen vor, 140;
– Kammer explodiert, 148
Diliziumminen auf Rura Penthe; Kirk* und McCoy* werden zu lebenslanger Haft dort verurteilt, 91
DiMaggio, Joe; sein Schlagrekord wird gebrochen, 27
»Doe, John«; Überlebender gefunden, 137
Dohlman; Elaan* ist Dohlman des Planeten Elas*, 72;
Dokachin; spricht über T'Pau*, 111
Dritter Weltkrieg, 29, 172, 173
Duana; spricht über die Erbauung des Kustos*, 15
Duotronik-Computertechnologie; erfunden von Daystrom*, 36, 39
Duras; Klingone, Sohn von Ja'rod, 100;
– versucht klingonischen Rat zu leiten, 141;
– ermordet K'Ehleyr*; wird von Worf* getötet, 141;
– seine Familie, 100
Durken, Kanzler; Picard* teilt Chateau Picard* mit ihm, 101

EEE

Einstein, Albert; veröffentlicht seine spezielle Relativitätstheorie, 20
Elaan; Dohlman* von Elas*, 72
Elbrun, Tam; betazoidischer Spezialist für außerirdische Kontaktaufnahme, 135, 169;
– bemerkt, wie lange Gomtuu schon umherwanderte, 13
Elementarstrahlung; tötet ein Drittel der Kolonisten der *Artemis*,* 85
Emily. *Siehe* Amanda Grayson
Eminiar-Sternensystem; dort beginnt ein Krieg, 18;
Endar, talarianischer* Captain, der Jeremiah Rossa* adoptiert, 104, 106, 140
Endicor; Mission zu diesem Planeten abgebrochen, 123
Energiebarriere; die *Valiant** trifft auf sie am Rande der Galaxie, 28;
– die *Enterprise** trifft auf sie, 47, 74
Enterprise (Space Shuttle); erstes Raumschiff dieses Namens, unternimmt Testflüge, 15
Enterprise-B (NCC-1701B); Schiff der *Excelsior*-Klasse*, 171;
Enterprise-C (NCC-1701C);
– Schiff der *Ambassador*-Klasse*, 171;
– bei Verteidigung eines klingonischen Außenpostens fast zerstört, 99;
– öffnet Zeitriß, 174–75;
– kann auf Narendra III* nicht helfen, 175
Enterprise-D (NCC-1701D); 170–71;
– erste Designarbeiten beginnen, 99;
– Systemarbeiten schreiten fort, 106;
– von Flottenwerften Utopia Planitia* gestartet, 108;
– Besatzung von 1014, 141;
– Selbstzerstörungssequenz, 77;
– erster Kontakt mit Q*, 109;
– erster Kontakt zu Tkon-Imperium*, 111;
– erster Kontakt mit Ferengi*, 111
– entdeckt legendären Planeten Aldea*, 115;
– erster Kontakt mit Romulanern seit 2311, 117;
– erster Kontakt mit den Borg*, 124;
– nimmt an strategischer Simulation teil, 126;
– kollidiert mit der *Bozeman**, 162–63;
– aus Blumen nachgebaut, 128
Enterprise-D* fliegt durch ein instabiles Wurmloch, 145
Enterprise, U.S.S. (NCC-1701); 43, 170–171;
– wird in Dienst gestellt, 171;
– ihre Computer basieren auf der duotronischen Technologie*, 39;
– läuft in den San-Francisco-Werften vom Stapel unter dem Kommando von April*, 39;
– kehrt von ihrer ersten Fünfjahresmission zurück, 42;
– läuft zu ihrer zweiten Fünfjahresmission aus, 42;
– beendet ihre zweite Fünfjahresmission (unter Pike*), 44;
– läuft zu ihrer dritten Fünfjahresmission aus und beendet sie (unter Pike*), 45;
– läuft zu ihrer vierten Fünfjahresmission aus (der ersten unter Kirk*), 46–47;
– beginnt routinemäßige Sternenvermessung, 48;
– durchquert die Energiebarriere*, 74;
– ihre Selbstzerstörungs-Kommandosequenz, 77;
– kehrt ins Trockendock der San-Francisco-Werften* zurück, 80, 81;
– wird überholt, 80;
– nimmt den Dienst wieder auf, um *V'ger* zu untersuchen, 84;
– läuft zu ihrer fünften Fünfjahresmission aus und beendet sie (die zweite unter Kirk*), 71;
– scheidet aus dem aktiven Dienst aus, wird zum Trainingsschiff, 86–87;
– unter dem Kommando von Spock*, 85;
– von Kirk* gekapert, 88;
– soll verschrottet werden, 88;
– wird zerstört, 88
Enterprise-A (NCC-1701A), 171;
– beginnt ihren Dienst unter Kirk*, 89, 171;
– wird überholt, 89
– wird von Sybok und seinen Leuten gekapert, 89;
– hilft, die Friedenskonferenz zu retten, 91;
– ihre letzte (?) Mission, 92
Epsilon Mynos System; in ihm liegt Aldea*, 15, 115
Epsilon 9-Station; wird von *V'ger** zerstört, 84
Epsilon-Pulsarengruppe; *Enterprise*-D* soll Untersuchung durchführen, 124
Erde, 32;
– erste einzellige Organismen entwickeln sich auf ihr, 10;
– wird vn den »Rettern«* besucht, 18;
– Menschen werden von ihr entführt, um von Außerirdischen erzogen zu werden, 14;
– wird von den Platoniern besucht, 14, 15, 75–76;
– Flint* wird dort geboren, 15, 79;
– die Vereinten Nationen werden dort gegründet, 21;
– der Atomwaffensperrvertrag wird dort angenommen, 21;
– *Pioneer* startet von dort, 18, 23;
– *Viking I* startet von dort, 23;
– Eugenische Kriege* auf der Erde, 24, 59, 173;
– Khan* ist Diktator über ein Viertel der Erde, 24, 59;
– *Voyager 6** startet von dort, 25;
– *Nomad** startet von dort, 26;
– erster Kontakt mit außerirdischen Lebensformen, 171;
– erster Kontakt mit Vulkan*, 171;
– *Charybdis** startet von dort, 28;
– Atomkrieg, 21, 172–173;
– im Krieg mit den Romulanern, 31, 32;
– kolonisiert Moab IV*, 34;
– Heimatplanet von Amanda Grayson*, 36;
– Heimatplanet von Kirk*, 37;
– Heimatplanet von Uhura*, 38;
– Heimatplanet von Sulu*, 38;
– San-Francisco-Werften* im Orbit um die Erde, 39;
– *Enterprise** reist in die Vergangenheit der Erde, 71;
– wird von *V'ger** bedroht, 84;
– verheerende Umweltschäden werden auf ihr angerichtet, 89;
– Gorkon* befindet sich auf dem Weg zur Erde, 91;
– von Borg* bedroht, 139
Erde-Saturn-Expedition; John Christophers* Sohn soll sie anführen, 58, 171–172, 174
Erdkolonie Zwei; George Samuel Kirk* wollte dorthin umziehen, 61;
Erdstation McKinley; *Enterprise*-D* dort repariert, 139, 140
Ersalopische Kriege; 173
Erste Direktive; allgemeine Sternenflottenorder Nummer Eins, 67, 116, 131, 145, 162, 172;
– noch nicht eingeführt, 33;
– wird verletzt, 70, 71, 112, 123, 124;
– kann nicht angewendet werden, 114
Esoqq; Picard* trifft ihn, 104, 140
Estragon, Professor Samuel; Vashs* Arbeitgeber, 107, 134
Eugenische Kriege; auf der Erde, 24, 174;
Europäische Hegemonie; 172
Evans, Charles; wird geboren, 40;
– einziger Überlebender eines Raumschiffabsturzes, 42;

INDEX

– wird vom Planeten Thasus* gerettet, 53
Exo; Stern, der anfängt, schwächer zu werden, 11

FFF

Fabrini-System; die Sonne dieses Systems wird zur Nova, weshalb *Yonada** gebaut wird,13, 75
Fajo, Kivas; zibalianischer Händler, 103, 135, 136
Fal-tor-pan; vulkanische Zeremonie, 32, 88
Famous Spock Nerve Pinch (FSNP). *Siehe* Vulkanischer Nervengriff
Farpoint-Station; 109
Farspace-Station Earhart; 171
Felizium; süchtig machende Droge, die zur Bekämpfung einer Seuche auf Ornara* verwendet wird, 24
Ferengi; erster Kontakt, 111;
– stehlen Energie-Konverter, 111;
– verhandeln über Wurmloch, 130;
– Raumschiff zerstört fast die *Stargazer**, 104–105;
– neurales Kontrollgerät, daß Bok* bei Picard* benutzt, 112;
– stören bei strategischer Simulation, 126;
– entführen Troi*, 136
Fernsehen; verliert seine Bedeutung als Unterhaltungsform, 28
Ferris, Kommissar; leitet den Transfer von medizinischen Notvorräten, 55
Ficus-Sektor; dort befindet sich die Planeten Bringloid* und Mariposa*, 30, 124, 125
Finnegan; Kirks* Freund, 42
Finney, Benjamin; freundet sich mit dem Kadetten Kirk* an, 41;
– sein Tod wird gemeldet, 56, 167
Finney, Jamie; Tochter von Benjamin Finney*, benannt nach James T. Kirk*, 41
Flint, 38;
– wird in Mesopotamien geboren, 15;
– seine verschiedenen Identitäten, 79
Föderation. *Siehe* Vereinigte Föderation der Planeten

Folgen (Fettgedruckte Seitenzahlen zeigen den Haupteintrag der jeweiligen Folge an.)
– »11001001« (»11001001«), 77, 106, **114;**
– »Andere Sterne, andere Sitten« (»Manhunt«), **125;**
– »Angel One« (»Angel One«), 93, 106, **113–114;**
– »Angriffziel Erde« (»The Best of Both Worlds, Part II«), 95, **139,** 140;
– »Auf Messers Schneide« (»The Alternative Factor«), **58;**
– »Auf schmalem Grat« (»The Enemy«), **129,** 173;
– »Augen in der Dunkelheit« (»Night Terrors«), **146,** 169;
– »Begegnung mit der Vergangenheit« (»We'll Always Have Paris«), 98–99, 102, **116;**
– »Bele jagt Lokai« (»Let That Be Your Last Battlefield«), 12, 31, 76, **77;**
– »Beweise« (»Clues«), **145,** 169;
– »Botschafter Sarek« (»Sarek«), 52, 67, 81, **136,** 168–169;
– »Brautschiff Enterprise« (»Elaan of Troyius«), **72;**
– »Brieffreunde« (»Pen Pals«), 35, **124;**
– »Brot und Spiele« (»Bread and Circuses«), 16, 29, 42, 45, **67,** 172;
– »Computer M5« (»The Ultimate Computer«), 36, 39, **70–71;**
– »Darmok« (»Darmok«), 77–78, **154;**
– »Das Duplikat« (»Datalore«), 43, 97, 98, **113,** 169;
– »Das Experiment« (»Remember Me«), 103, 107, 109, 123, **140–141;**
– »Das fremde Gedächtnis« (»The Schizoid Man«), **121;**
– »Das Gesetz der Edo« (»Justice«), 111, **112;**
– »Das Gleichgewicht der Kräfte« (»Day of the Dove«), 35, 39, 60, **75;**
– »Das Herz eines Captains« (»Samaritan Snare«), **124,** 169, 171;
– »Das Jahr des roten Vogels« (»The Omega Glory«), **71;**
– »Das Kind« (»The Child«), 92, 97, **119–120;**
– »Das kosmische Band« (»The Loss«), **142;**
– »Das künstliche Paradies« (»The Masterpiece Society«), 34, **160,** 172;
– »Das Letzte seiner Art« (»The Man Trap«), 44, 45, 47, **52;**
– »Das Loch im Weltraum« (»The Immunity Syndrome«), **69–70,** 171;
– »Das Recht auf Leben« (»Silicon Avatar«), 98, **155–156;**
– »Das Spinnennetz« (»The Tholian Web«), **74–75,** 173;
– »Das Spukschloß im Weltall« (»Catspaw«), **63;**
– »Das Standgericht« (»The Drumhead«), 32, 43, 108, 109, 117, 132, 139, **148;**
– »Das zweite Leben« (»The Inner Light«), 17, **165;**
– »Datas erste Liebe« (»In Theory«), 148, **150;**
– »Datas Nachkomme« (»The Offspring«), 39, **133;**
– »Datas Tag« (»Data's Day«), 39, **143;**
– »Déjà Vu« (»Cause and Effect«), 86, 90, 96, 104, **162–163,** 170, 175;
– »Der alte Traum« (»What Are Little Girls Made Of?«), 11, 37, 45–46, **54,** 61;
– »Der Austauschoffizier« (»A Matter of Honor«), **122;**
– »Der Bazanhandel« (»The Price«), 95, **129–130;**
– »Der dressierte Herrscher« (»I, Mudd«), **66;**
– »Der Ehrenkodex« (»Code of Honor«), **110;**
– »Der einzige Überlebende« (»Hero Worship«), 98, **160;**
– »Der erste Krieg« (»A Private Little War«), 44, 55, **67–68,** 76;
– »Der Fall Charlie« (»Charlie X«), 17, 32, 40, 42, **53;**
– »Der Gott der Mintakaner« (»Who Watches the Watchers?«), **114;**
– »Der große Abschied« (»The Big Goodbye«), 21, 27, 100, **113,** 114;
– »Der Käfig« (»The Cage«), 11, 37, 39, **35,** 45, 54, 56, 171, 172;
– »Der Mächtige« (»Encounter at Farpoint«), 27, 29, 36, 98, 100, 105, 108, **109,** 136, 140, 168, 169, 170, 172–173;
– »Der Obelisk« (»The Paradise Syndrome«), 18, **72;**
– »Der Pakt mit dem Teufel« (»Devil's Due«),17, 92, **144–145;**
– »Der Plan der Vianer« (»The Empath«), 70, **74;**
– »Der Rachefeldzug« (»The Wounded«), 131, **144,** 170, 173;
– »Der Reisende« (»Where No One Has Gone Before«), **110–111,** 169;
– »Der Sammler« (»The Most Toys«), 103, **135–136;**
– »Der schlafende Tiger« (»Space Seed«), 24, 26, **59–60,** 65, 173;
– »Der schüchterne Reginald« (»Hollow Pursuits«), **135,** 170;
– »Der stumme Vermittler« (»Loud as a Whisper«), 16, 17, **121;**
– »Der Telepath« (»Tin Man«), 13, **134–135,** 169;
– »Der Tempel des Apoll« (»Who Mourns for Adonais?«), 14, 39, **64,** 168;
– »Der Überläufer« (»The Defector«), 31, 127–128, **130;**
– »Der unbekannte Schatten« (»Identity Crisis«), 105, 107, **147;**
– »Der unmögliche Captain Okona« (»The Outrageous Okona«), 115, **120;**
– »Der verirrte Planet« (»For the World Is Hollow and I Have Touched the Sky«), 13, **75,** 81;
– »Der Wächter« (»The Last Outpost«), 10, **111;**
– »Der Wolf im Schafspelz« (»Wolf in the Fold«), 20, 23, 29, 30, 31, 51, **65;**
– »Der zeitreisende Historiker« (»A Matter of Time«), 29, **159,** 173, 175;
– »Der Zentral-Nervensystemmanipulator« (»Dagger of the Mind«), 50, **54;**
– »Die alte Enterprise« (»Yesterday's *Enterprise*«), 99, 100, 101, 117, 121, **132,** 171, 174–175;
– »Die Auflösung« (»Half a Life«), 16, 93, **148,** 169;
– »Die Begegnung im Weltraum« (»Galaxy's Child«), 106, **146;**
– »Die Damen Troi« (»Menage a Troi«), **137–138,** 169;
– »Die Energiefalle« (»Booby Trap«), 17, 106, **129;**
– »Die Entscheidung des Admirals« (»Too Short a Season«), 86, 94–95, 106, 112, **113;**
– »Die Frau seiner Träume« (»Haven«), 105, **110,** 169–170, 173;
– »Die Frauen des Mr. Mudd« (»Mudd's Women«), 46, 47, 48, **51–52;**
– »Die fremde Materie« (»Is There in Truth No Beauty?«),39, **74;**
– »Die geheimnisvolle Kraft« (»Lonely Among Us«), 108, **111;**
– »Die Iconia-Sonden« (»Contagion«), 12, 95, **122;**
– »Die imaginäre Freundin« (»Imaginary Friend«), **164,** 170;
– »Die jungen Greise« (»Unnatural Selection«), 103, 120, **121,** 170;
– »Die letzte Mission« (»Final Mission«), 29, **142,** 171, 172;
– »Die Macht der Naniten« (»Evolution«), 34, 90, 101, 102, **127,** 170;
– »Die Macht der Paragraphen« (»The Ensigns of Command«), 44, 85, 127, **128;**
– »Die neutrale Zone« (»The Neutral Zone«), 24, 28, 94, **117;**
– »Die Operation« (»Ethics«), **162;**
– »Die Reise ins Ungewisse« (»The Nth Degree«), **147;**
– »Die Reise nach Eden« (»The Way to Eden«), **78–79,** 168;
– »Die Rettungsoperation« (»Legacy«), 93, 98, 103, 107, 108, **141,** 170;
– »Die Schlacht von Maxia« (»The Battle«), 96, 105, **112;**
– »Die schwarze Seele« (»Skin of Evil«), 97, **116;**
– »Die Seuche« (»Symbiosis«), 32, 106, **116;**
– »Die Soliton-Welle« (»New Ground«), 79, **159,** 172;
– »Die Sorge der Aldeaner« (»When the Bough Breaks«), 15, **115;**
– »Die Stunde der Erkenntnis« (»The Apple«), 21, 51, **77;**
– »Die Sünden des Vaters« (»Sins of the Father«), 99, 100, 101, **133,** 170, 172;
– »Die Täuschung« (»Yesteryear«), **37–38;**
– »Die Thronfolgerin« (»The Dauphin«), 18, **122;**
– »Die Überlebenden auf Rana-Vier« (»The Survivors«), 94, 106–107, **128;**
– »Die ungleichen Brüder« (»Brothers«), 113, **140;**
– »Die unsichtbare Falle« (»The *Enterprise* Incident«), 16, 72, **73,** 172;
– »Die Verfemten« (»The Hunted«), **130–131;**
– »Die Verschwörung« (»Conspiracy«), 102, **117,** 169, 170;
– »Die Waffenhändler« (»The Arsenal of Freedom«), 104, 108, **115–116,** 173;
– »Die Wolkenstadt« (»The Cloud Minders«), 17, **78,** 167;
– »Die Zukunft schweigt« (»Time Squared«), **123,** 174;
– »Ein mißglücktes Manöver« (»The First Duty«), 32, 43, 67, 86, 93, 95, 96, 100, 104, 98, **163,** 169, 171, 173;
– »Ein Parallel-Universum« (»Mirror, Mirror«), 52, **65–66;**
– »Ein Planet wehrt sich« (»Home Soil«), **114;**
– »Ein Planet, genannt Erde« (»Assignment: Earth«), 14, 22, **71,** 174;
– »Eine hoffnungsvolle Romanze« (»The Perfect Mate«), **164;**
– »Epigonen« (»A Piece of the Action«), 24, 33–34, 69, **70,** 172;
– »Erster Kontakt« (»First Contact«), 35, 101, **145–146;**
– »Fähnrich Ro« (»Ensign Ro«), 11, 96, 98, 101, **155,** 169, 170;
– »Falsche Paradiese« (»This Side of Paradise«), 46, 47, **60,** 167;
– »Familienbegegnung« (»Family«), 96, 101, 102, 103, **140,** 169;
– »Fast unsterblich« (»The Mark of Gideon«), **77–78,** 167;
– »Galavorstellung« (»Peak Performance«), 88, 105, **126,** 169, 173;
– »Ganz neue Dimensionen« (»Arena«), 16, **57–58;**
– »Gedächtnisverlust« (»Future Imperfect«), **142;**
– »Gedankengift« (»The Naked Now«), 53, 97, 98, 103, 107, **110,** 170;
– »Gefahr auf dem 19. Jahrhundert« (»Time's Arrow«), 19, 119, **165,** 170;
– »Gefährliche Planetengirls« (»That Which Survives«), 13, 68, **76;**
– »Gefährliche Spielsucht« (»The Game«), **157,** 171;
– »Gefährlicher Tausch« (»Turnabout Intruder«), **80,** 107, 141, 167, 179;
– »Gefangen in der Vergangenheit« (»Qpid«), 10, 13, **148;**
– »Geist sucht Körper« (»Return to Tomorrow«), 10, 11, **70;**
– »Geistige Gewalt« (»Violations«), 99, 104, 159, **160,** 170;
– »Griff in die Geschichte« (»The City on the Edge of Forever«), 9, 20, 27, 62, 174
– »Hochzeit mit Hindernissen« (»Cost of Living«), **163;**
– »Horta rettet ihre Kinder« (»The Devil in the Dark«), 12, 58, **60;**
– »Hotel Royal« (»The Royale«), 27, 28, 29, **123;**
– »Ich bin Hugh« (»I, Borg«), **164;**
– »Ich heiße Nomad« (»The Changeling«), 25, 26, **65;**
– »Illusion oder Wirklichkeit?« (»Where Silence Has Lease«), **120;**
– »Im Namen des jungen Tiru« (»Friday's Child«), **63,** 168;
– »Implosion in der Spirale« (»The Naked Time«), **52–53,** 175;
– »In den Händen der Borg« (»The Best of Both Worlds, Part I«), 125, 132, **138;**
– »Joanna«, frühere Version von »Die Reise nach Eden«, 79, 168;
– »Kampf um das klingonische Reich, Teil 1« (»Redemption, Part I«), 94, **150,** 175;
– »Kampf um das klingonische Reich, Teil 2« (»Redemption, Part II«), 23, 98, 99, 100, 102, 119, **153–154,** 172, 175;
– »Kampf um Organia« (»Errand of Mercy«), 2, **60–61;**
– »Katastrophe auf der Enterprise« (»Disaster«), **156,** 170;
– »Kennen Sie Tribbles?« (»The Trouble With Tribbles«), 29, 38–39, **66–67;**
– »Kirk : 2 = ?« (»The Enemy Within«), **52;**
– »Kirk unter Anklage« (»Court Martial«), 32, 41, 42, 46, **56,** 167, 168, 171, 172;
– »Klingonenbegegnung« (»The Emissary«), 90, 96, 106, **125;**
– »Kodos, der Henker« (»The Conscience of the King«), 32, 40, 45, **55;**
– »Kraft der Träume« (»Shades of Grey«), **126,**
– »Krig der Computer« (»A Taste of Armageddon«), 18, 32, 35, **59;**
– »Kurs auf Marcus 12« (»And the Children Shall Lead«), **73;**
– »Landeurlaub« (»Shore Leave«), 42, **57,** 167;
– »Landru und die Ewigkeit« (»Return of the Archons«), 14, 33, **59;**
– »Meister der Sklaven« (»The Gamesters of Triskelion«), **69;**
– »Metamorphose« (»Metamorphosis«), 27, 30, **63;**
– »Miri, ein Kleinling« (»Miri«), 22, 32, **54–55;**
– »Mission ohne Gedächtnis« (»Conundrum«), 93, 95, 97, 98, 99, 101, 102, 105, **161,** 169, 170, 173;
– »Morgen ist gestern« (»Tomorrow is Yesterday«), 22, 26, 32, 53, **58–59,** 171–172, 174;
– »Mutterliebe« (»The Bonding«), 98, 101, 104, 107, **129;**
– »Noch einmal Q« (»Deja Q«), **131–132;**
– »Notlandung auf Galileo 7« (»The *Galileo* Seven«), **55–56;**
– »Odan, der Sonderbotschafter« (»The Host«), 13, 19, 97, **149;**
– »Patterns of Force«, 41, 66, **70;**
– »Picard macht Urlaub« (»Captain's Holiday«), 39, 107, **134,** 175;
– »Planet der Klone« (»Up the Long Ladder«), 30–31, **125,** 172;
– »Planet der Unsterblichen« (»Requiem for Methuselah«), 15, 38, **79;**
– »Planeten-Killer« (»The Doomsday Machine«), 12, 54, **64**
– »Platons Stiefkinder« (»Plato's Stepchildren«), 15, **75–76;**
– »Pokerspiele« (»The Corbomite Maneuver«), 48, **51,** 92, 179;
– »Portal in die Vergangenheit« (»All Our Yesterdays«), 14, 16, **80;**
– »Prüfungen« (»Coming of Age«), 93, 95, **115;**
– »Reise nach Babel« (»Journey to Babel«), 32, 36, 38, 40, 43, 46, **67,** 73, 167, 168,
– »Riker unter Verdacht« (»A Matter of Perspective«), **132;**
– »Rikers Vater« (»The Icarus Factor«), 96, 97, 100, 102, 103, 104, 105, **123–124,** 170, 173;
– »Rikers Versuchung« (»Hide and Q«), **112;**
– »Seit es Menschen gibt« (»The Savage Curtain«), 16, **79,** 172, 173;
– »Sherlock Data Holmes« (»Elementary, Dear Data«), 105, 107, **120;**
– »So nah und doch so fern« (»The Next Phase«), 101, 164–**165,** 170;
– »Spitze des Eisbergs« (»Where No Man Has Gone Before«), 25, 28, 35, 38, 39, 41, 42, **37,** 48, 59–60, 80, 92, 167;

INDEX

– »Spock außer Kontrolle« (»Operation: Annihilate!«), 18, 29, 33, 37, 48, 55, **61;**
– »Spock unter Verdacht« (»Balance of Terror«), 16, 31, 32, **53,** 171, 173;
– »Spocks Gehirn« (»Spock's Brain«), 14, **73–74;**
– »Stein und Staub« (»By Any Other Name«), **70;**
– »Strahlen greifen an« (»The Lights of Zetar«), 17, **78;**
– »Talos IV – Tabu, Teil 1« (»The Menagerie, Part I«), 11, 39, 42, 43, 45, 46, 54, **56,** 136, 171;
– »Talos IV – Tabu, Teil 2« (»The Menagerie, Part II«), **56–57;**
– »Terror auf Rutia-Vier« (»The High Ground«), 27, 92, 126, 129, **131;**
– »Tödliche Nachfolge« (»Reunion«), 79, 91, **141,** 172, 173;
– »Tödliche Spiele auf Gothos« (»The Squire of Gothos«), **57;**
– »Tödliche Wolken« (»Obsession«), 41, 43, 44, **68;**
– »Ungebetene Gäste« (»Power Play«), 19, 33, 34, **161–162;**
– »Verbotene Liebe« (»The Outcast«), 32, **162,** 173;
– »Verräterische Signale« (»The Mind's Eye«), **149–150;**
– »Versuchskaninchen« (»Allegiance«),104 0, 133, **134;**
– »Was summt denn da?« (»Wink of an Eye«), **76;**
– »Weltraumfieber« (»Amok Time«), 15, 37, 38, 52, **64,** 172, 173;
– »Weltraumkosmetik« (»The Counter Clock Incident«), 39;
– »Wem gehört Data?« (»The Measure of a Man«), 39, 105, **122,** 169;
– »Wen die Götter zerstören« (»Whom Gods Destroy«), 31, 40, 41, 75, **77,** 167, 171;
– »Wer ist John?« (»Transfigurations«), **137;**
– »Wie schnell die Zeit vergeht« (»The Deadly Years«), 37, 46, **66,** 167, 172;
– »Wiedervereinigung?, Teil 1« (»Unification, Part I«), 16, 37–38, 86, 92, 110, 111, **157–158,** 168, 172, 173;
– »Wiedervereinigung?, Teil 2« (»Unification, Part II«), 16, **158,** 172;
– »Wildwest im Weltraum« (»Spectre of the Gun«), **72;**
– »Worfs Brüder« (»Heart of Glory«), 101, 103, 105, **115,** 170;
– »Yuta, die Letzte ihres Clans« (»The Vengeance Factor«), 29, 55, 89, 94, 102, **130;**
– »Zeitsprung mit Q« (»Q Who?«), 25, 33, 48, 118, 122, **124;**

Fontana, Dorothy C.; sagt den Tag vorher, an dem die erste Mondlandemission startete, 22;
– Wählt den Namen für John Christophers* Sohn aus, 26;
– äußert sich zu Spocks* Alter, 37;
– schreibt »Die Täuschung«*, 38;
– äußert sich zu Kirks* zweitem Vornamen, 47–48;
– spricht über Diliziumkristalle*, 48;
– äußert sich zu »Wie schnell die Zeit vergeht«* und »Morgen ist gestern«*, 53;
– spricht über den Computer der *Enterprise*,* 58;
– ihre Kommentare zu Klingonen und Romulanern, 61;
– und über »Joanna«*, 79;
– äußert sich zu den Zeichentrickfolgen, 80;
– spricht über McCoys* Heirat und Scheidung, 168;
– äußert sich zu der Produktion der Folgen in falscher Reihenfolge, 179
Fox, Botschafter, 59
Friedensvertrag von Organia; wird verkündet, 60–61
Fundamentale Deklaration der Marskolonien; 172

GGG

Gaetano; auf Taurus II* getötetes Besatzungsmitglied der *Galileo*,* 56
Gagarin, Yuri; reist als erster Mensch durch den Raum, 21
Galaxie M33; dorthin verschlägt es die *Enterprise*-D*, 111
Galilei, Galileo; baut das erste astronomische Teleskop, 18
Galliunin, Irina; Chekovs* neuentflammte Liebe, 79, 168
Galorndon Core; *Enterprise*-D* antwortet auf einen Notruf, 129;
– vulkanisches Schiff wird dorthin geschickt, 158
Gamma Arigulon-System; *Enterprise*-D* untersucht dort Strahlungsanomalien, 141
Gamma Canaris-System; Zefram Cochrane* lebt zuletzt dort, 30;
– Kirk* u.a. stürzen dort ab, 63
Gamma Erandi Nebel; *Enterprise*-D* fliegt dorthin, 136
Gamma 7A-System; *Enterprise* wird dorthin beordert, 68;
– wird von Raumwesen angegriffen, 69–70
Garrett, Capt. Rachel; Captain der *Enterprise*-C*, 99, 171
Garrovick, Capt.; Kirk* wird zu ihm versetzt, 43, 44
Garth, Fleet-Capt.; führt die Friedensmission von Axanar*, 41;
– seine Besatzung meutert, 75;
– bringt die Strafkolonie in seine Gewalt, 77;
– ist Kirks* persönlicher Held, 40, 41
Gehirnparasit; befällt Deneva*, 167
Genesisprojekt; *Reliant** erkundet Ceti Alpha V* für es, 65, 87;
– wird der Föderation* präsentiert, 86;
– *Reliant** wird ihm zugeteilt, 87;
– Khan* stiehlt es, 87
Genesisprojektil; Khan* versucht, es zu stehlen, 87
Gill, John; einer von Kirks* Dozenten, 40, 41;
– die Föderation* verliert den Kontakt zu ihm, 66, 70;
– verletzt die Erste Direktive*, 70
Gleason, Capt.; Captain der *Zhukov*,* 135
Gomez, Sonya; kommt auf Sternenbasis 173 an Bord der *Enterprise*-D*, 122
Gorgan; Lebensform, die versucht, die Kontrolle über die *Enterprise** zu übernehmen, 73
Gorkon; klingonischer Kanzler, 91
Gossett; Bergmann auf Rigel XII*, 46
Gowron; Nachfolger von K'mpec* als Herrscher des klingonischen Hohen Rats, 141, 152, 153, 157
Graves, Dr. Ira; Brianon* ist seine Assistentin, 121
Grayson, Amanda; 40, 167;
– heiratet Sarek*,36;
– Mutter von Spock*, 37;
– ist gegen Sareks* Herzoperation, 67;
– überwacht Spocks* erneuten Erziehungs- und Lernprozeß, 88;
– stirbt, 153;
– tritt auch in den *Star Trek*-Filmen auf, 67
Green, Colonel; von der Erde, eine Nachbildung von ihm wird auf Excalbia* gefunden, 79, 173
Guinen, 154;
– ihr Alter, 154;
– hat mehrere Kinder, 170;
– begegnet Data* in der Vergangenheit auf der Erde, 19;
– trifft Q*, 25;
– ihr Heimatplanet wird von den Borg* zerstört, 48;
– dient auf der *Stargazer**, 170;
– arbeitet in Zehn Vorne*, 119

HHH

Haftel, Adm. Anthony; Befiehlt Data*, Lal* an die Sternenflotte* auszuliefern, 133
Hahn, Adm.; sagt, Wesley Crusher* wäre auch in einem Jahr in der Sternenflotten-Akademie* willkommen, 137
Halkan-System; die *Enterprise* besucht es, 65
Handelsabkommenskonferenz; auf Betazed*, 136
Hanson, Adm J.P.; plant Verteidigung gegen Borg*-Angriffe, 125;
– versetzt Shelby* zur *Enterprise*-D*, wo sie Verteidigungstaktiken gegen die Borg* leiten soll, 132, 138;
– stirbt in der Schlacht bei Wolf 359*, 139
Haro, Kadett; Bolianer*, 134
Haskins, Dr.; Gesprächspartner von Tyler*, 43
Have Gun, Will Travel, 71
Hawkins; Föderationsbotschafter, der auf Mordan IV* als Geisel genommen wird, 112
Hayashi System; *Enterprise* D* auf dem Weg dorthin, 134
Hedford, Föderationsbeauftragte Nancy; stürzt mit Kirk* u.a. ab, 63;
– verschmilzt mit dem Companion*, 30
Helium-Fusionszündung; Timicin* benutzt sie, 93
Hengist; transportiert mörderisches Lebewesen von Rigel IV* nach Argelius*, 51
Henoch; Sargons* Feind, 70
Hickman, Paul; dient auf der *Victory*,* 147
Hill, Dixon; -Geschichten werden veröffentlicht, 21;
Hitler, Adolf; entwickelt die Atombombe, 174;
– gewinnt den zweiten Weltkrieg, 20, 173
Hodin, Premierminister von Gideon*, 77
Holodeck; Picard* durch Fehlfunktion darin gefangen, 113;
– wird eingesetzt, um Ereignisse in Forschungsstation nachzustellen, 132;
Hor'gon; Skulptur von Risa* mit erotischen Konnotationen; Riker* bittet Picard*, ihm eine mitzubringen, 134
Hotel Royal; Buch wird auf Theta VIII* gefunden, 28
Howard, Beverly. *Siehe* Crusher, Beverly
Howard, Isabel; Mutter von Beverly Crusher*, 95
Howard, Paul; Vater von Beverly Crusher*, 95
Hyronalyn; wird gegen Strahlungskrankheiten eingesetzt, 172
Hytritium-Verbindung; *Enterprise*-D* bekommt dies von Fajo*, 135–36

III

I-chaya; Name von Spocks* zahmem Sehlat*, 37
Ilecom-Sonnensystem; meldet eine Zeitverzerrung, 116
Ilia Lt.; wird als im Einsatz vermißt gemeldet, 84;
– sollte in der zweiten Fernsehserie vorkommen, 85
Imzadi; betazoidisches Wort für »Geliebter«, 169
Initiation, Alter der; Worf* erreicht es, 105
Innis, Valeda; Erste Elektorine von Haven*, 110
interdimensionaler Transporter; Ansata-Seperatisten* beginnen ihn einzusetzen, 129
Invidium; Verseuchung löst Fehlfunktionen auf der *Enterprise*-D* aus, 135
Iowa, Erde; Staat, in dem Kirk* geboren wird, 37
Irina. *Siehe* Irina Galliunin
Irland, Wiedervereinigung von, 27
Ishikawa, Hiro; Keiko O'Briens* Vater, 170

JJJ

ja'chuq; klingonisches Nachfolgeritual, das von Picard* überwacht wird, 141
Ja'rod; von Mitglied des klingonischen Hohen Rates* des Verrats beschuldigt, 133;
– Vater von Duras*, 100, 133;
– als Mitarbeiter der Romulaner enttarnt, 100
Jameson, Adm. Mark; wird geboren, 86;
– kommandiert *Gettysberg**, 94–95;
– löst Bürgerkrieg auf Mordan IV* aus, 106
– Karnas* erbittet seine Hilfe, 112, 113
Jameson, Ann; heiratet Adm- Mark Jameson*, 94
Jared; Anführer der Ventaxianer, 17
Jarok, Adm. Alidar; romulanischer Admiral; läuft zur *Enterprise** über, um die Romulaner vor sich selbst zu schützen, 31, 127–128, 130. *Siehe auch* Setal
Jev; begeht telephatische Vergewaltigungen, 159, 160
Jones, Dr. Miranda; nimmt gedanklichen Kontakt zu Kollos* auf, 74
– tritt in Anwaltskanzlei ein, 444
Jono, alias Jeremiah Rossa*, 104
Justman, Robert; prägte den Spitznamen »Great Bird of the Galaxy« für Gene Roddenberry, 52
Juwel von Thesia; Benzan* gibt Yanar* dies, 115

KKK

K'Ehleyr; klingonische Botschafterin, 173;
– hat eine ungeklärte Beziehung mit Worf*, 106;
– nimmt Beziehung wieder auf; wird schwanger, 125;
– kommt mit ihrem Sohn Alexander Rozhenko* an Bord der *Enterprise*-D*, 141
– von Duras* ermordet, 141
K'mpec; Vorsitzender des klingonischen Hohen Rates, 172;
– weigert sich neue Beweise anzuerkennen, 133;
– bittet Picard* um Treffen, 141;
– wird tödlich vergiftet, 141
K'Temok; befehligt die *T'Ong*,* 90
Kaelon, Timicin*; versucht das Leben eines Sterns zu verlängern, 93
Kahless, der Unvergeßliche; vereinte die klingonische Heimatwelt, 172;
– seine Nachbildung wurde auf Excalbia* gefunden, 79
Kahlest; Worfs* Kindermädchen, 100;
– überlebt Khitomer-Massaker, 101
Kahs-wan; vulkanischer Überlebenstest, 37
Kalandanische Kolonie, 76
Kalomi, Leila; fühlt sich zu Spock* hingezogen, 46, 167
Kang; klingonischer Kommandant, 75
Kapec, Rayna; androidische Gefährtin von Flint*, 79
Karapleedeez, Onna; stirbt, 117
Karidian, Anton; auch bekannt als Kodos, der Henker*, 40;
– gibt eine Vorstellung auf dem Planeten Q*, 55
Karidian, Lenore; wird geboren, 40;
– verantwortlich für eine Reihe von Morden, 55
Karidian-Schauspielkompanie; beginnt offizielle Einführungstour, 45
Karnas; Herrscher von Mordan IV*, 94;
– behauptet, Terroristen hätten Geiseln auf Mordan IV* genommen, 112
katra; vulkanischer Begriff für Seele; Spock* erhält seine von McCoy* zurück, 88
Katzen; 99, 143
Kausalitätsschleife. *Siehe* temporäre Kausalitätsschleife
Kavis Alpha, Neutronenstern; explodiert, 34;
– Stubbs* will Sonde hineinschicken, 127
Kavis Alpha-Sektor; dort befindet sich Kavis Alpha Neutronenstern*, 101, 127
Keel, Capt. Walker; Satie* bittet ihn um Hilfe, 117;
– stellt Jack Crusher* Beverly Crusher* vor, 102, 170;
– ermordet, 169
Keeler, Edith; Sozialarbeiterin, 27, 173;
– McCoy* verhindert ihren Tod, 20, 174;
– Kirk* u.a. entdecken, daß sie sterben muß, 61
Kelvanisches Imperium; Erstkontakt mit ihm, 70;
– könnte unbewohnbar werden, 166
Kennelly, Adm.; Treffen mit Cardessianern*, 154–55
Khan Noonien Singh; kommt an die Macht und wird gestürzt, 24;
– versucht, die *Enterprise** in seine Gewalt zu bringen, 59;
– leitet die Kolonie auf Ceti Alpha V*, 49, 65;
– wird auf Ceti Alpha V* entdeckt, 87
Khan, Zor; Tyrann von Sarpeidon, der Zarabeth* verbannt, 14
Kirk, Aurelan; spricht von der Ankunft der Parasitenwesen, 55;
– stirbt, 18, 62
Kirk, George Samuel; Bruder von James T.Kirk*, 37;
– hat drei Söhne, 62;
– wird getötet, 62
Kirk, James T., 167;
– wird geboren, 37;
– Anfangsbuchstabe seines zweiten Vornamen war »R«, 47–48;
– überlebt das von Kodos* verübte Massaker, 40;
– tritt in die Sternenflottenakademie* ein, 40;
– begegnet Benjamin Finney*, 41;
– begegnet Gary Mitchell*, 41;
– begegnet Finnegan*, 41–42;
– wird zum Chef der Sternenflotteneinsatzplanung befördert, 81;
– kapert die *Enterprise*,* 88;
– kommandiert einen klingonischen Bird-of-Prey*, 88;
– kehrt in die Vergangenheit der Erde zurück, 23;
– hat eine romantische Beziehung zu Ruth, 42, 167;
– dient als Fähnrich auf der *Republic*,* 41;
– ist Lieutenant auf der *Farragut*,* 41, 43, 44;
– leitet seine erste Planetenerkundung, 44;
– macht seinen Abschluß an der Sternenflottenakademie*, 43;
– erhält Auszeichnungen, 43, 167;
– hat eine Affäre mit Janet Wallace*, 46;
– wird zum Captain der *Enterprise** befördert, 46;
– bricht zu seiner ersten Fünfjahresmission auf, 46–47;
– seine Beziehung zu Areel Shaw, 46, 56;
– hat einen Sohn, Dr. David Marcus*, 45;
– wird angeklagt, 56, 89;
– spricht von den Kindern seines Bruders George Samuel Kirk*, 62;
– sein Bruder und seine Schwägerin werden auf Deneva getötet, 18, 62;
– begegnet Zefram Cochrane*, 30, 63;
– heiratet Miramanee*, 72;
– beendet seine erste Fünfjahresmission, 80;
– wird zum Admiral befördert, 82;
– wird als Captain der *Enterprise* wiedereingesetzt, 84;

INDEX

– bricht zu seiner zweiten Fünfjahresmission auf und beendet sie, 85;
– nimmt eine Berufung an die Sternenflottenakademie* an, 85;
– Khan* versucht, sich anihm zurächen, 87;
– wird informiert, daß die *Enterprise** verschrottet werden soll, 88;
– wird zum Captain degradiert und auf die *Enterprise*-A* versetzt, 89;
– bringt zwei Buckelwale* ins 23. Jahrhundert, 89;
– wird zu lebenslanger Haft in den Diliziumminen auf Rura Penthe* verurteilt, 91;
– seine letzte (?) Mission, 92;
– leidet an veganischer Chronomeningitis, 167;
– stirbt(?), 167
Kirk, Peter; Neffe von James T. Kirk*; überlebt den Angriff der Parasiten; hat zwei Brüder, 61
Klaa, Capt.; Kommandant des klingonischen Bird-of-Prey*, 89
Klingonen; Erstkontakt mit ihnen, 35;
– ihr erstes Auftauchen, 61;
– ihre Beziehungen zur Föderation* verschlechtern sich, 36;
– entwickeln Bird-of-Prey mit verbesserten Feuerkapazitäten, 91;
– starten eine Friedensinitiative, 91;
– haben Kontakt zu den Romulanern zwischen 2311 und 2364, 94;
– Veränderungen ihrer Erscheinung, 61, 84;
– Bürgerkrieg, 152–54
Klingonisch-romulanische Allianz; wird erklärt, 73;
– bricht zusammen, 91
Klingonisches Imperium; Erstkontakt zu ihm, 35;
– seine Beziehungen zur Föderation verschlechtern sich, 36;
– kämpft in der Schlacht von Donatu V* gegen die Föderation*, 38;
– Höhepunkt seiner Auseinandersetzungen mit der Föderation*, 60;
– die Verhandlungen mit der Föderation* brechen zusammen, 36, 60;
– Spock* handelt einen Frieden zwischen ihm und der Föderation* aus, 37;
– beansprucht Shermans Planeten* für sich, 66–67;
– sein diplomatischer Repräsentant wird von Sybok* gefangengenommen, 89;
– Frieden mit der Föderation* besteht 2365, 90;
– seine Allianz mit den Romulanern* bricht zusammen, 91;
– auf anderer Zeitebene in Krieg mit der Föderation* verwickelt, 132, 175;
– Allianz mit der Föderation*, 168;
– sein Botschafter; verlangt Kirks* Auslieferung, 88–89;
– seine Expedition; stellt ersten Kontakt mit Ventax II* her, 92;
– seine Regierung; besiedelt Nimbus III* in einem Joint-venture mit der Föderation* und den Romulanern*, 68;
– Romulaner versuchen sie zu destabilisieren, 94;
– Hohes Kommando; informiert Sergey Rozhenko*, daß Worf* keine lebenden Verwandten hat, 101;
– Hoher Rat; beschuldigt Mogh* der Zusammenarbeit mit den Romulanern, 133;
– seine Heimatwelt; 133. *siehe auch* Qo'noS;
– Kahless* vereinigt sie, 79, 172;
– Kahless* kehrt zurück, 101
Kobayashi Maru; Test auf der Sternenflottenakademie, 43, 87
Kodos, der Henker; ergreift die Macht auf Tarsus IV*, 40;
– es stellt sich heraus, daß Anton Karidian* er ist, 55
Kohlinar; vulkanisches Geistestraining, 82
Kollos; Botschafter der Medusen, 74
Kolonie New Providence; auf Jouret IV*, 137
– zerstört, 138
Kolonie 5; Evans* soll dorthin gebracht werden, 53
Kolrami, zakdornischer Taktiker, 126
Komack, Adm.; 173
Konferenz von Babel;über die Aufnahme von Coridan* in die Föderation, 46
Konmet; klingonischer Rebell, 115
Koon-ut-kal-if-fee; vulkanische Herausforderung für das Recht der Heirat, 64
Korby, Dr. Roger; forscht auf Exo III*, 11;
– pflanzt seine Persönlichkeit in einen Androidenkörper ein, 54;
– letzte Nachricht von ihm wird empfangen, 45–46
Korris; klingonischer Rebell, 105, 115
Kosinsky; überwacht Tests der Warpsysteme der *Enterprise*-D*, 110, 111
Krieger-Wellen; man glaubt, daß Dr. Apgar* sie entwickelt, 132
Kriosianische Kolonien; rebellieren mit Hilfe der Romulaner, 149–50
Krocton-Segment; wird von Pardek repräsentiert, 86
Kurn; 170;
Kushell, Sekretär; von Straleb*, 121
Kustos, Der; Steuercomputer auf Aldea*, 15
Kyle, Cmdr.; wird auf die *Reliant** versetzt, 87

LLL

La Forge, Alvea; Geordi La Forges* Mutter, 170
La Forge, Edward M.; Geordi La Forges* Vater, 170
La Forge, Geordi; geboren, 96, 170
– hatte im Alter von 5 Jahren keinen VISOR*, 98;
– gerät in ein Feuer, 98;
– bekommt eine Katze, 99;
– tritt in Sternenflotten-Akademie* ein, 104;
– schließt Sternenflotten-Akademie* ab, 105;
– dient auf der *Victory**, 107, 147;
– reist auf der *Hood** zur *Enterprise*-D*, 170;
– wird Steueroffizier, 109;
– zum Lieutenant befördert, wird Chefingeneur, 119;
– baut Modell des Segelschiffes *Victory**, 120;
– zum Lt. Cmdr. befördert, 127;
– Gehirnwäsche durch die Romulaner, 149–50
LaBarre, Frankreich, Erde; Picards* Geburtsort, 93;
– Picard* besucht ihn, 102, 140
Lal, Datas* Androidentochter, 133
Lambda Paz; dritter Mond von Pentarus III*, 142
Landru; Führer, der einen Computer konstruiert, der nach seinem Tod für sein Volk sorgen soll, 13–14;
– sein Computersystem, 13–14, 33, 59
Latimer; Besatzungsmitglied der *Galileo**, das auf Taurus II* getötet wird, 56
Lazarus; zweifaches Lebewesen, das eine starke Raum/Zeit-Diskontinuität verursacht, 48
Lefler, Robin; Missionsspezialist, 157
Legaraner; nehmen diplomatische Beziehungen zur Föderation* auf, 136, 168;
– Sarek* beginnt Verhandlungen mit ihnen, 82
Legaranische Konferenz; wird durch Sareks* Krankheit gefährdet, 136
Leighton, Dr. Thomas; einer der 9 Überlebenden von Taurus IV*, 40;
– ruft die *Enterprise** zum Planeten Q*, 55;
– wird getötet, 55
Leijten, Lt. Cmdr. Susanna; zusammen mit Geordi La Forge* Besatzungsmitglied auf der *Victory**, 107;
– virale Parasiten von ihr entfernt, 147
Leka, Gouverneur; von Peliar Zel*, 19
Lester, Cr. Janice; entführt Kirk*, 80, 167
Lincoln, Abraham; die *Enterprise** begegnet einer Nachbildung von ihm, 79
Lincoln, Roberta; Assistentin von Gary Seven*, 22
Lindstrom; Soziologe der *Enterprise*;* bleibt auf Beta III* zurück, 59
Linke, Dr.; Forscher der Föderation* auf Minara II*, 70
Liziumbergleute; Kirk* verhandelt mit ihnen; die Frauen beschließen, bei ihnen zu bleiben, 51, 52
Liziumkristalle (später Dilizium-*); werden auf der *Enterprise** verwendet, 48, 50
Llangon-Berge; auf Vulkan*, Spock* verschwindet als Kind dorthin, 37
Locarno, Nick; in Sternenflotten-Akademie* aufgenommen, 108;
– von Sternenflotten-Akademie* ausgestoßen, 163;
– Boothby* spricht über ihn, 96
Locutus von Borg; alias Jean-Luc Picard*, 139
Lokai; führt eine Revolution auf Cheron* an, 12;
– entwendet ein Shuttle; zwingt die *Enterprise,* nach Cheron* zurückzufliegen, 76, 77
London Kings; ihr Shortstop bricht den Schlagrekord von Joe DiMaggio*, 27
Lore; Datas* Bruder; hilft dem Kristallwesen bei der Zerstörung von Omicron Theta*, 97;
– auseinandergenommen entdeckt, 113;
– kehrt zurück, 126
Lorenze-Gruppe; Minos* befindet sich dort, 115–16
Lorgh; wird sich um Kurn* kümmern, 100
Lornack-Clan; von Acamar III* beginnt eine bittere Fehde, 29;
– metzelt den Tralesta-Clan* nieder, 29, 89
Losira; letzte überlebende Kalandanerin*, 76
Loskene, Commander; Kommandant der Tholianer*, 74
Louvois, Phillippa; klagte Picard* wegen des Verlusts der *Stargazer** an, 105;
– Rechtsoffizierin; beschließt, Data* als vernunftbegabtes Wesen anzuerkennen, 122
Lutan; ligonianischer* Herrscher, 110
Lya Station Alpha; *Enterprise*-D* bringt Überlebende des Angriffs auf Solarion IV* dorthin, 155

MMM

M'rel; Gowron* ist sein Sohn, 150
M-5 Tests; der Grund, aus dem Data* Lal* aufgeben soll, 133
M-5, multitronischer Computer; wird getestet, 70–71
M24 Alpha-System; Triskelion* liegt in ihm, 69
MacDuff, Keiran; Satarraner*, der sich als erster Offizier der *Enterprise*-D* ausgibt, 161
Macet, Gul; Cardessianischer* Offizier, 144
Maddox, Cmdr. Bruce; Data* wird ihm zugeteilt, 122;
– Data zeichnet Logbuch für ihn auf, 143
Mallory; hilft Kirk* dabei, in die Sternenflottenakademie* aufgenommen zu werden, 40, 41
Malurianisches System; wird angegriffen, 65
Mandi; Direktor des Terraforming-Projekts auf Velara III, 114
Manheim, Dr. Paul; Wissenschaftler, 102;
– verursacht temporale Verzerrung während eines Experiments, 116
Manheim, Jenice; wird von Picard* versetzt, 98
Manway, Dr.; wird getötet, 65
Mar Oscura Nebel; *Enterprise*-D* ist dort auf wissenschaftlicher Mission, 150
Marcus, Dr. Carol; Mutter von David Marcus*, 45, 167;
– stellt das Genesis-Projekt* vor, 86
Marcus, Dr. David; James T. Kirks* Sohn, wird geboren, 45, 167;
– wird von Klingonen getötet, 88
Marouk, Herrscherin;
– versucht ihr Volk zu vereinen, 102;
– Herrscherin von Acamar III, 130;
– spricht über den Frieden ihres Volkes, 55
Marr, Dr. Kila; verliert ihren Sohn bei Angriff auf Omicron Theta*, 156
Marrab-Sektor; 165
Marta; Insassin der Strafkolonie auf Elba II; wird von Garth* getötet, 77
Marvick, Lawrence; einer der Designer der *Enterprise*,* 39, 74
Maxia Zeta Sonnensystem; *Stargazer** wird dort fast zerstört, 104–105
Maxia, Schlacht von; 96, 112
Maxwell, Capt. Benjamin; Captain der *Phoenix**, 143–44, 170, 173
– Captain der *Rutledge**, 170
»May the Great Bird of the Galaxy Bless Your Planet«, 52
– M'Benga, Dr.; Arzt im Stab der *Enterprise*,* 68, 76
McCoy, David; Vater von LeonardH. McCoy*, 36, 88, 168
McCoy, Dr. Leonard H., 168;
– geht in die Vergangenheit von Sarpeidon*, 14;
– wird geboren, 36, 168;
– beginnt sein medizinisches Studium, 40, 168;
– macht seinen medizinischen Abschluß, 43, 168;
– beendet eine romantische Beziehung, 44;
– wird auf die *Enterprise** versetzt, 50;
– ein Baby wird nach ihm benannt, 63;
– diagnostiziert, daß Spock* nach Vulkan zurückkehren muß oder sterben wird, 64;
– behandelt Sarek* nach einem Herzanfall, 67;
– setzt Spocks* Gehirn wieder ein, 74;
– wird von Xeno-Polycythemia* geheilt, 75;
– heiratet Natira*, 75;
– verläßt die Sternenflotte* und eröffnet eine private medizinische Praxis, 82;
– kehrt in den Dienst der Sternenflotte* zurück, 84;
– wird vom Lieutenant Commander zum Commander befördert, 85;
– Spocks* *katra** wird aus seinem Geist entfernt, 88;
– seine Dienstjahre auf der *Enterprise*,* 92;
– reist auf der *Hood**, 108;
– Auszeichnungen, 168;
– besucht *Enterprise*-D*, 109;
– McCoys Tochter Joanna*, 79, 168;
– Auftritt in »Der Mächtige«, 136
McCoy, Joanna; Leonard H. McCoys* Tochter, 79, 168
McGivers, Marla; Historikerin der *Enterprise*,* 26;
– beschließt, mit Khan* zusammen zu bleiben, 59
McKinney; sein Tod steht in Bezug zur Verschwörung in der Sternenflotte*, 117
Meltasionischer Asteroidengürtel; *Enterprise*-D* zieht Frachter hindurch, 142
Mempa Sektor; Familienbasis von Duras* dort zerstört, 153;
– Gowrons Einheiten müssen sich daraus zurückziehen, 154
Mendez, Commodore; spricht über Christopher Pikes* Unfall, 54;
– untersucht den Verbleib der *Enterprise*,* 56
Mendez, Emilita; diente ehemals auf der *Victory**, stiehlt Shuttle und fliegt nach Tarchannan III*, 147
Mendon, Fähnrich; Offizier von Benzar*, 122
Merrick, R.M.; begegnet Kirk* auf der Sternenflottenakademie*, 42;
– Captain der *Beagle**, 45, 67;
Mesopotamien; Flint* wird dort geboren, 15;
Miller, Steve; Vater von Wyatt Miller*, 169–70
Miller, Wyatt; Deanna Trois* Verlobter, 110, 169–70
Minara; Stern, der zur Nova wird, 74
Miramanee; Kirk* heiratet sie, 72;
– wird getötet, 72
Miri; 22;
– hilft dem *Enterprise**-Landetrupp, 54
Mitchell, Gary; 25;
– lernt Kirk* kennen, 41;
– wird von der Energiebarriere verändert, 47
Modean-System; Geordi La Forge* lebt dort, 170
Mogh; Worfs* und Kurns* Vater, 100, 133;
– verdächtigt Ja'rod der Zusammenarbeit mit den Romulanern, 100;
– beschuldigt mit den Romulanern auf Khitomer* zusammengearbeitet zu haben, 133;
– Gowron* stellt Ehre der Familie wieder her, 152
Mojave, Erde; Pikes* Geburtsort, 171
Morath; Kahless'* Bruder, 79, 172
Morgana Quadrant; 120
Morrow, Adm.; spricht über das Alter der *Enterprise*,* 39;
– informiert Kirk* darüber, daß die *Enterprise** verschrottet werden soll, 88
Mudd, Harcourt Fenton; 51, 66;
– wird verurteilt, 47;
– wird den Föderationsbehörden übergeben, 52
Mull, Penthor; soll den Überfall auf den Tralesta-Clan* geleitet haben, 94
Mullen, Steven; Erster Offizier der *Essex*,* 33
Murasaki; quasar-ähnliche Formation, 56, 142
Mutara-Sektor, 60;
– die *Botany Bay** wird in seiner Nähe gefunden, 59, 60;
– die Raumstation Regula 1* befindet sich dort, 86;
– die *Reliant** patroulliert ihn, 87
– der Genesis-Planet* befindet sich dort, 88

NNN

Narsu, Adm. Uttan; von Sternenbasis 12, 33
– Natira; Hohepriesterin von *Yonada*,* heiratet McCoy*, 75;
– führt die Fabrini* aus *Yonada** heraus, 81
Nazi-Deutschland; wird auf Ekos* nachgeahmt, 70;
– gewinnt 2. Weltkrieg in anderer Zeitebene, 174

INDEX

Nebel FGC-47; *Enterprise*-D* führt Untersuchungen durch, 164
Nel-System; Jev* begeht dort geistige Vergewaltigungen, 159
Neral; romulanischer Proconsul, 158
Neu Paris-Kolonien; werden durch eine Seuche gefährdet, 55, 56
Neue Vereinte Nationen; Beschluß der, 27
Neutrale Zone, klingonische, 90
Neutrale Zone, romulanische; 53, 66, 73, 117—118, 124, 173;
— wird festgelegt, 31;
— Iconia befindet sich dort, 122
New Jersey, Erde; Rasmussen* stammt von dort, 166
New Martim Vaz-Unterwasserstadt; Kevin und Rishon Uxbridge* lernen sich dort kennen, 94
Ngame Nebel; 145
Nichols, Dr.; erfindet transparentes Aluminium, 23, 174
Nobelpreis; Daystrom* gewinnt ihn, 36, 39
Noel, Helen; erkundet zusammen mit Kirk* Tantalus V*, 54
Nogura, Adm.; setzt Kirk* wieder als Captain der *Enterprise* ein, 84
Norman; Android, bringt die *Enterprise* unter seine Kontrolle, 66
Nova-Staffel; Wesley Crusher* gehört dazu; hat einen Flugunfall, 163
— Atomzeitalter der Erde, 71
Nullraum-Taschen; in der Nähe des J'naii-Planeten* gefunden, 162
Nummer Eins, 54
Nuress, Dr. Susan; führt Tests zur Bekämpfung einer Plasmaseuche* durch, 92
Nuria; Herrscherin von Mintaka III*, 128

——— ooo ———

O'Brien, Keiko (Mädchenname Ishikawa); 170;
— heiratet Miles Edward O'Brien*, 143;
— wird schwanger, 145;
— gebärt Molly O'Brien*, 156
O'Brien, Miles Edward; 140, 156;
— dient auf der *Rutledge*, 170, 173;
— heiratet Keiko Ishikawa, 143;
— zeugt ein Kind, 145;
— wird von Außerirdischem übernommen, 161—62
O'Brien, Molly; Tochter von Miles Edward O'Brien* und Keiko O'Brien*, geboren, 156
Odan, Trill*-Botschafter, 19;
— Beverly Crushers* Geliebter, 97, 149
Odona, Hodins* Tochter, 77
Offenhouse, Ralph, 117
Okona, Thadium; spricht über Juwel von Thesia, 115;
— Anschuldigungen gegen ihn, 120—21
Omega Sagitta-System, 120—21
Omega-System; dort befindet sich Holberg 917-G*, 38, 79
Omicron Delta-Region; ein neuer Planet wird dort gefunden, 54
Omicron Theta-System; wo Data* gebaut wurde, 113
Onias-Sektor; nah der Neutralen Zone, 142
Orelious-System; *Enterprise*-D* dort, 129
Orion; Anschlag der Regierung von, 67
Orta; bajoranischer* Terroristenanführer, 155
Ozaba, Dr.; Föderations*-Forscher auf Minara II*, 70

——— PPP ———

Palmenblatt des Friedensrates von Axanar; Kirk* wird damit ausgezeichnet, 41, 171
Pardek; romulanischer Senator, 86, 110, 167, 158;
— begegnet Spock* während der Konferenz von Khitomer, 92;
— wird als Geheimagent der romulanischen Regierung entlarvt, (92) 158
Paris, Frankreich; auf der Erde, das Büro des Präsidenten der Föderation* befindet sich dort, 32;
— Café des Artistes dort, 98, 99
Parmen; Führer der Platonier*, Ehemann von Philiana*, 15, 75—76
Parrises Squares; Spiel; Sternenflotte* gewinnt einen Wettbewerb, 95, 124
Parvenium-Sektor; *Enterprise*-D* dort, 165
Peliar Zel-System; Odan* verhandelt dort, 149
Pergium; Erz, das auf Janus VI* abgebaut wird, 58, 60
Perrin; Sareks* zweite menschliche Frau, 136, 169
— deutet an, daß Spock* auf Vulkan lebt, 156
— überlebt Sarek*, 142
Phasenverschiebungsphänomen; ist für das Verschwinden von Kirk* und der *Defiant* verantwortlich, 74;
— Grundlage für experimentelle romulanische Tarnvorrichtung, 165
Phelen-System; *Enterprise*-D* dorthin unterwegs, 179
Philiana; Parmens* Gattin, 15
Phoenix-Gruppe; *Enterprise*-D* untersucht sie, 157
Phyrox-Seuche; 134
Picard, Jean-Luc, 169;
— geboren, 93, 169;
— Verwandte, 169;
— erster Neuzugang, der je das Akademie-Marathon gewonnen hat, 95;
— tritt in Akademie ein, 95;
— schließt Akademie ab, 95—96, 169;
— sagt, Boothby* hätte ihm beim Abschluß geholfen, 96, 171;
— sein Herz wird ersetzt, 124, 169, 171;
— bei Hochzeit von Sareks* Sohn anwesend, 168;
— beginnt 22 jährige Mission auf *Stargazer*, 96, 104—105;
— versetzt Jenice Manheim, 98;

— enger Freund von Keel, 102;
— floh an Bord der *Stargazer* vor den Cardessianern, 144;
— Jack Crusher* stirbt unter seinem Kommando, 104
— wird wegen Verlusts der *Stargazer* angeklagt, 105;
— trifft Tasha Yar* auf Carnel*, 108;
— erhält Kommando der *Enterprise*-D*, 108, 109;
— verletzt Erste Direktive*, 112;
— Beförderung zum Kommandanten der Sternenflotten-Akademie* angeboten, 115
— wirbt Guinan* für Zehn Vorne* an, 119;
— Doppelgänger entdeckt, 123;
— für einen Gott gehalten, 128;
— wird Worfs* *cha'DIch*, 133;
— trifft Sarek*, 136;
— von Borg* entführt, 138;
— Borg* benutzen ihn zur Vernichtung der Armada, 139;
— besucht LaBarre*, 102, 140, 169;
— wird zum Richter über K'mpecs* Nachfolge ernannt, 141;
— leitet O'Briens* Hochzeit, 143;
— entscheidet als Richter der Nachfolge, daß Torals Ansprüche ungültig sind, 152;
— akzeptiert Worfs* Bitte um Wiederaufnahme, 154;
— schlägt Ro Laren* vor, Besatzungsmitglied zu werden, 155;
— soll Anfangsrede an Sternenflotten-Akademie* halten, 163
Picard, Marie; Robert Picards* Frau; Schwägerin von Jean-Luc Picard*, 140
Picard, Maurice; Vater von Robert und Jean-Luc Picard*, 93
Picard, Robert; Jean-Luc Picards* Bruder, 96, 101, 140
Picard, Yvette; Jean-Luc und Robert Picards* Mutter, 93, 169
Picard-Manöver; Picard* benutzt dies, um die *Stargazer* zu retten, 105
Pike, Christopher, 44, 171, 172;
— Spock* dient unter ihm, 37, 39, 42;
— beginnt die zweite Fünfjahresmission der *Enterprise* (seine erste), 42;
— beendet seine erste Fünfjahresmission mit der *Enterprise*, 44;
— vollendet seine zweite Fünfjahresmission, 45;
— wird zum Fleet-Captain befördert, 46;
— wird bei einem Unfall verwundet, 54;
— wird von Spock* entführt, 56—57;
— trifft Vina*, 11, 37;
— bleibt auf Talos IV*, 57
Piper, Dr. Mark, wird von McCoy* als Bordarzt der *Enterprise* abgelöst, 48
Planeten-Killer, 12, 64

Planeten. *Siehe auch:* Cardassia; Erde; Khitomer; Qo'noS; Romulus; Vulkan

892-IV; die Gesellschaft dort ähnelt dem alten Rom auf der Erde, 16;
— dort stürzt die *Beagle* ab, 45, 67;
Acamar III, 30;
— Heimat der Clans der Lornack* und der Tralesta*, 29, 89;
— auf ihm wird Frieden geschlossen, 55;
— Heimat von Penthor Mull*, 94;
— Heimat von Marouk*, 102;
— *Enterprise*-D* fliegt dorthin, 130;
Aldea; wurde einst für eine Legende gehalten, von der *Enterprise*-D* entdeckt, 15, 115;
Alderaan; wurde von der *Enterprise* niemals besucht, 2001;
Alfa 177; wird geologisch erkundet, 52;
Algeron IV; von *Enterprise*-D* besucht, 115;
Alpha Eridani II; hier wurden zwei Frauen ermordet, 31;
Altair IV; DeSoto* besucht ihn, 169;
Altair VI; die *Enterprise* befindet sich auf einer diplomatischen Mission dorthin, 64;
Angel I, 79, 92, 124;
Angosia III; bittet um Aufnahme in die Föderation*, 130—31;
Antede III; bittet um Aufnahme in die Föderation*, 125;
Antica; *Enterprise*-D* befördert dessen Delegierte, 111;
Antos IV; seine Bewohner werden getötet, 75, 77;
Archer IV; *Enterprise*-D* fliegt dorthin, 133;
Ardana; Wolkenstadt erbaut, 19, 78;
Argelius II; dort werden Frauen ermordet, 22—23, 29, 30, 31, 51, 65;
Ariannus; wird dekontaminiert, 77;
Atlec; Geburtsort von Yanar*, 115;
— Picard* vermittelt in einem Konflikt, 120—21;
'audet IX; dort nimmt *Enterprise*-D* Proben einer Plasmaseuche* auf, 119;
Axanar; wird von Kirk* besucht, 41, 167, 171;
Babel; Planetoid, 67;
Bajor; dort blühte eine Zivilisation vor 500 000 Jahren, 11;
— restliche Bevölkerung von Cardassianern* gefoltert, 96;
— Geburtsort von Ro Laren*, 96, 98
Barzan; dort befindet sich ein Wurmloch, 129—30;
Benzar; Heimat von Mendon*, 122;
Beta Agni II; Vergiftung bedroht Wasservorräte, 135, 136;
Beta Kupsic;
Beta III; Landrus* Planet, 13, 33;
— die *Archon* verschwindet in seiner Nähe, 59;
— die *Enterprise* fliegt dorthin auf einer Versorgungsmission, 57;
Beta XIIA; von der *Enterprise* besucht, 75;
Betazed; Geburtsort von Deanna Troi*, 97;
— Troi* besucht ihn, 112;
— Handelskonferenz findet dort statt, 136;

Bolarus IX; Haros* Heimat, 134;
Boradis III; erster Föderations-Außenposten im Boradis-System*, 96
Bre'el IV; der Orbit seines Mondes verschiebt sich durch ein schwarzes Loch, 131;
Brekka; dort wird Felizium gewonnen, 32, 106, 116;
Bringloid V; 30, 125;
Browder IV; *Enterprise*-D* nimmt dort an Terraforming-Projekt teil, 134;
Bynaus; Heimat der Binären*, 124;
Camus II; dort archäologisch erkundet, 80, 141;
Canops; Heimat des Dichters Tarbolde*, 25;
Capella IV; wird von der *Enterprise* besucht, 63;
Carnel; *Enterprise*-D* antwortet auf Notruf, 108;
Cerebus III; Quelle der Verjüngungsdroge, 113;
Cestus III; Außenposten dort zerstört, 57, 58;
Ceti Alpha V; dort werden Khan* und seine Gefolgsleute zurückgelassen, 59;
— die Sternenflotte* wurde nie (?) über der Existenz der dortigen Kolonie informiert, 60;
— wird durch die Explosion von Ceti Alpha VI* aus seiner Umlaufbahn geworfen, 65;
— die *Reliant* übersteht die Genesis-Explosion in der Nähe von, 87;
Ceti Alpha VI; explodiert, 65
Chalna; von Picard auf der *Stargazer* besucht, 104
— Esoqqs* Geburtsort, 134;
Cheron; Revolution auf, 12;
— Lokai* und Bele* stammen von dort, 76;
— die *Enterprise* wird gezwungen, dorthin zu fliegen, 77;
Cor Caroli V; *Enterprise*-D* bekämpft dort Phyrox-Seuche*, 134;
Coridan; um ihn geht es auf der Konferenz von Babel, 46;
— seine Aufnahme in die Föderation wird diskutiert und positiv entschieden, 67, 168;
Cygnet XIV; wird von der *Enterprise* für Reparaturarbeiten angelaufen, 58;
Cygnia Minor; dort herrscht eine Hungersnot, 55;
Cygnus Alpha, kein Föderationsgebiet mehr, 777
Daled IV; dort bricht ein Bürgerkrieg aus; er rotiert nur einmal im Jahr, 18;
— *Enterprise*-D* bringt Salia* dorthin, 125;
Danula II; dort findet der Marathon der Sternenflotten-Akademie* statt, 95;
Daran V; seine Kollision mit Yonada* wird vermieden, 77;
Darin V; die Bewohner von Yonada* werden auf einem Planeten dort in seiner Nähe landen, 78;
Delos IV; dort arbeitet Beverly Crusher*, 103;
Delta Rana IV; die Uxbridges* werden Teil der Kolonie, 94, 106;
— *Enterprise*-D* empfängt Notruf, 128;
Deneb IV; *Enterprise*-D* erhält Auftrag, Raum dahinter zu erforschen, 108;
— dort liegt die Farpoint-Station*, 109
Deneva; wird kolonisiert, 33;
— wird vom selben Massenwahnsinn befallen, der auch auf Beta Portolan wütete, 18, 34, 59, 67;
Denius III; dortige archäologische Funde geben Hinweise auf Iconia*, 12;
— *Yamato* nimmt dort an archäologischen Studien teil, 122;
Dimorus; Kirk* und Mitchell* dort, 167;
Donatu V; die Schlacht von; fand in der Nähe von Shermans Planeten* statt, 38
Drema IV; von dort empfängt Data* Funksprüche, 110;
siehe auch: Secundi Drema;
Durenia IV; *Enterprise*-D* dort, 140—41;
Dytallix B; Picard* trifft dort Keel*, 117;
Eden; Severin* ist auf der Suche nach ihm, 78;
Ekos; sort ist Gill* stationiert, 66, 70;
El-Adrel IV; tamarianisches Schiff befindet sich dort, 153;
Elas; Elaan* stammt von dort, 72;
Elba II; Strafkolonie der Föderation, 77;
Emilia II; *Enterprise*-D* dort, 132;
Eminiar VII; befindet sich im Krieg mit Vendikar*, 18, 37;
— die *Valiant* nimmt Kontakt mit ihm auf, 35;
— die *Enterprise* nimmt Kontakt zu ihm auf, 59;
Epsilon Canaris II; dort wird Hedford* von einem Shuttle abgeholt, 63;
Epsilon IX; *Enterprise*-D* reist dorthin, 124;
Excalbia; wird von der *Enterprise* untersucht, 79;
Exo III; wird unbewohnbar, 11;
— Korby* forscht dort, 11, 45—46;
— wird von der *Enterprise* besucht, 54;
Famma II; Planetoid, 68;
Gagarin IV; dort befindet sich die Darwin-Forschungsstation*, 103, 121;
Galen IV; Geburtsort von Jeremiah Rossa*, 104, 106;
— Gamelan V; in seiner Umlaufbahn befindet sich ein radioaktiver Frachter, 29;
Gamma Hromi II; *Enterprise*-D* besucht den Planeten, 130
Gamma Hydra IV; wird von der *Enterprise* besucht, 66;
Gamma Tauri IV; Ferengi* stehlen dort einen Energie-Konverter, 111;
Gamma Trianguli VI; Heimat des Maschinengotts Vaal*, 13, 65;
Garon II; Ro Laren* nach Katastrophe auf diesem Planeten vor Gericht gestellt, 98, 170;
Gault; Farmerplanet, auf dem Worf* aufgezogen wurde, 101, 170;
— Rozhenkos* stammen dort weg, 103;
— Worfs* Stiefbruder kehrt dorthin zurück, 105;
Gemaris III; von der *Enterprise* besucht, 134;
Genesis-Planet; die *Grissom* erhält den Auftrag, ihn zu untersuchen, 88;
— löst sich auf, 88;

189

INDEX

Gideon; stimmt einem begrenzten Kontakt mit der Föderation* zu, 77, 167;
Gothos; Trelanes* Planet, 57;
Gravesworld; *Enterprise*-D* läßt Außenteam zurück, 121;
Haven; tarellianisches* Schiff versucht dort zu landen, 105;
– *Enterprise*-D* auf dem Weg dorthin, 110
Holberg 917-G; wird von Brack* gekauft, 38;
– die *Enterprise** macht einen Umweg dorthin, 79;
Iconia; dort blühte eine Zivilisation vor 200 000 Jahren, 12;
– Varley* entdeckt Planeten, 122;
Ingraham B; wird von Parasitenwesen angegriffen, 48, 62;
– wird von demselben Wahnsinn heimgesucht wie Deneva, 18;
– von dort kommendes Schiff transportiert die Parasiten, 55;
Isis III; *Enterprise*-D* besucht Planeten, 113;
Janus VI; Heimat der Horta*, 12, 58, 60
Jaros II; Ro Laren* dort im Gefängnis, 170;
Jouret IV; dort befindet sich New Providence Kolonie*, 137, 138;
Kaelon II; dort wird die Sitte der Auflösung* eingeführt, 16;
– Timicin* dort geboren, 93;
Kataan; dort herrscht eine Dürre und seine Sonne wird zur Nova, 17;
Kavis Alpha IV; Naniten* erhalten Recht, ihn zu kolonisieren, 127;
Kenda II; Quaice* geht dorthin, 140;
Klavidia II; dort nimmt *Enterprise*-D* Salia* auf, 122;
Lavinius V; wird von demselben Wahnsinn heimgesucht wie Deneva, 18, 29, 62;
Legara IV; dorthin geht Sarek*, 136;
Ligon II; *Enterprise*-D* soll Beziehungen aufnehmen, 110;
Lya III; *Enterprise*-D* fliegt zu Sternenbasis in der Nähe, 131;
M-113; Nancy und Robert Crater* kommen dort an, 45;
– Nancy Crater* wird dort getötet, 45, 47;
– wird von der *Enterprise** besucht, 52;
Mab-Bu VI, 161;
– Kriminelle sind auf seinem Mond eingesperrt, 119;
– die *Essex** geht dort verloren, 33;
Makus III; die *Enterprise** soll medizinische Notvorräte von dort holen, 55, 56;
Malcor II; Durken* stammt von dort, 101;
– *Enterprise*-D* führt dort verdeckte Beobachtung durch, 145–46;
Mariposa; dort entdeckt *Enterprise*-D* eine weitere Kolonie, 125;
Mars; *Viking I* landet auf ihm, 23;
– Flottenwerften Utopia Planitia* im Orbit, 108
Melona IV; *Enterprise*-D* hilft bei Studien, 155, 156;
– von Kristallwesen* angegriffen, 155–56
Memory Alpha; sein gesamtes Personal wurde getötet; Lt. Romaine* kehrt nach dort zurück, 78;
Merak II; wird von einer Pflanzenseuche bedroht, 78;
Mimas; Nova-Staffel* dorthin gerettet, 163;
Minara II; seine Sonne Explosiert, 70, 74;
Minos; 173;
– Rice* stirbt dort, 104;
– *Drake** dort zerstört, 94, 115–16
Mintaka III; *Enterprise*-D* besucht ihn, 128;
Miris* Planet, 22;
– die Föderation* schickt Hilfe dorthin, 55;
Mizar II; Kova Tholls* Heimatplanet, 133, 134;
Moab IV; wird kolonisiert, 34, 160;
Mordan IV; Föderationsgeiseln dort genommen, 94–95;
– Bürgerkrieg endet, 106;
– Jamesons* dorthin gebracht, 113;
Mudor IV, 156;
Nahmi IV, 135;
Narendra III; Besatzung der *Enterprise*-C* dort gefangen, 99;
– Zwischenfall ist wendepunkt in Beziehungen zwischen Klingonen und Föderation, 99, 172;
– Tasha Yar* stirbt dort nicht, 175;
– *Enterprise*-C* kann nicht helfen, 175;
– *Enterprise*-C* dort zerstört, 171
Nasreldine; *Enterprise*-D* besucht ihn, 123;
Nelvana III; romulanischer Außenposten soll sich dort befinden, 130;
Nestoriel III; Guinan* kommt an Bord der *Enterprise*-D*, 119;
Neural; Name von Tyrees* Planeten in einem frühen Script,44;
Nimbus III; »Planet des galaktischen Friedens«, wird in einem Joint-venture zwischen Klingonen, Romulanern und der Föderation* besiedelt, 68;
– die diplomatischen Repräsentanten werden dort gefangen genommen, 89;
Obi IV; dort bricht eine Pflanzenseuche* aus, 92;
Oceanus IV, 157;
Ogus II, 140;
Omega IV; dort geht die *Exeter** verloren, 71;
Omicron Ceti III; wird von der Sandoval-Expedition* besiedelt, 46, 47, 60;
Omicron Pascal, 114;
Omicron Theta; Soong* flieht von dort, 97;
– Data* dort gefunden, 97–98;
– Lore* angeblich zerstört, 140;
– Kristallwesen* zerstört dort Kolonie, 155
Ophicus III; dorthin sollten die Frauen des Mr. Mudd ursprünglich gebracht werden, 51–52;
Orelious IX; in seiner Nähe findet ein Krieg statt, 17;
Organia; seine Bewohner haben sich zu Wesen aus reiner Energie entwickelt, 10;
– wird von den Klingonen überfallen, 60;
Ornara; dortige Seuche, 32, 106, 116;
Pacifica, 117, 125;
Parliament; Planetoid, 111;
Peliar Zel, 18–19, 149;
– zwei Monde haben einen Streit, 97;
– Alpha-Mond, 149;
– Beta-Mond, 149;
Pelleus V, 114;
Pentarus II; *Nenebek** stürzt auf dem dritten Mond ab, 142;
Penthara IV, 159;
Persephone V; *Enterprise*-D* dort, 113
Planet Q; Heimat von Leighton*, 55;
Platonius; wird von den Platoniern besiedelt, 7, 7615
Pollux IV; dort ließen sich die griechischen Götter-Außerirdischen nach dem Verlassen der Erde nieder, 14, 64;
Psi 2000, 52–53;
Pyris VII; Heimat von Außerirdischen, die über eine Technologie zur Umwandlung von Materie verfügen, 63;
Qualor II; Ort des Schiffsfriedhofs Zed-15*, 111;
– *T'Pau** sollte dort sein, 158;
Rachelis; dort bricht eine Plasmaseuche aus, 119;
Remus; einer der Heimatplaneten der Romulaner, 31;
Rigel VII; wird von Pike* besucht, 43;
Rigel XII; dort befinden sich Liziumminen, 38, 51–52;
Risa; Vergnügungsplanet;
– *Tox Uthat* dort versteckt, 107, 166;
– Picard* nimmt Landurlaub, 134;
– La Forge* auf dem Weg dorthin, als er von Romulanern entführt wird, 149;
Romii; anderer Name für Remus*, 31;
Romulus; einer der Heimatplaneten der Romulaner, 31;
Rubicun III; Heimat der Edo, 112;
Rutia IV; Ansata-Seperatisten* befinden sich dort, 27, 92, 126, 129, 131;
Sarona VIII; *Enterprise*-D* besucht ihn, 116;
Sarpeidon; Planet, der eine Eiszeit durchmacht, 14, 80;
Scalos; Heimat der beschleunigt lebenden Wesen, 76;
Selay; will in die Föderation aufgenommen werden, 111;
Selcundi Drema; beginnt, sich aufzulösen, 35;
Septimus Minor; die *Artemis** sollte zu diesem Planeten fliegen, 85;
Shaka-Ree; im Zentrum der Galaxie, 89;
Shermans Planet; erstmals kartographiert, 29;
– die Schlacht von Donatu V wird in seiner Nähe geschlagen, 38;
– wird von der Föderation* und den Klingonen beansprucht, 66;
Sigma Draconis VI; dorthin wird Spocks* Gehirn gebracht, 14, 73–74;
Sigma Iotia II, 70, 172;
– seine Kultur entstand nach dem Buch, das dort zurückgelassen wurde, 24, 33,
– die Nachricht der *Horizon** kommt von dort, 69;
Sigma III; hat Bergbau-Kolonie, 112;
Solais V; ein Krieg beginnt dort, 16;
– Riva* dorthin gebracht, 121;
Solarian IV; von Terroristen angegriffen, 154, 155;
Straleb; Geburtsort von Benzan*, 115;
– Picard* vermittelt in Konflikt, 120–21;
Stryris IV; Anchillis-Fieber* bricht dort aus, 110;
Surata IV; wo sich Riker* den Zeh anstößt, 126;
T'lli Beta; zweidimensionale Lebensformen in der Nähe entdeckt, 142;
Tagus III, 148;
– eine Zivilisation blühte hier vor zwei Milliarden Jahren, 10;
– die erste archäologische Expedition dorthin fand vor 22 000 Jahren statt, 12;
Talos IV, 43, 56;
– dort findet ein Krieg statt, 11;
– die *Columbia** stürzt dort ab, 37
– Christopher Pike* begrüßt die Überlebenden dort, 47, 172;
Tanaga IV; dort befindet sich Dr. Apgars* Forschungsstation, 132;
Tantalus V; Strafkolonie, 54;
– Van Gelder* wird dorthin versetzt, 50;
Tarchannan III; dort verschwinden Kolonisten, 107;
– Mendez* und Hickman* auf dem Weg dorthin, 147;
Tarellia; Seuchenplanet, 105, 173
Tarsas III; Sternenbasis 74* befindet sich dort, 114;
Tarsus IV; dort hat Kodos* seine Hinrichtungen durchgeführt, 40;
Tau Alpha C; Kosinskis* Assistent, der Reisende* kommt von dort, 110, 141;
Tau Cygna V; wird an die Sheliak* abgetreten, 44;
– die *Artemis** landet dort, 85;
– Föderationskolonisten müssen von dort entfernt werden, 128
Taurus II; die *Galileo** stürzt dort ab, 56;
Tessen III; von Asteroiden bedroht, 163;
Thasus, 40, 42, 53;
– seine Bewohner haben sich zu reinen Energiewesen entwickelt, 17;
Theta VII; benötigt medizinische Notvorräte, 69;
Triacus (im Deutschen: Triadus), Einsatzort der Starnes-Expedition, 73;
Triskelion; Heimat der Sklavenhalter, 69;
Troyius; befindet sich im Krieg mit Elas*, 72;
Turkana IV; Heimat von Tasha Yar*, 97;
– Geburtsort von Ishara Yar*, 98;
– Tasha Yar* flieht, 103, 170;
– *Potemkin** führt letzten Kontakt vor 2367 durch, 107;
– Besatzung der *Arcos** landet dort, 141;
Tycho IV; Heimatplanet der »Vampirwolke«, 44, 69;
Tyrees Planet; die Klingonen versuchen, sich in die politischen Verhältnisse dort einzumischen, 55;
Vagra II; Shuttle stürzt dort ab, 116;
– Tasha Yar* stirbt dort, 132, 175;
– Tasha Yar stirbt dort auf anderer Zeitebene nicht, 132, 175;
Valo I; Orta* befindet sich auf dem dritten Mond, 155;
Valt Minor; neue Heimat von Kamala, 164
Vandor IV; Planet, Quelle der temporalen Verzerrung, 116;
Velara III; Planet, 114, 115;
– Lebensformen durch Terraforming-Projekt bedroht, 114;
Vendikar; befindet sich im Krieg mit Eminiar VII*, 18, 35, 59;
Ventax II; glaubt an Ardra*, 92;
– wird von Ardra* besucht, 16, 92, 144;
Wolf 359; dort trifft die Armada auf das Borg-Schiff, 138;
– Armada dort vernichtet, 139;
Zeta Alpha II; *Lalo** in der Nähe entdeckt, 138;
Zetar; fast alles Leben dort wird vernichtet, 17, 78

Plasmaseuche; bricht auf Obi VI* aus, 92;
– *Enterprise*-D* befördert Proben, 119;
Plato; inspiriert Parmen* und die Platonier*, 15, 76
Pleiaden; Sonnensystem, 114
Plexicorp; dort wird das transparente Aluminium* erfunden; Dr. Nichols* ist Leiter der Fabrik, 23, 174
Poker, wird auf *Enterprise*-D* gespielt, 122
Pon farr; Spock* steht unter seinem Einfluß, 64
Potts, Willie; der Streich seines Bruders kostet ihn fast das Leben, 140
Pozaron; Stadt auf Mizar II*, 133
Praxillus-System; Heliumfusionszündung* dort getestet, 148
Praxis; klingonischer Mond, explodiert, 91
Prieto, Ben; Pilot des Shuttle, das auf Vagra II* abstürzt, 116
Projekt Genesis. *Siehe* Genesis-Projekt
Projekt Ozma; eines der ersten irdischen Projekte zur Suche nach außerirdischem Leben,, 21
Psi 2000-Infektion, 53;
– tötet Besatzung der *Tsiolkovsky**, 107, 110
Psychosimulatortest; Merrick* besteht ihn nicht, 67
Pulaski, Katherine, 170;
– dreimal verheiratet, 170;
– spricht über die Plasmaseuche*, 92;
– interessiert sich für Kyle Riker*, 103;
– wird Leiterin der medizinischen Abteilung auf der *Enterprise*-D*, 119;
– verläßt die *Enterprise*-D*, 127;
– fällt einen Aufzugschacht hinunter, 444

QQQ

Q-Kontinuum, 109;
– Q trifft sich mit einem anderen Mitglied, 131
Q; Wesen aus einer anderen Dimension, 10, 27, 172–173;
– begegnet Guinan*, 33;
– erster Kontakt, 109;
– will der Sternenflotte* beitreten, 124;
– verliert seine Kräfte, 131;
– wird Partner von Vash*, 148
Quadrotriticale; Weizenart, die Tribbles* gerne essen, 66
Quaice, Dr. Dalen; Beverly Crusher* leistet Dienstzeit bei ihm ab, 103;
– dient auf Sternenbasis 133, 107;
– Beverly Crushers* Mentor, 140
Quanten-Faden; *Enterprise*-D* kollidiert damit, 156
Quazulu; Studienreise dorthin, 113
Quinn, Adm. Gregory; ordnet Untersuchung auf der *Enterprise*-D* an, 115
Quinteros, Cmdr.; überwacht Bau der Raumschiffe der *Galaxy*-Klasse, 106

RRR

R'uustai-Zeremonie; klingonische Verbindungszeremonie; Worf* und Jeremy Aster* nehmen daran teil, 104, 129
Ral, Devinoni; geboren 95;
– verhandelt über Kauf eines Wurmlochs, 129–30
Ramart, Capt.; rettet Evans*, 53
Ramatis-Sternensystem; der dortigen Herrscherfamilie fehlt das für das Gehör notwendige Gen; deshalb wird ein Dolmetscher-»Chor« entwickelt, 17, 121
Rand, Janice; wird als Kommunikationsoffizier auf die *Excelsior* versetzt, 90
Rashella; spricht über den Tarnschild von Aldea*, 15
Rasmussen, Berlinghoff; kommt an Bord der *Enterprise*-D*, 159;
– trifft einen Zeitreisenden aus dem 26. Jahrhundert, 166, 175
Raumdock; die *Enterprise** kehrt dorthin zurück, 88
Raumschiff Enterprise-Fernsehserien;
– *Raumschiff Enterprise,* Originalserie, »Gefährlicher Tausch«* war ihre letzte Folge, 80, 87;
– *Star Trek: Deep Space Nine,* 167;
– die Cardassianer* sollen darin vorkommen, 144;
– *Star Trek II,* vorgeschlagene zweite Fernsehserie, wurde nie produziert, 85;
– »Das Kind«* wurde ursprünglich für sie geschrieben, 120;
– »Der Pakt mit dem Teufel«* wurde ursprünglich für sie geschrieben, 144–145;
– *Raumschiff Enterprise: Das nächste Jahrhundert,* 56, 167, 168;
– Majel Barretts* Rollen in ihr, 54;
– Sarek* tritt zweimal in ihr auf, 67;
– spielt auf die Tholianer* an, 74;
– Bemerkungen zum Bird-of-Prey in ihr, 91;
– die Cardassianer* tauchen in ihr regelmäßig als Bösewichter auf, 144;

INDEX

— klingonische Schlachtkreuzer werden in ihr verwendet, 73;
— Sternzeiten darin, 179
Raumschiffe; die einzelnen Schiffe sind unter »Schiffe« aufgelistet. Siehe auch *Enterprise*.
Raumstation India; 121, 122
Raumstation K-7; *Enterprise** wird dorthin gerufen, 66
Raymond, Claire, 118;
— stirbt, 24;
— in künstlichem Tiefschlaf auf verlassenem Schiff entdeckt, 117
Raymond, Donald; läßt seine Frau kryogenisch einfrieren, 24
Regula I-Raumstation; Dr. Carol Marcus beginnt ihre Arbeit dort, 86;
— Khan* bringt sie unter seine Kontrolle, 87
Reisende, Der; für höhere Effizienz der Warpantriebssysteme verantwortlich, 110—111;
— hilft Wesley Crusher* bei der Rettung seiner Mutter, 141
Remmick, Lt. Cmdr. Dexter; führt Untersuchung auf der *Enterprise*-D* durch, 115
replikatives Verschwinden; bedroht die Mariposa-Kolonie*, 125
Replikator; basiert auf Transporter-Technologie, 172
Rhombold Dronegar-Sektor, 124
Rice, Paul; Rikers* Studienkollege, 104;
— übernimmt Kommando der *Drake**, 108
Richey, Colonel Stephen; *Royale** für ihn geschaffen, 123;
— kommandiert die *Charybdis**, 28;
— Aufnahme auf seinem Anzug, 27;
— stirbt auf Theta VIII*, 29
Rigel-Kolonien; der Planeten-Killer war dorthin unterwegs, 64
Rigelianisches Fieber; bricht auf der *Enterprise** aus, 79
Riker, Kyle; ziviler Berater der Sternenflotte*, 123;
— Vater von William T., 96;
— verwitwet und zieht William T. allein auf, 97;
— verläßt Sohn, 102;
— einziger Überlebender eines Angriffs der Tholianer*, 103, 173
Riker, William T., 169;
— geboren; Valdez, Alaska, Erde*, 96, 169;
— Mutter stirbt, 97;
— geht mit seinem Vater angeln, 100;
— wird von Vater verlassen, 102;
— tritt in Sternenflotten-Akademie* ein, 104, 173;
— schließt Akademie ab, 105;
— auf Betazed* stationiert, 169;
— Beziehung mit Deanna Troi*, 169;
— dient auf *Potemkin**, 169;
— dient als erster Offizier auf der *Hood**, 108, 169;
— bekommt Kommando der *Drake** angeboten, 108;
— wird erster Offizier der *Enterprise*-D*, 109;
— dient kurzzeitig auf der *Pagh**, 122;
— bekommt Kommando der *Aries** angeboten, 123—124;
— kommandiert die *Hathaway**, 126;
— bekommt Kommando der *Melbourne** angeboten, 137;
— feiert 32. Geburtstag, 142;
— als Außerirdischer, 146;
— erhält vorübergehend das Kommando über die *Excalibur**, 153—54;
— nimmt Landurlaub auf Risa*, 157;
— hat eine kurze Affäre mit Ro Laren*, 161
Riley, Lt. Kevin; erkrankt am Psi 2000-Virus, 53;
— einer der neun Überlebenden von Tarsus IV*, 39;
— auf ihn wird ein Mordanschlag verübt, 55
Riva; Vermittler, 121;
Rivas Chor; Dolmetscher-Trio, 17
Rixx, Capt.; Bolianer*, 134;
— auf Dytallix B* anwesend, 117;
— Satie* bittet ihn um Hilfe, 113
Ro Laren, 170;
— geboren, 98;
— beobachtet Folterung und Ermordung ihres Vaters, 101;
— schließt Sternenflotten-Akademie* ab, 170;
— dient auf der *Wellington**, 170;
— bleibt auf der *Enterprise*-D*, 155;
— trifft sich mit Adm. Kennelly*, 155;
— hat eine kurze Affäre mit Riker*, 161
Roddenberry, Gene; *Star Trek*-Erfinder und ausführender Produzent, 89;
— schreibt »Nachtigallfrauen«, 17;
— spricht über Nomad* und die Borg*, 25;
— erachtete einige Ereignisse in *Star Trek V** für apokryph, 36;
— über die Geschichte der *Enterprise**, 39;
— mag den Namen »Tiberius«, 47—48;
— ist bekannt als »Great Bird of the Galaxy«, 52;
— benannte Commodore Bob Wesley* nach dem Pseudonym, das er bei *Have Gun, Will Travel* verwendete, 71;
— arbeitete als Polizist, 71;
— kommentiert die Tarnvorrichtung, 73;
— spricht über Sexismus in der Sternenflotte*, 80;
— spricht über die Klingonen, 84;
— Modell der HMS *Victory* steht in seinem Arbeitszimmer, 120;
— Shuttle nach ihm benannt, 128;
— Ray Bradbury ein langjähriger Freund, 137;
— Horatio Hornblower war Inspiration für Kirk*, 154;
— über Kirks* Schicksal, 167;
— spricht über Spocks* Heirat, 168;
— spricht über McCoys* Heirat und Scheidung, 168;
— über die vulkanische Reformation*, 172;
— über Sternzeiten, 179
Romaine, Lt. Mira; wird bei Angriff verwundet, 78;
— kehrt zum Wiederaufbau nach Memory Alpha* zurück, 78

Romulaner; stammen von Vulkan, 16;
— ihre Heimatplaneten sind Romulus* und Remus*, 31;
— testen die Entschlossenheit der Föderation*, 53;
— fliegen klingonische Schlachtkreuzer, 72, 73;
— letzter Föderationskontakt, 94;
— nehmen Besatzungsmitglieder der *Enterprise*-C* gefangen, 99;
— Allianz mit rebellischen Klingonen*, 172;
— greifen Khitomer* an, 100;
— versuchen Vulkan zu erobern, 158;
— stehlen *T'Pau** als Teil eines Plans zur Beherrschung Vulkans*, 111;
— erster Föderationskontakt seit 2311, 118;
— nehmen Tasha Yar* gefangen, 132;
— Fontanas Kommentar über sie, 61
Romulanisch(es/er/e)
— Ale, 86;
— Konvoy, Picards* Flotte versucht ihn zu stoppen, 153;
— diplomatische Repräsentantin wird von Sybok* gefangengenommen, 89;
— Expedition versucht Gomtuu* zu fangen, 135;
— Oberkommando rügt Jarok*, 127;
— Invasionstruppe nach Vulkan* geschickt, 158;
— neutrale Zone; Vertrag zur Festlegung wird unterzeichnet, 31;
— Friedensvertrag. *Siehe* Vertrag von Algernon;
— Senat; Pardek* wird in ihn aufgenommen, 86;
— vulkanische Wiedervereinigung; Spock* und Pardek* verfolgen sie, 92;
— Kriege, 31, 32, 171, 173;
— endet mit der Schlacht von Cheron*, 10;
— zwischen der Erde und den Romulanern, 31, 32
Romulanisches Sternenimperium; Gründung des, 16, 172;
— im Krieg mit der Erde, 31;
— besiedelt Nimbus III* in einem Joint-venture mit den Klingonen und der Föderation*, 68;
— seine Allianz mit den Klingonen zerbricht, 91;
— Tomed-Zwischenfall, 94;
— erster Kontakt mit Tomed-Zwischenfall, 118, 173;
— Föderation* würde sich auf Krieg einlassen, 127
Rossa, Connaught; Großmutter von Jeremiah Rossa*, 104, 140;
Rossa, Connor; Vater von Jeremiah Rossa*, 104;
— auf Galen IV* getötet, 106
Rossa, Jeremiah; geboren, 104;
— auf talarianischem* Schiff gefunden, 140;
— von Endar* gerettet, 106
Rossa, Moira; Mutter von Jeremiah Rossa*, 104;
— auf Galen IV* getötet, 106
Roykirk, Jackson; entwarf *Nomad**, 26
Rozhenko, Alexander; Sohn von Worf* und K'Ehleyr*; Worf trifft ihn erstmalig, 141;
— hört von Kahless*, 79;
— geht mit Sergey und Helena Rozhenko* zur Erde, 141;
— reist mit Helena Rozhenko* an Bord der *Milan**, 159;
— beginnt auf der *Enterprise*-D* zu leben, 159
Rozhenko, Helena; Worfs* Stiefmutter, 170;
— geht zur Erde*, 103;
— besucht die *Enterprise*-D*, 140;
— trifft Worf* auf Sternenbasis 73, um Alexander* mitzunehmen, 159
Rozhenko, Sergey; Worfs Stiefvater, 170;
— rettet Worf* auf Khitomer*, 101;
— klingonisches Oberkommando teilt ihm mit, daß Worf* keine lebenden Verwandten hat, 101;
— zieht von Gault* zur Erde, 103;
— besucht die *Enterprise*-D*, 140;
— trifft Worf* auf Sternenbasis 73, um Alexander* mitzunehmen, 159
Rubicon-Sonnensystem; Heimat der Edo*, 111
Ruk; Android, wurde von den Vorfahren konstruiert, 11
Russell, Dr. Toby; versucht, Worf mit experimentellen Methoden zu heilen, 162
Russhton-Infektion; Jeremy Asters* Vater stirbt daran, 107
Ruth; hat eine romantische Beziehung zu Kirk*, 42
Ryetalyn; Mittel gegen das Rigelianische Fieber*, 79

SSS

Saavik, Lt.; beginnt ihre Ausbildung an der Sternenflottenakademie*, 86;
— wird noch auf der Sternenflottenakademie* zum Lieutenant befördert, 87;
— unterzieht sich dem *Kobayashi Maru**-Test, 86, 87;
— wird auf die *Grissom** versetzt; erkundet den Genesis-Planeten*, 88
Sahndara-Sternensystem, 15, 75
Sakuro-Infektion; Hedford* leidet an ihr, 63
Salenit-Bergarbeiter; Picard soll in einem Streit zwischen ihnen vermitteln, 142
Salia; Herrscherin von Daled IV*, 122
San Francisco, Erde; Data* besucht sie 1893, 19;
— Kirk* u.a. besuchen sie 1986, 23;
— der Rat der Vereinigten Föderation der Planeten* hat seinen Sitz dort, 31—32;
— ist Sulus* Geburtsort, 38;
— Flottenwerften, die *Enterprise** läuft dort vom Stapel, 39;
— orbitales Trockendock, die *Enterprise** wird dort überholt, 82;
— Datas* Kopf wird unterhalb gefunden, 165
Sandoval, Elias; führt eine Expedition nach Omicron Ceti III*, 46, 47
Sarek; vulkanischer Botschafter, 33, 167, 168;
— wird geboren, 32, 168;
— heiratet eine vulkanische Prinzessin*, 36, 169;

— ist Syboks* Vater, 36;
— heiratet Amanda Grayson*, 36;
— ist Spocks* Vater, 36, 37;
— heiratet Perrin*, 169;
— ist mit Spocks* Karrierewahl nicht einverstanden, 40, 46;
— hat einen Herzanfall, 67;
— arbeitet am Vertrag mit den Legaranern*, 82;
— begegnet dem jungen Picard*, 169;
— bittet Spock*, als spezieller Gesandter mit den Klingonen zu verhandeln, 91;
— Gedankenverschmelzung mit Picard*, 136;
— schlägt vor, daß sich Picard* mit Pardek* treffen sollte, 157;
— leidet und stirbt am Bendii-Syndrom*, 136, 158, 169
— seine Leistungen, 168;
— spricht über die Begegnung von Spock* und Pardek*, 92;
— wird zum ersten Mal namentlich erwähnt, 67;
— tritt auch in den *Star Trek*-Filmen und in *Raumschiff Enterprise: Das nächste Jahrhundert* auf, 67;
— über seinen Tod, 158
Sargon; spricht über die Zerstörung seines Planeten, 11;
— sein Volk erforscht die Galaxie, 10;
— verschwindet, 70
Satie, Adm. Norah; untersucht eine Verschwörung innerhalb der Sternenflotte*, 117;
— untersucht mögliche Sabotage der Diliziumkammer der *Enterprise*-D*, 148
Schiffe. *Siehe auch*: *Enterprise*-A; *Enterprise*-B; *Enterprise*-C; *Enterprise*-D; *Enterprise*.
Andere
— *Antares*; Raumschiff, 53;
— *Aurora*; Raumkreuzer, 78;
— *Batris*; talarianischer* Frachter, 115;
— *Erstwhile*; Thadiun Okonas* Schiff, 120—21;
— *Fesarius*; Schiff der Ersten Föderation, 51;
— *Krayton*; Schiff der Ferengi*, das von der *Enterprise*-D* verfolgt wird, 161;
— *Kreechta*; Ferengischiff, 126;
— Lysianisches Raumschiff; von *Enterprise*-D* zerstört, 161;
— *Mondor*; Schiff der Pakled*, 124;
— *Nenebek*; Minenshuttle von Pentarus III, 142;
— Pakled-Schiff; Lore* von einem aufgenommen, 113;
— Promellianisches Schiff; entdeckt, 129;
— *Sanction*; T'Jon* übernimmt dessen Kommando, 106;
— Satarranisches Schiff; greift *Enterprise*-D* an, 161;
— *Trager*; Kriegsschiff der *Galor**-Klasse, 144;
— *Yonada*; riesige von den Fabrini* gebaute Raumarche, 13, 75;
— erreicht den ihr gelobten Planeten, 81;
— Zalkonianisches Schiff; 137
Borg-Schiffe
— Erkundungsschiff; stürzt ab, 164;
— Raumschiff; begegnet der *Enterprise*-D* zum ersten Mal, 124;
— Schiff, soll angeblich die *Lalo** zerstört haben, 138;
— Schiff; auf dem Weg zur Erde, 139
Erdenschiffe
— *Artemis*; Kolonieschiff, 85;
— *Challenger*; NASA-Space Shuttle, explodiert, 23;
— *Charybdis*; Bemerkungen zur Flagge auf ihrem Wrack, 27;
— wird von der NASA gestartet, 28;
— erreicht Theta VII*, 28;
— wird von Richey* kommandiert, 29, 123;
— *Columbia*; Space Shuttle, unternimmt seinen ersten Flug im Orbit, 23;
— *Eagle*; Widmung auf der Mondlandekapsel, 22;
— *Enterprise*; Space Shuttle, unternimmt Testflüge, 23;
— *Pioneer 10*; erste Sonde, die unser Sonnensystem verläßt, 23;
— *V'ger*; massiver Maschinenorganismus, 84;
— *Victory*, HMS; LaForge* baut ein Model davon, 120;
— *Viking I*; landet auf dem Mars, 23;
— *Vostok I*; erstes bemanntes Raumschiff der Erde, 21;
— *Voyager 6*; wird von der Erde gestartet, 25;
Klingonische Schiffe
— Bird-of-Prey; zerstört *Pioneer 10**, 23, 89;
— es wird ein neuer Typ entwickelt, 90;
— wird von Kirk* u.a. geflogen, 23;
— Kreuzer, 123;
— *Pagh*; darauf dient Riker*, 122;
— Raumschiffe; 3 werden von *V'ger** zerstört, 84;
— Schiff; greift die *Grissom** an und zerstört sie, 88;
— Schlachtkreuzer; erster Einsatz von, 72;
— von Romulanern geflogen, 72, 73;
— einer wird zerstört, 75;
— *T'Ong*; klingonisches Schläferschiff, 90, 125;
— bedroht Boradis-Sektor*, 96;
— *Vor'cha*-Klasse; klingonische Kreuzer, 141;
Romulanische Schiffe
— *D'deridex*-Klasse, 135
— Erkundungsschiff; 130, 164;
— *Haakona*; romulanischer Warbird, der von der *Enterprise*-D* gerettet wird, 117—118;
— Raumschiff, 66, 114, 117—118;
— kann nur mit Unterlichtgeschwindigkeit fliegen, 53;
— Schiffswrack, gefunden, 129;
— Schlachtkreuzer, 73;
— ihre Tarnvorrichtung, 53, 73, 165;
— Warbird, 129, 130, 154

INDEX

Sonden
– Iconianische Raumsonde; die *Yamato** wird von ihr gescannt, 122;
– *Nomad;* Raumsonde, wird in den frühen Jahren des 21. Jahrhunderts konstruiert, 25;
– wird von der Erde gestartet, 26;
– wird entdeckt, 65;
– Sensorsonde der Klasse 1, 132;
– *Tan Ru;* außerirdische Sonde, die mit *Nomad** verschmolz, 65;
– *Vega IX*-Sonde; kehrt von Beta Stromgren* zurück, 134;

Sternenflotten- und andere Föderationsschiffe
– *Ajax,* U.S.S. Kosinsko* nimmt Verbesserungen der Warpsysteme vor, 110;
– *Ambassador*-Klasse, Raumschiffe der; 171;
– *Archon,* U.S.S.; 32, 33, 59;
– *Arcos;* Frachtschiff der Föderation*, 141;
– *Aries,* U.S.S.; Riker* wird dieses Kommando angeboten, 123;
– *Beagle,* S.S.; stürzt auf 892-IV* ab, 45;
– ihr Wrack wird gefunden, 67;
– *Berlin,* U.S.S.; nah der neutralen Zone, 114;
– *Botany Bay,* S.S.; Schläferschiff der DY-100-Klasse;
– Khan* entkommt auf ihr, 24;
– sie wird von der *Enterprise** gefunden, 59;
– *Bozeman,* U.S.S.; verschwindet in der Nähe der Typhon-Ausdehnung*, 85–86;
– Bemerkung zu ihrer Registriernummer, 86;
– ist eine Modifikation der *Reliant*,* 90;
– *Bradbury,* U.S.S.; soll Wesley Crusher* zur Sternenflotten-Akademie* bringen, 137
– *Brattain,* U.S.S.; in Tyken-Spalt* gefangen, 145
– *Charleston,* U.S.S.; Raymond*, Clemons* und Offenhouse* kehren darauf zur Erde zurück, 117;
– *Columbia* S.S.; stürzt auf Talos IV* ab, 37, 43, 44;
– *Constantinople,* U.S.S.; *Enterprise*-D* empfängt Notruf, 121;
– *Constellation,* U.S.S.; wird vom Planeten-Killer* fast vollständig zerstört, 64;
– *Constellation*-Klasse, Raumschiffe der; die *Hathaway** war eines davon, 88;
– *Constitution*-Klasse, Raumschiffe der; die *Enterprise** ist eines davon, 39;
– es gibt nur zwölf, 58–59;
– *Daedalus*-Klasse, Raumschiffe der;
– die *Essex** war eines davon, 33;
– *Horizon** und *Archon** gehören möglicherweise zu dieser Klasse, 33;
– werden aus dem aktiven Dienst genommen, 34;
– *Defiant,* U.S.S.; verschwindet spurlos, 74;
– *Drake,* U.S.S.; Riker* kommandiert sie, 104;
– Riker* Kommando angeboten, 108;
– *Enterprise*-D* untersucht Verschwinden, 115–16;
– Waffen auf Minos* für Zerstörung verantwortlich, 116;
– DY-100; interplanetare Raumschiffe, 59;
– *El-Baz;* Shuttle; nach Farouk El-Baz benannt, 123;
– *Endeavour;* Raumschiff, das nach dem NASA-Space Shuttle benannt wurde, 23;
– *Enterprise.* Siehe separate Einträge für jedes Raumschiff *Enterprise;*
– *Essex,* U.S.S.; 32;
– wird in der Nähe des Mondes von Mab-bu VI* zerstört, 33;
– *Excalibur,* U.S.S.; wird vom Computer M-5* zerstört, 70;
– *Excelsior,* U.S.S.; Sulu* ist ihr Captain, 38, 90;
– wird in Dienst gestellt, 87;
– wird auf einen Standard-Warpantrieb umgerüstet, bekommt neue Bezeichnung NCC-200, 89–90;
– wird mit verbesserten Sensoren ausgestattet, 90;
– wird bei der Explosion von Praxis* beschädigt, 91;
– hilft bei der Rettung der Friedenskonferenz, 91;
– *Excelsior*-Klasse, Raumschiffe der, 171;
– *Exeter,* U.S.S.; wird als Wrack gefunden, 71;
– *Farragut,* U.S.S.; Kirk* dient als Lieutenant auf ihr, 41, 42, 43;
– während seines Dienstes auf ihr begegnet Kirk* der Vampirwolke*, 44, 69;
– *Fearless,* U.S.S.; Kosinski* führt dort Antriebstests durch, 110;
– *Galaxy*-Klasse, Entwicklungsprojekt dieser Raumschiffe von der Sternenflotte* begonnen, 99;
– *Galileo;* Shuttleschiff, 55–56;
– stürzt auf Taurus II* ab, 56;
– stürzt auf einem Planetoiden ab, 63;
– *Gettysburg,* U.S.S.; Mark Jameson* kommandiert sie, 72, 94–95;
– *Goddard,* U.S.S.; *Enterprise*-D* soll sie treffen, 130;
– *Grissom,* U.S.S.; wird von einem klingonischen Schiff angegriffen, während sie den Genesis-Planeten* untersucht, 88;
– *Hathaway,* U.S.S.; läuft vom Stapel, 88;
– von Riker* kommandiert, 126;
– *Hood,* U.S.S.; Adm.McCoy reist auf ihr, 108;
– Riker* wird ihr vor seinem Dienstantritt auf der *Enterprise*-D* zugeteilt, 105, 109;
– *Horatio,* U.S.S.; Schiff von Captain Keel*, wird zerstört, 117, 169;
– *Horizon,* U.S.S., 32, 33, 69, 172;
– besucht Sigma Iotia II*; läßt dort versehentlich ein Buch zurück und kontaminiert dadurch die dortige Kultur, 24, 70;
– *Intrepid,* U.S.S.; die gesamte Besatzung besteht aus Vulkaniern, 70;
– wird zerstört, 69–70;
– *Intrepid,* U.S.S.; eins der ersten Schiffe, das auf Khitomer* half, 100;
– *Enterprise*-D* vergleicht Logbucheinträge, 133;
– *Kobayashi Maru;* Simulation; Kirk* ist der einzige Kadett, der sie jemals besiegt hat, 43;
– Saavik* macht den Test, 86, 87;
– *Lalo,* U.S.S.; Frachter, meldet Zeitverzerrung, 116;
– sieht Borg*; vermißt, 138;
– *Lantree,* U.S.S.; Besatzungsmitglieder sterben an Alterskrankheit, 121;
– *LaSalle,* U.S.S.; meldet Strahlungsanomalien, 141;
– *Lexington,* U.S.S.; Bob Wesley* befindet sich an Bord der, 71;
– *Mariposa,* S.S.; startet zum Ficus-Sektor*, 30;
– stürzt auf Mariposa* ab, 30–31;
– *Melbourne,* U.S.S.; Riker wird Kommando angeboten, 137;
– *Merrimac,* U.S.S.; Sarek* u.a. kehren auf ihr nach Vulkan zurück, 136;
– begegnet der *Enterprise*-D*, 157;
– *Milan,* S.S.; Helena Rozhenko* bucht eine Passage auf dem Transportschiff, 159;
– *Miranda*-Klasse, Raumschiffe der;
– die *Reliant** ist eines davon, 86;
– die *Brattain** ist eines davon, 86;
– *Nebula*-Klasse, Raumschiffe der; erstes Auftauchen, 144;
– *Odin,* S.S.; Schiff, 106, 113, 114;
– *Onizuka,* Shuttle; nach Ellison Onizuka benannt, 128;
– *Phoenix,* U.S.S.; zerstört cardessianische* Station, 143–44;
– kehrt zur Sternenbasis 211 zurück, 144;
– *Pike;* Shuttle, nach Christopher Pike* benannt, 136;
– *Potemkin,* U.S.S., 80;
– hat letzten Kontakt zur Kolonie Turkana IV*, 107;
– eine von Rikers* ersten Versetzungen, 105;
– *Reliant,* U.S.S., 60;
– Chekov* dient auf ihr, 39;
– untersucht Ceti Alpha V*, 65;
– wird von Khan* gekapert, 87;
– sucht nach einem Planeten für das Genesis-Projekt*, 87;
– Kyle* wird auf sie versetzt, 87;
– wird zerstört, 87;
– Modell wird von Jein modifiziert, 86, 90;
– *Renegade,* U.S.S.; Tryla Scott* ist ihr Captain, 117;
– *Republic,* U.S.S., 56;
– Kirk* dient auf ihr, während er auf der Sternenflottenakademie* ist, 41;
– Kirks* Versetzung von ihr weg, 42;
– *Repulse,* U.S.S.; Pulaski* kommt auf ihr an, 119;
– *Rutledge,* U.S.S.; O'Brien* dient dort, 170, 173;
– *Saratoga,* U.S.S.; der erste weibliche Captain kommandierte sie, 80;
– Schläferschiffe, 16; sind überholt, 26;
– *Shiku Maru,* Schiff; nimmt Kontakt zu den Tamarianern* auf, 77;
– Shuttle 6; bei Begegnung mit den Borg* verloren, 124;
– Shuttlekapsel 5; im All treibend gefunden, 123;
– Shuttles; Bemerkung zum Fehlen von, 52;
– Shuttleschiff 13; stürzt auf Vagra II ab, 116;
– *Soyuz*-Klasse, Raumschiffe der;
– die *Bozeman** ist eines von ihnen, 86;
– werden außer Dienst gestellt, 90;
– *Stargazer,* U.S.S.; Picard* übernimmt Kommando, 96;
– Jack Crusher* stirbt dort, 104;
– wird im Maxia Zeta-System* fast vernichtet, 104–105;
– Rumpf ist ein Geschenk an Picard*, 112;
– *Sutherland,* U.S.S.; Teil der Armada, 153, 154;
– Data* führt zeitweilig das Kommando, 154;
– *T'pau;* außer Dienst gestellt;
– nach Qualor II* gebracht, 111;
– Trümmer, 158;
– Teil einer romulanischen Invasionsstreitmacht, 158;
– *Thomas Paine,* U.S.S.; Rixx* ist ihr Captain, 117;
– *Tian An Men,* U.S.S.; Teil der Armada, 154;
– *Trieste,* U.S.S., 169;
– *Tripoli,* U.S.S.; entdeckt Data*, 97–98, 169;
– *Tsiolkovsky,* U.S.S.; beginnt letzte wissenschaftliche Mission, 107;
– *Valiant,* S.S., 28, 47;
– *Valiant,* U.S.S., 35, 59–60;
– *Vico,* S.S.; Forschungsschiff, 160;
– *Victory,* U.S.S.; eine von La Forges* ersten Versetzungen, 105, 107;
– Leijten* und Hickman* dienten darauf, 147;
– *Wellington,* U.S.S.; Ro Laren* dient darauf, 98, 155;
– *Yamato,* U.S.S.; als Illusion, 120;
– zerstört, 122;
– *Yorktown,* U.S.S., 69;
– *Zapata,* U.S.S., 137;
– *Zhukov,* U.S.S., 135, 142, 143, 157

Schiffsfriedhof Zed-15; bei Qualor II; die *T'Pau** wird dorthin geschickt, 111
Schilde; die Transporter funktionieren nicht, wenn sie ausgefahren sind, 58
Schlacht von Maxia, Die; wo die *Stargazer** fast zerstört wird, 105
Schleudereffekt; Zeitreisetechnik, 175
Scott, Montgomery, 168;
– wird geboren, 36, 168;
– beaufsichtigt die Überholung der *Enterprise*-A*, 89;
– kauft ein Boot, 91;
– verschwindet und taucht wieder auf, 168
Scott, Tryla; anwesend auf Dytallix B*; Satie* bittet sie um Hilfe, 117
Sehlat; Spocks* Haustier in seiner Kindheit, 37
Sektor;
– 001; dort befindet sich die Erde; Borg* auf dem Weg dorthin, 138;
– 3-0; Kontakt zu dortigen Außenposten verloren, 117;
– 396; *Enterprise*-D* führt dort Kartographierung durch, 133;
– 21305; *Enterprise*-D* nimmt dort Untersuchungen vor, 162
Sela; behauptet, Tochter von Tasha Yar* und einem romulanischen General zu sein, 154;
– geboren, 100, 132, 175;
– Tasha Yar* versucht mit ihr zu fliehen, 102, 175;
– überwacht Geordi La Forges* Gehirnwäsche, 149;
– kommt auf die *Enterprise*-D*, 154;
– leitet romulanische Eroberungsstreitkräfte auf dem Weg nach Vulkan, 158;
– beschreibt Tasha Yars* Schicksal, 99;
– ist Frau in den Schatten, 150
Selar, Dr. ; entdeckt, daß Graves krank ist, 121
Selbstzerstörungs-Kommandosequenz der *Enterprise;* ist gleich in der Originalserie und in *Star Trek III,* 65
Selcundi Drema-Sektor; Ursprung der Funksprüche, 123, 124
Selok, romulanischer Subcommander; vorher Vulkanierin T'Pel*, 143
Setal; Jaroks* Tarn-Identität, 31
Setlik; von Cardessianern* angegriffen, 170, 173
Seven, Anan; Repräsentant von Eminiar VII*, 18, 59;
Seven, Gary; beschreibt dem Computer seine Mission,14;
– begegnet Kirk*, 22;
– seine außerirdische Einmischung, 174
Severin, Dr.; wird getötet, 78
Shanthi, Flottenadm.; Picard* trifft ihn, 153
Shaw, Lt.Areel, 46, 167;
– ist Anklagevertreterin gegen James T.Kirk*, 56
Shelby, Lt.Cmdr.; leitet taktische Analyse der Borg*, 132;
– zur *Enterprise*-D* versetzt, 138
ShirKahr; Spocks* Heimatstadt, 37
Shumar, Capt.Bryce; Kommandant der *Essex*,* 33
Siebte Garantie, Die; gehört zur Konstitution der Föderation*, 32
Sigma Draconis-System, 73
Silarianischer Sektor; dort befindet sich Kataan*,17
Silvestri, Capt.; Captain der *Shiku Maru*,* 77
Singh, Khan Noonien. *Siehe* Khan Noonien Singh
Sipe, Ryan; stirbt, 117
Skon; Sareks* Vorfahr, 32, 33
Songi; Vorsitzender von Gamelan V, 142
Sonnensystem J-25; Q bringt die *Enterprise*-D* dorthin, 124
Soong, Dr. Noonian; Graves* ist sein Lehrer, 121;
– speichert Erinnerungen der Kolonisten in Data*, 97;
– ruft Data*, 140;
– sein unterirdisches Labor, 13;
– versucht Chip in Data* einzubauen, damit er Emotionen fühlen kann, 140;
– stirbt, 140;
Soren; Pilot der J'naii*; Riker verliebt sich in sie/ihn, 162;
Spock des Paralleluniversums; führt seine Gesellschaft in eine humanere Richtung, 66;
Spock, 73, 167;
– seine Vorfahren wählten sich einen Platz für zeremonielle Anlässe, 15;
– hat einen Halbbruder, Sybok*, 89;
– wird geboren, 37;
– sein Vorname, 167;
– verschwindet in die Llangon-Berge* auf Vulkan, 37;
– wird telepathisch mit T'Pring* verbunden, 37, 38;
– geht in die Vergangenheit von Sarpeidon*, 14, 80;
– geht in die Vergangenheit der Erde, um Leonard H.McCoy* zu finden, 20;
– spricht über Feindseligkeiten zwischen den Klingonen und der Föderation*, 36;
– studiert unter Gill*, 40;
– macht seinen Abschluß auf der Sternenflottenakademie*, 43, 167;
– tritt in die Sternenflotte* ein, 40, 73, 171;
– dient auf der *Enterprise** unter Christopher Pike*, 39, 42;
– besucht seine Eltern auf Vulkan, 46;
– wird zum Commander befördert, 56;
– wird der Entführung von Christopher Pike* angeklagt, 56–57;
– steht unter dem Einfluß des *Pon farr*,* 64;
– spendet Sarek* Blut, 67;
– sein Gehirn wird entfernt, 73–74;
– seine Auszeichnungen, 167;
– nimmt seinen Abschied von der Sternenflotte*; kehrt nach Vulkan zurück, um dort mit dem *Kohlinar**-Training zu beginnen, 82;
– kehrt in die Sternenflotte* zurück, 84;
– wird zum Captain befördert; wird auf die Sternenflottenakademie* versetzt; nimmt das Kommando über die *Enterprise** an, 85;
– stirbt an schwerer Verstrahlung, 87;
– Unstimmigkeiten bei der Sternzeit seines Todes, 88;
– Kirk* versucht, seinen Körper wiederzuholen, 88;
– seine *katra** wird mit seinem regenerierten Körper vereint; unterzieht sich auf Vulkan einem erneuten Erziehungs- und Lernprozeß, 88;
– seine Freunde müssen sich für seine Rettung verantworten, 89;
– heiratet, 168;
– stimmt zu, als spezieller Gesandter zu den Klingonen zu gehen, 91;
– begegnet Pardek*, 92;
– verschwindet auf mysteriöse Weise, 156;

INDEX

— wird auf Romulus* gesehen, 157, 168;
— sagt Picard*, warum er auf Romulus* ist, 158;
— überlebt Sarek*, 158
Sporen; schützen vor Bertholdstrahlung, 60;
Spot; Datas Hauskatze*, 143
Spüle; der Enterprise-D, unverständlicherweise nicht im Buch erwähnt, aber dennoch im Index aufgeführt, 1701
Sputnik I; wird von der Erde gestartet, 21;
— Gedenktafel auf Brücke der Enterprise-D* enthält Startdatum, 143
Star Trek-Filme; 167, 179;
— Star Trek: The Academy Years, 168;
— Star Trek — Der Film (Star Trek: The Motion Picture), 25, 52, 81, 84, 85, 87;
— Star Trek II — Der Zorn des Khan (Star Trek II: The Wrath of Khan), 24, 39, 43, 45, 59—60, 65, 85, 86, 87—88, 90, 167;
— Star Trek III — Auf der Suche nach Mr. Spock (Star Trek III: The Search for Spock), 32, 33, 36, 38, 39, 77, 87—88, 168;
— Zurück in die Gegenwart — Star Trek IV (Star Trek IV: The Voyage Home), 24, 32, 37, 38, 80, 87—88, 89, 90, 171, 174;
— Star Trek V — Am Rande des Universums (Star Trek V: The Final Frontier), 23, 36, 88, 89—90, 168, 169, 179;
— Star Trek VI — Das unentdeckte Land (Star Trek VI: The Undiscovered Country), 32, 36, 38, 60, 87, 90, 91—92, 98, 99, 171, 172;
— Sarek* und Amanda Grayson* kommen in ihnen vor, 56;
— die klingonischen Schlachtkreuzer wurden in ihnen verwendet, 73
Starnes-Expedition; ihre Überlebenden werden zur Sternenbasis 4* gebracht, 73
Station Nigala IV, 131
Station Salem Eins; wird angegriffen, 173
Stern vom Typ T-Tauri; entdeckt, 145
Sternenbasen
— 057; empfängt Notruf der Lalo, 138;
— 2; die Enterprise* fliegt nach »Gefährlicher Tausch*« dorthin, 80;
— 4; dort wird ein Shuttle gestohlen, 73;
— die Überlebenden der Starnes-Expedition* werden dorthin gebracht, 76, 77;
— 6; die Enterprise* befindet sich auf dem Weg dorthin für einen Erholungsurlaub, 69;
— 9; die Enterprise* befindet sich auf dem Weg dorthin, 58;
— 10; die Enterprise* bringt Stocker* dorthin, 66;
— 11; dort wird Kirk* vor Gericht gestellt, 46, 56;
— die Enterprise* kehrt dorthin zurück, 56;
— 12; Narsu* stammt von dort, 33;
— wird evakuiert, 117;
— die Enterprise* wird dort gewartet, 134;
— 24; Kahlest* wird dort behandelt, 101;
— 67; Hauptsysteme der Enterprise-D* dort repariert, 156;
— 73; Verbesserungen der Enterprise-D* dort durchgeführt, 123;
— Picard* trifft sich mit Moore, 125;
— Worf* übergibt Alexander Rozhenko* an seine Stiefeltern, 141;
— 74; geplante Verbesserungen der Enterprise-D* dort durchgeführt, 124;
— 83; Enterprise-D* fliegt nach »Zeitsprung mit Q« dorthin, 124;
— 121; eine System- und Biodekontermination der Enterprise-D* wird dort durchgeführt, 135;
— 133; Quaice* leitet dort eine Dienstzeit ab, 107;
— Enterprise-D* fliegt dorthin, 128;
— Enterprise-D* nimmt neue Besatzungsmitglieder auf, 140;
— 152; Reparaturen der Enterprise-D* durchgeführt, 135;
— 173; Gomez* kommt dort an Bord der Enterprise-D*, 122;
— 179; Mendon* kommt an Bord der Enterprise-D*, 122;
— 211; Phoenix* kehrt dorthin zurück, 144;
— 214; Rasmussen* dort den Behörden übergeben, 159;
— 218; Enterprise-D* auf dem Weg dorthin, 165;
— 220; Enterprise-D* fliegt dort »Augen in der Dunkelheit« dorthin, 146;
— 234; Enterprise-D* trifft dort auf Shanthi*, 153;
— Enterprise-D* dorthin zurück beordert, 157;
— 260; Enterprise-D* nach »Datas erste Liebe« auf dem Weg dorthin, 150;
— 301; Ziel der Enterprise-D* nach »Mission ohne Gedächtnis«, 161;
— 313; Enterprise-D* nimmt dort Ausrüstung auf, 146;
— 324; Hanson* kommt dort an Bord, 138;
— 336; empfängt automatische Meldung der T'Ong*, 125;
— 343; Enterprise-D* nimmt dort medizinische Ausrüstung auf, 130;
— 416; Potts* dorthin gebracht, 140;
— 440; ullianische Delegation dorthin gebracht, 160;
— 514; verliert Kontakt zur Vico*, 160;
— 515; Picard* und Wesley Crusher* nehmen dort Urlaub, 124;
— 718; Picard* nimmt dort an Notkonferenz statt, 117;
— G-6; Deanna Troi* reist von dort nach Betazed*, 112;
— Montgomery; mechanische Überprüfung der Enterprise-D* dort vorgenommen, 123
Sternenflotte, medizinische Abteilung; Beverly Crusher* akzeptiert Versetzung dorthin, 119;
— Beverly Crusher* kehrt nach einem Jahr dort zurück, 127
Sternenflotte, taktische Abteilung; Shelby* kommt von dort, 132

Sternenflotten-Armada; von den Borg* vernichtet, 139
Sternenflottenakademie; Kirk* tritt in sie ein, 40;
— Kirk* begegnet dort Benjamin Finney*, 41;
— Kirk* dient als Fähnrich, während seiner Zeit auf der, 41;
— Spock* macht dort seinen Abschluß, 43;
— Kirk* und Merrick* begegnen sich dort, 67;
— Kirk* wird dorthin versetzt, 85;
— Saavik* tritt in sie ein, 86;
— die Enterprise* wird ihr zugeteilt, 86;
— Saavik* unterzieht sich dort dem Kobayashi Maru*-Test, 87;
— Uhura* stimmt zu, dort ein Seminar abzuhalten, 91;
— gewinnt ein Parrises Squares*-Turnier, 95;
— lehnt Picards* erste Bewerbung ab, 95;
— Data* tritt ein, 98;
— Datas* Abschluß, 100;
— Beverly Crushers* Abschluß, 102;
— Rikers* Abschluß, 105;
— Locarno* angenommen, 108;
— Wesley Crusher* nimmt an Aufnahmeprüfungen teil, 115;
— Wesley Crusher* angenommen, 142;
— Wesley Crusher* beurlaubt, 157;
— die Ausbildung dort dauert vier Jahre, 67
Sternenflottenbüro für innere Angelegenheiten; Remmick* arbeitet dort, 115
Sternenflottenkommando
— verschiedene Bezeichnungen für es, 32;
— Uhura* dient dort, 38;
— beendet das Transwarp-Entwicklungsprojekt, 89;
— Satie* untersucht Verschwörung, 135;
— Vorbereitung auf Angriff der Borg*, 125;
— besorgt darüber, daß Spock* übergelaufen ist, 157;
— ordnet eine Änderung der Sternenflotten*-Embleme an, 85, 101
Sternenflotte*; wird gegründet, 31, 32;
— ihr Motto, 31;
— vor Einführung der Ersten Direktive*, 33;
— zieht die Raumschiffe der Daedalus-Klasse aus dem Dienst zurück, 34;
— Sulu* durchläuft in ihr eine bemerkenswerte Karriere, 38;
— Spock* tritt in sie ein, 40;
— warum sie eine Tarnvorrichtung verwendet, 73;
— ihr erster weiblicher Captain, 80;
— zieht die Raumschiffe der Soyuz-Klasse* aus dem Dienst zurück, 85;
— beginnt mit der Arbeit an den Raumschiffen der Galaxy-Klasse*, 99;
— mischt sich nicht in den klingonischen Bürgerkrieg ein, 153;
— der Begriff wird erstmals verwendet, 32;
— Diskussion über Sexismus in ihr, 80;
— schafft den Brauch eines eigenen Emblems für jedes Schiff ab, 85;
Sternenhaufen NGC 321; dort befinden sich Eminiar VII* und Vendikar*, 35, 59
Sternensystem C-111; dort befindet sich Landrus* Planet, 13, 33;
— J-25; Bedingungen auf Jouret IV* ähneln diesen stark, 138;
— L-370; zu ihm gehören sieben Planeten, 54
— wurde zerstört, 64
— L-374; weiträumig zerstört, 12, 64;
Sternzeiten; besprochen, 143, 179;
— Methode der Fans, um sie auszurechnen, 179
Stiles-Familie; mehrere Familienmitglieder werden in den Kriegen zwischen der Erde und den Romulanern getötet, 31
Stocker, Commodore; befiehlt der Enterprise*, in die neutrale Zone zu fliegen, 66
Stone, Commodore (im Deutschen: Captain); führt den Vorsitz bei der Kriegsgerichtsverhandlung gegen Kirk*, 56
Stonn; heiratet T'Pring*, 64
Stratos; Wolkenstadt auf Ardana*, 17, 78, 167
Strnad-Sonnensystem, 111—112
Stubbs, Dr. Paul; betreibt Nachforschungen über den Neutronenstern Kavis Alpha*, 34;
— beginnt mit der Forschung über den Zerfall von Neutronium, 101;
— forscht auf der Enterprise-D*, 127
Subraumfunk; wird erfunden, 172
Sulu, Hikaru, 168;
— wird in San Francisco geboren, 38, 168;
— dient auf der Enterprise* als Physiker, 38;
— wird ans Ruder versetzt, 50;
— wird zum Captain befördert; übernimmt das Kommando über die Excelsior*, 90;
— hilft bei der Rettung der Friedenskonferenz von Khitomer*, 91;
— spricht den Segen: »May the Great Bird...«, 52;
— sein Vorname wird genannt, 92
Sunad, Capt.; vom zalkonianischen* Raumschiff, 137
Supra, Patterson; gewinnt Forschungswettbewerb der Enterprise-D*, 156
Surak; führt die Vulkanier auf den Pfad der Logik, 15—16;
— seine Nachbildung wird auf Excalbia* gefunden, 79
Sutter, Clara; ein Außerirdischer freundet sich mit ihr an, 164
Sybok; Spocks* älterer Halbbruder;
— seine Mutter ist eine vulkanische Prinzessin*; sein Vater ist Sarek*, 36, 169;
— wird geboren, 36, 169;
— nimmt Diplomaten gefangen, 89;

— wird vom Wesen auf Shaka-Ree* getötet, 89
Symbiotischer Parasit; was ist Odan* wirklich ist, 149

TTT

T'Jon; übernimmt das Kommando der Sanction*, 106
T'Lar; vulkanische Hohepriesterin, 88
T'Pau; vulkanische Würdenträgerin, 15
T'Pel; vulkanische Botschafterin; romulanische Spionin, 143
T'Pring, 64;
— wird geboren, 37;
— wird telepathisch mit Spock* verbunden, 38;
— heiratet Stonn, 64
T-9 Energie-Konverter; wird von den Ferengi* gestohlen, 111
Taar, DaiMon; Anführer einiger Ferengi*; erklärt sich bereit, den gestohlenen T-9-Energiekonverter* zurückzugeben, 111
Talarianische/r/s;
— Streitkräfte greifen Galen IV* an, 104, 106;
— Frachter Batris* ist ein solches Schiff, 115;
— Beobachtungsschiff, 140
Talos-Sternengruppe; wird von der Enterprise* besucht, 43, 56
Talosianischer Krieg; löscht die Zivilisation auf Talos IV* fast vollständig aus, 11
Tarbolde; Dichter von Canops*, schreibt »Nachtigallfrauen«, 25
Tarellianisches/r;
— Schiff nimmt Kurs auf Haven*, 110;
— Raumschiff wird von Alcyonen* zerstört, 105;
— Krieg, 173
Tarnvorrichtungen; aldeanische, 15, 115
— klingonische, 23, 91;
— romulanische, entdeckt, 53;
— Kirk* und Spock* stehlen sie, 73;
— experimentelle Interphasenversion, 165
Tarses, Simon, 132;
— der Spionage beschuldigt, 148;
— romulanischer Großvater, 148
Taylor, Dr. Gillian; Meeresbiologin des 20. Jahrhunderts;
— Kirk* nennt ihr seinen Geburtsort, 37;
— verschwindet, 174;
— reist ins 23. Jahrhundert, 23;
— wird auf ein Forschungsschiff versetzt, 89
Telaka, Iso; Captain der Lantree*, 121
Telepathische Vergewaltigung; von Jev* begangen, 159
Tellun-System; dort befindet sich Troyius*, 72
Temporale Kausalitätsschleife; die Bozeman* wird in ihr gefangen, 86;
Terkim, Guinans* Onkel, 170
Terrell, Capt. Clark; Chekov* dient unter ihm, 39;
— wird getötet, 87
Terrorakt der Andorianer; anscheinend von ihnen verübter, 67
Thalassa; Sargons* Geliebte; entschwindet in die Vergessenheit, 70
Thelusianische Grippe; der erste Offizier der Lantree* wird deswegen behandelt, 121
Theoretische Antriebsgruppe; Leah Brahms* ist deren Design-Ingenieurin, 146
Thermonukleare Waffe; die Enterprise* wird von einer solchen angegriffen, 70
Theta 116-System; die Charybdis* kommt dort an, 28;
— klingonische Kreuzer entdecken dort Wrack, 123;
— Richey* stirbt auf dem achten Planeten dieses Systems, 29
Tholian
— Tholien-Föderation, 74—75;
— Commander Loskene* ist ihr Repräsentant, 74;
— Angriff, Kyle Riker* ist der einzige Überlebende, 103;
— Tholianische Grenze, die Defiant* verschwindet in ihrer Nähe, 74;
— Kriege, 173
Tholl, Kova; wird entführt, 133, 134
Tiberius; James T. Kirks* zweiter Vorname, 48, 92
Timicin;
— spricht über die Auflösung*, 16;
— Erfinder des Heliumfusions-Zündungsprozesses*, 148
Timothy; der einzige Überlebende der Vico*, 160
Tkon-Empire; stirbt aus, weil es zu viele Zeitalter hatte, 10
— wird entdeckt, 10
Tog, DaiMon; Ferengi*, nimmt an einem Bankett auf der Enterprise-D* teil, 136
Tomalak; Kommandant eines romulanischen Warbirds, 129
Tomed-Zwischenfall; vor 2364 die letzte Begegnung der Föderation* mit den Romulanern, 94, 118, 173
Tomlinson, Robert; wird getötet, 53
Tomlinson-Hochzeit; Hochzeit von O'Brien* ist Anspielung darauf, 143
Toral; Sohn von Duras*, 152
— wird vom klingonischen Hohen Rat* wegen Verrat verurteilt, 154
Tox Uthat; erfunden, 166;
— Estragon* sucht danach, 107;
— Vash* und Picard* suchen danach, 134;
— Vorgonen* reisen in die Zeit zurück, um es zu finden, 166, 175
Tracey, Capt. Ronald; wird auf Omega IV* gefunden, 71
Traktorstrahl; eingesetzt, um Umlaufbahn des Mondes um Bre'el* zu korrigieren, 131;
— eingesetzt, um stellares Fragment* zu bewegen, 160
Tralesta-Clan; hat eine Blutfehde mit dem Lornack-Clan*, 29;
— wird vom Lornack-Clan* (fast) ausgerottet, 29, 89;
— Penthor Mull* des Massakers an ihnen beschuldigt, 94;
— Yuta* ist ein Mitglied, 130

Index

Transporter; 58, 65—66, 165, 172
Transwarp-Entwicklungsprojekt; die *Excelsior** wurde dabei eingesetzt, 87;
— wird als erfolglos abgebrochen, 89—90
Transwarpantrieb, 90
Travers, Commodore; auf Cestus III*, 57
Trelane; Lebensform, die auf Gothos* gefunden wird, 57
Tribbles; werden durch vergiftetes Quadrotriticale* getötet, 66—67
Tricyanatverseuchung; bedroht Wasserversorgung auf Beta Agni II*, 135, 136
Troi, Deanna; Mensch/Betazoidin*, Beraterin auf der *Enterprise*-D*, 169;
— geboren, 83, 169;
— an Universität von Betazed*, 135, 169;
— wird von einer außerirdischen Lebensform übernommen, 19, 161—162;
— muß einem als Kind gegebenen Heiratsversprechen gehorchen, 110, 169—70;
— besucht Betazed*, 112, 136;
— von außerirdischer Lebensform geschwängert, 119—20;
— verliert kurzzeitig emphatische Fähigkeiten, 142;
— kommandiert *Enterprise*-D*, 156
Troi, Ian Andrew; Vater von Deanna Troi*, 97, 169, 170;
— stirbt, 170
Troi, Lwaxana; Deannas* Mutter, 97, 169;
— und Deanna Trois* Hochzeit, 110;
— und Timicins* Auflösung*, 148;
— soll Campio* heiraten, 163;
— wird von Majel Barret* gespielt, 54
Trose, Kalin; verhindert Mordanschlag, 97
Tyken-Spalt; *Brattain** darin gefangen, 146
Tyler, José; spricht über den Warpantrieb*, 43
Typhon-Ausdehnung; die *Bozeman** ist in ihr gefangen, 86, 162
Tyree; Kirk* begegnet ihm, 44

UUU

Uhura, 52, 168;
— wird geboren, 38, 168;
— leitet ein Seminar an der Sternenflottenakademie*, 91
United States Air Force; die *Enterprise** vermeidet die Entdeckung durch sie, 174
Universität von Betazed; Deanna Troi* ist dort, 135, 169
Urknall, der, 9
Utopia Planitia Flottenwerften; *Enterprise*-D* dort gebaut, 106;
— *Enterprise*-D* von dort gestartet, 108;
— Dr. Leah Brahms arbeitete dort bei dem Design-Team der *Enterprise*-D*, 146
Ux-Mal-Sternensystem, 19, 162
Uxbridge, Kevin; ein Douwd* nimmt diese Form an, 94;
— trifft auf Delta Rana IV* ein, 106;
— vernichtet alle Husnok*, 106—107;
— wird auf Delta Rana IV* gefunden, 128
Uxbridge, Rishon, trifft Kevin Uxbridge*, 94;
— trifft auf Delta Rana IV* ein, 106;
— wird auf Delta Rana IV* gefunden, 128

VVV

Vaal; Maschinengottheit, 13, 65
Vagh, Gouverneur; Klingone; Leiter der kriosianischen Kolonien*, 149
Valdez, Alaska, Erde; Geburtsort von William Riker*, 96;
— William Riker* und Kyle Riker* gehen in der Nähe angeln, 100
Valo-Sonnensystem; *Enterprise*-D* auf dem Weg dorthin, 155
Vampirwolke, 44, 69
Van Gelder, Dr. Simon; wird auf die Strafkolonie auf Tantalus V* versetzt, 50, 54
Vana; Bergarbeiterin auf Ardana*, 17
Vanderberg; leitet die Erzabbau auf Janus VI*, 58, 60
Varley, Capt. Donald; interpretiert archäologische Fundstücke von Denius III*, 12;
— ist Captain der *Yamato**, 122
Varria; Partnerin von Fajo*, 103, 136
Vash; Archäologin, 107, 134, 148
Vega-Kolonie, 43
Vereinigte Föderation der Planeten
— wird gegründet, 31, 173;
— ihr Rat, 31—32;
— ihr Präsident, 32;
— ihre Konstitution, 32;
— ihr territorialer Streit mit den Klingonen, 29;
— ihre Beziehungen zu den Klingonen verschlechtern sich, 36;
— Spock* vermittelt einen Frieden zwischen den Klingonen und ihr, 37;
— kämpft in der Schlacht von Donatu V* mit den Klingonen, 38;
— hat den letzten Kontakt zur Sheliak-Corporation vor 2366, 44;
— ihr Erstkontakt mit den Gorn*, 57;
— ihr Erstkontakt mit den Metronen*, 57;
— Streit zwischen ihr und den Klingonen, 60;
— besiedelt Nimbus III* in einem Joint-venture mit Romulanern und Klingonen, 69;
— die Melkot* stimmen diplomatischen Beziehungen zu ihr zu, 72;
— ihre Beziehung zu den Tholianern*, 74—75;
— ihre erste Begegnung mit den Tamarianern*, 77—78;
— das Genesis-Projekt* wird ihr vorgestellt, 86;
— ihr diplomatischer Vertreter wird von Sybok* gefangen genommen, 89;
— Frieden zwischen ihr und den Klingonen, 90;
— und der Tomed-Zwischenfall*, 94;
— Außenposten bei Delta Zero Five und Tarod IX zerstört, 117;
— erster kontakt mit den Romulanern* seit 2311, 118;
— Friedensvertrag mit Cardessia*, 131, 143—44;
— auf anderer Zeitebene in langen Krieg mit Klingonen* verwickelt, 132, 175
— der Begriff wird erstmals verwendet, 32
Vereinte Nationen, Neue; fassen einen Beschluß, 27
Vereinte Nationen; werden gegründet, 21
Verstoßung; Worf* akzeptiert, 133;
— Worfs* Ehre wiederhergestellt, 150
Vertrag von Algeron; Friedensvertrag zwischen der Erde und den Romulanern, 31
Vertrag von Armens; tritt Tau Cygna V* an die Sheliak-Corporation* ab, 44, 85, 128
Vina; letzte Überlebende der *Columbia**, 37;
— spricht mit Pike* über die Talosianer*, 11
Virale Parasiten; Leben auf Tarchannan III* vermehrt sich durch sie, 147
Virus, 53
VISOR; von La Forge*, 98
Vrietalyn. *Siehe* Ryetalyn
Vulkan, 52, 64, 171;
— war in furchtbare Kriege verstrickt, 15;
— seine Vorgeschichte steht in Beziehung zu Sargons* Volk, 10;
— die Romulaner spalten sich von Vulkan ab, 16, 172;
— seine (nicht vorhandenen) Monde, 52;
— seine Reformation, 172;
— Spock* durchläuft hier einen erneuten Lernprozeß, 82, 88;
— das Schiff T'Pau* wird als Teil eines Eroberungsplans gestohlen, 111;
— Spock* verschwindet von dort, 156;
— seine Wiedervereinigung mit den Romulanern; Spock* versucht zu vermitteln, 37, 158, 168
Vulkanier; die gesamte Besatzung der *Intrepid** besteht aus ihnen, 70;
— Rikers* Superintendant an der Sternenflotten-Akademie* ist einer, 104;
— vulkanische Dissidenten verlassen den Planeten, 16;
— sind zu interstellaren Reisen fähig, 16;
— verfügen über die Fähigkeit der Gedankenverschmelzung, 54
Vulkanische Akademie der Wissenschaften, 40
Vulkanische Prinzessin; ist Syboks* Mutter, 36, 169
Vulkanischer Nervengriff; erstmals angewandt, 52

WWW

Wächter der Ewigkeit; Zeitportal, 174—175
— wurde vor Milliarden von Jahren erschaffen, 9;
— McCoy* durchquert es, 20;
— wird als Methode der Zeitreise verwendet, 175
Wallace, Janet; Kirk* hat eine romantische Affäre mit ihr, 46
Wallace, Theodore, 46, 167
Warpantrieb, 44, 110—111, 156
Warpfaktoren; werden besprochen, 57—58
Warpfeld; niedrig, wird eingesetzt, um die Umlaufbahn des Mondes von Bre'el IV* zu verändern, 123
Wesley, Commodore Bob; Leiter einer Spezialeinheit, 71;
— wurde nach Gene Roddenberrys* Pseudonym benannt, 71
Wie man seine Karriere durch eine Heirat voranbringt; Jack Crusher* fragt damit Beverly Crusher*, ob sie ihn heiraten will, 102
Winter, Capt. James; Captain in einem frühen Drehbuchentwurf, 39
Wissenschaftsstation Sierra Tango; *Enterprise*-D* befördert Proben von Plasmaseuche* dorthin, 119
Wolkenwesen, dem die *Enterprise** begegnet. *Siehe* Vampirwolke
Worf, 170;
— auf Qo'noS* geboren, 98, 170;
— sein Bruder Kurn* wird geboren, 100, 170;
— geht mit seinen Eltern nach Khitomer*, 100;
— wird von Sergey Rozhenko* gerettet, 101;
— kommt zur Erde, 103;
— erreicht Initiationsalter*, 105;
— schlägt Teenager zusammen, 101;
— Verbindung mit Jeremy Aster* in der R'uustai*-Zeremonie, 105;
— tritt in Sternenflotten-Akademie* ein, 105;
— hat ungelöste Beziehung zu K'Ehleyr*, 106;
— zum Sicherheitschef ernannt, 116, 119;
— behauptet, Captain der *Enterprise*-D* zu sein, 125;
— zum Lieutenant (senior grade) befördert, 127;
— entdeckt, daß er einen Bruder hat, 133;
— von Stiefeltern besucht, 140;
— tötet Duras*, 141;
— verläßt die Sternenflotte, tritt den klingonischen Streitkräften bei, 152;
— Gowron* stellt Ehre seiner Familie wieder her, 152;
— wird wieder in die Sternenflotte* aufgenommen, 154;
— hilft bei der Geburt von Molly O'Brien*, 156;
— übernimmt Erziehung seines Sohns Alexander Rozhenko*, 159;
— wird schwer verletzt, 162;
— erzählt Alexander Rozhenko* von Kahless*, 79;
— sein Stiefbruder tritt in Sternenflotten-Akademie* ein, 105, 170
Worfs Bruder; wird geboren, 100;
— wird Lorghs* Fürsorge überlassen, 100;
— klingonischer Hoher Rat weiß nichts von ihm, 101;
— kommt an Bord der *Enterprise*-D*, 133;
— Gowron* stellt Ehre der Familie wiederher, 152
Wurmloch; Barzan* nimmt Gebote über dessen Nutzung entgegen, 129;

XXX

Xanthras-System, 137
Xendi Sabu-Sonnensystem, 112
Xendi Sternenbasis 9; Rumpf der *Stargazer** wird dorthin gebracht, 112
Xeno-Polycythemia; McCoy* ist daran erkrankt, 75
Xon; vulkanischer Wissenschaftsoffizier, der in der nie produzierten Fernsehserie *Star Trek II** erscheinen sollte, 85

YYY

Yale, Mirasta; malcorianische Wissenschaftsministerin, 146
Yanar; und Benzan*, 115, 121
Yar, Ishara; Tasha Yars* jüngere Schwester, 97, 103;
— geboren, 98;
— besucht *Enterprise*-D*, 141
Yar, Tasha (Natasha); 170, 175;
— geboren, 97, 107, 170;
— Ishara Yars* ältere Schwester, 98;
— verwaist, 98;
— flieht von Turkana IV*, 103;
— trifft Picard auf Carnel*, 108;
— von Romulanern gefangen, 99;
— wird Geliebte eines romulanischen Beamten, 99;
— gebärt Sela*, 175;
— Mutter von Sela*, 100, 150, 154;
— bei der Flucht von Romulus* getötet, 102, 175;
— von Armus* getötet, 116;
— von Worf* als Sicherheitschef ersetzt, 119;
— stirbt nicht in anderer Zeitebene, 132, 175;
— lebend in »Die Seuche« zu sehen, obwohl sie in »Die schwarze Seele« stirbt, 116
Yuta; überlebt Massaker des Lornack-Clans*, genetisch verändert, um Alterungsprozeß zu verlangsamen, 89;
— tötet Penthor Mull*, 80;
— versucht Chorgan* zu ermorden, 130

ZZZ

Zalkonianer; »John Doe« ist einer von ihnen, 137
Zarabeth; wurde in die Vergangenheit Sarpeidons* verbannt, 14
Zed Lapis-Sektor; Troi* nimmt an Konferenz dort teil, 116
Zee-Magnees-Preis; wird von Daystrom* gewonnen, 36, 39
Zehn Vorne; Guinan* leitet die Bar, 119, 170
Zeichentrick-Folgen, 80
Zeitportal; wird von *Enterprise** gefunden, 61
Zeitschleife, 123
Zeitspalte, es wird eine entdeckt, 132, 175;
— geöffnet durch Photonentorpedos der *Enterprise*-C*, 174;
— als Zeitreisetechnik, 175
Zeittabelle, 177—178
Zeitverzerrung, 116, 123
Zellenmetamorphose; wird von Garth* verwendet, 77
Zenait, Mittel gegen die Pflanzenseuche auf Merak II*, 78
Zentral-Nervensystemmanipulator; Van Gelder* leidet unter schädlichen Effekten von ihm, 54
Zeta Gelis-Sternengruppe, 137
Zimbata, Capt.; La Forges* Kommandant auf der *Victory**, 107
— La Forge* baut Modell des Segelschiffes *Victory** für ihn, 120
Zweidimensionale Lebensformen; lösen Fehlfunktionen des Warpantriebs aus, 142
Zweiter Weltkrieg, 172;
— Edith Keelers* Arbeit verzögert den Eintritt Amerikas in ihn, 174;
— Hitler* gewinnt ihn in einer anderen Zeitebene, 20

Über die Autoren

Denise Okuda ist ausgebildete Krankenschwester, aber ihre wahre Liebe gehört der Filmindustrie. Zu ihren Arbeiten gehören *Star Trek VI — Das unentdeckte Land* und Werbearbeiten für *Buckaroo Banzai* von 20th-Century Fox. Aufgrund ihrer Krankenschwesternausbildung diente Denise hin und wieder als medizinische Beraterin für den Autorenstab von *Raumschiff Enterprise: Das nächste Jahrhundert*. Zu ihren Hobbies gehören tropische Fische, häufige Reisen in den Yosemite-Nationalpark und politische Aktivitäten für den Umweltschutz.

Denise arbeitet zur Zeit — kein Wunder — im Produktionsstab von *Star Trek: Deep Space Nine*. Denise lebt zusammen mit ihrem Mann Michael und ihrem Hund Molly in Los Angeles, Kalifornien.

Michael Okuda ist der künstlerische Leiter für *Raumschiff Enterprise: Das nächste Jahrhundert* und die neue Serie *Star Trek: Deep Space Nine*. Er ist für Anzeigetafeln, Bezeichnungen, außerirdische Schriftzeichen, Computer-Anzeigeanimation und andere seltsame Dinge beider Serien verantwortlich. Michael wurde für seine Arbeit bei *Star Trek* dreimal für den Emmy in der Kategorie für beste visuelle Effekte nominiert. Zu seinen anderen Arbeiten gehören *Star Trek VI — Das unentdeckte Land, Star Trek V — Am Rande des Universums, Zurück in die Gegenwart — Star Trek IV, The Flash, Flight of the Intruder* und *The Human Target*.

Zusammen mit Rick Sternbach arbeitet Michael als technischer Berater für den Autorenstab von *Star Trek* und ist Mitautor von *Star Trek: Die Technik der U.S.S. Enterprise*.

Foto: Robie Robinson

CINEMABILIA
POSTFACH 106551
28065 BREMEN
TELEFON (0421) 17490-0
TELEFAX (0421) 17490-50

**RIESENKATALOG KOSTENLOS!
TELEFON 0421 / 174900**

STAR TREK FAN CLUB CENTRAL EUROPE

Wir bieten:

Das MEGA Magazin
5mal im Jahr
160 Seiten, Vierfarbcover, Fotosatz
Inhalt: Infos über Classic, TNG, DS9 und die neue Serie VOYAGER, Hintergrundberichte, Interviews, seltene Fotos, die Schauspieler privat, Conberichte, Buchbesprechungen, Episoden-Übersichten, Leserbriefe, Fotos, seltene Bilder, Conkalender, Adressen von Stammtischen, Kleinanzeigen (kostenlos), Ratschläge und einiges andere mehr. Ein Probeheft der Trekworld könnt Ihr gegen 10 DM in Briefmarken oder als Schein bei uns anfordern!

SHOPSERVICE

Im Shopservice, könnt Ihr alles mögliche über STAR TREK erstehen (Videos, Bausätze, T-Shirts, Spielzeug, CDs, Kostümzubehör, Schnittmuster, Figuren, Bücher, Kurioses etc. etc.). Ein kompletter Katalog mit zahlreichen Abbildungen ist bei uns erhältlich!

Schauspieler aus STAR TREK life erleben, Händlerräume, Kostümprämierung, Space Disco, Versteigerung, neueste Folgen auf Großleinwand, Kunstausstellung, Autogrammstunde, Frage und Antwortstunde mit den Schauspielern.

Das dicke Infopaket bekommt Ihr gegen 3 DM in Briefmarken und es besteht aus:

- STAR TREK Shopkatalog
- Ausführliches Clubinfo
- Aktuelles Federation Con Info

Ein Probeheft der TREK WORLD erhaltet Ihr für 10 DM.

**STAR TREK
CENTRAL EUROPE**
Dirk Bartholomä
Postfach 22 01 11
86181 Augsburg
FAX: 08 21/41 57 24

ANDERE WELTEN

Andere Welten
Medienvertriebs-GmbH
Grindelallee 77, 20146 Hamburg
Tel.: 040/44 31 18 - 040/450 59 49
Fax: 040/44 95 48

42,90

TNG-Communicator
mit integriertem Sound!
(2 Batterien enthalten)

25,90

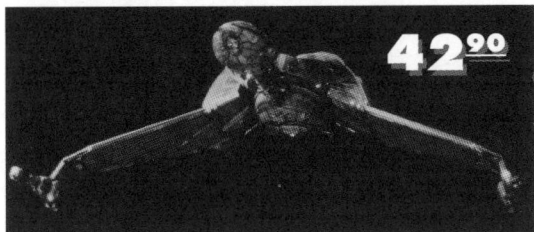
42,90

Schlüsselanhänger
mit Light & Sound!

je 19,90

Weitere Modell-Neuheiten '95
Enterprise B   42,90 DM
DS 9 Station Fiberoptik   119,90 DM

Gesamtkatalog '95 erscheint im Mai! Für 5,- DM in Briefmarken anfordern! Händleranfragen erwünscht!

SPACE '91
Der SF - Versand

Udo Grzesiak   Querstr.1   44866 Bochum

suchen Sie unseren
ACE '91-SF-Laden
I + DO ab 16:00

dellbausätze, Figuren
ssen, Teller, Schmuck
deos, Bücher, Poster,
ppaufsteller, Masken,
ding Cards, Phaser,
nd...und...und...und

STAR TREK
ohne Ende...
er auch STAR WARS,
LIENS, und so weiter...

☎ 02327/21344   FAX: 02327/21424

Modellbausätze:
ENTERPRISE:
Classic-TV: NCC-1701
45cm! Ständer! 28,90 DM
Spielfilme: NCC-1701-A
59cm! Ständer! 39,90 DM
T.N.G.- TV: NCC-1701-D
49cm! Ständer! 39,90 DM
Alle 3 im 3er-Set, jedoch
jeweils kleiner: 39,90 DM
3er-Set CHROM 69,90 DM
DS9-Station 43cm 43,90 DM
USS EXCELSIOR
nur noch 39,90 DM

PICARD TROI RIKER

WORF LaFORGE DATA

PLAYMATES-Figuren:
7 STAR TREK - TNG
komplett nur
100,- DM!

BORG

TOP - ANGEBOT:
Original STAR TREK
USA-Official-FAN-CLUB
Magazine! Teils FARBE
+ Raritäten! **11 Stück**
gemischt nur **49,- DM**
(Normalpreis mind. 100,- DM!)
20 Stück nur 80,- DM

Bei Bestellungen unseren
SPACE '91 - Katalog 1995
kostenlos mitbestellen!
Nur schriftlich! Wir liefern
per POST per Nachnahme!
Angebote solange Vorrat.

GESAMT - KATALOG
gg. 4 DM Rückporto!

ZEITSCHRIFT *plus*
KINO-SPITZENFILM
AUF VHS-CASSETTE

ABONNIEREN SIE VIDEOPLAY mit SPIELFILM-CASSETTE JETZT!

Holen Sie sich mit der nächst erreichbaren Ausgabe VIDEOPLAY ins Haus. Monat für Monat prallvoll mit aktuellen Berichten, Reportagen zum attraktiven Preis von nur **9.90 DM** pro Ausgabe (Magazin + Spielfilm!)

SCHWARZENEGGER — Nicht einmal seine Frau weiß, wer er wirklich ist. Und das ist auch besser so!

Ihre Mega-Prämie: **True Lies — Wahre Lügen**

Also: Schicken Sie noch heute den ausgefüllten Abo-Coupon an den Kinothek Verlag • Karlstraße 26 • 22085 Hamburg, es lohnt sich

---

Meine Prämie: True Lies Ja, ich abonniere **VIDEOPLAY** ab der nächsten Ausgabe, für mindestens ein Jahr (12 Ausgaben) zum Preis von DM 118,80 (Ausland DM 144,-). Das Abonnement verlängert sich jeweils um ein Jahr, wenn es nicht 6 Wochen vor Ablauf schriftlich beim Verlag gekündigt wird. Für den Verlängerungszeitraum gelten dann die üblichen Abo-Preise. Die Prämie entfällt, wenn der geworbene Kunde in den letzten 12 Monaten bereits Abonnent war.

Name des Abonnenten / Vorname des Abonennten

Straße / PLZ/Ort

Datum / Unterschrift

Hinweis: Ich kann die Bestellung innerhalb von einer Woche nach Erhalt der Bestätigung durch den Verlag schriftlich beim Kinothek Zeitschriften Verlag, Karlstraße 26, 22085 Hamburg widerrufen. Zur Wahrung der Frist genügt die rechtzeitige Absendung des Widerrufs.

Der geworbene Abonnent:

Name, Vorname des Abonnenten / Name, Vorname des Werbers (Eigenwerbung ist nicht möglich)

Straße / Straße

PLZ/Ort / PLZ/Ort

Datum, Unterschrift des Abonnenten / Datum, Unterschrift

Ja, ich abonniere **VIDEOPLAY** ab der nächsten Ausgabe, für mindestens ein Jahr (12 Ausgaben) zum Preis von DM 118,80 (Ausland DM 144,-). Das Abonnement verlängert sich jeweils um ein Jahr, wenn es nicht 6 Wochen vor Ablauf schriftlich beim Verlag gekündigt wird. Für den Verlängerungszeitraum gelten dann die üblichen Abo-Preise, wie im Impressum angegeben. Sofort nach Zahlung wird Ihnen Ihre Prämie zugesandt. Die Werbeprämie entfällt, wenn der geworbene Kunde in den letzten 12 Monaten bereits Abonnent dieser Zeitschrift war.
Hinweis: Ich kann die Bestellung innerhalb von einer Woche nach Erhalt der Bestätigung durch den Verlag schriftlich beim Kinothek Verlag, Karlstraße 26, 22085 Hamburg widerrufen. Zur Wahrung der Frist genügt die rechtzeitige Absendung des Widerrufs.

STAR TREK - das ist Faszination, Kult und Philosophie. Und noch mehr: Eine aufregende, kaum überschaubare Produkt-Palette zu Film und Serie

Unser großer STAR TREK GUIDE
bietet Ihnen den <u>absoluten Überblick</u> des aktuellen STAR TREK Merchandising-Programms. Alle STAR TREK-Produkte, die in Deutschland lizenziert, hergestellt oder importiert werden, finden Sie in unserem umfangreichen, reich bebilderten und mit Tips, Hinweisen und Bestelladressen ergänzten **STAR TREK GUIDE**.

Dazu knappe, informative Zusatzbeiträge, Bio-/Filmografien und Übersichten.

Ein MOVIESTAR-Sonderband
Luxusausgabe, ca. 100 Seiten, DM 24,80
EIN MUSS FÜR JEDEN TREKKIE!

MOVIESTAR
DAS PHANTASTISCHE FILMMAGAZIN

Aktuelle Informationen, kompetente Artikel, komplette Filmografien: MOVIESTAR bietet den totalen Überblick in Science Fiction, Fantasy und Horror! Brandneue Produktionen stehen neben klassischen Themen, Mangas neben Zombies. - MOVIESTAR bringt alle Facetten des phantastischen Films. Jedes Heft ist reich bebildert, durchgehend farbig und hat 76 von Fachleuten zusammengestellte Seiten. Besonders interessante und umfangreiche Themen (wie z.B. "STAR TREK", "ALIENS" oder "ZOMBIES") werden in SONDERHEFTEN zusammengefaßt, die in ihrer Art einmalig sind.

Bestell-Coupon
Medien P & W GmbH, Wiehenweg 14, 32479 Hille

❏ **VORBESTELLUNG:**
Hiermit bestelle ich ____ Exemplare vom STAR TREK-GUIDE zum Preis von a. DM 24,80 + DM 6,- Porto und Verpackung.

____ x MOVIESTAR # 11   DM 6,80
____ x MOVIESTAR # 12   DM 6,80
____ x MS-Sonderheft # 5   DM 7,80
     DEEP SPACE NINE
____ x MS-Sonderband # 3   DM 29,80
     STAR TREK
Porto & Verpackung   DM ____
(Bis 2 Hefte DM 3.00, sonst DM 6,00)

Gesamtbetrag   **DM** _____
❏ per Nachnahme   ❏ Vorkasse
(+ DM 6,00 Nachnahmegebühr)   (Geld liegt bei. Briefmarken, Scheck)

Name, Vorname

Straße, Nr.

PLZ / Ort